Opinion Mining im Web 2.0

Gerald Petz

Opinion Mining im Web 2.0

Ansätze, Methoden, Vorgehensmodell

Mit einem Geleitwort von
a. Univ.-Prof. DI Dr. Wolfram Wöß

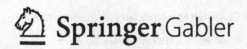 Springer Gabler

Gerald Petz
Steyr, Österreich

Dissertation Johannes Kepler Universität Linz, 2014

ISBN 978-3-658-23800-1   ISBN 978-3-658-23801-8   (eBook)
https://doi.org/10.1007/978-3-658-23801-8

Die Deutsche Nationalbibliothek verzeichnet diese Publikation in der Deutschen National-
bibliografie; detaillierte bibliografische Daten sind im Internet über http://dnb.d-nb.de abrufbar.

Springer Gabler
© Springer Fachmedien Wiesbaden GmbH, ein Teil von Springer Nature 2019

Springer Gabler ist ein Imprint der eingetragenen Gesellschaft Springer Fachmedien Wiesbaden GmbH
und ist ein Teil von Springer Nature
Die Anschrift der Gesellschaft ist: Abraham-Lincoln-Str. 46, 65189 Wiesbaden, Germany

Geleitwort

Kundenbeziehungen haben in den letzten Jahren für Unternehmen stetig an Bedeutung gewonnen. Das ist an den enormen Werbeausgaben erkennbar, welche insbesondere im World Wide Web bekannten Unternehmen wie beispielsweise Google und Facebook zu hohen Umsatzzahlen und einer bedeutenden Wertschöpfung verholfen haben. Es werden aber auch vermehrt Anstrengungen unternommen, nicht nur personalisierte Werbung über solche Unternehmen an die Kunden zu bringen, sondern direkt aus der in Web 2.0 Anwendungen publizierten Kundenmeinung strukturierte Information abzuleiten, um Produkte und Dienstleistungen zu optimieren. Zusätzlich ist die veröffentlichte Kundenmeinung auch für andere Kunden interessant. In der Informations- und Kommunikationstechnik wird die automatische, strukturierte und zielgerichtete Verarbeitung veröffentlichter Meinungen im Web 2.0 als Opinion Mining (ein Teilgebiet des Text Mining) bezeichnet. Opinion Mining ist mit zahlreichen Herausforderungen behaftet, die teilweise über jene des Text Mining hinausgehen: die Datenmengen und die Aktualisierungshäufigkeit in Web 2.0-Plattformen, umgangssprachliche Äußerungen, Rechtschreib- und Grammatikfehler, Internet-Dialekte und die Bestimmung der Relevanz von Inhalten auf Webseiten.

Dieses Buch beschreibt die Entwicklung eines Vorgehensmodells für das Opinion Mining in Web 2.0-Quellen und dessen Implementierung als Software-Prototyp.

Das entwickelte Vorgehensmodell ist von hoher Relevanz, weil damit die für bestimmte Web 2.0-Anwendungsklassen am besten geeigneten Methoden systematisch zugeordnet und für einen konkreten Anwendungsfall in der Praxis angewendet werden können. Der Fokus wird dabei auf die Perspektive von Unternehmen gelegt, indem benutzergenerierte Meinungen und Stimmungen rund um Produkte und Marken von Unternehmen im Vordergrund stehen, welche extrahiert und analysiert werden.

Die ersten Kapitel des Buches geben einen detaillierten Überblick über den Stand der Forschung im Opinion Mining und dessen Möglichkeiten und Herausforderungen im Kontext von Web 2.0-Quellen, wie grammatikalische Fehler oder Internet-Dialekte. Eine Kategorisierung, Analyse und Evaluierung der Methoden und Algorithmen, die für die effektive Durchführung von Opinion Mining notwendig und geeignet sind, schließt diesen Teil ab.

Im Hauptteil des Buches werden Methoden und Algorithmen des Opinion Mining unter besonderer Berücksichtigung des Anwendungskontexts Web 2.0 in einem durchgängigen Vorgehensmodell systematisiert. Das entwickelte Vorgehensmodell ist eine Kombination von lexikalischen Ansätzen und Machine Learning Ansätzen und besteht aus fünf Phasen, die sequentiell durchlaufen als auch wiederholt durchgeführt werden (Selektion und Extraktion, Generierung der Wissensbasis, Textvorverarbeitung, Sentiment Klassifikation und Aggregation, Visualisierung und Analysen). Das Vorgehensmodell sieht eine Feedbackschleife von der letzten Phase zur ersten Phase vor, um die Qualität des gesamten Ablaufs verbessern zu können. Als Rollen werden Anwender und Domänenexperten definiert. Die Ergebnisse der einzelnen Phasen fließen jeweils in die folgenden Phasen als Eingabe ein. Im Zuge der Evaluierung wurde je nach Verfahren eine Übereinstimmung bei der Berechnung der Stimmungsrichtung von 70-80 % festgestellt.

Am Ende des Buches wird nochmals auf das breite Forschungsfeld Opinion Mining und mögliche Optimierungen hingewiesen. Dazu zählen Entitäten und Aspekte, Sarkasmus, Gesprächsfäden, annotierte Texte, Methoden im Detail sowie Multilingualiät und domänenübergreifende Inhalte mit denen die Verfahren direkt qualitativ beeinflusst und verbessert werden könnten.

Dieses Buch ist ein wichtiger Beitrag im Bereich der Anwendung von Opinion Mining auf Web 2.0-Quellen, um das Forschungsfeld weiter zu entwickeln und das praktische Handeln aus der Unternehmensperspektive zu unterstützten.

a.Univ.-Prof. DI Dr. Wolfram Wöß
Johannes Kepler Universität Linz
Linz, November 2017

Vorwort

Die Idee für die vorliegende Dissertation entstand aus mehreren Forschungsprojekten. „TSCHECHOW – Opinion Mining and Biomedical Information Retrieval"[1] bildete den ersten Rahmen für die vorliegende Arbeit und ermöglichte ein Herantasten an das Forschungsgebiet des Opinion Minings. Die zwei weiteren Forschungsprojekte „OPMIN 2.0 – Opinion Mining im Web 2.0"[2] und „SENOMWEB – Sentiment Extraction and Opinion Mining using Semantic Web Technologies"[3], bei denen der Autor dieser Arbeit jeweils der Projektleiter war, haben wesentlich zu einer Fundierung und Vertiefung in die Thematik geführt und letztlich auch den Anstoß dazu gegeben, diese Dissertation verfassen.

Gerald Petz
Juli 2018

---

[1] „TSCHECHOW" war ein FH OÖ basisfinanziertes Forschungsprojekt von 2010 bis 2011

[2] „OPMIN 2.0" wurde von 2010 – 2013 im Rahmen des Programms „COIN – Aufbau" gefördert vom BMVIT/BMWFJ (Projekt-Nr. 826793).

[3] „SENOMWEB" wurde im Rahmen des EU-Programms „Regionale Wettbewerbsfähigkeit OÖ 2007 – 2013 (Regio 13)" aus Mitteln des Europäischen Fonds für Regionale Entwicklung (EFRE) sowie aus Landesmitteln gefördert.

Inhaltsverzeichnis

Abbildungsverzeichnis

Tabellenverzeichnis

Kurzfassung

Die Art und Weise unserer Kommunikation wurde mit dem Aufkommen des Web 2.0 und seinen vielfältigen Interaktionsmöglichkeiten wesentlich verändert. Konsumenten tauschen sich über Blogs, soziale Netzwerke, Online-Rezensionsportale und Community Sites über Produkte, Marken und Unternehmen aus. Die Auswirkungen von Online-Bewertungen und von elektronischer Mundpropaganda wurden bereits vielfach untersucht und diskutiert. Opinion Mining greift diese Thematik auf und versucht, Meinungen hinsichtlich ihres Meinungsziels und ihrer Stimmungsrichtung zu analysieren. Dabei kommen Methoden aus den Bereichen Web-Crawling, Information Retrieval, Text Mining sowie linguistische und semantische Technologien zum Einsatz. Die im Web veröffentlichten Meinungen sind für viele Anwendungsszenarien interessant: für Käufer, um sich über Produkte zu informieren; für Unternehmen, um die Bedürfnisse von Kunden zu ermitteln; für Politiker, um Stimmungsbilder über politische Themen zu erhalten sowie für das Online Reputationsmanagement.

Hinsichtlich des Opinion Minings für benutzergenerierte Inhalte im Web 2.0 bestehen noch zahlreiche Herausforderungen: die Datenmengen und die Aktualisierungshäufigkeit in Web 2.0-Plattformen, umgangssprachliche Äußerungen, Rechtschreib- und Grammatikfehler, Internet-Slang Begriffe und die Relevanz von Inhalten auf Webseiten. Das Ziel dieser vorliegenden Arbeit ist es daher, ein Vorgehensmodell für das Opinion Mining für Web 2.0-Quellen zu entwickeln und dieses als Software-Prototyp umzusetzen und zu evaluieren.

Zur Erreichung des Ziels werden zunächst Forschungsfragen und eine geeignete Forschungsmethodik festgelegt. Danach werden die Grundlagen des Opinion Minings und der Stand der Forschung aus der Literatur erarbeitet. Anschließend werden mögliche Web 2.0-Anwendungsklassen in Bezug auf die Eignung für Opinion Mining empirisch untersucht und anhand unterschiedlicher Kriterien verglichen. Die spezifischen Charakteristika der einzelnen Web 2.0-Anwendungsklassen und der möglichen Konsequenzen für das Opinion Mining werden herausgearbeitet. Im nächsten Schritt werden Methoden, die im Opinion Mining häufig angewendet werden, ermittelt. Anhand verschiedener Kriterien wird evaluiert, inwieweit diese Methoden für benutzergenerierte Texte im Web 2.0 geeignet sind. Zur Konzeption des Vorgehensmodells für das Opinion Mining für Web 2.0 werden Vorgehensmodelle und Ansätze zu Text Mining, Data Mining und Opinion Mining recherchiert und analysiert. Anschließend werden die ermittelten Methoden in einem Vorgehensmodell systematisiert. Das Vorgehensmodell wird auf Basis von experimentellen Prototyping in einen Software-Prototyp implementiert. Der Prototyp wird anhand einer konkreten Web 2.0-Quelle angewendet, um das Vorgehensmodell evaluieren zu können. Die Arbeit schließt mit einer Zusammenfassung und Reflexion der zentralen Ergebnisse und gibt einen Ausblick auf mögliche weitere Anknüpfungspunkte für weitere Forschungsaktivitäten.

Schlagwörter

Opinion Mining, Vorgehensmodell, Web 2.0, Sentiment Analyse, Sentiment Klassifikation

Abkürzungsverzeichnis

AI	Artificial Intelligence
API	Application Programming Interface
C	Kontingenzkoeffizient
CETR	Content Extraction via Tag Ratios
$\chi 2$	Chi-Quadrat-Test
CMMI	Capability Maturity Model Integration
CMS	Content Management System
CRISP-DM	Cross Industry Standard Process for Data Mining
DF-LDA	Dirichlet Forest prior – Latent Dirichlet Allocation
DOM	Document Object Model
EFQM	European Foundation for Quality Management
ERRT	Error Rate Relative to Truncation
EU	Europäische Union
FCE	Frequently Co-occurring Entropy
GET	HTTP-Request-Methode
HMM	Hidden Markov Models
HTML	Hypertext Markup Language
HTTP	Hypertext Transfer Protocol
ITIL	IT Infrastructure Library
IuK	Information und Kommunikation
JSON	JavaScript Object Notation
KDD	Knowledge Discovery in Databases
LDA	Latent Dirichlet Allocation
LaSA	Multilevel Latent Semantic Association
LSA	Latent Semantic Analysis
L-HMM	Lexicalized HMM
ME	Maximum Entropy
MLE	Maximum Likelihood Estimation

MSS	Maximum Subsequence Segmentation
NER	Named Entity Recognition
NLP	Natural Language Processing
OM	Opinion Mining
OWL	Web Ontology Language
PA	Passive-Aggressive Algorithmus
PHP	Hypertext Preprocessor (Skriptsprache zur Erstellung von Webanwendungen)
pLSA	Probabilistic Latent Semantic Analysis
PMI	Pointwise Mutual Information
PMI-IR	Pointwise Mutual Information – Information Retrieval
POS	Part-of-Speech
REST	Representational State Transfer
RUP	Rational Unified Process
PR	Public Relations
PRINCE2	Projects in Controlled Environments
SCRUM	Vorgehensmodell in der Softwaretechnik
SDK	Software Development Kit
SO	Semantische Orientierung (Semantic Orientation)
SPICE	Software Process Improvement and Capability Determination
STTS	Stuttgart-Tübingen Tagset
SVM	Support Vector Machine
SVR	Support Vector Regression
TBL	Transformation Based Learning
TF-IDF	Term Frequency Inverse Document Frequency
TREC	Text Retrieval Conference
TTR	Text-To-Tag Ratio
UGC	User generated content
URL	Uniform Resource Locator
VIPS	Vision-based page segmentation
XML	Extensible Markup Language

XPath	XML Path Language
WSJ	Wall Street Journal
WWW	World Wide Web

1 Einleitung

Im Rahmen des Web 2.0 entwickelte sich das Internet weg von einer unidirektionalen Informationsquelle hin zu einem interaktiven Medium. Damit wurde die Art und Weise unserer Kommunikation maßgeblich gestaltet: Konsumenten tauschen sich über Web 2.0-Anwendungsklassen wie Wikis, Blogs, Community Sites und soziale Netzwerke aus und generieren von sich aus Informationen zu Produkten, Marken und Unternehmen. Dieser geänderten Form der Kommunikation können sich sowohl private Nutzer als auch Unternehmen nicht entziehen.[4] Die von Benutzern generierten Inhalte sind für vielerlei Anwendungsszenarien hochinteressant: für Käufer, um sich über Vor- und Nachteile von Produkten und Erfahrungen von anderen Käufern zu informieren; für Unternehmen, um ihre Kunden und deren Bedürfnisse und Erfahrungen besser zu erkennen; für Politiker, um ein Stimmungsbild über ihre Person oder politische Themen zu erhalten. Weitere Anwendungsszenarien sind beispielsweise das Reputationsmanagement sowie die Verwendung der benutzergenerierten Inhalte für die Erkennung von Trends oder die Vorhersage von Verkäufen.[5] Vielfach stehen bei diesen benutzergenerierten Inhalten nicht nur Fakten im Vordergrund, sondern vor allem auch Meinungen und persönliche Eindrücke zu Marken, Produkten oder Unternehmen.[6,7] Diese benutzergenerierten Inhalte sind zumeist sehr umfangreich; eine computerunterstützte Auswertung und Zusammenfassung ist daher sinnvoll und wünschenswert.

Die Auswirkungen von Online-Bewertungen und elektronischer Mundpropaganda auf das Verhalten von Konsumenten wurden in zahlreichen Publikationen untersucht. Es wurde beispielsweise in einer Studie die Wirkung von Online-Be-

---

[4] Vgl. Alby, 2008, 15ff.
[5] Vgl. Pang/Lee, 2008, 12ff.
[6] Vgl. Maynard/Bontcheva/Rout, 2012
[7] Vgl. Esuli, 2008, xv

© Springer Fachmedien Wiesbaden GmbH, ein Teil von Springer Nature 2019
G. Petz, *Opinion Mining im Web 2.0*, https://doi.org/10.1007/978-3-658-23801-8_1

wertungen auf den Umsatz mit neuen Produkten im Bereich Unterhaltungselektronik und Videospiele untersucht. Die Analysen haben gezeigt, dass die Anzahl der Bewertungen einen signifikanten Effekt auf den Umsatz mit neuen Produkten speziell in der Frühphase hat, dieser Effekt aber mit der Zeit abnimmt. Darüber hinaus hat der Anteil der negativen Bewertungen eine größere Wirkung als die der positiven Bewertungen.[8] Die Rezensionen in Reiseinformationsportalen im Web werden von Konsumenten häufig dazu genutzt, um Entscheidungen für oder gegen eine Unterkunft zu treffen, weniger aber für eine Reiseplanung.[9] Eine andere Studie hat ergeben, dass durch Bewertungen – sowohl positive als auch negative – Hotels stärker in das Bewusstsein der Konsumenten treten; positive Bewertungen verbessern aber die Einstellung von Konsumenten zum jeweiligen Hotel.[10]

Ziel des Opinion Minings (in der Literatur finden sich auch andere Begriffe wie „Sentimentanalyse", „Opinion Extraction" u.v.m., die teils synonym verwendet werden) ist es daher, diese produkt- oder markenbezogenen Meinungen von Menschen zu finden, zu analysieren und systematisch aufzubereiten.[11] Dabei werden Methoden aus den verschiedensten Bereichen kombiniert: Web-Crawling und Information Retrieval zur Informationsbeschaffung, Text Mining Methoden, linguistische Algorithmen, semantische Technologien sowie Information Retrieval Ansätze zur Inhaltsanalyse und -kondensierung zur Informationsaufbereitung.[12,13]

1.1 Problemstellung und Relevanz

Opinion Mining ist ein Forschungsgebiet, das seit einigen Jahren aus Sicht verschiedenster Disziplinen in zahlreichen Veröffentlichungen behandelt wird. Die ersten wissenschaftlichen Veröffentlichungen, bei denen explizit der Terminus „Opinion Mining" oder „Sentimentanalyse" verwendet wurde, finden sich in

---

[8] Vgl. Cui/Lui/Guo, 2012, 39ff.
[9] Vgl. Gretzel/Yoo, 2008, 35ff.
[10] Vgl. Vermeulen/Seegers, 2009, 123ff.
[11] Vgl. Glance et al., 2005
[12] Vgl. Liu, 2012, S. 8
[13] Vgl. Esuli, 2008, xvi

Nasukawa/Yi[14] bzw. in Dave et al.[15], wobei erste Forschungsergebnisse aber bereits früher veröffentlicht wurden (z.B. Das/Chen[16], Tong[17], Turney[18], Wiebe[19]). Eine Vielzahl von Veröffentlichungen finden sich in Journalen und Tagungsbänden zu den Themen Natural Language Processing (NLP) (z.B. Somasundaran et al.[20], Wiebe/Mihalcea[21], Pang et al.[22]), Data Mining und Web Mining (z.B. Ding et al.[23], Morinaga et al.[24]) und Machine Learning wieder (z.B. Archak[25]). Etliche Publikationen wurden aber auch in den Bereichen E-Commerce (z.B. Ghose/Ipeirotis[26], Hu et al.[27], Park et al.[28]) oder Management Sciences (z.B. Chen/Xie[29], Das/Chen[30], Dellarocas[31]) und vielen anderen Disziplinen veröffentlicht. Die Auswirkungen von Online-Rezensionen auf die Kaufentscheidung wurden ebenfalls vielfach untersucht (z.B. Chen/Xie[32], Chevalier/Mayzlin[33], Lee et al.[34]).

Die Meinungen, die von den Menschen in den verschiedensten Netzwerken und Plattformen im Web hinterlassen werden, stellen letztlich eine wertvolle Informationsquelle für Unternehmen dar. Diese Informationen ermöglichen Analysen über öffentliche Meinungen und über die Reputation von Unternehmen, Analysen von Trends sowie eine neue Art der Marktforschung. Letztlich weist die

---

[14] Vgl. Nasukawa/Yi, 2003
[15] Vgl. Dave/Lawrence/Pennock, 2003
[16] Vgl. Das/Chen, 2001
[17] Vgl. Tong, 2001
[18] Vgl. Turney, 2002
[19] Vgl. Wiebe, 2000
[20] Vgl. Somasundaran et al., 2009
[21] Vgl. Wiebe/Mihalcea, 2006
[22] Vgl. Pang/Lee/Vaithyanathan, 2002
[23] Vgl. Ding/Liu/Yu, 2008
[24] Vgl. Morinaga et al., 2002
[25] Vgl. Archak/Ghose/Ipeirotis, 2007
[26] Vgl. Ghose/Ipeirotis, 2007
[27] Vgl. Hu/Pavlou/Zhang, 2006
[28] Vgl. Park/Lee/Han, 2007
[29] Vgl. Chen/Xie, 2008
[30] Vgl. Das/Chen, 2007
[31] Vgl. Dellarocas/Zhang/Awad, 2007
[32] Vgl. Chen/Xie, 2008
[33] Vgl. Chevalier/Mayzlin, 2006
[34] Vgl. Lee/Park/Han, 2008

computerunterstützte Analyse von Meinungen im Web 2.0 gegenüber traditionellen Verfahren einige Vorteile auf[35]: eine große Menge an Kundenmeinungen steht
zur Verfügung, die Meinungserhebung findet in der natürlichen Kommunikation-
sumgebung statt und die Meinungen stehen in der Regel kostenlos zur Verfügung.
Aufgrund der großen Anzahl an Beiträgen in einer Vielzahl von Plattformen ist
eine manuelle Analyse nur bedingt möglich; eine computerunterstützte Analyse
ist daher sinnvoll und notwendig.[36]

Obwohl in den letzten Jahren viele Forschungserkenntnisse die Qualität des
Opinion Minings immer weiter verbessert haben, gibt es immer noch zahlreiche
Herausforderungen:[37]

- Opinion Mining im Web 2.0
  Die Aktualisierungshäufigkeit von benutzergenerierten Inhalten im Web 2.0
  ist vergleichsweise hoch und die Meinung der Autoren kann sich rasch än-
  dern. Darüber hinaus können Meinungen auf vielerlei Art und Weisen kundgetan werden: von einem simplen „Like" in sozialen Netzwerken wie etwa
  Facebook, über Rezensionen bis hin zu umfangreichen Beiträgen in
  Weblogs.[38]

- Verarbeitung von umgangssprachlichen Äußerungen
  In Web 2.0-Angeboten werden Meinungen und Beiträge von Benutzern selbst
  erfasst, oftmals sind diese Texte grammatikalisch falsch, mit umgangssprachlichen oder internet- oder kontextspezifischen Begriffen und Wörtern ge-
  spickt. Vielfach setzen Autoren mit ihren Ansätzen aber „saubere" Texte für
  die Bewertung voraus.[39] Weiters sind beispielsweise in Microblogging-Platt-
  formen wie Twitter wenig Kontextinformationen vorhanden und es werden
  Ironie, Sarkasmus, Emoticons und verschiedenste Abkürzungen verwendet,
  wodurch wiederum das Opinion Mining erschwert wird.[40]

[35] Vgl. Mariampolski, 2001, 7ff.
[36] Vgl. Kaiser, 2009, S. 90
[37] Vgl. Pang/Lee, 2008, 16ff.
[38] Vgl. Maynard/Bontcheva/Rout, 2012
[39] Vgl. Shimada/Endo, 2008, S. 1007
[40] Vgl. Maynard/Bontcheva/Rout, 2012

- Deutsche Sprache
  Ein Großteil der veröffentlichten Forschungsergebnisse fokussiert auf die englische, chinesische oder arabische Sprache; manche der im Opinion Mining verwendeten Algorithmen können aber nicht beliebig auf andere Sprachen übertragen werden.[41,42]

- Relevanz von Inhalt
  Mithilfe von Web Crawlern können Informationen aus dem Web gesammelt werden, aber selbst wenn Web Crawler auf bestimmte Themen oder Domains eingeschränkt werden, bedeutet das nicht zwangsläufig, dass jede einzelne gefundene Seite auch tatsächlich relevant ist bzw. jeder Bereich der Seite relevant ist. Üblicherweise sind Webseiten aus mehreren inhaltlichen Komponenten aufgebaut (wie Navigationselemente, Vorschau auf andere Artikel, Infoboxen für Veranstaltungen, etc.), die aber für das Opinion Mining wenig relevant sind.[43,44]

- Umgang mit Spam
  Meinungen aus den Social Web Plattformen werden immer häufiger für Kaufentscheidungen, für die Gestaltung von Produktdesigns, etc. verwendet; positive Meinungen bedeuten daher häufig bessere Chancen für den Verkauf, für die Kundenakzeptanz, etc. Dieses System kann mit falsch verbreiteten Meinungen ausgenutzt werden, um gezielt Produkte, Services, Organisationen oder Personen zu promoten oder den Mitbewerb durch negative Meinungen zu verunglimpfen. Die automatisierte Erkennung von „Opinion Spam" ist äußert schwierig.[45,46]

---

[41] Vgl. Chen/Zimbra, 2010
[42] Vgl. Pang/Lee, 2008, S. 42
[43] Vgl. Maynard/Bontcheva/Rout, 2012
[44] Vgl. Yi/Liu, 2003
[45] Vgl. Jindal/Liu, 2008
[46] Vgl. Jindal/Liu, 2007

1.2   Ziel und Forschungsinteresse

Aus obigen Ausführungen wird evident, dass es noch zahlreiche Herausforderungen im Opinion Mining zu bewältigen gibt, um einen unternehmensrelevanten Einsatz zur Analyse der Meinungen gewährleisten zu können. Um den Herausforderungen systematisch zu begegnen, ist das zentrale *Ziel dieser Arbeit, ein Vorgehensmodell für das Opinion Mining für Web 2.0-Quellen zu entwickeln und dieses als Software-Prototyp umzusetzen und zu evaluieren. Der Fokus wird dabei auf die Sichtweise von Unternehmen gelegt, d.h. es stehen benutzergenerierte Meinungen rund um Produkte und Marken von Unternehmen im Vordergrund; die politische Diskussion sowie deren Behandlung im Opinion Mining wird nicht näher betrachtet.*

Die Forschungsfrage lautet:

Wie kann ein Vorgehensmodell zum Opinion Mining auf Basis einer Analyse von Web 2.0-Quellen sowie von Techniken und Methoden zum Opinion Mining systematisch konzipiert und in einem Software-Prototyp zur Anwendung gebracht werden, um Meinungen und Stimmungen aus Web 2.0-Quellen aus der Perspektive eines Unternehmens zu extrahieren und zu analysieren?

Obige globale Forschungsfrage wird in folgende Fragestellungen untergliedert:

- *Fragestellung 1: Welche Web 2.0-Quellen können als Basis für Opinion Mining herangezogen werden und welche Besonderheiten ergeben sich daraus?*
  Ziel der Fragestellung ist es, zu klären, welche Quellen im Web 2.0 für Meinungen von Web-Benutzern identifiziert werden können und die Besonderheiten dieser Quellen sollen aufgezeigt werden. Als Ergebnis wird ein Überblick über mögliche Web 2.0-Quellen und deren Besonderheiten erwartet.

- *Fragestellung 2: Welche Methoden und Algorithmen sind für die effektive Durchführung des Opinion Minings notwendig?*
  Ziel der Fragestellung ist es, eine umfassende Analyse, Evaluierung und Aus-

wahl von bestehenden Methoden und Algorithmen zur Bewertung des Sentiments in Textdaten durchzuführen. Als Ergebnis wird ein Überblick über Methoden und Algorithmen sowie eine Bewertung der Eignung und Einsetzbarkeit der unterschiedlichen Methoden und Algorithmen in Bezug auf die Sentimentanalyse nach quantitativen und qualitativen Indikatoren erwartet.

- *Fragestellung 3: Wie können die Methoden und Algorithmen des Opinion Minings in einem durchgängigen Vorgehensmodell systematisiert werden?*
  Ziel der Fragestellung ist es, ein Vorgehensmodell zum Opinion Mining und der adäquaten Methoden und Algorithmen zu konzipieren. Als Ergebnis wird ein Vorgehensmodell erwartet.

- *Fragestellung 4: Wie können die identifizierten Methoden und Algorithmen in einem Software-Prototyp implementiert werden?*
  Ziel der Fragestellung ist es, das zuvor konzipierte Vorgehensmodell in einem Software-Prototyp zu implementieren. Das erwartete Ergebnis ist ein Software-Prototyp.

- *Fragestellung 5: Wie kann der Software-Prototyp zur Anwendung gebracht werden und wie kann die Validität des im Prototyp zur Anwendung gebrachten Vorgehensmodells überprüft werden?*
  Ziel der Fragestellung ist es, die Validität des Vorgehensmodells am Beispiel einer konkreten Web 2.0-Quelle zu überprüfen. Als Ergebnis wird eine qualitative Evaluierung des Vorgehensmodells und der eingesetzten Algorithmen und Methoden erwartet.

1.3 Thematische Einordnung und Lösungsmethodik

Die vorliegende Arbeit ist der wissenschaftlichen Disziplin der Wirtschaftsinformatik zuzuordnen. Kerngebiet der Wirtschaftsinformatik ist die Entwicklung und das Management von betrieblichen Informationssystemen. Die Kernaufgaben der

Wirtschaftsinformatik sind die Erklärung und Gestaltung ihres Gegenstandsbereichs „Informationssysteme".[47] Im anglo-amerikanischen Raum steht die „Information Systems Research" im Vordergrund, die in der Literatur teilweise gleich zur Wirtschaftsinformatik gesetzt wird[48]; dennoch sind Unterschiede zu erkennen: während in der Wirtschaftsinformatik die technische Seite stärker betont wird, stehen in der Information Systems Research die sozialen Aspekte von Informationssystemen stärker im Vordergrund.[49]

Das Forschungsziel dieser Arbeit ist die Konzeption eines Vorgehensmodells und die Anwendung des Vorgehensmodells in einem Software-Prototypen. Österle et al. halten fest, dass die Ergebnistypen der gestaltungsorientierten Wirtschaftsinformatik unter anderem Konzepte, Modelle, Methoden und Implementierungen von Lösungen als Prototypen sind.[50] Vor dem Hintergrund dieser Feststellung liegt die Zuordnung des Forschungsansatzes dieser Arbeit zur gestaltungsorientierten Wirtschaftsinformatik auf der Hand. Österle et al. führen als typische Forschungsmethoden in der Analysephase Umfragen, Fallstudien und Tiefeninterviews mit Expert/innen an. In der Phase des Entwurfs von Artefakten kommen häufig die Konstruktion von Prototypen und die Modellierung mit Werkzeugen vor, die Evaluierung der Artefakte kann typischerweise mit Hilfe von Laborexperiment, Pilotierung (Anwendung des Prototyps), Feldexperiment oder Prüfung durch Expert/innen vorgenommen werden.[51] Im Rahmen der Design Science Research werden IT-Artefakte konstruiert und evaluiert. Unter IT-Artefakten werden Konstrukte, Modelle, Methoden und Instanziierungen verstanden, um Informationssysteme zu verstehen und entwickeln zu können. Design Science Research erfordert 1) die Identifikation und Beschreibung eines IT-Problems, 2) den Nachweis, dass keine adäquaten Lösungen vorhanden sind, 3) die Konstruktion eines IT-Artefakts, 4) eine Evaluierung des Artefakts, 5) eine Beschreibung des Erkenntnisgewinns und 6) eine Erklärung der Auswirkung auf das IT-

---

[47] Vgl. Heinrich/Heinzl/Roithmayr, 2007, 15ff.
[48] Vgl. Lehner/Zelewski, 2007, 71f.
[49] Vgl. Stahl, 2009, S. 115
[50] Vgl. Österle et al., 2010, S. 667
[51] Vgl. Österle et al., 2010, S. 668

Management.[52] Hevner et al. schlagen detaillierte Richtlinien und Methoden zur Durchführung von Design Science Research vor.[53] Wilde/Hess untersuchen die Forschungsmethoden der Wirtschaftsinformatik und zeigen, dass argumentativ-, konzeptionell- und formal-deduktive Analysen, Prototyping, Fallstudien und quantitative Querschnittanalysen vorwiegend zum Einsatz kommen.[54]

In der Arbeit werden verschiedene Methoden aus der gestaltungsorientierten Wirtschaftsinformatik eingesetzt, um die Zielstellung zu erreichen. Im Folgenden werden die Struktur und die Lösungsmethodik der Untersuchung vorgestellt, welche aus den Fragestellungen abgeleitet werden.

Fragestellung 1 – Identifikation und Analyse von Web 2.0-Quellen
Zur Identifikation von möglichen Web 2.0-Quellen für Sentimentanalysen wird sowohl bestehende Literatur recherchiert und analysiert als auch eine Web-Recherche und -Analyse durchgeführt. Ziel der Literaturrecherche und -analyse ist die fundierte Erschließung und Aufarbeitung des Forschungskontexts. Um die Web 2.0-Quellen und deren Charakteristika analysieren zu können, müssen Web-Recherchen und -Analysen sowie eine empirische Erhebung durchgeführt werden. In der empirischen Erhebung wird ermittelt, welche Unterschiede zwischen den für das Opinion Mining relevanten Web 2.0-Quellen in Bezug auf auswertungsrelevante Elemente bestehen. Die empirische Erhebung wird im Kapitel 3.3.2 ausführlich dargestellt und erläutert.

Fragestellung 2 – Methoden und Algorithmen zur Durchführung von Opinion Mining
Eine Vielzahl von Methoden und Algorithmen können zur Analyse von Meinungen herangezogen werden. Diese werden in der Literatur recherchiert und anschließend nach quantitativen und qualitativen Kriterien evaluiert, um die Eignung und Einsetzbarkeit in Bezug auf die Besonderheiten unterschiedlicher Web 2.0-

---

[52] Vgl. March/Storey, 2008, S. 726
[53] Vgl. Hevner et al., 2004, 82ff.
[54] Vgl. Wilde/Hess, 2007

Quellen bzw. der deutschen Sprache beurteilen zu können. Je nach Methode werden unterschiedliche Kriterien angewendet (wie Precision, Recall, Laufzeitperformanz, etc.). Ausgangspunkt für die Literaturrecherche sind die wissenschaftlichen Datenbanken ACM Digital Library, Springer Link, EBSCO und IEEE Xplore Digital Library, scholar.google.com sowie die „klassische" Bibliothekssuche. Als Suchbegriffe wurden die Begriffe „Opinion Mining", „Sentiment Analysis", „Sentiment Classification" verwendet.

Fragestellung 3 – Erstellung eines Vorgehensmodells

Um ein Vorgehensmodell konzipieren zu können, werden auf Basis einer Literaturrecherche und -analyse zuerst der Begriff sowie die grundlegenden Elemente eines Vorgehensmodells geklärt. Anschließend werden die in Fragestellung 1 identifizierten Web 2.0-Quellen und deren Besonderheiten mit den in Fragestellung 2 ermittelten Algorithmen und Methoden zu einem Vorgehensmodell zur Sentimentanalyse systematisiert. Dies erfordert eine Zusammenführung der gewonnen Erkenntnisse aus der wissenschaftlichen Literatur und der empirischen Erhebung. Das Ergebnis dieser Zusammenführung ist ein Vorgehensmodell zur Durchführung von Opinion Mining für Web 2.0-Quellen. Das Vorgehensmodell beinhaltet dabei Phasen bzw. Aufgaben zum Opinion Mining sowie mögliche, in der jeweiligen Phase einsetzbare Methoden und Algorithmen zur Verarbeitung der gewonnenen Daten.

Fragestellung 4 – Prototyp

Das zuvor konzipierte Vorgehensmodell wird in einem Software-Prototypen abgebildet. Die Vorgehensweise des Prototypings entspricht der des experimentellen Prototypings. Ziel des Prototypings ist es, bestimmte Problemlösungen zu beurteilen und die Tauglichkeit von Architekturmodellen und Lösungsideen für einzelne Systemkomponenten nachzuweisen. Die Vorgehensweise beim experimentellen Prototyping ist wie folgt: Ausgehend von ersten Vorstellungen über das System wird ein Prototyp entwickelt, der es erlaubt, anhand von Anwendungsbeispielen das Zusammenspiel und die Flexibilität der Systemzerlegung zu erproben. Maßgeblich für den Prototyp ist nicht die Qualität, sondern die Funktionalität sowie die Kürze der Entwicklungszeit.[55]

Fragestellung 5 – Anwendung, Proof of Concept
Die Anwendbarkeit des Vorgehensmodells und des darauf aufbauenden Prototyps wird in diesem Schritt mittels einer quantitativen Analyse am Beispiel einer konkreten Web 2.0-Quelle durchgeführt.

Reflexion
Die Reflexion stellt den Abschluss der Arbeit dar und beinhaltet die Zusammenfassung der zentralen Erkenntnisse sowie eine kritische Auseinandersetzung mit den gewonnenen Ergebnissen.

1.4 Aufbau und Struktur

Abb. 1.1 stellt den Aufbau der Arbeit überblicksweise dar.

---

[55] Vgl. Pomberger/Pree, 2004, 27f.

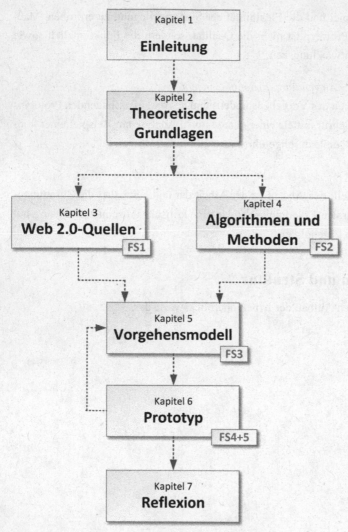

Abb. 1.1: Aufbau der Arbeit (eigene Darstellung)

Kapitel 2 gibt einen Überblick über die Grundlagen des Forschungsthemas. Das Kapitel enthält neben der Definition der wichtigsten Grundbegriffe einen Überblick über Ansätze und Forschungsrichtungen sowie den Stand der Forschung im Opinion Mining.

In Kapitel 3 werden die Begriffe „Web 2.0" und „User Generated Content" aufgegriffen. Diese „Web 2.0"-Quellen enthalten viele Meinungen und Stimmungen von Konsumenten und sind daher der Ausgangspunkt für das Opinion Mining. Im Rahmen dieses Kapitels werden die möglichen Quellen identifiziert und deren Besonderheiten anhand einer empirischen Erhebung ermittelt.

Kapitel 4 zeigt die unterschiedlichen Algorithmen und Methoden, die im Rahmen des Opinion Minings zum Einsatz kommen können. Diese werden gegenübergestellt und ihre Eignung für das Opinion Mining wird evaluiert.

Kapitel 5 setzt sich mit dem Vorgehensmodell auseinander. Der Rahmen für ein Vorgehensmodell wird aus der Literatur abgeleitet; die Web 2.0-Quellen sowie die möglichen Methoden und Algorithmen werden im Vorgehensmodell systematisiert. Die dazu notwendigen Vorkenntnisse sind in den Kapiteln 3 und 4 aufgearbeitet.

Kapitel 6 beschreibt die Umsetzung des Vorgehensmodells in einen Software-Prototyp sowie die Anwendung des Prototyps an einem konkreten Beispiel, um das Vorgehensmodell kritisch hinterfragen und verbessern zu können.

Den Abschluss bildet Kapitel 7. In diesem Kapitel werden die zentralen Erkenntnisse zusammengefasst und kritisch reflektiert. Ein Ausblick auf weitere mögliche wissenschaftliche Themen, die an diese Arbeit anschließen können, komplettiert diese Arbeit.

2 Opinion Mining – Grundlagen und Stand der Forschung

In diesem Kapitel werden die Grundlagen des Opinion Minings erläutert, sowie der Stand der Forschung dargestellt. Es werden zentrale Begriffe definiert und abgegrenzt und somit die theoretische und definitorische Grundlage für die weitere Arbeit gelegt.

2.1 Definitionen, Begriffe

Beim Opinion Mining geht es darum, textuell vorliegende Meinungen von Menschen zu analysieren und ihre Einstellung zu Produkten, Marken, Organisationen, Personen, Veranstaltungen oder ganz allgemein zu Themen auszuwerten. Die verwendeten Methoden stammen dabei aus verschiedenen Bereichen: aus Web-Crawling und Information Retrieval zur Informationsbeschaffung, Text Mining Methoden, linguistischen Algorithmen, semantischen Technologien sowie Information Retrieval Ansätzen zur Inhaltsanalyse und -kondensierung zur Informationsaufbereitung.[56,57]

Wie bereits eingangs angeführt, werden einige Begriffe rund um Opinion Mining wie „Sentimentanalyse", „Opinion Extraktion", „Sentiment Mining", „Subjektivitätsanalyse", „Affektanalyse", „Emotionsanalyse", „Review Mining", etc. teils synonym, teils unterschiedlich verwendet. Im Folgenden sollen diese Begriffe geklärt und definiert werden.

---

[56] Vgl. Liu, 2012, S. 8
[57] Vgl. Esuli, 2008, xvi

© Springer Fachmedien Wiesbaden GmbH, ein Teil von Springer Nature 2019
G. Petz, *Opinion Mining im Web 2.0*, https://doi.org/10.1007/978-3-658-23801-8_2

2.1.1   Opinion und Opinion Mining

2.1.1.1   Meinung (Opinion)

In der Literatur finden sich etliche Diskussionen, wie der Begriff „Meinung" definiert und abgegrenzt werden kann, z.B. in Osgood et al.[58], Toulmin[59] oder Perelman[60]. Im Bereich der computerunterstützten Verarbeitung von Texten sind häufig auch Begriffe wie „Subjektivität" (z.B. Riloff et al.[61]), Fakten und Meinung (z.B. in Yu/Hatzivassiloglou[62]) zu finden. Eine erste Definition von Meinung im Kontext von Opinion Mining liefern Kim/Hovy: eine Meinung ist ein *Quadrupel* ($Thema, Meinungsinhaber, Behauptung, Sentiment$), wobei ein Meinungsinhaber eine Behauptung über ein bestimmtes Thema mit einer bestimmten Stimmungsrichtung abgibt.[63]

Liu definiert „Opinion" wie folgt: Eine Meinung (Opinion) ist ein *Quintupel* $(e_i, a_{ij}, s_{ijkl}, h_k, t_l)$, wobei

e_i	Name einer Entität,
a_{ij}	Aspekt bzw. Eigenschaft einer Entität,
s_{ijkl}	Stimmungsrichtung,
h_k	Meinungsinhaber („opinion holder"),
t_l	Zeitpunkt, zu dem die Meinung verfasst wurde.

e_i und a_{ij} repräsentieren gemeinsam das Meinungsziel („opinion target"). Die Indizes deuten an, dass diese Elemente immer zusammengehörig zu betrachten sind. Wenn sich die Meinung auf die Entität als Ganzes bezieht, dann wird der spezielle Aspekt „GENERAL" für s_{ijkl} verwendet.[64,65]

---

[58] Vgl. Osgood/Suci/Tannenbaum, 1975
[59] Vgl. Toulmin, 2003, 59ff.
[60] Vgl. Perelman, 1979
[61] Vgl. Riloff/Wiebe/Wilson, 2003
[62] Vgl. Yu/Hatzivassiloglou, 2003
[63] Vgl. Kim/Hovy, 2004, S. 1367
[64] Vgl. Liu, 2012, 12f.
[65] Vgl. Liu/Zhang, 2012, S. 418

Eine Entität ist ein Produkt, Service, Person, Ereignis, Organisation oder Thema und ist durch ein Paar (T, W) repräsentiert. T stellt dabei hierarchische Komponenten oder Teile der Entität dar, W repräsentiert eine Menge von Attributen der Entität, wobei jede Komponente einer Entität über eine Menge von Attributen verfügt. Eine Entität kann also als Hierarchie oder Baum dargestellt werden; die Wurzel des Baumes ist der Name der Entität.[66] Aus Gründen der Praktikabilität wird diese komplexe Repräsentation häufig vereinfacht und durch den Terminus „Aspekt" ersetzt. Ein Aspekt bildet demnach Komponenten als auch Eigenschaften einer Entität ab. Die Baumdarstellung vereinfacht sich dahingehend, dass nur mehr zwei Ebenen vorkommen: auf der obersten Ebene (und gleichzeitig als Wurzel) die Entität; auf der zweiten Ebene die unterschiedlichen Aspekte der Entität.[67]

Der Terminus s stellt die Stimmungsrichtung (auch als Polarität bezeichnet) eines Meinungsinhabers gegenüber der Entität oder dem Aspekt dar. Die Stimmungsrichtung kann damit mit verschiedenen Skalenniveaus dargestellt werden: beispielsweise als [positiv, negativ, neutral] oder als numerisches Rating (z.B. mit 1-5 Sternen oder ähnlich), um die Stärke der Stimmungsrichtung auszudrücken.[68,69,70]

Der Meinungsinhaber („opinion holder", „opinion source") ist eine Person oder eine Organisation, die eine bestimmte Meinung vertritt. Die Identifikation von Meinungsinhabern ist insbesondere bei Nachrichtenartikeln schwierig, weil selten der Autor des Artikels der Meinungsinhaber ist, sondern viel eher eine Person oder Organisation zitiert wird, die eine bestimmte Meinung hat.[71] Kim/Hovy haben beispielsweise in ihrem Research Paper „Identifying Opinion Holders for Question Answering in Opinion Texts" einen Ansatz vorgestellt, um Meinungsinhaber zu identifizieren.[72]

---

[66] Vgl. Liu/Zhang, 2012, 417f.
[67] Vgl. Liu/Zhang, 2012, 417f.
[68] Vgl. Liu, 2012, S. 10
[69] Vgl. Liu, 2008, S. 412
[70] Vgl. Wiebe/Wilson/Cardie, 2005, S. 166
[71] Vgl. Ding/Liu/Yu, 2008, S. 233
[72] Vgl. Kim/Hovy, 2005

2.1.1.2   Arten von Meinungen

In Texten können unterschiedliche Arten von Meinungen identifiziert werden:

- Reguläre Meinung

  Häufig wird in der Literatur mit „Meinung" auf die reguläre Meinung refe-
  renziert; hier können wiederum zwei Arten unterschieden werden:[73,74]

  o Direkte Meinung

    Eine direkte Meinung ist dann gegeben, wenn der Meinungsinhaber seine
    Meinung direkt auf eine Entität oder auf einen Aspekt bezieht und aus-
    drückt, beispielsweise „Die Sprachqualität des Telefons ist sehr gut".

  o Indirekte Meinung

    Eine indirekte Meinung liegt dann vor, wenn die Meinung zu einer Entität
    oder einem Aspekt indirekt ausgedrückt wird, beispielsweise als Resultat
    einer anderen Entität. Diese Art von Meinung kommt häufig im medizi-
    nischen Bereich vor, z.B. „Nach der Injektion des Impfstoffes fühlten
    sich meine Gelenke schlechter an". In diesem Fall bezieht sich die nega-
    tive Stimmung auf den Impfstoff.

- Vergleichende Meinung

  Bei der vergleichenden Meinung werden – wie der Name schon andeutet –
  zwei oder mehrere Entitäten oder Aspekte von Entitäten in eine Beziehung
  zueinander gestellt. Eine vergleichende Meinung ist beispielsweise die Aussage „Canon ist besser als Nikon". Auch bei der vergleichenden Meinung
  können mehrere Arten unterschieden werden:[75]

  o Bewertende Vergleiche

    - Vergleich mit Rangfolge

      Mit Vergleichsaussagen dieser Art werden die Entitäten bzw. As-
      pekte in eine Rangfolge gebracht, z.B. „Coca Cola schmeckt besser
      als Pepsi".

---

[73] vgl. Liu, 2012, 18f.
[74] Vgl. Liu, 2008, 418ff.
[75] Vgl. Liu, 2012, 99ff.

- ▪ Vergleich mit gleicher Bewertung
  Die Entitäten bzw. die gemeinsamen Aspekte von Entitäten werden in solchen vergleichenden Aussagen als gleich gewertet, z.B. „Coca Cola und Pepsi schmecken gleich".
- ▪ Vergleich mit Superlativ
  Mit dieser Art von Aussage wird eine Entität in einer Rangfolge über alle anderen gereiht, z.B. „Coca Cola ist der beste Soft Drink".
- o Nicht-bewertende Vergleiche
  - ▪ Darstellung von Unterschieden
    Die gemeinsamen Aspekte von zwei oder mehreren Entitäten werden verglichen, aber nicht in eine Rangfolge gebracht, z.B. „Coca Cola schmeckt anders als Pepsi".
  - ▪ Vergleich von unterschiedlichen Aspekten
    In diesem Fall werden unterschiedliche Aspekte von Entitäten ohne Bewertung gegenübergestellt, z.B. „Desktop PCs verwenden externe Lautsprecher, während Laptops interne verwenden".
  - ▪ Gegenüberstellung von Aspekten
    Bei Aussagen dieser Art wird ein Aspekt einer Entität A einer Entität B gegenübergestellt, der aber für Entität B nicht existiert, z.B. „Das Nokia wird mit Ohrhörern ausgeliefert, das iPhone nicht".

Neben der Unterscheidung in reguläre und vergleichende Meinung kann weiters zwischen expliziter und impliziter Meinungsäußerung unterschieden werden:[76]

- • Explizite Meinung
  Bei der expliziten Meinungsäußerung ist die Meinung als solches klar erkennbar; die Meinung kann regulär oder vergleichend sein. Der Satz „Coca Cola schmeckt sehr gut." drückt beispielsweise eine explizite Meinung aus.
- • Implizite Meinung
  Eine implizite Meinung ist eine objektive Aussage, die aber eine reguläre oder

---

[76] vgl. Liu, 2012, 18f.

vergleichende Meinung impliziert, und damit in der Regel ein wünschenswertes oder unerwünschtes Faktum ausdrückt, z.B. „Ich habe diese Matratze vor einer Woche gekauft. Jetzt haben sich schon Mulden gebildet".

2.1.1.3   Subjektivität, Emotion

Eng mit dem Begriff der „Meinung" sind „Subjektivität" und „Emotion" verbunden:

- Subjektivität

  Ein subjektiver Satz enthält persönliche Eindrücke, Ansichten, Gefühle, Wünsche, Spekulationen und auch Meinungen. Eine subjektive Aussage muss nicht notwendigerweise eine Stimmungsrichtung beinhalten, z.B. ist der Satz „Ich glaube, dass er heimgegangen ist." subjektiv, enthält aber keine Stimmungsrichtung.

  Objektive Sätze enthalten Fakten über bestimmte Objekte, trotzdem kann mit objektiven Sätzen implizit eine Meinung ausgedrückt werden (vgl. 2.1.1.2). [77,78,79,80]

- Emotion

  Emotionen sind ebenfalls eng mit Meinung und Stimmungsrichtung verbunden; Emotionen sind grundsätzlich subjektive Gefühle und Überlegungen. In der Literatur lassen sich verschiedene Ansätze und Richtungen von Emotion identifizieren: Es werden entweder die instinktiven und universellen Reaktionen von Menschen in den Mittelpunkt gerückt oder Emotionen werden als körperliche Reaktionen des Menschen aufgefasst. Der kognitive Ansatz fokussiert auf die Bewertung von Emotionen, während der soziale Ansatz Emotionen im Sinn von sozialen Aspekten untersucht.[81] Im Zusammenhang mit Opinion Mining spielt der kognitive Aspekt die wichtigste Rolle. Es gibt offenbar keine übereinstimmende Meinung, welche Kategorien von Emotionen

---

[77] Vgl. Wiebe, 2000
[78] Vgl. Riloff/Patwardhan/Wiebe, 2006, 441ff.
[79] Vgl. Bruce/Wiebe, 1999, 188ff.
[80] Vgl. Esuli, 2008, S. 29–44
[81] Vgl. Cornelious, 1995

beim Menschen auftreten; häufig werden aber Liebe, Freude, Überraschung, Wut, Trauer und Angst neben vielen weiteren Subkategorien angeführt.[82] Emotion und Meinung sind nicht deckungsgleich, denn beispielsweise müssen emotionale Aussagen nicht unbedingt eine Stimmungsrichtung oder eine Meinung in Bezug auf ein bestimmtes Objekt ausdrücken (z.B. „Ich bin traurig.").[83]

2.1.1.4 Opinion Mining, Sentimentanalyse

Der Begriff „Opinion Mining" ist nicht der einzige Begriff, der in diesem Umfeld verwendet wird. „Opinion Mining" wird beispielsweise von Dave et al.[84], Ding/Liu[85], Esuli[86,87], Grefenstette et al.[88], Morinaga et al.[89] aufgegriffen. „Opinion Analyse" („opinion analysis") wird beispielsweise in Evans et al.[90], Riloff et al.[91], Funk et al.[92], Jindal/Liu[93] verwendet, „Sentiment Klassifikation" („sentiment classification") wird unter anderem von Pang et al.[94], Zhongchao et al.[95], Gamon[96], Nadali et al.[97], „Sentimentanalyse" („sentiment analysis") von Abbasi et al.[98], Boiy et al.[99], Boyd-Grabner/Resnik[100] und Liu[101] verwendet. Neben diesen

---

[82] Vgl. Ekman, 1993
[83] Vgl. Liu, 2012, 19ff.
[84] Vgl. Dave/Lawrence/Pennock, 2003
[85] Vgl. Ding/Liu, 2007
[86] Vgl. Esuli/Sebastiani, 2007
[87] Vgl. Esuli, 2008
[88] Vgl. Grefenstette et al., 2004
[89] Vgl. Morinaga et al., 2002
[90] Vgl. Evans et al., 2007
[91] Vgl. Riloff/Patwardhan/Wiebe, 2006
[92] Vgl. Funk et al., 2008
[93] Vgl. Jindal/Liu, 2008
[94] Vgl. Pang/Lee/Vaithyanathan, 2002
[95] Vgl. Zhongchao/Jian/Gengfeng, 2004
[96] Vgl. Gamon, 2004
[97] Vgl. Nadali/Masrah/Rabiah, 2010
[98] Vgl. Abbasi/Chen/Salem, 2008
[99] Vgl. Boiy et al., 2007
[100] Vgl. Boyd-Graber/Resnik, 2010
[101] Vgl. Liu, 2010

Begriffen taucht weiters die „Affekt Analyse" („affect analysis") auf (u.a. in Subasic/Huettner[102], Abbasi et al.[103], Grefenstette et al.[104]).

Die einzelnen Begriffe liegen eng beisammen und beziehen sich die gleiche Disziplin, betonen jedoch verschiedene spezifische Aufgaben. Beispielsweise wird „Sentiment Klassifikation" üblicherweise in Forschungsarbeiten verwendet, die ein gesamtes Dokument als positiv oder negativ klassifizieren. Liu führt in seinem Buch „Sentiment Analysis and Opinion Mining" sogar beide Begriffe im Titel an (ebenso beispielsweise Pang/Lee[105]); lt. Liu ist der Begriff „Sentimentanalyse" im betrieblichen Umfeld verbreitet, während im Forschungsbereich beide Begriffe häufig verwendet werden. Liu verwendet die beiden Begriffe synonym. Wie oben angeführt, kann der Begriff „Opinion" sehr breit aufgefasst werden; Opinion Mining und Sentimentanalyse fokussieren aber letztlich auf Meinungen, die eine bestimmte – positive oder negative – Stimmungsrichtung implizieren.[106]

Liu/Zhang definieren Opinion Mining und Sentimentanalyse als Synonyme:

„Sentiment analysis or opinion mining is the computational study of people's opinions, appraisals, attitudes, and emotions toward entities, individuals, issues, events, topics and their attributes."[107]

In Anlehnung an diese Definition wird in dieser Arbeit folgende Arbeitsdefinition verwendet:

Opinion Mining ist die computerunterstützte Analyse und systematischen Aufbereitung von Meinungen, Einschätzungen, Einstellungen und Gefühle von Menschen gegenüber Unternehmen, Marken, Personen, Themen und ihren Attributen. Dabei kommen Methoden aus den Bereichen des Information Retrieval, Text Mining, Web Mining und Natural Language Processing zum Einsatz. Sentimentanalyse ist eine Teilaufgabe des Opinion Minings und bezieht sich auf die Bestimmung der Stimmungsrichtung.

---

[102] Vgl. Subasic/Huettner, 2001
[103] Vgl. Abbasi et al., 2008
[104] Vgl. Grefenstette et al., 2004
[105] Vgl. Pang/Lee, 2008
[106] Vgl. Liu, 2012, S. 1
[107] Liu/Zhang, 2012, S. 415

2.1.2   Abgrenzung zu anderen Forschungsbereichen

Opinion Mining bedient sich vieler Methoden und Ansätze von verschiedenen Forschungsrichtungen. Letztlich kann Opinion Mining als Natural Language Processing (NLP) Problem aufgefasst werden, da die gleichen Herausforderungen (Koreferenz, Behandlung von Verneinungen, etc.) bestehen. Opinion Mining ist aber trotzdem nicht mit NLP gleichzusetzen, da es im Opinion Mining nicht notwendig ist, die Texte oder Sätze semantisch zu verstehen, sondern nur bestimmte Aspekte – wie zum Beispiel die Stimmungsrichtung – beleuchtet werden.[108] Wird Opinion Mining auf Web-Quellen angewendet, dann können aber auch Algorithmen und Ansätze aus den Bereichen Web Mining oder Text Mining zur Anwendung kommen.

Diese Bereiche – Data Mining, Text Mining, Web Mining, Natural Language Processing, Information Retrieval und Information Extraction – werden im Folgenden kurz aufgegriffen und dargestellt.

2.1.2.1   Data Mining

Data Mining ist ein Ansatz im Bereich des Data Engineering und Knowledge Discovery; primär geht es beim Data Mining darum, Wissen aus großen Datenmengen zu generieren. Diese Datenmengen können dabei aus unterschiedlichen Datentypen bestehen; unabhängig von den Datentypen ist der Hauptzweck von Data Mining, versteckte bzw. neue Muster in Daten zu erkennen. [109] Häufig wird Data Mining mit „Knowledge Discovery in Databases" (KDD) synonym verwendet; KDD ist aber umfassender als Data Mining, da der Gesamtprozess der Mustererkennung betrachtet wird, also von der Vorbereitung der Daten bis hin zur Bewertung der Resultate. Data Mining ist nur ein Schritt im KDD-Prozess, der verschiedene Data Mining Algorithmen einsetzt, um Muster zu erkennen.[110]

Abb. 2.1 stellt die Schritte im KDD-Prozess dar:

---

[108] Vgl. Liu, 2012, S. 6
[109] Vgl. Xu/Zhang/Li, 2011, 5f.
[110] Vgl. Fayyad/Piatetsky-Shapiro/Smyth, 1996, 9ff.

1. Als erstes wird ein Verständnis über die Domäne hergestellt und eine rele-
    vante Teilmenge an Daten wird für die weitere Bearbeitung selektiert.

2. Im nächsten Schritt erfolgt die Datenbereinigung und -vorverarbeitung, d.h.
    in diesem Schritt werden grundlegende Operationen (z.B. Entscheidung über
    den Umgang mit fehlenden Daten, etc.) durchgeführt.

3. Datenreduktion und -projektion: Hierbei geht es um die Verwendung von
    verschiedenen Funktionen, um die Daten bzgl. der Dimensionen zu verrin-
    gern bzw. um die Anzahl der betrachteten Variablen zu reduzieren.

4. In diesem Schritt kommt das eigentliche Data Mining zum Einsatz. Je nach
    Zielsetzung können unterschiedliche Methoden zur Mustererkennung einge-
    setzt werden: Klassifikation, Regression, Clustering, etc. Je nach selektierter
    Methode können wiederum unterschiedliche Algorithmen verwendet wer-
    den; es muss auch eine Entscheidung über passende Parameter getroffen wer-
    den. Anschließend erfolgt die Anwendung der ausgewählten und parame-
    trierten Algorithmen.

5. Im letzten Schritt geht es darum, die Ergebnisse zu interpretierten, gegebe-
    nenfalls die vorangegangenen Schritte zu wiederholen und einer Wissensba-
    sis zuzuführen.[111]

Die Schritte sind nicht ausschließlich sequenziell zu verstehen, sondern können
Iterationen beinhalten.

---

[111] Vgl. Fayyad/Piatetsky-Shapiro/Smyth, 1996, 9ff.

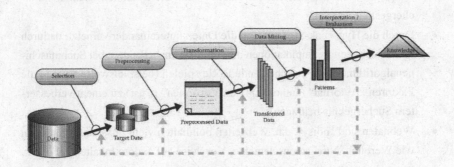

Abb. 2.1: KDD-Prozess[112]

Die meisten Data Mining Methoden basieren auf Konzepten aus dem Bereich Machine Learning, Pattern Recognition und Statistik: Klassifikation (Supervised Learning), Regression, Clustering (Unsupervised Learning), Summarization, Dependency Modeling und Change and Deviation Detection.[113,114]

2.1.2.2   Web Mining

Das Web ist im Kontext von Web Mining die Datenquelle. Zielsetzung des Web Minings ist es, nützliche Informationen aus der Hyperlink Struktur, dem Seiten Content und auf Basis von Nutzungsstatistiken zu extrahieren.[115] Web Mining basiert in vielen Teilbereichen auf dem „traditionellen" Data Mining, allerdings weist das Web einige spezifische Eigenschaften auf:

- Die Größe, das ständige Wachstum und die Dynamik, dass Inhalte im Web verändert oder gelöscht werden, stellt eine wesentliche Herausforderung dar.
- Die Datentypen sind sehr heterogen und reichen von unstrukturierten Multimediadaten bis hin zu strukturierten Tabellen.

---

[112] Fayyad/Piatetsky-Shapiro/Smyth, 1996, S. 10
[113] Vgl. Liu, 2008, 6f.
[114] Vgl. Fayyad/Piatetsky-Shapiro/Smyth, 1996, 9ff.
[115] Vgl. Xu/Zhang/Li, 2011, 5ff.

- Aufgrund der unterschiedlichen Autoren kann die Datenkonsistenz nicht sichergestellt werden.

- Durch die Hyperlink-Struktur sind die Daten untereinander vernetzt; dadurch lassen sich weitere Implikationen ableiten, die insbesondere bei Suchmaschinenalgorithmen eine entscheidende Rolle spielen (beispielsweise können die Faktoren „Autorität" (authority) und „Vertrauen" (trust) zu einem verbessertem Suchergebnis beitragen).

- Webdaten sind „noisy", d.h. Webseiten beinhalten viele Zusatzinformationen wie Werbung, Navigationselemente, Verweise auf andere Inhalte, etc.

- Nur bei einer Minderheit der Webseiten findet eine Qualitätskontrolle statt.

- Im Web entstehen virtuelle Gemeinschaften, bei der Personen miteinander kommunizieren und auf diese Art und Weise große Mengen an Informationen produzieren.[116]

Aufgrund dieser Eigenschaften wurden in den vergangenen Jahren etliche spezifische Aufgaben und Algorithmen entwickelt:

- Web Structure Mining: Das Ziel von Web Structure Mining ist es, nützliche Informationen auf Basis der Struktur der Hyperlinks zu extrahieren.

- Web Content Mining: Wie der Name bereits andeutet, werden beim Web Content Mining die Inhalte von Webseiten analysiert. Das Ziel von Web Content Mining ist es, die Suche nach Informationen im Web zu erleichtern.

- Web Usage Mining: Web Usage Mining beschäftigt sich mit dem Verhalten von Internet-Nutzern und bezieht sich auf die Erkennung von Mustern in Nutzungsstatistiken von Webseiten.

Der Web Mining Prozess ist grundsätzlich ähnlich zum KDD-Prozess; die größten Unterschiede bestehen üblicherweise in der Sammlung der Daten. Während beim traditionellen KDD die Daten häufig bereits in Datenbanken oder Data Warehou-

---

[116] Vgl. Stoffel, 2009, S. 7

ses vorliegen, müssen die Daten beim Web Mining zuerst gesammelt werden. Darüber hinaus können in den einzelnen Schritten wesentlich andere Methoden und Algorithmen zum Einsatz kommen.[117]

2.1.2.3   Text Mining

Text Mining ist die Ermittlung und Extraktion von Wissen aus freiem oder unstrukturiertem Text und wird gelegentlich auch als „Knowledge Discovery from Text" (KDT) bezeichnet. Die Vorgehensweise sowie die Methoden und Algorithmen sind dem KDD grundsätzlich ähnlich, der wesentlichste Unterschied besteht aber darin, dass die Datenquellen von Text Mining eben Texte – und somit in der Regel schwach strukturierte oder unstrukturierte Daten – sind.[118,119,120] Je nach Perspektive und Forschungsgebiet wird Text Mining unterschiedlich aufgefasst und definiert: [121]

- Text Mining wird mit Information Extraction gleichgesetzt; es geht vor allem darum, Fakten aus Text zu extrahieren.

- Text Mining wird als Text Data Mining bezeichnet; die Anwendung von Methoden und Algorithmen aus dem Bereich des Machine Learnings und der Statistik zum Finden von Mustern steht im Vordergrund. Eine Vorverarbeitung von Texten ist notwendig, um entsprechende Algorithmen und Methoden anwenden zu können.

- Text Mining wird in der Literatur auch vielfach dem KDD-Prozess gleichgesetzt oder zumindest als prozessorientierter Ansatz zur Analyse von Texten aufgefasst.[122,123,124]

---

[117] Vgl. Liu, 2008, 6f.
[118] Vgl. Kao/Poteet, 2010, S. 1
[119] Vgl. Hotho/Nürnberger/Paaß, 2005, 22ff.
[120] Vgl. Weiss et al., 2010, 2ff.
[121] Vgl. Hotho/Nürnberger/Paaß, 2005, 22ff.
[122] Vgl. Kodratoff, 1999
[123] Vgl. Hearst, 1999
[124] Vgl. Stavrianou/Andritsos/Nicoloyannis, 2007, 23f.

2.1.2.4   Natural Language Processing

Natural Language Processing (NLP) setzt sich mit der maschinellen Verarbeitung von natürlicher Sprache – sowohl von geschriebener Sprache (Text) als auch gesprochener Sprache –auseinander.[125]

Die Analyse von natürlicher Sprache wird häufig in Form eines Prozesses beschrieben (vgl. Abb. 2.2):

- Tokenization: Die Textvorverarbeitung dient dazu, Text in mehrere Segmente wie Wörter und Sätze zu zerteilen. Dies ist insbesondere bei Sprachen, bei denen die Wörter nicht immer durch Leerzeichen getrennt sind, keine triviale Aufgabe.

- Lexical Analysis: Mithilfe der lexikalischen Analyse können Wörter in Wortteile gegliedert werden, um so weitere Analyseschritte zu ermöglichen.

- Syntactic Analysis: Ein erster wesentlicher Schritt, um die Bedeutung von Sätzen ermitteln zu können, ist die syntaktische Analyse. Die syntaktische Analyse bereitet die grammatikalischen Strukturen der Sätze auf, die die Basis für die semantische Analyse darstellen.

- Semantic Analysis, Pragmatic Analysis: Die semantische und pragmatische Analyse soll die tatsächliche Bedeutung eines natürlichsprachlichen Textes aufbereiten. In diesem Bereich gibt es deutlicher weniger Forschungsergebnisse als im Bereich der syntaktischen Analyse.

---

[125] Vgl Amtrup, 2010, 2ff.

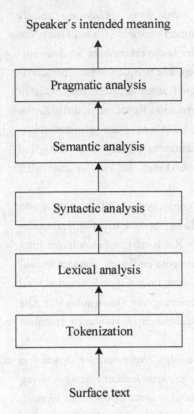

Abb. 2.2: Analysephasen bei der Verarbeitung von natürlicher Sprache[126]

Neben der Analyse von natürlichsprachlichen Texten ist auch die Generierung von Texten ein wichtiges Teilgebiet im Bereich von NLP.[127]

2.1.2.5   Information Retrieval, Information Extraction

Manning et al. definieren Information Retrieval wie folgt: „*Information retrieval (IR) is finding material (usually documents) of an unstructured nature (usually*

---

[126] Dale, 2010, S. 4
[127] Vgl. Dale, 2010, 4ff.

text) that satisfies an information need from within large collections (usually stored on computers)."[128] Der Begriff „unstrukturiert" bezieht sich auf Daten, die keine semantisch klare und offene, für Computer leicht erkennbare Struktur aufweisen. Texte haben in der Regel aber Strukturen, wie beispielsweise Überschriften, Absätze, Fußnoten, etc. Insofern ist der Begriff „unstrukturiert" für Textdaten nicht ganz korrekt. Typische Bereiche im Information Retrieval sind die Suche nach Dokumenten auf Basis von Suchbegriffen, die Filterung von gefundenen Dokumenten sowie die Klassifizierung von Dokumenten nach Inhalt. Die wichtigsten Information Retrieval Modelle sind das Boolesche Modell, das Vektorraummodell sowie das probabilistische Modell.

Information Extraction (IE) wird als Teildisziplin von Künstlicher Intelligenz (Artificial Intelligence, AI) aufgefasst. Die im Information Extraction verwendeten Technologien sind auch für das Information Retrieval von besonderem Interesse, da es nicht mehr „nur" darum geht, Dokumente zu finden, sondern zunehmend auch darum, Antworten auf Fragen zu erhalten. Information Extraction wird üblicherweise als Prozess der selektiven Strukturierung von Daten aufgefasst, die entweder implizit oder explizit in natürlichsprachlichen Dokumenten enthalten sind.[129]

Moens definiert Information Extraction wie folgt: *"Information Extraction is the identification, and consequent or concurrent classification and structuring into semantic classes, of specific information found in unstructured data sources, such as natural language text, making the information more suitable for information processing tasks."*[130]

Typische Aufgaben von Information Extraction sind demnach beispielsweise die Extraktion von bestimmten Daten aus einem Dokument wie Sprecher, Ort, etc. Dazu gehören auch die Erkennung von Eigennamen („Named Entity Recognition", NER), also von Personen, Organisationen, Orten, sowie die Auflösung von

---

[128] Manning/Raghavan/Schütze, 2008, S. 1
[129] Vgl. Moens, 2006, xi
[130] Moens, 2006, S. 4

Koreferenzen (Koreferenzen sind Ausdrücke, die das gleiche Objekt mit unterschiedlichen Begriffen bezeichnen).

Obwohl viele (Teil-)Aufgaben wie beispielsweise die Entity Recognition sowohl im Opinion Mining als auch in der Information Extraction bestehen, gibt es einige Unterschiede. Beispielsweise ist die Erkennung eines Meinungsinhabers ein Entity Recognition Problem; beim Opinion Mining ist der Meinungsinhaber aber nicht nur eine benannte Entität, sondern eine Entität, die eine Meinung ausdrückt. Ähnlich verhält es sich mit Produktfeatures: Während beim IE die Erkennung der Features im Vordergrund steht, ist im Opinion Mining von Bedeutung, welche Meinung mit einem Feature assoziiert wird. Darüber hinaus können Meinungen auf sehr vielfältige Art ausgedrückt werden, sodass Methoden und Algorithmen adaptiert werden müssen.[131,132]

2.1.3   Evaluierung von Klassifikationsmethoden

Im Opinion Mining werden häufig Klassifikationsmethoden eingesetzt, um die Stimmungsrichtung zu bewerten. Die Messung und Beurteilung der Effektivität der Methoden ist notwendig, um die Methoden vergleichen bzw. in Bezug auf den Praxiseinsatz beurteilen zu können.

2.1.3.1   Evaluierungsmethoden

Zur Evaluierung von Klassifikationsmethoden können verschiedene Varianten eingesetzt werden:

- Verwendung eines „Holdout Set"
  Die verfügbaren Daten werden in zwei disjunkte Teilmengen zerteilt: ein Trainingsset, um Klassifikationsmethoden zu trainieren und ein Testset, um die trainierte Methode anzuwenden und die Genauigkeit zu bewerten. Um diese Methode anwenden zu können, müssen einerseits viele Daten vorliegen und andererseits müssen alle Daten mit den entsprechenden Labels klassifiziert sein. Üblicherweise werden die Daten zwischen dem Trainingsset und

---

[131] Vgl. Pang/Lee, 2008, S. 56
[132] Vgl. Esuli, 2008, S. 116

dem Testset gleich aufgeteilt oder zwei Drittel werden für das Trainingsset und ein Drittel für das Testset verwendet. Die Aufteilung kann dabei nach dem Zufallsprinzip erfolgen oder – wenn Daten über einen längeren Zeitraum gesammelt werden – die früheren Daten werden als Trainingsset und die neueren als Testset verwendet.

- Mehrfache Zufallsstichprobe („Multiple Random Sampling")
  Die zuvor angeführte Methode kann bei kleinen verfügbaren Datenmengen nicht angewendet werden, da das Testset zu klein ist und damit keine statistisch vernünftig belegbare Aussagen getroffen werden können. Der Ansatz der mehrfachen Zufallsstichprobe sieht also vor, eine Zufallsstichprobe n mal zu ziehen; dadurch entstehen n verschiedene Trainingssets und Testsets und damit n Genauigkeiten, für die anschließend der Mittelwert berechnet wird.

- Kreuzvalidierung („Cross-Validation")
  Eine häufig für kleine Datenmengen eingesetzte Methode zur Evaluierung ist die Kreuzvalidierung. Hierbei werden die Daten in n gleich große, disjunkte Teilmengen unterteilt. Jede Teilmenge wird dann als Testset und die restlichen $n - 1$ Teilmengen als Trainingssets verwendet. Dieses Verfahren wird n mal wiederholt; wie bei der mehrfachen Zufallsstichprobe entstehen n Genauigkeiten, für die wiederum der Mittelwert berechnet wird. Häufig wird mit 5- bis 10-fachen Kreuzvalidierungen gearbeitet.[133]

2.1.3.2   Maßzahlen

Im Bereich des Information Retrieval bzw. im Bereich der Textklassifikation werden häufig folgende Maße verwendet: Genauigkeit, Präzision, Vollständigkeit und F-Maß. Je nach Kontext werden die Maßzahlen anders definiert. Im Kontext von Textklassifikation werden häufig die Terme „true positives", „true negatives", „false positives" und „false negatives" verwendet. Die Terme sind wie folgt zu interpretieren:

---

[133] Vgl. Liu, 2008, 71f.

		Klassifikationsergebnis	
		positiv	negativ
Tatsächliche Klasse	Positiv	**True positive (TP)** Anzahl der korrekten Klassifikationen der positiven Klasse Korrektes Ergebnis	**False negative (FN)** Anzahl der falschen Klassifikationen der positiven Klasse
	Negativ	**False positive (FP)** Anzahl der falschen Klassifikationen in der negativen Klasse	**True negative (TN)** Anzahl der korrekten Klassifikationen in der negativen Klasse Korrektes Ergebnis

Tab. 2.1 Confusion Matrix der Klassifikation[134]

Folgende Maßzahlen werden häufig verwendet:

- Genauigkeit („Accuracy")

  Im Bereich der Evaluierung der Klassifikationsmethoden ist eines der wichtigsten Maße die Genauigkeit („Accuracy"). Die Genauigkeit gibt den Anteil der richtigen Resultate bezogen auf die gesamte Menge an:

  $$\frac{Anzahl\ der\ korrekten\ Klassifikationen}{Gesamtanzahl\ der\ zu\ klassifizierenden\ Daten}[135]$$

  oder anders angeschrieben:

  $$Accuracy = \frac{TP+TN}{TP+FP+FN+TN}.[136]$$

- Präzision („Precision", P)

  Die Präzision gibt den Anteil der korrekt gewonnenen Wissenseinheiten in Bezug auf die insgesamt gewonnen Wissenseinheiten an. Im Kontext

---

[134] In Anlehnung an: Liu, 2008, 73ff.
[135] Vgl. Liu, 2008, S. 57
[136] Vgl. Olson/Delen, 2008, 138f.

von Information Retrieval gibt die Präzision also an, wieviele der gefundenen Dokumente relevant in Bezug auf die Suchanfrage sind.[137] Die Präzision wird also wie folgt notiert:

$$\frac{Relevante\ Dokumente\ \cap\ Gefundende\ Dokumente}{Gefundene\ Dokumente}$$

oder in Bezug auf die Klassifikation:

$$P = \frac{TP}{TP + FP}$$

Die Präzision gibt also die Anzahl der korrekt klassifizierten positiven Beispiele bezogen auf die Gesamtanzahl der positiv klassifizierten Beispiele an.[138]

- Vollständigkeit („Recall", R)

Die Vollständigkeit gibt an, wieviele Wissenseinheiten in Relation zu den korrekt beziehbaren Wissenseinheiten korrekt bezogen wurden.[139]

$$\frac{Relevante\ Dokumente\ \cap\ Gefundene\ Dokumente}{Relevante\ Dokumente}$$

Im Kontext von Klassifikation wird der Recall wie folgt definiert:

$$R = \frac{TP}{TP + FN}$$

Der Recall gibt also die Anzahl der korrekt klassifizierten Beispiele bezogen auf die tatsächliche Anzahl an Einträgen in der positiven Klasse an.[140]

- F-Maß

In der Regel ist es nicht einfach, Recall und Precision gleichzeitig zu optimieren; im Information Retrieval bedeutet eine Optimierung auf eine hohe Präzision, dass die Wahrscheinlichkeit steigt, dass relevante Wissenseinheiten nicht erkannt wurden. Ein Vergleich von Klassifikationsmethoden, die anders aufgebaut sind und funktionieren, ist basierend auf

---

[137] Vgl. Neumann, 2010, 585ff.
[138] Vgl. Liu, 2008, 73ff.
[139] Vgl. Neumann, 2010, 585ff.
[140] Vgl. Liu, 2008, 73ff.

diesen beiden Maßen schwierig. Um ein zusammenfassendes Maß zu erhalten, wurde das F-Maß definiert (in der Regel wird in folgender Formel
β = 1 gesetzt):

$$F = \frac{(\beta^2 + 1) * P * R}{\beta^2 * P + R}$$

oder vereinfacht angeschrieben:

$$F = \frac{2 * P * R}{P + R}$$

Das F-Maß ist das harmonische Mittel von Precision und Recall:

$$F = \frac{2}{\frac{1}{P} + \frac{1}{R}}$$

Das harmonische Mittel von zwei Zahlen tendiert zum Wert der kleineren
Zahl oder anders ausgedrückt: Um ein hohes F-Maß zu erreichen, müssen
sowohl Recall R als auch Precision P hoch sein.[141]

Neben diesen angeführten Maßzahlen werden gelegentlich noch andere Maße angegeben: Der „Precision and Recall Breakeven Point" ist das Maß, wenn Precision
und Recall gleich groß sind. Während der Recall auch als „True positive Rate"
bezeichnet wird, kann auch die „True negative Rate" angegeben werden als

$$True\ negative\ rate = \frac{TN}{TN+FP}.[142]$$

2.1.4   Methoden, Algorithmen

Im Opinion Mining werden zahlreichen Verfahren zur Aufbereitung und Klassifikation von Texten eingesetzt. In den Publikationen werden diese Verfahren aber
nicht einheitlich bezeichnet, beispielsweise wird Support Vector Machine (SVM)
als „Methode", „Algorithmus", „Verfahren", „Lernverfahren" etc. bezeichnet. An
dieser Stelle werden daher diese Begriffe definiert.

Pomberger/Pree definieren Algorithmus wie folgt: *„Ein Algorithmus ist eine
präzise, das heißt in einer festgelegten Sprache abgefasste endliche Beschreibung*

---

[141] Vgl. Liu, 2008, 73ff.
[142] Vgl. Olson/Delen, 2008, 138f.

eines schrittweisen Problemlösungsverfahrens zur Ermittlung gesuchter aus ge-
gebenen Größen, in dem jeder Schritt aus einer Anzahl ausführbarer eindeutiger
Aktionen und einer Angabe über den nächsten Schritt besteht."[143]

Methoden *„[...] beschreiben, wie bei der Lösung eines Problems vorgegan-*
gen werden kann."[144], Methoden sind also Problemlösungsverfahren. Das Wirtschaftsinformatik-Lexikon ordnet diesen Begriff in verschiedene Kontexte (For-
schungsmethode, Softwaretechnik, wissenschaftstheoretische Grundlagen) ein
und definiert Methode als *„eine auf einem System von Regeln aufbauende, in-*
tersubjektiv nachvollziehbare Handlungsvorschrift (z.B. ein Algorithmus) zum
Problemlösen. Die Bezeichnung Technik (engl. technique) wird häufig synonym
verwendet."[145] Heinrich et al. definieren Methode wie folgt: *„Nach modernem*
Verständnis ist Methode ein mehr oder weniger konkret beschriebener Weg zur
Lösung eines Problems, präziser: ein systematisches, auf einem System von Re-
geln aufbauendes Verfahren zur Problemlösung, kurz gesagt ein Problemlösungs-
verfahren."[146] Fischer et al. definieren Methode ähnlich, halten aber zusätzlich
fest, dass Regeln zur Überprüfung der Ergebnisse enthalten sein sollen: *„Eine Me-*
thode ist eine planmäßig angewandte, begründete Vorgehensweise zur Erreichung
von festgelegten Zielen (i.a. im Rahmen festgelegter Prinzipien). Zu Methoden ge-
hören eine Notation, systematische Handlungsanweisungen und Regeln zur Über-
prüfung der Ergebnisse."[147]

Im Zusammenhang mit Methode kommt auch häufig der Begriff „Werkzeug"
vor. Methoden können durch Werkzeuge umgesetzt werden: Unter Werkzeug versteht man *„routinemäßig anwendbare, häufig als Software-Produkte verfügbare*
Methoden. [...]"[148] Der *„Zweck von Werkzeugen ist es letztlich, das in Methoden*

---

[143] Pomberger/Pree, 2004, S. 67
[144] Heinrich, 1993, S. 233
[145] Heinrich/Heinzl/Roithmayr, 2004, S. 427
[146] Heinrich/Heinzl/Riedl, 2011, S. 98
[147] Fischer/Biskup/Müller-Luschnat, 1998, S. 26
[148] Heinrich, 1993, S. 233

und Techniken vorhandene Problemlösungspotenzial wirksamer und wirtschaftlicher auszuschöpfen, als dies ohne Werkzeuge möglich ist."[149] Werkzeuge können also nicht mehr Problemlösungspotenzial haben, als die zugrundliegenden Methoden. Je nach Komplexität des Problems kann es notwendig sein, mehr als eine Methode zur Problemlösung einzusetzen.

Sind mehrere Methoden in Werkzeugen implementiert, so wird dafür der Begriff „Werkzeugkasten" verwendet. Methoden und Werkzeuge können nach verschiedenen Systematiken gegliedert werden, beispielsweise nach Art der Verrichtung in Erhebungs-, Dokumentations-, Analyse-, Entwurfs-, Implementierungs-, Test-, Installations- und Integrationsmethoden. Eine andere mögliche Gliederung kann nach den ingenieurswissenschaftlichen Gesichtspunkten der Wirtschaftsinformatik in Methoden und Werkzeuge des Information Engineerings, des Organization Engineerings und des Software Engineerings erfolgen.[150]

In obiger Erklärung des Zwecks von Werkzeugen ist der Begriff „Technik" enthalten. Es gibt kein einheitliches Verständnis darüber, was unter „Technik" zu verstehen ist. Heinrich et al. führen an, dass es verschiedene Bedeutungsebenen gibt: Technik im Sinn von IuK-Technik, Technik im Sinn von Prozess oder Verfahren und Technik im Sinn von Fähigkeit oder Fertigkeit. Technik und Methode werden im Kontext der Verrichtungsart immer wieder auch synonym verwendet. Der Unterschied liegt aber darin, dass Methoden mächtiger und umfangreicher, abstrakter und formaler als Techniken sind und an unterschiedliche Anforderungen angepasst werden können.[151]

Viele der Verfahren zur Verarbeitung von Texten sind mathematisch formal beschrieben (beispielsweise auch die zuvor angeführte SVM). Insofern kann argumentiert werden, dass SVM als Algorithmus bezeichnet wird. Diese Verfahren könnten aber auch als Methode bezeichnet werden, da die exakten Schritte teil-

---

[149] Heinrich/Heinzl/Riedl, 2011, S. 228
[150] Vgl. Heinrich, 1993, 233f.
[151] Vgl. Heinrich/Heinzl/Riedl, 2011, 229ff.

weise nicht oder wenig beschrieben werden, diese Verfahren aber ein Problemlösungspotenzial bieten. In der Definition des Wirtschaftsinformatik-Lexikons werden die Begriffe Methode, Technik und Algorithmus sogar synonym verwendet.

Als Folge dieser Diskussion der Begrifflichkeiten werden in dieser Arbeit die
Verfahren des maschinellen Lernens als Methoden bezeichnet.

2.2   Teilgebiete und Aufgaben von Opinion Mining

Aus obigen Begriffsabgrenzungen und -erklärungen wird deutlich, dass Opinion
Mining viele Facetten und Teilgebiete aufweist; diese Teilgebiete werden im Folgenden erläutert.[152]

2.2.1   Entwicklung von linguistischen Ressourcen für Opinion
Mining

Eine Vielzahl von Ansätzen zur Analyse und Bewertung von Meinungen in Texten
bauen auf sogenannten „Sentiment Lexika" auf und spielen bei den Applikationen
eine wesentliche Rolle.[153] Ein Sentimentlexikon enthält Sentiment Wörter (positive wie negative Wörter, wie z.B. „schön", „toll", „super", „schlecht", „schreck-
lich", etc.), kann aber auch Sentiment Phrasen (wie z.B. „bringt mich auf die
Palme") beinhalten. Die Sentiment Wörter können in zwei Typen untergliedert
werden: in Basistypen (das sind Wörter wie oben angeführt) und in Vergleichsty-
pen (das sind Wörter wie „besser", „am besten", „schlechter", etc.). Die Generierung von Lexika kann auf verschiedene Art erfolgen: manuell und automatisiert.
Die manuelle Erstellung bedeutet, dass Menschen die Wörter erfassen und damit
ein Lexikon aufbauen; dies ist zwangsläufig mit hohem Zeitaufwand verbunden.
Automatisierte Ansätze sind weniger zeitaufwändig, dafür aber fehleranfälliger.
Es liegt daher auf der Hand, dass diese Ansätze kombiniert werden können und

---

[152] Vgl. Esuli, 2008, xvi ff.
[153] Vgl. Hatzivassiloglou/Wiebe, 2000

manuell zumindest eine finale Überprüfung und Überarbeitung der automatisiert generierten Lexika erfolgt.[154]

Im Folgenden werden zwei automatisierte Ansätze detaillierter betrachtet.

2.2.1.1 Wörterbuch-basierte Ansätze

Der Aufbau eines Sentimentlexikons nach dem Wörterbuch-basierten Ansatz kann wie folgt durchgeführt werden (vgl. auch Abb. 2.3): Eine vergleichsweise kleine Anzahl von Sentiment Wörtern mit bekannter Stimmungsrichtung werden händisch in einer sogenannten „Seed-Liste" gesammelt. Die Seed-Liste wird vom Algorithmus automatisch erweitert, indem für jedes Wort Synonyme bzw. Antonyme aus Wörterbüchern (wie z.B. WordNet, etc.) gesucht und in der Liste ergänzt werden. Dieser Schritt wird solange iterativ wiederholt, bis keine neuen Wörter mehr ergänzt werden. Das so entstandene Sentimentlexikon kann dann noch händisch überprüft und ggf. ergänzt oder korrigiert werden.[155] Dieser wörterbuch-basierte Ansatz wurde von einigen Forschern vorgeschlagen, beispielsweise von Hu/Liu[156], Kim/Hovy.[157]

[154] Vgl. Taboada et al., 2011, S. 268
[155] Vgl. Ding/Liu/Yu, 2008, S. 234
[156] Vgl. Hu/Liu, 2004
[157] Vgl. Kim/Hovy, 2004

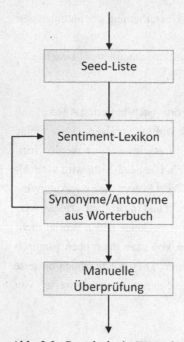

Abb. 2.3: Grundprinzip Wörterbuch-basierter Ansatz (eigene Darstellung)

Der oben angeführte Algorithmus wurde von mehreren Forschern ergänzt und verbessert: Williams/Anand haben eine Vorgehensweise entwickelt, um Wörtern eine
Stärke der Stimmungsrichtung zuweisen zu können. Das Verfahren kalkuliert dabei eine semantische Differenz zwischen Wörtern (aufbauend auf WordNet) mit
bekannter Polarität; diese semantische Differenz wird verwendet, um die Polarität
neuen Zielwörtern zuzuweisen.[158] Blair-Goldensohn et al. verwenden einen ähnlichen Algorithmus; sie definieren ebenfalls ein initiales Seed Lexikon mit drei händisch erstellten Seed-Listen (mit 47 positiven, 293 neutralen und 20 negativen
Wörtern) und erweitern diese mit Synonymen und Antonymen auf Basis von WordNet. Zusätzlich wird jedes Wort mit einer Konfidenzmaßzahl versehen, um wie-
derzugeben, wie wahrscheinlich das Wort die zugewiesene positive oder negative

_____

[158] Vgl. Williams/Anand, 2009

Polarität aufweist. Im Initialfall erhalten die negativen Wörter eine Maßzahl von -1, die positiven Wörter +1 und die neutralen Wörter 0. Im Rahmen der Iterationen werden diese Maßzahlen – abhängig von den ermittelten Synonymen und Antonymen – ebenfalls neu berechnet und gewichtet. Auf diese Art und Weise entstand ein Lexikon mit gewichteten Wörtern (rund 5.700 positiven und 6.600 negativen Wörtern).[159] Rao/Ravichandran vergleichen mehrere Algorithmen zur Bestimmung der Polarität von Wörtern: „Mincut", „Randomized Mincut" und „Label Propagation". Zuerst wird auf Basis einer Seed-Liste und von WordNet (bzw. auch OpenOffice Thesaurus) ein Lexikon erstellt und mithilfe obiger Algorithmen die Stimmungsrichtung der Wörter ermittelt. Zusammengefasst lässt sich festhalten, dass „Mincut" und „Randomized Mincut" bessere F-Maße liefern, „Label Propagation" aber höhere Precision bietet.[160] Esuli schlägt eine ähnliche Vorgehensweise vor: Ausgehend von zwei Seed-Listen (positiven und negativen Wörtern) wird mithilfe von Synonymen eines Thesaurus die Liste iterativ erweitert. Die generierten Listen werden in maschinenlesbare Darstellungen umgewandelt und dienen als Eingabe für einen binären Textklassifizierer. Der Textklassifizierer wird dann verwendet, um neue Testdaten zu klassifizieren.[161]

Esuli/Sebastiani entwickelten „SentiWordNet", ein Sentimentlexikon, bei dem den Wörtern drei verschiedene numerische Maßzahlen zugeordnet werden, die darstellen, wie objektiv, negativ oder positiv ein Ausdruck ist. Die Ausgangsbasis ist – wie bei vielen anderen Ansätzen auch – WordNet. Mithilfe von unterschiedlichen Klassifizierern werden den Wörtern numerischen Maßzahlen zugewiesen.[162] Die Autoren haben später ihren Ansatz weiter verfeinert, indem das generierte Lexikon als Zwischenergebnis betrachtet und mit einer automatischen Annotation weiter verbessert wurde.[163,164]

---

[159] Vgl. Blair-Goldensohn et al., 2008
[160] Vgl. Rao/Ravichandran, 2009
[161] Vgl. Esuli, 2008, 11ff.
[162] Vgl. Esuli/Sebastiani, 2006, 418f.
[163] Vgl. Esuli, 2008, 66ff.
[164] Vgl. Baccianella/Esuli/Sebastiani, 2010, 2201ff.

Der Vorteil von lexikonbasierten Ansätzen liegt darin, dass relativ rasch und einfach viele Sentiment Wörter und ihre Stimmungsrichtung identifiziert werden können. Nachdem die automatisch generierten Listen Fehler und Ungenauigkeiten enthalten können, empfiehlt sich eine manuelle Überprüfung und Korrektur. Die Erstellung sowie die Überprüfung sind ein einmaliger Aufwand. Der größte Nachteil dieser Ansätze liegt darin, dass die Wörter allgemein und ohne Bezug zum Kontext sind; hier setzen die korpusbasierten Ansätze an.

2.2.1.2   Korpusbasierte Ansätze

Die Stimmungsrichtung von manchen Wörtern oder Phrasen ist abhängig vom jeweiligen Kontext, beispielsweise kann „groß" für ein Mobiltelefon eine negative Stimmungsrichtung ausdrücken, bei einem Flat-TV aber positiv belegt sein. Vor diesem Hintergrund wurden korpusbasierte Ansätze entwickelt. Es lassen sich zwei Hauptrichtungen identifizieren:

- Ansätze, die mit einer initialen Seed-Liste mit Wörtern mit bekannter Stimmungsrichtung starten und weitere Sentiment Wörter aus einem domänenspezifischen Korpus generieren oder

- Ansätze, die ein bestehendes Sentimentlexikon zu einem neuen Sentimentlexikon abändern, indem ein domänenspezifischer Korpus eingesetzt wird.

Eine der ersten Arbeiten rund um korpusbasierte Ansätze wurde von Hatzivassiloglou/McKeown veröffentlicht. Dieser Ansatz macht sich logische Verknüpfungen zwischen Adjektiven in Texten zunutze: Adjektive, die mit „und" verknüpft werden, drücken häufig dieselbe Stimmungsrichtung aus, z.B. „rechtmäßig und fair", „korrupt und brutal". Diese Situation ist auch auf die Verbindungen „oder", „aber", „entweder … oder" sowie auf „weder … noch" anzuwenden; „aber" stellt beispielsweise einen inversen Zusammenhang dar, d.h. die hiermit verknüpften Wörter haben häufig entgegengesetzte Stimmungsrichtungen. So wird beispielsweise „korrupt aber brutal" nicht oder nur sehr selten in Texten vorkommen, sehr wohl aber „hart aber fair". Die Autoren haben diese Zusammenhänge empirisch nachgewiesen; beispielsweise weisen „und"-verknüpfte Adjektive zu mehr als 80

% die gleiche Stimmungsrichtung auf.[165] Diese Idee wurde von mehreren Autoren erweitert: Kanayama/Nasukawa bauen ebenfalls ein domänenspezifisches Lexikon mithilfe von Unsupervised Learning Algorithmen auf. Als Basis dienen „polare Atome", die die kleinstmögliche syntaktische Struktur darstellen, um eine Stimmungsrichtung auszudrücken, sowie die Kontextkohärenz. Die Autoren gehen von der Annahme aus, dass sich die Stimmungsrichtung von polaren Atomen nicht innerhalb desselben Kontexts ändert. Der Kontext wird mit verschiedenen statistischen Methoden automatisiert ermittelt und sowohl innerhalb eines Satzes als auch über mehrere Sätze hinweg betrachtet.[166] Die Generierung von domänenspezifischen Sentiment Wörtern ist wichtig, aber vielfach trotzdem noch nicht ausgereift genug, denn das gleiche Wort kann in der selben Domäne in einem unterschiedlichen Kontext eine unterschiedliche Stimmungsrichtung aufweisen. Beispielsweise ist das Wort „lang" in der Domäne von digitalen Fotoapparaten sowohl positiv als auch negativ besetzt: „Die Akkulaufzeit ist lange." ist (eher) positiv, während „Es dauert lange, bis der Autofokus scharf stellt." negativ besetzt ist. Die Verwendung von domänenspezifischen Wörtern mit deren Stimmungsrichtung ist also nicht ausreichend, es muss auch der jeweilige Kontext („Opinion Kontext") erfasst werden. Dazu bietet sich der Aspekt, auf den sich das Wort bezieht, an und kann als Tupel notiert werden: $(aspect, sentiment\_word)$, z.B. („Akkulaufzeit", „lang").[167] Ding et al. schlagen zum Umgang mit kontextabhängigen Meinungen folgende Regeln vor, um Kontextinformation aus anderen Reviews zum gleichen Produkt einzubeziehen:

- Intra-Satz Verknüpfung: Der Algorithmus versucht für Wörter, deren Stimmungsrichtung in einem bestimmten Kontext nicht eindeutig sind, aufgrund der „und" bzw. „aber"-Verknüpfung die Stimmungsrichtung zu bestimmen (vgl. auch Ansatz von Hatzivassiloglou/McKeown).

- Pseudo Intra-Satz Verknüpfung: In natürlichsprachlichem Text ist das verknüpfende „und" nicht immer explizit formuliert; der Satz „Die Kamera hat

---

[165] Vgl. Hatzivassiloglou/McKeown, 1997
[166] Vgl. Kanayama/Nasukawa, 2006, 355ff.
[167] Vgl. Liu, 2012, 84f.

eine lange Akkulaufzeit, was hervorragend ist." enthält beispielsweise keine explizite „und"-Verknüpfung. Der vorgeschlagene Algorithmus versucht solche Konstellationen zu erkennen und damit die Stimmungsrichtung zu ermitteln.

- Satzübergreifende Verknüpfung: Falls trotz Anwendung der beiden zuvor angeführten Regeln keine Stimmungsrichtung ermittelt werden kann, dann wird die Intra-Satz Verknüpfung auf den vorigen bzw. nachfolgenden Satz angewendet. Diese Idee unterstellt, dass Menschen ihre Meinung über mehrere Sätze hinweg kundtun (solange keine Wörter wie „aber", etc. vorkommen). 168

Einige Forschungsarbeiten haben sich auch mit der Thematik auseinandergesetzt, inwieweit ein allgemeines bzw. ein domänenspezifisches Sentimentlexikon auf eine andere Domäne übertragen und angewendet werden kann. Blitzer et al. gehen von der Grundidee aus, dass ein Korpus für einige wenige unterschiedliche Domänen annotiert wird, anschließend Klassifizierer auf dieser Basis trainiert werden und diese dann auf ähnliche Domänen angewendet werden. Als problematisch führen sie an, dass die Genauigkeit der Klassifikation abnimmt, je mehr die Testdaten von den Trainingsdaten abweichen und wie die Ähnlichkeit von Domänen gemessen und bewertet werden soll. Folgende Vorgehensweise wird von den Autoren vorgeschlagen: Ausgehend von einer Quelldomäne mit bekannten Stimmungsrichtungen und einer Zieldomäne mit nicht bewerteten Stimmungen werden als erstes in beiden Domänen häufig vorkommende Features identifiziert. Zur weiteren Qualitätssteigerung wird nicht nur die Häufigkeit, sondern auch die Mutual Information der Quelldomäne herangezogen. Als nächstes werden die Korrelationen zwischen den gemeinsamen Features und allen anderen Features mit einem Klassifizierer abgebildet und zur Vorhersage der Stimmungsrichtung in der Zieldomäne verwendet. Die Autoren haben diese vorgeschlagene Vorgehensweise an

---

[168] Vgl. Ding/Liu/Yu, 2008, 236f.

Produktrezensionen von Büchern, DVDs, Elektronik-Artikeln und Küchenutensilien getestet und evaluiert.[169] Choi/Cardie stellen in ihrem Beitrag einen Ansatz vor, um ein Lexikon an domänenspezifische Besonderheiten zu adaptieren. Die Grundüberlegung ist, Beziehungen zwischen Stimmungsrichtungen von einzelnen Wörtern eines allgemeinen Sentimentlexikons und Stimmungsrichtungen von Ausdrücken der Zieldomäne mithilfe einer „Integer Linear Programmierung" zu erstellen. In Experimenten wurde belegt, dass die Genauigkeit von Klassifizierern damit gesteigert werden kann.[170] Einen ähnlichen Ansatz präsentieren Du et al., bei dem sie von folgendem Szenario ausgehen: Es existiert eine Menge an Dokumenten mit einem passenden Sentimentlexikon für eine bestimmte Domäne, sowie eine Menge an Dokumenten für eine weitere Domäne, für die ein angepasstes Sentimentlexikon automatisiert aufgebaut werden soll. Für die Konstruktion dieses Lexikons werden verschiedene Beziehungen – wie z.B. Beziehungen zwischen Wörtern der beiden Domänen, Beziehungen zwischen Wörtern und Dokumenten innerhalb der Domänen – in einem iterativen Verfahren berücksichtigt. Dabei wird der Algorithmus „Information Bottleneck" adaptiert, um diese Beziehungen berücksichtigen zu können. Um die Effektivität und die Robustheit des Ansatzes untersuchen zu können, wurden Experimente durchgeführt; die Ergebnisse zeigen eine Verbesserung gegenüber anderen Ansätzen.[171] Ein Konnotationslexikon wird von Feng et al. als möglicher Ansatz vorgestellt: das Konnotationslexikon unterscheidet sich von einem „normalen" Sentimentlexikon dadurch, dass in das Konnotationslexikon nicht nur Wörter aufgenommen werden, die eine Stimmungsrichtung ausdrücken, sondern auch Wörter, mit denen eine bestimmte Stimmungsrichtung assoziiert wird (z.B. Wörter wie „Auszeichnung" oder „Förderung" für eine positive Stimmungsrichtung und „Krieg" oder „Krebs" für eine negative Stimmungsrichtung). Ausgehend von einer Seedliste wurde eine Unsupervised Learning Methode verwendet, um die Konnotationen zu klassifizieren.[172]

---

[169] Vgl. Blitzer/Dredze/Pereira, 2007, 440ff.
[170] Vgl. Choi/Cardie, 2009, 590f.
[171] Vgl. Du et al., 2010, 111f.
[172] Vgl. Feng/Bose/Choi, 2011

2.2.2   Sentimentanalyse

Eine erste Auflistung von Aufgaben zur Sentimentanalyse und –klassifikation ist in Evans et al. zu finden; sie definieren vier Schritte:

- Ermittlung der Sätze mit Meinungen,
- Ermittlung der Meinungsinhaber,
- Bestimmung der relevanten Sätze und
- Ermittlung der Stimmungsrichtung.[173]

Wesentlich ausgefeilter und basierend auf der Meinungsdefinition im Kapitel 2.1.1.1 schlägt Liu folgende Schritte vor:[174]

- Extraktion der Entitäten und Kategorisierung
  Der erste Schritt ist die Extraktion der Entitäten e_i, die in einem Dokument vorkommen; nachdem die gleiche Entität unterschiedlich bezeichnet werden kann (z.B. „Samsung Galaxy S3", „SGS3", „Galaxy S3", etc.), ist es notwendig, die unterschiedlichen Ausdrücke zu kategorisieren.

- Extraktion der Aspekte und Kategorisierung
  Im nächsten Schritt werden die zu den Entitäten gehörenden Aspekte a_{ij} extrahiert und – aufgrund der gleichen Situation wie bei den Entitäten – ebenfalls kategorisiert.

- Extraktion des Meinungsinhabers und Kategorisierung
  Die Meinungsinhaber h_k werden aus dem formulierten Text extrahiert und – analog zu obigen Schritten – kategorisiert.

- Extraktion der Zeit und Standardisierung
  Nachdem sich die Meinung im Lauf der Zeit verändern kann, ist es sinnvoll, den Zeitpunkt t_l der Meinungsäußerung zu extrahieren und auf eine einheitliche Zeitdarstellung zu standardisieren.

- Sentiment Klassifikation auf Aspekt-Ebene
  In diesem Schritt erfolgt die Ermittlung der Stimmungsrichtung s_{ijkl} zu einer

---

[173] Vgl. Evans et al., 2007, 458f.
[174] Vgl. Liu, 2012, 14ff.

Entität e_i bzw. zu einem Aspekt a_{ij}. Die Stimmungsrichtung kann entweder als positiv, neutral oder negativ sowie als numerischer Wert angegeben werden.

• Generierung des Quintupels
Im abschließenden Schritt müssen die einzelnen extrahierten Informationen zusammengefügt werden. Diese generierten Quintupel können in der Folge für weitere Analysen, Summierungen, etc. herangezogen werden.

Diese Schritte sind dann sinnvoll, wenn die Sentimentanalyse auf der Aspekt-Ebene stattfindet. Die unterschiedlichen Analyseebenen werden in Kapitel 2.3 diskutiert.

2.2.3   Vergleichendes Opinion Mining

Wie bereits in den Begriffsdefinitionen diskutiert (siehe 2.1.1.2), kann eine Meinung nicht nur explizit eine bestimmte Stimmungsrichtung ausdrücken, sondern auch Präferenzen durch einen Vergleich von Objekten. In diesem Fall spricht man von vergleichendem Opinion Mining.

Xu et al. definieren eine vergleichende Relation als

$$R\ (P1, P2, A, S)$$

wobei R die vergleichende Relation ist, $P1$ und $P2$ als die verglichenen Produktnamen, A als Attributname und S als Sentimentphrase definiert werden. R gibt die Richtung der vergleichenden Relation an (besser „>", schlechter „<" oder gleich „=")[175]. Diese Definition ist von den Begriffen her nicht deckungsgleich mit der Opinion-Definition von Liu, verdeutlicht aber trotzdem die Problemstellung. Hou/Li definieren sechs Elemente für eine vergleichende Meinung: Meinungsinhaber, Entität 1, Vergleichsattribut, Entität 2, Attribut, Stimmungsrichtung.[176]

Die Analyse von vergleichenden Meinungen funktioniert ähnlich wie die Analyse von regulären Meinungen; es gibt aber einige Besonderheiten und Herausforderungen zu beachten:

---

[175] Vgl. Xu et al., 2011, S. 745
[176] Vgl. Hou/Li, 2008, S. 2564

- Identifikation von Vergleichssätzen

  Viele Vergleichssätze beinhalten spezielle Schlüsselwörter oder –phrasen, die auf einen Vergleich schließen lassen: „besser", „schlechter", „am besten", etc. Die automatisierte Erkennung und Analyse von vergleichenden Sätzen wurde unter anderem von Jindal/Liu untersucht: Sie experimentierten mit verschiedenen Algorithmen, um die Muster zu erkennen; gute Ergebnisse für die englische Sprache konnten mit „Class Sequential Rule" (CSR) erzielt werden.[177] Yang/Ko haben diese Thematik für die koreanische Sprache untersucht.[178]

- Identifikation von bevorzugten Entitäten

  Beim vergleichenden Opinion Mining werden mehrere Entitäten in Bezug auf gemeinsame Aspekte gegenübergestellt; es ist daher notwendig, die präferierte Entität zu erkennen. Die präferierte Entität kann dann als positiv, die nicht präferierte als negativ dargestellt werden. Sinnvoll ist eine Unterscheidung in zwei Arten von Sentiment Wörtern: allgemeine vergleichende Sentiment Wörter und kontextabhängige vergleichende Wörter.[179] Beispielsweise haben Ding et al. eine Vorgehensweise entwickelt, die im Wesentlichen darauf basiert, dass ein Sentimentlexikon um vergleichende Meinungen erweitert wird. Der Ansatz für das vergleichende Opinion Mining beruht – ähnlich wie bei regulären Meinungen – auf Indikatoren für Meinungen (Meinungswörter und –phrasen, Verneinungen und „aber"-Sätze).[180]

Xu et al. stellen einen Ansatz vor, um vergleichende Meinungen zu extrahieren und darzustellen:

---

[177] Vgl. Jindal/Liu, 2006, 249ff.
[178] Vgl. Yang/Ko, 2011
[179] Vgl. Ganapathibhotla/Liu, 2008, S. 244
[180] Vgl. Ding/Liu/Zhang, 2009, 1125ff.

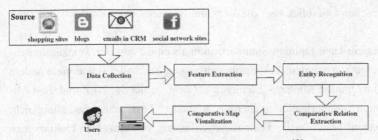

Abb. 2.4: Vorgehen für vergleichendes Opinion Mining[181]

Wie in Abb. 2.4 dargestellt, werden im ersten Schritt Daten aus verschiedenen Quellen gesammelt. Im nächsten Schritt werden Features extrahiert und verschiedene Textvorverarbeitungsschritte (Satzteilung, Stemming, etc.) angewendet. Wie oben beschrieben wird auch in diesem Ansatz ein Lexikon mit Vergleichswörtern aufgebaut, um vergleichende Relationen zu erkennen. Anschließend werden die Entitäten im Text identifiziert. Als der schwierigste Schritt wird die Extraktion der vergleichenden Relationen beschrieben; die Autoren verwenden dazu als Ausgangsbasis eine modifizierte CRF-Methode. Abschließend werden einige Nachbearbeitungsschritte (wie Zusammenführung der verschiedenen Bezeichnungen für dieselbe Entität, etc.) durchgeführt und die Relationen in einer grafischen Darstellung visualisiert.[182] Hou/Li haben einen ähnlichen Ansatz gewählt; sie fokussieren aber auf die chinesische Sprache. Die Autoren verwenden ebenfalls die CRF-Methode, um zuvor händisch annotierte Texte als Trainingsmodell zu verwenden und um damit vergleichende Meinungen zu extrahieren.[183]

2.2.4 Opinion Summarization

Aufgrund der Vielzahl von Meinungen, die von Konsumenten im Web 2.0 über Produkte, Marken oder Unternehmen verfasst werden, stellt eine Zusammenfassung der Meinungen eine sinnvolle Unterstützung dar. Konsumenten könnten sich

---

[181] Xu et al., 2011, S. 746
[182] Vgl. Xu et al., 2011, 746ff.
[183] Vgl. Hou/Li, 2008

so einen raschen Überblick über die Vor- und Nachteile eines Produkts verschaffen.

Allgemein kann Opinion Summarization als eine Form der Textzusammenfassung aufgefasst werden; Textzusammenfassung beinhaltet – wie viele andere Bereiche im Opinion Mining – Elemente aus dem Gebiet der NLP und Text Mining. Opinion Summarization ist aber mit „normaler" Textzusammenfassung nicht gleichzusetzen: Traditionelle Textzusammenfassung von einzelnen Dokumenten produziert einen kurzen Text, indem „wichtige" Sätze extrahiert werden. Textzusammenfassungen von mehreren Dokumenten extrahieren Unterschiede zwischen den Dokumenten und verwerfen wiederkehrende Informationen. Opinion Summarization fokussiert hingegen auf Entitäten und ihre Aspekte und Stimmungsrichtungen. Darüber hinaus können auch quantitative Auswertungen von Interesse sein, beispielsweise kann für Konsumenten interessant sein, wie häufig ein bestimmter Aspekt positiv und/oder negativ bewertet wurde.

Folgende größere Forschungsrichtungen sind in der Literatur identifizierbar:

- Opinion Summarization auf Aspekt-Ebene

  Charakteristisch für Opinion Summarization auf der Aspekt-Ebene ist einerseits die Zusammenfassung von Entitäten, ihren Aspekten und den damit verbundenen Stimmungsrichtungen und andererseits eine quantitative Perspektive, also beispielsweise eine prozentuelle Anzahl, wieviele Menschen diese Meinung teilen. Wenn die Meinungen wie in der Definition (2.1.1.1) als Quintupel abgebildet werden, dann stellt dies eine Ausgangsbasis für eine sehr strukturierte Zusammenfassung dar. Mithilfe von Datenbanken und OLAP-Werkzeugen können vielfältige Auswertungen und Statistiken generiert werden, z.B. kann die Häufigkeit und zeitliche Verteilung dargestellt werden, wie oft und wann über bestimmte Entitäten und Aspekte im Web 2.0 diskutiert wurde. Die Darstellungsformen reichen dabei von einfachen Varianten (bei der beispielsweise nur der Aspekt, die Anzahl der positiven und negativen Meinungen sowie eine Verlinkung auf die individuellen Beiträge dargestellt werden) bis hin zu grafisch aufbereiteten Visualisierungen (siehe

Abb. 2.5; hier werden zwei Digitalkameras mit ihren Aspekten gegenübergestellt).

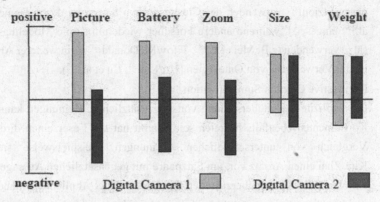

Abb. 2.5: Visuelle Darstellung von Meinungen[184]

Eine der ersten Ansätze zur Aufbereitung und Zusammenfassung von Meinungen stammt von Liu et al. Die Autoren stellen eine Vorgehensweise und einen Prototyp vor, der folgende Schritte enthält: Im ersten Schritt werden Kundenrezensionen von definierten Seiten heruntergeladen und in einer Datenbank gespeichert. Anschließend werden die Produktfeatures sowie die Stimmungsrichtung extrahiert. Im nächsten Schritt können Benutzer des Systems Analysen durchführen, indem sie Produkte zum Vergleich über ein grafisches User Interface auswählen. Zur Extraktion der Produktfeatures wird „Supervised rule discovery" eingesetzt; die Benutzer des Systems haben die Möglichkeit, Fehler der automatischen Analyse zu korrigieren, Features zu ergänzen oder zu löschen und die automatisiert erstellten Ergebnisse zu akzeptieren.[185] In der Literatur lassen sich einige verschiedene Ansätze zum

---

[184] Liu/Hu/Cheng, 2005, S. 342
[185] Vgl. Liu/Hu/Cheng, 2005, 343ff.

Opinion Summarization auf Aspekt-Ebene identifizieren: Assoziationsregeln und „Frequent Pattern" werden beispielsweise von Liu et al.[186] und Popescu/Etzioni[187] verwendet; das Clustering von Sätzen wird von Gamon et al.[188] eingesetzt, während andere Forscher wiederum Topic Modeling-Ansätze verwenden (z.B. Mei et al.[189], Titov/McDonald[190]). Ein weiterer Ansatz ist die Verwendung von Ontologien (Hu/Liu[191], Lu et al.[192]).

- Kontrastive Opinion Summarization
  Die explizite Gegenüberstellung von gegensätzlichen Meinungen kann für Konsumenten ebenfalls hilfreich sein; damit hat der Leser einen direkten Vergleich von unterschiedlichen Meinungen. Beispielsweise stellen Kim/Zhai einen Ansatz vor, um Satzpaare mit gegensätzlichen Aussagen zu extrahieren und gegenüberzustellen. Sie setzen dabei Ähnlichkeitsmaße ein und experimentieren mit verschiedenen Algorithmen.[193]

2.2.5   Opinion Search

Die „klassische" Web-Suche mit Suchmaschinen wie Google, Yahoo oder Bing wird häufig verwendet, um bestimmte Inhalte im Web zu finden. Analog dazu liegt es auf der Hand, nicht nur Fakten im Web zu suchen, sondern auch Meinungen. Folgende Arten der Suche sind denkbar:

- Suche nach öffentlich zugänglichen Meinungen über eine bestimmte Entität bzw. deren Aspekte; beispielsweise sucht ein Konsument nach Meinungen über eine bestimmte Digitalkamera oder den Autofokus einer bestimmten Digitalkamera

---

[186] Vgl. Liu/Hu/Cheng, 2005
[187] Vgl. Popescu/Etzioni, 2005
[188] Vgl. Gamon et al., 2005
[189] Vgl. Mei et al., 2006
[190] Vgl. Titov/McDonald, 2008
[191] Vgl. Hu/Liu, 2004
[192] Vgl. Lu et al., 2010
[193] Vgl. Kim/Zhai, 2009, 385ff.

- Suche nach Meinungen eines bestimmten Meinungsinhabers über eine bestimmte Entität, z.B. Suche nach Meinung von Präsident Obama über Waffen.

„Opinion Search" hat ähnlich Aufgaben wie die Web-Suche: relevante Dokumente in Bezug auf eine Suchanfrage zu finden und die relevanten Dokumente zu reihen. Bei der Suche nach Meinungen sind zwei Aufgaben durchzuführen: das Auffinden von relevanten Dokumenten und die Bestimmung, ob in den relevanten Dokumenten Meinungen enthalten sind sowie die Bestimmung der Stimmungsrichtung. Die Reihung der Dokumente ist bei Opinion Search ebenfalls anders als bei der normalen Web-Suche: Die Web-Suche reiht Dokumente nach bestimmten Kriterien wie Autorität, PageRank[194] und vielen anderen Kriterien. Die Reihung bei Opinion Search ist differenziert zu betrachten: Einerseits müssen die gefunden Dokumente gereiht werden, andererseits muss auch die natürliche Verteilung der positiven und negativen Meinungen dargestellt werden. Dies ist insofern wichtig, da die zuerst gereihten Dokumente ja nur einen Teil der Meinungen widerspiegeln.[195]

Etliche Publikationen gehen genau auf diese Thematik ein: Viele Ansätze reihen zuerst die relevanten Dokumente in Bezug auf die thematische Eignung, anschließend erfolgt eine Umreihung gemäß verschiedenen Maßzahlen für die Meinung. Die Gewinner der Text Retrieval Conference 2007 (2007 TREC, http://trec.nist.gov/pubs/trec16/t16_proceedings.html) Zahng/Yu haben ein System für die Meinungssuche entwickelt. Das System enthält zwei Komponenten: eine Retrieval-Komponente, um Dokumente zu finden und eine Komponente zur Meinungsklassifikation. Die Retrieval-Komponente führt die „üblichen" Information Retrieval Aufgaben durch (Abarbeitung einer Benutzeranfrage unter Berücksichtigung von Stichwörtern und Named Entities, Erweiterung der Suche mit Synonymen, Berechnung der Ähnlichkeit der Dokumente in Bezug auf die Suchan-

---

[194] Vgl. Page et al., 1999
[195] Vgl. Liu, 2012, 107ff.

frage). Die Komponente zur Meinungsklassifikation klassifiziert zuerst jedes Dokument danach, ob eine Meinung enthalten ist oder nicht; anschließend wird die Stimmungsrichtung des Dokuments bestimmt (positiv, negativ oder gemischte Stimmungsrichtung). Für beide Aufgaben werden Algorithmen aus dem Bereich Supervised Learning verwendet (SVM).[196]

2.2.6   Erkennung von Opinion Spam

Der Einfluss von Meinungen von Benutzern im Web auf das Kaufverhalten bzw. auf Kaufentscheidungen wurde vielfach beleuchtet und empirisch belegt (z.B. in Vermeulen/Seegers[197], Duan et al.[198], Cui et al.[199], u.v.m.). Insofern liegt es auf der Hand, dass Systeme zum Meinungsaustausch im Web 2.0 missbraucht werden könnten, um Vorteile für das eigene Unternehmen zu generieren. Dieser Missbrauch äußert sich in sogenannten „Fake Reviews", „Fake Opinions" oder „Opinion Spam", also in Meinungsäußerungen, um eigene Produkte oder Marken zu promoten oder die des Mitbewerbs schlechter zu stellen.

Spamerkennung ist in einigen Bereichen des Internets eine weit verbreitete und häufig untersuchte Thematik, beispielsweise für die Erkennung von Spam-E-Mails[200] oder Content Spam. Jindal/Liu unterscheiden drei Arten von Opinion Spam:

- Typ 1: Unwahre Meinung („Fake Review")
  Darunter versteht man Meinungen, die Leser gezielt in die Irre führen wollen, entweder durch sehr positive Bewertungen zu eigenen Zielobjekten oder durch negative oder sogar diffamierende Bewertungen von Objekten des Mitbewerbs.

- Typ 2: Rezensionen auf Marken
  Mit dieser Art von Opinion Spam sind Rezensionen gemeint, die sich nicht

---

[196] Vgl. Zhang/Yu, 2007
[197] Vgl. Vermeulen/Seegers, 2009
[198] Vgl. Duan/Gu/Whinston, 2008
[199] Vgl. Cui/Lui/Guo, 2012
[200] Vgl. Guzella/Caminhas, 2009, 10206ff.

auf das konkrete Produkt beziehen, sondern nur die Marke oder den Verkäu-
fer bewerten. Diese Aussagen können zwar nützlich und hilfreich sein, sie
werden aber trotzdem als Spam definiert, weil sie nicht zielgerichtet auf das
konkrete Objekt sind.

- Typ 3: Keine Rezension
  Unter diesem Typ versteht man irrelevante Bewertungen (z.B. Fragen oder
  Antworten, zufällige Texte) sowie Werbungen.[201]

Opinion Spam kann sowohl von einzelnen Individuen als auch von Gruppen verfasst werden. Aufgrund der Anzahl der Mitglieder in einer Gruppe sind die Auswirkungen höher einzuschätzen als von einem einzelnen Individuum.

Zur Erkennung von Opinion Spam können vorrangig folgende Daten analysiert werden:

- Inhalt der Rezension
  Der eigentliche Inhalt einer Rezension kann mithilfe von verschiedenen linguistischen und syntaktischen Kennzahlen analysiert werden. Die Erkennung
  von Spam auf Basis des Inhalts ist aber sehr schwierig, da der Spammer möglicherweise einen echten Erfahrungsbericht verfasst, der aber nicht zum re-
  zensierten Produkt gehört.

- Metadaten
  Bei jeder Rezension werden in der Regel auch Metadaten über die Rezension
  gespeichert wie z.B. der Benutzername des Verfassers, die für das Schreiben
  benötigte Zeit, IP-Adressen und vieles mehr. Diese Metadaten können analysiert werden, um so abweichendes Verhalten erkennen zu können und damit Rückschlüsse ziehen zu können, ob Opinion Spam vorliegt.

- Produkt-Information
  Neben den Metadaten können auch noch Verkaufsstatistiken und (positive)
  Rezensionen in Relation gesetzt werden. Wenn beispielsweise ein Produkt

---

[201] Vgl. Jindal/Liu, 2008, 219ff.

sehr viele positive Rezensionen aufweist, aber gleichzeitig niedrige Ver-
kaufszahlen hat, dann ist dies ein Indikator für Opinion Spam.[202]

Die Erkennung von Opinion Spam hat zum Ziel, falsche Rezensionen sowie indi-
viduelle Spammer und Spam-Gruppen zu erkennen. Einige Forschungsarbeiten
haben sich mit der Thematik auseinandergesetzt, wie Opinion Spam erkannt werden kann. Die in diesem Bereich veröffentlichten Publikationen basieren alle auf
öffentlich verfügbaren Daten – in der Regel von verschiedenen Plattformen wie
Epinions.com, Amazon.com, etc. Für die Bestimmung, ob ein Eintrag als gefälscht
eingestuft werden kann, wären aber Daten, die die Betreiber von solchen Plattformen nicht veröffentlichen, durchaus sinnvoll. Jindal/Liu analysierten beispielsweise rund 5,8 Millionen Rezensionen und rund 2,14 Millionen Verfasser der
Plattform Amazon.com. Ein wesentlicher Schritt ist dabei die Erkennung von
Duplikaten und Nahezu-Duplikaten:

- Duplikate von unterschiedlichen Verfassern zum selben Produkt
- Duplikate von selben Verfassern zu unterschiedlichen Produkten
- Duplikate von unterschiedlichen Verfassern zu unterschiedlichen Produkten

Zur Erkennung der Duplikate wurde ein Ähnlichkeitsmaß basierend auf Bigrammen (sog. Jaccard Distanz) verwendet; die Rezensionen wurden als Duplikate ausgewiesen, wenn das Ähnlichkeitsmaß mehr als 90 % betrug. Die Duplikate sind
ein Indikator für Spam; für Typ 2 (Rezensionen auf Marken) und Typ 3 (keine
Rezension) setzen die Autoren die Klassifikationsmethode „Logistic Regression"
ein. Sie experimentieren ebenfalls mit SVM und Naive Bayes Algorithmen, er-
zielten damit aber schlechtere Ergebnisse. Die Klassifikationsmethode wurde auf
zuvor händisch annotierte Rezensionen (470 Rezensionen in verschiedenen Produktkategorien für Typ 2 und Typ 3) angewendet. Die Erkenntnisse lassen sich
wie folgt zusammenfassen: Negative Ausreißer bei den Rezensionen – also Rezensionen, die deutlich schlechter als die durchschnittliche Bewertung eines Produkts sind – sind vergleichsweise häufig mit Spam versehen. Falls ein Produkt
sehr wenige Rezensionen hat, dann sind diese Rezensionen vergleichsweise häufig

---

[202] Vgl. Liu, 2012, 116f.

als Spam einzustufen, weil offenbar versucht wurde, das Produkt stärker zu promoten. Personen, die sehr viele Rezensionen schreiben (einige Personen haben bei Amazon tausende Rezensionen verfasst), sind ebenfalls eher als Spammer einzustufen, da ein „normaler" Konsument wohl kaum die Zeit aufbringen würde, so viele Rezensionen zu verfassen. Diese Erkenntnisse sind aber nur als Trends zu interpretieren, da letztlich nicht nachgewiesen werden konnte, welche Rezensionen wirklich als Spam einzustufen sind.[203]

Andere Autoren haben ähnliche Ansätze und Supervised Learning Methoden verwendet, beispielsweise haben Li et.al. Rezensionen von Epinions.com händisch annotiert und mit einer Naive Bayes-Methode die Spam-Erkennung durchgeführt.[204] Aufgrund der Schwierigkeiten, Trainingsdaten händisch aufzubauen, haben einige Autoren mit Unsupervised Learning Algorithmen und anderen Ansätze experimentiert: Lim et al. beispielsweise versuchen das Verhalten von Spammern mit Modellen abzubilden und damit Spam bzw. Spammer zu erkennen.[205] Wu et al. analysierten rund 30.000 Rezensionen von TripAdvisor und verfolgen den Ansatz, dass die Reihenfolge der Beliebtheit von Hotels durch gefälschte Rezensionen wesentlich verzerrt wird. Wenn also zufällig ausgewählte Rezensionen gelöscht werden, dann ändert sich die Reihenfolge nicht; werden hingegen gefälschte Rezensionen gelöscht, dann ändert sich diese Reihenfolge.[206]

2.3 Analyseebenen

Wie bereits angedeutet, kann die Analyse von Meinungen auf verschiedenen Ebenen durchgeführt werden: auf Dokumentenebene, Satzebene und Eigenschaftsebene (oder auch Aspekt- oder Feature-Ebene).[207]

---

[203] Vgl. Jindal/Liu, 2008, 222ff.
[204] Vgl. Li et al., 2011, 2489ff.
[205] Vgl. Lim et al., 2010, 939ff.
[206] Vgl. Wu et al., 2010, 10ff.
[207] Vgl. Esuli, 2008, xvii f.

2.3.1   Dokumentenebene

Opinion Mining bzw. Sentimentanalyse auf der Dokumentenebene bedeutet, dass für ein Dokument als Ganzes die Stimmungsrichtung bestimmt wird.[208] Auf Basis der Definition der Meinung (vgl. 2.1.1.1) kann Sentimentanalyse auf Dokumentenebene wie folgt angeschrieben werden:

$$(\_\, GENERAL, s, \_\,\_)$$

Die Stimmungsrichtung s bezieht sich auf eine Entität als Ganzes, daher wird kein Aspekt notiert, sondern der spezielle Wert „GENERAL" verwendet. Die Entität e, der Meinungsinhaber h und der Zeitpunktpunkt t der Meinungsabgabe sind entweder bekannt oder irrelevant. Damit wird implizit angenommen, dass ein Dokument eine Meinung nur zu einer Entität und von nur einem Meinungsinhaber enthält. Diese Annahme kann für bestimmte Dokumente zutreffen (z.B. für Rezensionen von Produkten, da sich eine Rezension in der Regel auf eine bestimmte Entität bezieht und von einem Verfasser geschrieben wurde), ist aber für andere Dokumente weniger tauglich (z.B. Artikel von Tageszeitungen oder Blogposts, da in diesen Dokumenten mehrere Entitäten angesprochen werden können, unterschiedliche Sichtweisen dargestellt werden können, etc.).[209]

Die Bestimmung der Stimmungsrichtung wird häufig als Klassifikationsproblem aufgefasst; die meisten Sentimentanalyse-Ansätze auf Dokumentenebene greifen auf Supervised Learning Algorithmen zurück, in der Literatur lassen sich aber auch andere Ansätze basierend auf Unsupervised Learning Algorithmen identifizieren. Darüber hinaus sind auf Dokumentenebene weitere Forschungsrichtungen erkennbar, beispielsweise die Klassifikation der Stimmungsrichtung für andere Domänen sowie für andere Sprachen.

2.3.1.1   *Sentiment Klassifikation mit Supervised Learning*

Mit der traditionellen Textklassifikation werden üblicherweise Texte in verschiedene Kategorien oder Themen wie Politik, Wissenschaft, Sport, etc. geteilt. Bei dieser Klassifikation sind Schlüsselwörter der Domäne ausschlaggebend. Bei der

---

[208] Vgl. Pang/Lee/Vaithyanathan, 2002
[209] Vgl. Liu, 2012, 23f.

Sentiment Klassifikation geht es darum, Meinungen in Texten in Bezug auf die Stimmungsrichtung in Klassen wie positiv, negativ und neutral einzuteilen. Ausschlaggebend für die Klassifikation sind hierbei „Sentiment Wörter", also Wörter oder Wortphrasen, die ein Indikator für die Stimmungsrichtung sind, beispielsweise „gut", „super", „toll", „schlecht", „katastrophal", etc. Viele Publikationen reduzieren die Klassifikation auf zwei Klassen (positiv und negativ), weil damit die Klassifizierung vereinfacht und die Genauigkeit erhöht werden kann. Als Datenbasis bieten sich vor allem Produktrezensionen von Webportalen wie Amazon, Epinions oder Reiseportalen an, da in diesen Portalen auch häufig eine quantitative Bewertung in Form von Sternen (z.B. bei Amazon 1 bis 5 Sterne) zu finden ist. Rezensionen mit 4 oder 5 Sternen können dann beispielsweise als positiv, Rezensionen mit 1 oder 2 Sternen als negativ aufgefasst werden.

Nachdem die Sentiment Klassifikation als besondere Form der Textklassifikation aufgefasst wird, liegt es nahe, dass Algorithmen aus diesem Bereich verwendet werden. Supervised Learning Algorithmen generieren eine Funktion, die Input-Daten auf gewünschte Output-Daten abbildet. Die Input-Daten sind in der Regel Daten, die von Menschen annotiert wurden; die Output-Daten sind in der Regel gewünschte Klassen (im Kontext der Sentiment Klassifikation: positiv, negativ, neutral). Die bekanntesten Algorithmen aus dem Bereich Supervised Learning sind beispielsweise Naive Bayes, Support Vector Machine, Nearest Neighbor, Random Forest, Decision Tree Learning und viele andere (siehe Kapitel 4).

Ein wesentlicher Erfolgsfaktor von Supervised Learning Algorithmen zur Sentiment Bestimmung ist die Ermittlung der sogenannten Features. Im Information Retrieval ist die Repräsentation eines Textteils durch einen Vektor („feature vector") weit verbreitet. Folgende Ansätze können herangezogen werden:[210,211]

- Termfrequenz

    Der Ansatz der Termfrequenz wird sehr häufig bei der themenbasierten Textklassifikation eingesetzt. Die Termfrequenz $tf_{t,d}$ gibt an, wie häufig ein Term t in einem Dokument d vorkommt. Darüber hinaus kann auch das TF-

---

[210] Vgl. Liu, 2012, 24ff.
[211] Vgl. Pang/Lee, 2008, 32ff.

IDF Gewichtungsschema eingesetzt werden. TF-IDF ist das Verhältnis zwischen Termfrequenz und der inversen Dokumentenfrequenz. Die Dokumentenfrequenz df_t ist die Anzahl der Dokumente d, die den Term t enthalten. Die inverse Dokumentenfrequenz wird als $idf_t = \log \frac{N}{df_t}$ definiert; TF-IDF ist demnach $tf - idf_{t,d} = tf_{t,d} \times idf_t$

Die mit der Termfrequenz bzw. dem TF-IDF Gewichtungsschema ermittelten Wörter haben sich sowohl im Bereich der themabasierten als auch im Bereich der Sentiment Klassifikation als effektiv erwiesen.[212,213] Interessanterweise diskutieren und argumentieren Pang/Lee, dass sie mit einem binäreren Feature Vektor – also „nur" mit der Information, ob ein Feature vorhanden ist oder nicht – bessere Ergebnisse erzielen als mit der Termfrequenz.[214,215]

- Part-of-Speech Tagging
  Unter Part-of-Speech Tagging (auch als Wortartenannotierung bezeichnet) versteht man die Zuordnung von Wortarten zu Wörtern eines Textes. Die Wortarten, die sowohl vom Wort selbst als auch vom Kontext abhängig sind, können für die Ermittlung der Features interessant sein. Bekannte Tagsets sind beispielsweise die Penn Treebank POS Tags[216] für englische Texte oder das Stuttgart-Tübingen Tagset (STTS) für deutsche Texte[217].

- Sentiment Wörter und Sentiment Phrasen
  Sentiment Wörter und Sentiment Phrasen sind Ausdrücke, die eine Stimmungsrichtung beinhalten. Häufig sind diese Ausdrücke Eigenschaftswörter wie „gut", „toll", „super", „schlecht", aber auch Hauptwörter (z.B. „Müll", „Katastrophe", „Mist") und Verben (z.B. „lieben", „hassen") können Stimmungen ausdrücken.

---

[212] Vgl. Neumann, 2010, 588f.
[213] Vgl. Manning/Raghavan/Schütze, 2008, 117ff.
[214] Vgl. Pang/Lee, 2008, 32ff.
[215] Vgl. Pang/Lee/Vaithyanathan, 2002, 79f.
[216] Vgl. Marcus/Marcinkiewicz/Santorini, 1993
[217] Vgl. Schiller/Teufel/Thielen, 1995

- Umkehrung der Stimmungsrichtung

  Bestimmte Ausdrücke können die Stimmungsrichtung umkehren; typischerweise ist dies mit Verneinungen der Fall. Beispielsweise enthält der Satz „Das Produkt ist nicht schön" zwar das Sentiment Wort „schön", die Verneinung „nicht" kehrt die positive Stimmungsrichtung aber in eine negative um. Es gilt zu beachten, dass nicht jedes Verneinungswort die Stimmungsrichtung umkehrt, sondern dass auch Parameter wie die Distanz zwischen dem Sentiment Wort und der Verneinung eine Rolle spielen. Mehrere Autoren verweisen auf die Wichtigkeit dieser sogenannten „valence shifters".[218,219,220]

- Regeln bei Meinungen

  Neben Sentiment Wörtern und Sentiment Phrasen gibt es auch noch andere Ausdrücke und sprachliche Regeln, die eine Stimmung ausdrücken können: wünschenswerte oder unerwünschte Fakten (beispielsweise drückt der Satz „Nach zwei Woche wies die Matratze tiefe Mulden auf." eine negative Stimmung aus); Verwendung von Ressourcen (z.B. „Das Auto hat einen hohen Verbrauch."); Abweichungen von Normen oder erwünschten Normbereichen (z.B. „das Auto verbraucht mehr als 15 Liter pro 100 km"), etc.

- Syntaktische Abhängigkeit

  Die syntaktische Abhängigkeit zwischen zwei Wörtern wird als binäre Operation aufgefasst, die die Relation zwischen diesen Wörtern beschreibt. In einigen Publikationen wurde versucht, Features für die Klassifikation auf Basis dieser syntaktischen Abhängigkeiten zu ermitteln.

- N-Gramme

  Es gibt einige Publikationen, die sich damit auseinandersetzen, ob N-Gramme höherer Ordnung sinnvolle Features für die Sentiment Klassifikation darstellen. Man spricht von N-Grammen, wenn ein Text in Fragmente zerlegt und jeweils N Fragmente als N-Gramm zusammengefasst werden. Ein Fragment kann dabei ein Wort oder ähnliches sein. Wichtige N-Gramme

---

[218] Vgl. Choi/Cardie, 2009, S. 590
[219] Vgl. Choi/Cardie, 2008, 793f.
[220] Vgl. Kennedy/Inkpen, 2006, 111ff.

sind Unigramme (also beispielsweise ein Wort), Bigramme (zwei Wörter) und Trigramme (drei Wörter).[221]

Es existiert eine Vielzahl von Veröffentlichungen in diesem Bereich; die folgenden Absätze geben einen kurzen Überblick über einige Publikationen und deren Ansätze.

Pang et al. klassifizierten rund 2.000 Filmkritiken, die aus einer Newsgroup extrahiert wurden. Es wurden die Algorithmen Naive Bayes, Maximum Entropy und SVM gegenüber gestellt. Weiters wurden verschiedene Featurekombinationen getestet (Unigramme, Unigramme mit Bigrammen kombiniert, Unigramme und Part-of-Speech kombiniert). Die Experimente zeigten, dass die besten Ergebnisse mit SVM erzielt werden konnten.[222] Gamon klassifizierte über 40.000 Kundenfeedbacks. Als problematisch stellte er unter anderem dar, dass das textuelle Feedback von Kunden vergleichsweise „unsauber" in Bezug auf grammatikalische Richtigkeit, etc. ist. Zur Klassifizierung der Feedbackdaten wurde SVM mit einem linearen Kernel eingesetzt. In Bezug auf die zu verwendenden Features wird in dieser Publikation diskutiert, welche Features für die Klassifikation relevant sind und wie diese am besten zu bestimmen sind. Insbesondere experimentierten die Autoren damit, ob einfache Features für die Klassifikation ausreichend sind oder ob weitere linguistische Features die Genauigkeit der Klassifikation verbessern würden. Zur Generierung der „einfachen" Features wurden Lemma Unigramme, Lemma Bigramme und Lemma Trigramme eingesetzt, die linguistischen Features wurden auf Basis von NLPWin, einer NLP Software mittels Part-of-Speech Trigrammen, semantischen Relationen von Part-of-Speech und verschiedenen anderen Maßen und Algorithmen ermittelt. Zur Verbesserung der Genauigkeit der Klassifizierung wurden die Features mit dem Likelihood-Quotienten reduziert, sodass die Anzahl der Features die Anzahl der Trainingsdaten nicht übersteigt. Als Ergebnis kann festgehalten werden, dass die linguistischen Features die Klassifikation verbessern und die Genauigkeit erhöhen, der Effekt aber – zumindest bei

---

[221] Vgl. Pang/Lee, 2008, 32ff.
[222] Vgl. Pang/Lee/Vaithyanathan, 2002, 79f.

vergleichsweise „unsauberen" Daten – für praktische Anwendungen nicht besonders hoch ist.[223] Pang/Lee stellen einen Ansatz vor, der die Klassifikation auf Dokumentenebene und Satzebene kombiniert: In einem ersten Schritt werden die Sätze in einem Dokument als subjektiv oder objektiv markiert; anschließend wird eine Supervised Learning Methode auf die subjektiven Sätze zur Klassifikation angewendet. Die Bestimmung, ob ein Satz objektiv oder subjektiv ist, erfolgt auf Basis eines „Minimum-Cut"-Algorithmus; damit soll auch die Ähnlichkeit von Sätzen im selben Diskurskontext (Textteile, die nahe zueinander sind im selben Kontext sind bis zu einer gewissen Wahrscheinlichkeit als gleich objektiv oder subjektiv einzuordnen) berücksichtigt werden. Zur Klassifikation der subjektiven Sätze wurde mit SVM und mit Naive Bayes experimentiert. Die Features wurden auf Basis von Unigrammen bestimmt. Das Ergebnis dieser Arbeit ist unter anderem, dass die Eliminierung von objektiven Sätzen die Bewertung der Stimmungsrichtung verbessert.[224] Cui et al. kritisieren in ihrer Publikation, dass viele Forschungsergebnisse auf vergleichsweise kleinen Datenmengen (also im Bereich von einigen tausend Artikeln) beruhen, dies aber nicht „Echtdaten" in Größenordnungen des Web entspricht. Weiters kritisieren sie, dass vielfach nur mit Unigrammen und Bigrammen experimentiert wurde. Die Autoren haben auf Basis dieser Kritik verschiedene Algorithmen untersucht und kommen zu dem Schluss, dass N-Gramme höherer Ordnung die Performanz der Klassifikation erhöhen können; die besten Resultate wurden mit dem „Passive-Aggressive"-Algorithmus (PA-Algorithmus) erzielt. Im Gegensatz zur Arbeit von Pang/Lee konnten die Autoren keine Verbesserung feststellen, wenn objektive Sätze aus den Daten entfernt werden.[225]

Dasgupta/Ng argumentieren in ihrer Publikation, dass die Bestimmung der Stimmungsrichtung mit Supervised Learning Ansätzen den Nachteil hat, dass Trainingsdaten generiert werden müssen und diese häufig domänenspezifisch sind. Sie stellen daher einen Semi-Supervised Learning Ansatz vor: Zuerst werden

---

[223] Vgl. Gamon, 2004, 841ff.
[224] Vgl. Pang/Lee, 2004, 271ff.
[225] Vgl. Cui/Mittal/Datar, 2006, 1265ff.

eindeutige Rezensionen mit einer Unsupervised Learning Methode („Spectral Cluster") identifiziert, anschließend werden die mehrdeutigen Rezensionen händisch annotiert und in einem letzten Schritt werden diese händisch annotierten Rezensionen mit SVM klassifiziert.[226] Liu et al. haben für Blogs als auch für Rezensionen verglichen, inwieweit sich unterschiedliche Features auswirken. Die Autoren haben dazu über 12.000 Blog-Einträge von TREC Blog Track 2006 und 2007 sowie Rezensionen von Pang et al. und Blitzer et al. verwendet. Als Klassifikationsmethode ist Maximum Entropy eingesetzt worden. Folgende Features wurden untersucht: lexikalische Features, polarisierte lexikalische Features, polarisierte Bigramme sowie Bindewörter (wie „aber", etc.). Als Basis wurden die lexikalischen Features herangezogen; eine Erweiterung dieser Features ergab für die Rezensionen eine Steigerung der Genauigkeit, aber nur teilweise für die Blogs. Die Autoren führen die Ergebnisse darauf zurück, dass dies mit den unterschiedlichen Kontexten und Schreibstilen in Blogs zusammenhängen könnte.[227] In Bespalov et al. werden zur Sentiment Klassifikation ebenfalls N-Gramme höherer Ordnung verwendet. Dabei kommen auch andere Verfahren, wie beispielsweise „Latente N-Gramme" und neuronale Netzwerke zum Einsatz.[228]

Zusammengefasst lässt sich festhalten, dass eine Vielzahl von Publikationen in diesem Bereich identifiziert werden können – neben oben angeführten und kurz beschriebenen Ansätzen finden sich weitere beispielsweise in Bickerstaffe/Zukerman[229], Burfoot et al.[230], Dave et al.[231], Nakagawa et al.[232] u.v.m.

---

[226] Vgl. Dasgupta/Ng, 2009, 702f.
[227] Vgl. Liu et al., 2010, 309ff.
[228] Vgl. Bespalov et al., 2011, 375ff.
[229] Vgl. Bickerstaffe/Zukerman, 2010
[230] Vgl. Burfoot/Bird/Baldwin, 2011
[231] Vgl. Dave/Lawrence/Pennock, 2003
[232] Vgl. Nakagawa/Inui/Kurohashi, 2010

2.3.1.2   Sentiment Klassifikation mit Unsupervised Learning

Die Sentiment Klassifikation wurde in zahlreichen Publikationen auf Basis von Supervised Learning Algorithmen untersucht, vergleichsweise wenig Ansätze wurden aber auf Basis von Unsupervised Learning veröffentlicht.

Die vielleicht wichtigste und meist beachtete Arbeit in diesem Bereich stammt von Turney; er untersuchte über 400 Rezensionen von Epinions.com aus verschiedenen Kategorien. Turney schlägt folgende Vorgehensweise vor: Im ersten Schritt werden Phrasen mit Eigenschaftswörtern extrahiert, da diese ein Indikator für subjektive Aussagen sind. Nachdem bei einem einzelnen Wort der Kontext fehlt, werden immer Wortpaare extrahiert; dazu wird ein Part-of-Speech Tagger eingesetzt. Der zweite Schritt besteht darin, die semantische Orientierung mittels des Algorithmus „Pointwise Mutual Information – Information Retrieval" (PMI-IR) gemessen. Mit PMI wird also die Stärke des semantischen Zusammenhangs zwischen zwei Wörtern ausgedrückt:

$$PMI(word_1, word_2) = log_2 \left(\frac{p(word_1 \& word_2)}{p(word_1) \, p(word_2)} \right)$$

$p(word_1 \& word_2)$ drückt die Wahrscheinlichkeit aus, dass zwei Wörter $word_1$ und $word_2$ gemeinsam auftreten. Wenn die Wörter statisch unabhängig voneinander sind, dann wird das durch $p(word_1) \, p(word_2)$ ausgedrückt. Der Quotient aus beiden ist somit ein Maß für den Zusammenhang der beiden Wörter. Die semantische Orientierung (SO) einer Phrase wird bezüglich der Assoziation mit dem positiven Wort „excellent" und dem negativen Wort „poor" wie folgt berechnet:

$$SO(phrase) = PMI(phrase, "excellent") - PMI(phrase, "poor")$$

Der Algorithmus PMI-IR schätzt die PMI-Werte, indem Abfragen zu einer Suchmaschine abgesetzt werden und die Anzahl der Treffer in die Berechnung einfließen. Im dritten und letzten Schritt wird der durchschnittliche Wert der semantischen Orientierung (SO) für jede Rezension berechnet; wenn der durchschnittliche Wert positiv ist, wird die Rezension als positiv klassifiziert und vice versa. Die Genauigkeit der Klassifikation reicht von 66 % für Filmkritiken bis 84 % für Rezensionen von Autos.[233]

In Taboada et al. wird ein lexikonbasierter Ansatz vorgestellt, der die semantische Orientierung für ein Dokument berechnet. Neben den im Lexikon enthaltenen Wörtern und deren Stimmungsrichtung werden zusätzlich Verneinungen (wie „nicht", „ohne", „nie", etc.) und Verstärkungswörter (wie „sehr", „etwas", „ungemein", etc.) berücksichtigt. Die Autoren zeigen in ihrer Arbeit auf, dass die Einbeziehung von Verneinungs- und Verstärkungswörtern die Genauigkeit der Sentiment Bestimmung erhöht. Eine Evaluierung der Autoren belegt auch, dass der vorgestellte Ansatz robust gegenüber Änderungen der Anwendungsdomäne ist.[234]

Chaovalit/Zhou vergleichen in ihrer Publikation Supervised und Unsupervised Ansätze zur Klassifizierung. Für den Supervised Learning Ansatz verwendeten die Autoren einen Korpus von Filmkritiken (von Pang et al.) und klassifizierten diese auf Basis von N-Grammen höherer Ordnung. Der Unsupervised Learning Ansatz setzt im Wesentlichen die Kalkulation der semantischen Orientierung von Turney (vgl. Beschreibung oben) um. Das Ergebnis dieser Arbeit ist, dass der Supervised Learning Ansatz genauer ist als der Unsupervised Learning Ansatz, allerdings ist Supervised Learning mit wesentlich mehr Zeitaufwand verbunden, weil letztlich ein Modell für den Algorithmus trainiert werden muss. Die Autoren stellen auch die Überlegung an, dass die Genauigkeit des Unsupervised Learning Ansatz wesentlich mit der Performanz des verwendeten POS-Taggers zusammenhängt. Als weiteren Ausblick führen die Autoren an, dass die Generierung von Features verbessert werden könnte, entweder durch Reduktion der Features mit Algorithmen wie TF-IDF, oder durch Einsatz von spezifischen Lexika für die Domäne von Filmen.[235]

---

[233] Vgl. Turney, 2002, 417ff.
[234] Vgl. Taboada et al., 2011, 268ff.
[235] Vgl. Chaovalit/Zhou, 2005, 112ff.

2.3.1.3 Weitere Forschungsrichtungen

Neben der oben angeführten Sentiment Klassifikation können in der Literatur noch weitere Forschungsrichtungen auf Dokumentenebene identifiziert werden:

- Vorhersage Sentiment Bewertung

  Einige Forschungsarbeiten beschäftigen sich damit, die Bewertung von Rezensionen (beispielsweise bei Amazon 1 – 5 Sterne) „vorherzusagen". Pang/Lee greifen diese Thematik auf und experimentieren mit verschiedenen Algorithmen zur Vorhersage der numerischen Bewertung: Regression mit SVM, Multiclass-Klassifikation mit SVM und „Metric Labeling". Die Erkenntnis aus dieser Arbeit ist, dass die Multiclass-Klassifikation gegenüber den anderen beiden Algorithmen schlechter abschneidet.[236] Goldberg/Zhu erweitern diesen Ansatz mit graphenbasierten Semi-Supervised Learning Ansätzen.[237] Shimada/Endo kritisieren, dass bestehende Forschungsarbeiten pro Rezension nur eine Bewertung abschätzen, obwohl die eine Rezension in der Regel verschiedene Details enthält, für die jeweils eine Bewertung abgeschätzt werden könnte. Die Autoren experimentieren mit vier verschiedenen Algorithmen, um eine numerische Bewertung aus den Rezensionen ableiten zu können: SVM, lineare Support Vector Regression (SVR), Maximum Entropy und eine ähnlichkeitsbasierte Methode. Darüber hinaus werden verschiedene Varianten zur Selektion von Features eingesetzt: Wortpaare, Termfrequenz und verschiedene Konfidenzmaße. Die größte Genauigkeit konnte mit dem SVM-Algorithmus erzielt werden, die geringste Fehlerrate mit SVR.[238]

- Domänenübergreifende Sentiment Klassifikation

  Das Problem bei Supervised Learning Ansätzen ist, dass die Algorithmen mit Daten aus einer bestimmten Domäne trainiert werden und die generierten Berechnungsmodelle meist wenig passend für andere Domänen sind. Dies ist darauf zurückzuführen, dass andere Wörter und Begriffe und möglicherweise

---

[236] Vgl. Pang/Lee, 2005, 115ff.
[237] Vgl. Goldberg/Zhu, 2006, 45f.
[238] Vgl. Shimada/Endo, 2008, 1006ff.

sogar Sprachkonstrukte in anderen Domänen gänzlich anders sein können. Einige Forschungsarbeiten setzen sich damit auseinander, inwieweit Modelle für andere Domänen (häufig auch als „Zieldomäne" bezeichnet) adaptiert werden können. In der Literatur lassen sich dabei zwei grundsätzliche Ansätze erkennen: Ansätze, die eine kleine Menge an Trainingsdaten für die neue Domäne benötigen und Ansätze, die ohne Trainingsdaten für die neue Domäne auskommen.

Zur ersten Variante ist die Arbeit von Aue/Gamon zu zählen; die Autoren testen vier verschiedene Ansätze, um eine domänenübergreifende Sentiment Klassifikation durchzuführen:

1. Training der Algorithmen mit Daten aus mehreren Domänen, bei denen annotierte Daten vorliegen,

2. Training der Algorithmen wie oben, allerdings mit einer Reduzierung der Features auf Features der Zieldomäne,

3. Verwendung von Ensembles von Klassifikationsmethoden mit Training von verfügbaren annotierten Daten,

4. Kombination von einer kleinen Anzahl von annotierten Daten mit größeren Mengen von nicht annotierten Daten der Zieldomäne.

Die Daten stammen aus vier verschiedenen Domänen: Filmkritiken, Buchrezensionen, Produktsupport und Wissensdatenbanken („Knowledge Base"). Die ersten Experimente zielten darauf ab, die Unterschiede zwischen den Domänen zu erkennen: für jede Domäne wurde ein SVM-Algorithmus trainiert und anschließend für alle vier Domänen angewendet. Die Ergebnisse dieses Experiments zeigen, dass die Genauigkeit der Klassifizierung erwartungsgemäß in den Domänen, die nicht für das Training herangezogen wurden, niedriger ist. Die zweite Reihe von Experimenten testet oben angeführte Ansätze mit verschiedenen Parametern. Zusammengefasst kann festgehalten werden, dass die besten Ergebnisse mit dem 4. Ansatz (Kombination von Trainingsdaten) und einem Expectation Maximization Algorithmus erzielt wurden.[239]

Zum zweiten Ansatz ist beispielsweise die Publikation von Blitzer et al. zu zählen. In der Publikation entwickeln die Autoren den Ansatz von „Structural Learning"[240] weiter zu einem Algorithmus, den sie „Structural Correspondence Learning" bezeichnen. Die Grundidee ist, korrespondierende Features von unterschiedlichen Domänen zu identifizieren, indem ihre Korrelationen mittels sogenannter Pivot Features modelliert werden. Unter Pivot Features verstehen die Autoren Features, die sich zu den beiden betrachteten Domänen für die Learning-Algorithmen gleich verhalten.[241] Nachdem der Algorithmus nicht spezifisch für die Sentiment Klassifikation entwickelt wurde, haben die Autoren in einer weiteren Publikation diesen Ansatz noch einmal erweitert. Weiters experimentieren sie mit der „unsupervised A-Distanz" zwischen Daten verschiedener Domänen, um ein Maß für den Genauigkeitsverlust der Sentiment Klassifikation zu erhalten. Die Experimente zeigen, dass die A-Distanz gut mit dem Verlust der Genauigkeit bei der Adpation auf eine andere Domäne korreliert.[242]

Tan et al. schlagen für die Transformation von Modellen auf andere Domänen folgenden Algorithmus vor: Trainieren einer Klassifikationsmethode auf Basis der Daten der ursprünglichen Domäne; anschließend Anwendung der Methode auf einige ausgewählte Daten der Zieldomäne und Trainieren einer neuen Klassifikationsmethode mit diesen ausgewählten Daten. Abschließend können die Daten der Zieldomäne mit dem neuen Modell klassifiziert werden. Die Herausforderung bei dieser Vorgehensweise liegt darin, Daten der Zieldomäne auszuwählen und zu klassifizieren, da das ursprüng-

[239] Vgl. Aue/Gamon, 2005
[240] Vgl. Ando/Zhang, 2005
[241] Vgl. Blitzer/McDonald/Pereira, 2006, 120ff.
[242] Vgl. Blitzer/Dredze/Pereira, 2007, 440ff.

lich trainierte Modell in der Regel unzureichende Genauigkeit für die Ziel-domäne aufweist. Die Autoren schlagen hierfür eine „Relative Similarity Ranking" Methode vor; die Ergebnisse der Evaluierung sind vielverspre-chend.[243] Tan et al. stellen zwei Jahre später noch einen weiteren Ansatz vor: Sie verwenden allgemeine Features, die in beiden Domänen vorkommen. Diese Features werden mit „Frequently Co-occurring Entropy" (FCE) ermit-telt. Als nächstes wird eine Klassifikationsmethode mit diesen Features auf Basis der alten Domäne trainiert. Man erhält daher ein Modell, das für beide Domänen angewendet werden kann; die allgemeinen Features sind also „nur" das verbindende Element zwischen alter Domäne und Zieldomäne. In weiterer Folge wird ein EM-basierender Naive Bayes Algorithmus einge-setzt, der sukzessive weitere Features der Zieldomäne einbindet. Obwohl die Autoren gute Ergebnisse erzielen, resümieren sie, dass FCE nicht der beste Ansatz ist, um allgemeine Features zu identifizieren, und hier weitere For-schungsarbeiten notwendig sind.[244] Bollegala et al. erstellen in ihrer Arbeit einen „Sentiment sensitiven Thesaurus", um Assoziationen zwischen Wör-tern zu finden, die eine ähnliche Stimmungsrichtung in unterschiedlichen Domänen ausdrücken. Dieser Thesaurus wird dazu verwendet, um die Fea-tures für die Klassifikation zu erweitern. Das Besondere an diesem Ansatz ist, dass mehrere Quelldomänen aus der Ausgangsbasis herangezogen wer-den können.[245]

- Sprachübergreifende Sentiment Klassifikation
  Mit sprachübergreifender Sentiment Klassifikation ist gemeint, dass die Er-mittlung der Stimmungsrichtung auf Basis von Dokumenten in mehreren un-terschiedlichen Sprachen durchgeführt werden kann. Der Wunsch nach sprachübergreifender Sentiment Klassifikation liegt auf der Hand: Insbeson-dere in der praktischen Anwendung ist es beispielsweise für Unternehmen von großem Interesse, die von Konsumenten veröffentlichten Meinungen in

---

[243] Vgl. Tan et al., 2007, 979ff.
[244] Vgl. Tan et al., 2009, 338ff.
[245] Vgl. Bollegala/Weir/Carroll, 2011, 132ff.

der landeseigenen Sprache zu untersuchen. Für Forscher ist die sprachüber-greifende Sentiment Klassifikation eine interessante Herausforderung, weil ein Großteil der Forschung auf Englisch basiert; dies trifft sowohl auf anno-tierte Trainingsdaten als auch auf Algorithmen und Tools zu.

Eine der ersten Arbeiten, die sich mit der Thematik auseinandersetzt, stammt von Mihalcea et al. Die Autoren diskutieren dabei unter anderem fol-gende Fragen:

o   Inwieweit ist es möglich, ein Sentimentlexikon für eine neue Sprache auf Basis eines englischsprachigen Lexikons und eines „normalen" Wörterbuchs zu erstellen?

o   Inwieweit kann ein annotierter Korpus in einer neuen Sprache unter Zu-hilfenahme von existierenden Tools für die englische Sprache abgelei-tet werden?

In dieser Arbeit werden zwei Ansätze zur Sentiment Klassifikation für eine neue Sprache vorgestellt: Einer basiert auf einem aus dem Englischen übersetzten Sentimentlexikon, im anderen Ansatz wurde ein statistischer Klassifizierer für eine neue Sprache entwickelt.[246] Einige Forscher setzen maschinelle Übersetzer ein, um eine sprachübergreifende Sentimentanalyse durchführen zu können. Beispielsweise beschreibt Wan eine Vorgehens-weise, um chinesische Rezensionen zu bewerten: Die chinesische Rezension wird mittels maschinellen Übersetzern in die englische Sprache übersetzt. Anschließend werden sowohl für die chinesische als auch für die englische Übersetzung auf Basis eines Sentimentlexikons (in Chinesisch bzw. Eng-lisch) die Sentiment Richtung bestimmt. Danach wird mittels eines Ensem-bles eine resultierende Stimmungsrichtung berechnet. Als Ergebnis kann un-ter anderem festgehalten werden, dass die Genauigkeit der Sentiment Klas-sifikation der englischen Rezensionen – trotz der nicht perfekten maschinel-len Übersetzung – höher ist als die Klassifikation mit rein chinesischen Da-ten. Darüber hinaus wird gezeigt, dass die Ensemble-Bewertung ebenfalls

---

[246] Vgl. Mihalcea/Banea/Wiebe, 2007, 976ff.

zur Steigerung der Genauigkeit beiträgt.[247] Der Autor ergänzt und erweitert diesen Ansatz um ein sogenanntes „Co-Training": Sowohl englische Rezensionen als auch chinesische Rezensionen werden in die jeweils andere Sprache maschinell übersetzt. Das Klassifikationsproblem wird dann aus zwei unabhängigen Sichtweisen – Chinesisch mit chinesischen Features und Englisch mit englischen Features – aufgefasst. Diese Sichten werden mit Co-Training auf Basis SVM wieder zusammengeführt.[248] Abb. 2.6 stellt diesen Ansatz schematisch dar.

---

[247] Vgl. Wan, 2008, 553ff.
[248] Vgl. Wan, 2009, 235ff.

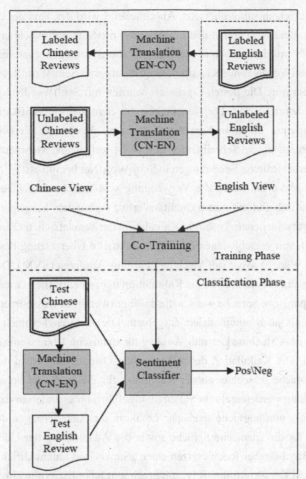

Abb. 2.6: Sprachübergreifende Sentiment Klassifikation[249]

Denecke wählt ebenfalls den Ansatz mit maschineller Übersetzung: Ein Dokument in deutscher Sprache wird in die englische Sprache mit einem Stan-

---

[249] Wan, 2009, S. 237

dard-Übersetzungstool übersetzt. Anschließend wird der Text des übersetzten Dokuments aufbereitet und in Bezug auf die Stimmungsrichtung klassifiziert. Es wurden verschiedene Klassifikationsmethoden evaluiert: LingPipe, SentiWordNet mit Klassifizierungsregeln und SentiWordNet mit Machine Learning. Die besten Ergebnisse wurden mit SentiWordNet und Machine Learning erzielt. Die Genauigkeit der Sentiment Klassifikation wird unter anderem durch in SentiWordNet nicht abgebildete Verneinungen, Übersetzungsfehler, Schreibfehler und nicht aufgelöste Mehrdeutigkeiten und unterschiedliche Bedeutungen in SentiWordNet beeinflusst.[250]

Brooke et al. sehen die Verwendung von maschineller Übersetzung problematisch und mit einem Qualitätsverlust verbunden. Sie experimentieren mit verschiedenen Ansätzen: Kalkulation der semantischen Orientierung auf Basis von verschiedenen Lexika; maschinelle Übersetzung des Korpus (ähnlich Wan[251]) sowie mit Machine Learning-Ansätzen (SVM). Der präferierte Ansatz der Autoren ist die Kalkulation der semantischen Orientierung; für die spanische Sprache wurden die dafür notwendigen Ressourcen sowohl manuell als auch automatisiert aufgebaut. Die Autoren kommen zu dem Schluss, dass Machine Learning Ansätze für spanische Texte wenig geeignet scheinen. Die Kalkulation der semantischen Orientierung ist in der spanischen Sprache schlechter als der Kalkulator für die englische Sprache. Als Begründung werden mehrere Faktoren angeführt, unter anderem das zu Beginn wenig umfangreiche spanische Lexikon, die Adaptierungen der Algorithmen für die spanische Sprache sowie die Adaptierung der Übersetzungen.[252] Boyd-Graber/Resnik setzen einen „Supervised Latent Dirichlet Allocation" (SLDA) Algorithmus für die Sentiment Klassifizierung ein.[253] Meng et al. sehen maschinelle Übersetzung ebenfalls kritisch und schlagen ein korpusbasiertes Modell vor.[254]

---

[250] Vgl. Denecke, 2008, 507ff.
[251] Vgl. Wan, 2008
[252] Vgl. Brooke/Tofiloski/Taboada, 2009, 50ff.
[253] Vgl. Boyd-Graber/Resnik, 2010, 45ff.
[254] Vgl. Meng et al., 2012, 572ff.

Duh et al. diskutieren in ihrer Publikation den Einfluss der maschinellen Übersetzung von Texten auf die Qualität von domänen- und sprachübergreifender Sentiment Klassifikation. Sie vertreten die Ansicht, dass Qualitätsverluste selbst dann auftreten würden, wenn die maschinelle Übersetzung perfekt wäre.[255]

2.3.2 Satzebene

Die Analyse der Stimmungsrichtung auf Dokumentenebene ist für manche Anwendungen möglicherweise zu ungenau. Der nächste logische Schritt ist daher, das Dokument in Sätze zu unterteilen und die Analysen auf Satzebene durchzuführen. Die Ansätze und Algorithmen, die zur Analyse eingesetzt werden, unterscheiden sich dabei nicht wesentlich von denen auf der Dokumentenebene. Ein Satz wird also im Wesentlichen als kurzes Dokument interpretiert.

Bei der Analyse auf Satzebene wird häufig die Annahme unterstellt, dass ein Satz nur eine Meinung enthält. Diese Annahme muss nicht notwendigerweise zutreffen, denn gerade bei umfangreicheren Sätzen werden möglicherweise unterschiedliche Aspekte im gleichen Satz kontrovers diskutiert. Die Analyse auf Satzebene ist auch dadurch limitiert, dass das Meinungsziel (also die Entität bzw. der Aspekt) nicht unbedingt bekannt ist oder ermittelt wird. Sofern aber die Entitäten bzw. die Aspekte eines Satzes bestimmt werden, ist eine Analyse auf Satzebene (und die Bestimmung der Stimmungsrichtung) durchaus sinnvoll; in diesem Fall kann dann auch wiederum die Opinion-Definition aus 2.1.1.1 herangezogen werden.

Die Sentimentanalyse auf Satzebene wird häufig in folgende zwei Schritte untergliedert:

- Bestimmung, ob der Satz subjektiv oder objektiv ist
- Ermittlung der Stimmungsrichtung der subjektiven Sätze[256]

---

[255] Vgl. Duh/Fujino/Nagata, 2011, 429ff.
[256] Vgl. Liu, 2012, 37f.

2.3.2.1   Bestimmung der Subjektivität

In der Literatur ist häufig der Begriff „subjectivity classification" zu finden; wie bereits bei den Definitionen diskutiert, enthält ein objektiver Satz Fakten, während ein subjektiver Satz eine persönliche Sichtweise oder Meinung wiedergibt. Ein objektiver Satz kann aber ebenfalls eine Stimmungsrichtung ausdrücken. Insofern wäre die Begrifflichkeit „meinungsbehaftet"/„nicht meinungsbehaftet" besser, in der Literatur ist aber „Subjektivität" geläufiger.

Die meisten Ansätze zur Bestimmung der Subjektivität basieren auf Supervised Learning Methoden; eine der ersten Arbeiten in diesem Umfeld stammt von Bruce/Wiebe: Vierzehn Artikel aus dem Wall Street Journal wurden von vier unterschiedlichen Menschen händisch bewertet. Die Artikel wurden zuerst in Sätze untergliedert und jedem Satz wurden anschließend die Kategorie „subjektiv" bzw. „objektiv" zugeordnet. Die Autoren haben die Gemeinsamkeiten und die Unterschiede analysiert und untersuchen darüber hinaus die Korrelation zwischen verschiedenen Features und der Klasse „subjektiv".[257] In einem weiteren Artikel haben Wiebe/Bruce/O'Hara auf Basis eines Naive Bayes Algorithmus eine Klassifizierung in subjektive und objektive Sätze vorgenommen. Zur Klassifikation wurden binäre Features wie das Vorhandensein von Pronomen, Adjektiven, Modalwörtern, etc. verwendet.[258] Yu/Hatzivassiloglou stellen drei verschiedene Ansätze zur Bestimmung der Subjektivität vor. Der erste Ansatz basiert auf der Ähnlichkeit von Sätzen: Die Autoren gehen davon aus, dass subjektive Sätze zu anderen subjektiven Sätzen in einem bestimmten Themengebiet ähnlicher sind als zu objektiven Sätzen. Zur Messung der Ähnlichkeit wurde ein System verwendet, das auf geteilten Wörtern, Phrasen und WordNet-Synsets basiert. Der zweite Ansatz trainiert einen Naive Bayes Algorithmus; als Features werden Wörter, Bigramme, Trigramme, Part-of-Speech, semantische Orientierung (im Sinn von positiv und negativ) von Wörtern, die Anzahl der negativen bzw. positiven Wörter sowie die Kombination mit Part-of-Speech (z.B. positiv orientiertes Adjektiv) verwendet. Der dritte Ansatz versucht, den Trainingsaufwand zu reduzieren und gleichzeitig

---

[257] Vgl. Bruce/Wiebe, 1999, 189ff.
[258] Vgl. Wiebe/Bruce/O'Hara, 1999, 249ff.

die Genauigkeit der Klassifikation zu steigern. Dazu werden iterativ mehrere Klassifizierer mit bestimmten Teilmengen von Features und Trainingsdaten eingesetzt. Als Ergebnis kann unter anderem festgehalten werden, dass der Naive Bayes Algorithmus eine höhere Recall und Precision (80 – 90 %) für die Erkennung von Meinungen als für die Erkennung von Fakten (rund 50 %) aufweist. Grundsätzlich stellen die Autoren fest, dass die besten Ergebnisse durch Verwendung von Bigrammen, Trigrammen, Part-of-Speech und semantischer Orientierung als Features erzielt werden konnten.[259] Nachdem Supervised Learning Ansätze immer mit Aufwand für die Annotierung von Daten verbunden sind, wurde immer wieder versucht, diesen Aufwand zu reduzieren. Riloff et al. beispielsweise entwickelten ein System zur Unterscheidung von subjektiven und objektiven Sätzen auf der Basis von Bootstrapping-Algorithmen. In einem ersten Schritt wurden zwei Bootstrapping-Algorithmen (Meta-Bootstrapping, Basilisk) eingesetzt, um subjektive Hauptwörter basierend auf automatisch generierten Extraktionsmustern zu identifizieren. Diese Hauptwörter wurden als Features – kombiniert mit verschiedenen anderen Varianten (unter anderem die von Wiebe/Bruce/O`Hara vorgeschlagenen Features) – für einen Naive Bayes Algorithmus verwendet und evaluiert. Die besten Ergebnisse wurden mit der Kombination der Features erreicht (Precision 81 %, Recall 77 %).[260] Riloff et al. stellen einen weiteren Ansatz vor, um Features zu generieren: Die Autoren untersuchen dabei die Beziehungen („subsumption hierarchy") zwischen lexikalischen Features. Die Beziehungen werden einerseits dazu verwendet, um automatisch komplexe Features zu identifizieren, die bessere Ergebnisse liefern als einfache Features, und andererseits dazu, um die Anzahl an Features zu reduzieren. Zur Evaluierung der Annahmen wurde eine SVM trainiert.[261] Pang/Lee verwenden einen „Minimum Cuts" Algorithmus, um Sätze in subjektiv und objektiv einzuteilen.[262] Barbosa/Feng haben die Sentiment-Richtung von Twitter-Nachrichten bestimmt. Sie schlagen dazu

---

[259] Vgl. Yu/Hatzivassiloglou, 2003, 131ff.
[260] Vgl. Riloff/Wiebe/Wilson, 2003, 25ff.
[261] Vgl. Riloff/Patwardhan/Wiebe, 2006, 440ff.
[262] Vgl. Pang/Lee, 2004, 271ff.

eine zweistufige Vorgehensweise vor: zuerst werden die Nachrichten in Bezug auf Objektivität und Subjektivität analysiert, anschließend wird die Stimmungsrichtung ermittelt. Zur Bestimmung der Subjektivität wurden bestehende Twitter-Ressourcen (wie Twitter Sentiment [http://www.sentiment140.com/] und Tweetfeel [http://www.tweetfeel.com]) bereinigt und als Trainingsdaten verwendet. Als Features wurden insbesondere auch spezifische Twitter-Merkmale berücksichtigt (Retweet, Hashtag, Reply, Link).[263]

2.3.2.2   Ermittlung der Stimmungsrichtung

Wie bereits oben dargestellt, wird bei der Ermittlung der Stimmungsrichtung auf Satzebene häufig unterstellt, dass ein Satz nur eine Meinung von einem Meinungsinhaber enthält. Dies muss aber nicht notwendigerweise zutreffen. Beispielsweise bei komplexeren Sätzen oder bei Vergleichssätzen ist dies nicht der Fall: „Die Akkulaufzeit der Kamera ist exzellent, während der Autofokus aber vergleichsweise langsam ist". Für die Ermittlung der Stimmungsrichtung können grundsätzlich die gleichen Verfahren angewendet werden wie auf Dokumentenebene; häufig ist daher auch auf Satzebene der Einsatz von Supervised Learning Algorithmen zu beobachten.

Yu/Hatzivassiloglou führen in ihrer Arbeit die oben beschriebenen Teilschritte (Bestimmung der Subjektivität und Ermittlung der Stimmungsrichtung) durch. Der erste Teilschritt wurde im vorigen Abschnitt (2.3.2.1) kurz umrissen; der zweite Teilschritt wird nachfolgend erläutert. Zur Bestimmung der Stimmungsrichtung gehen die Autoren von einer händisch annotierten Seed-Liste mit über 600 positiven sowie negativen Wörtern aus. Zur Berechnung der Stimmungsrichtung wird ein modifizierter Log-Likelihood-Quotient mit Part-of-Speech (Brill's Tagger) verwendet; der Gesamtscore für einen Satz wird mit einem Mittelwert berechnet, wobei Werte über bzw. unter bestimmten Schwellen letztlich als positiv, neutral oder negativ eingestuft werden.[264] In Pang/Lee wird eine ähnliche Vorgehensweise eingeschlagen. Zur Klassifizierung der Stimmungsrichtung

---

[263] Vgl. Barbosa/Feng, 2010, 36ff.
[264] Vgl. Yu/Hatzivassiloglou, 2003, 132f.

der subjektiven Sätze experimentieren die Autoren mit SVM und Naive Bayes Algorithmen.[265] In Hu/Liu wird ein Ansatz vorgestellt, der Kundenrezensionen analysiert und zusammenfasst. Ein Teilschritt ist dabei die Bestimmung der Stimmungsrichtung auf Satzebene; dies ist aber „nur" die Zusammenfassung der Stimmungsrichtungen auf Aspekt-Ebene. Die Stimmungsrichtung auf Aspekt-Ebene wird mittels eines Sentimentlexikons ermittelt.[266] Gamon et al. implementieren ebenfalls ein System zur Analyse von Kundenmeinungen. Unter anderem verfolgen sie einen Semi-Supervised Learning Ansatz, indem sie mit einer kleinen Menge von annotierten Sätzen und einer größeren Menge von nicht annotierten Sätzen arbeiten. Zur Klassifikation wird ein Naive Bayes Algorithmus mit Expectation Maximization (EM) eingesetzt.[267] Einen interessanten Ansatz stellen McDonald et al. vor: Die Autoren entwickeln eine Methodik, um Stimmungsrichtung auf Satz- und auf Dokumentenebene gemeinsam zu modellieren. Sie gehen davon aus, dass zwischen den einzelnen Sätzen und dem gesamten Dokument Beziehungen bestehen, die in einem gemeinsamen Modell abgebildet werden sollten und so bessere Ergebnisse für die Sentiment-Bestimmung erzielt werden können. Die Experimente belegen, dass ein gemeinsames Modell zur Bestimmung des Sentiments die Fehlerraten reduziert.[268] Latente Variablen wurden von mehreren Autoren aufgegriffen: Yessenalina et al. beschreiben, wie latente Variablen auf Satzebene die Genauigkeit der Bestimmung des Sentiments auf Dokumentenebene verbessern;[269] Nakagawa et al. verwenden latente Variablen mit Abhängigkeitsgraphen zur Sentimentanalyse auf Satzebene.[270] Täckström et al. schlagen einen ähnlichen Weg ein und experimentieren mit zwei Ansätzen: ein kaskadiertes Modell, bei dem ein Supervised Learning Algorithmus zur Generierung der Features

---

[265] Vgl. Pang/Lee, 2004, 273f.
[266] Vgl. Hu/Liu, 2004, 173f.
[267] Vgl. Gamon et al., 2005, 128ff.
[268] Vgl. McDonald et al., 2007, 433ff.
[269] Vgl. Yessenalina/Yue/Cardie, 2010, 1046ff.
[270] Vgl. Nakagawa/Inui/Kurohashi, 2010, 787ff.

eingesetzt wird und ein interpolierendes Modell, das mit Likelihood-Algorithmen arbeitet.[271]

Davidov et al. entwickeln einen Ansatz zur Klassifikation von Twitter-Nachrichten. Die Twitter-Nachrichten („Tweets") sind kurze Sätze mit einer Länge von maximal 140 Zeichen. Die Besonderheit bei Twitter ist, dass sogenannte Hashtags – Wörter mit dem vorangestellten Symbol „#" – enthalten sind und Metainformationen liefern. Manche der Hashtags weisen dem Tweet Stimmungsrichtungen zu. Zur Klassifikation der Tweets werden letztlich die Hashtags, Smileys, Interpunktionszeichen und deren Häufigkeiten als Features für Supervised Learning verwendet.[272]

2.3.2.3   Besonderheiten und weitere Forschungsrichtungen auf Satzebene

Besonderheiten

Die meisten der oben vorgestellten Ansätze fokussieren auf die Problematik der eigentlichen Analyse der Stimmungsrichtung, die Art der Sätze wird aber kaum berücksichtigt. Folgende Arten von Sätzen können auftreten:

- Fragen
  Fragen können, müssen aber nicht notwendigerweise eine Meinung ausdrücken. Beispielsweise drückt die Frage „Kann mir jemand sagen, wo es eine gute Canon-Kamera zu kaufen gibt?" keine Meinung oder Präferenz aus. Die Frage „Kann mir jemand sagen, wie diese schlechte Canon-Kamera zu reparieren ist?" drückt hingegen eine negative Meinung aus.[273]

- Konditionalsätze
  Konditionalsätze sind Nebensätze, die Bedingungen angeben; häufig werden sie mit „falls", „sofern", „wenn" eingeleitet. Es können verschiedene Arten

---

[271] Vgl. Täckström/McDonald, 2011, 569ff.
[272] Vgl. Davidov/Tsur/Rappoport, 2010, 242ff.
[273] Vgl. Liu, 2012, 43f.

von Konditionalsätzen unterschieden werden, die sich durch die grammatikalischen Zeiten bzw. die ausgedrückten Wahrscheinlichkeiten unterscheiden. Ein Beispiel für einen Konditionalsatz ist: „Wenn Microsoft ein gutes Tablet anbietet, dann werde ich es mir kaufen".[274] In der Literatur lassen sich wenige Forschungsarbeiten identifizieren, die sich mit dieser Thematik auseinandersetzen; lediglich Narayanan et al. greifen diesen Themenbereich auf. Die Autoren verfolgen in ihrer Publikation zwei Ziele: die linguistische Analyse von Konditionalsätzen und die automatisierte Sentimentanalyse von Konditionalsätzen. Die Autoren analysieren zuerst die unterschiedlichen möglichen Formen von Konditionalsätzen sowie deren Häufigkeit in Texten. In den verwendeten Texten sind – je nach Domäne – rund 5% bis 10% der Sätze Konditionalsätze. Die Autoren haben anschließend mit verschiedenen Supervised Learning Ansätzen (SVM auf Basis der LIBSVM Implementierung) und Features experimentiert. Die besten Ergebnisse wurden erzielt, wenn zur Klassifikation nicht nur der Bedingungsteil oder die Konsequenz des Konditionalsatzes analysiert wurden, sondern wenn beide Teile zur Klassifikation verwendet wurden.[275]

- Ironische und sarkastische Sätze

Ironie ist in sprachlichen Äußerungen immer wieder enthalten; häufig setzt Ironie Über- oder Untertreibungen ein, um auf Gegenteiliges hinzuweisen. Ironische Äußerungen haben ein breites Spektrum: von milde spöttisch bis hin zu böse und aggressiv. Sarkasmus stellt die aggressivste Form der Ironie dar, bei der der Sprecher sich oder andere angreifen oder verletzen will. Das Erkennen von Ironie ist nicht einfach: Häufig meint man mit ironischen Äußerungen das Gegenteil des Gesagten. Es muss aber nicht zwangsläufig das genaue semantisch-lexikalische Gegenteil ausgedrückt werden, manchmal ist einfach nur etwas anderes gemeint. Linguistische Analysen von ironischen Äußerungen sind schwierig; die Definition von Ironie auf Basis des gegenteilig Gemeinten ist nicht ausreichend. Sogenannte Ironiesignale wie

---

[274] Vgl. Liu, 2012, 43f.
[275] Vgl. Narayanan/Liu/Choudhary, 2009, 180ff.

Inkongruenzen, Inversionen, Wiederholungen bei schriftlichen Äußerungen oder Veränderungen auf der phonetischen Ebene bei gesprochenen Äußerungen können bei Analysen einbezogen werden.[276] Ironie und Sarkasmus werden in verschiedenen Wissenschaftsdisziplinen – wie zum Beispiel der Linguistik, Psychologie und Kognition – beleuchtet.[277,278,279]

Im Bereich des Opinion Mining beschäftigen sich beispielsweise Tsur et al. mit sarkastischen Aussagen: Die Autoren entwickeln einen Semi-Supervised Algorithmus zur Identifikation von sarkastischen Sätzen. Der Algorithmus umfasst zwei Module: ein Modul zur Identifikation von sarkastischen Mustern auf Basis von Semi-Supervised Learning, sowie ein Modul zur Klassifikation der Sätze in eine sarkastische Klasse; hierfür werden die Muster des ersten Moduls als Features verwendet. Der entwickelte Algorithmus wurde anhand von rund 66.000 Rezensionen von Amazon evaluiert; als Ausgangsbasis dienten rund 80 händisch annotierte Sätze. Der vorgestellte Algorithmus erreichte eine Precision von 77 % und Recall von 83 %.[280] Davidov et al. setzten den von Tsur vorgestellten Algorithmus ein und experimentierten darüber hinaus mit rund 5,9 Millionen Tweets. Zur Annotierung der Sätze wurde Mechanical Turk von Amazon eingesetzt. Interessanterweise erzielen die Autoren gute Ergebnisse, obwohl keine Anpassungen an Domänenspezifika vorgenommen wurden.[281]

Wie schwierig der Umgang mit sarkastischen Sätzen ist, wird auch in der Arbeit von González-Ibáñez et al. deutlich. Die Autoren untersuchten Sarkasmus in Twitter-Meldungen. Dazu wurden Tweets verwendet, die beispielsweise das Hashtag „#sarcasm" beinhalteten; die Autoren gehen davon aus, dass diese Kennzeichnung die verlässlichste ist, weil sie ja direkt von den Verfassern der Tweets vergeben wurden. Die Autoren experimentierten mit einem SVM-Algorithmus

---

[276] Vgl. Lapp, 1992, 11ff.
[277] Vgl. Gibbs, 1986
[278] Vgl. Kreuz/Glucksberg, 1989
[279] Vgl. Utsumi, 2000
[280] Vgl. Tsur/Davidov/Rappoport, 2010, 163ff.
[281] Vgl. Davidov/Tsur/Rappoport, 2010, 107ff.

und verschiedenen Features, um zu bestimmten, ob eine sarkastische Aussage vorliegt. Darüber hinaus haben sie untersucht, wie gut Testpersonen die Klassifikationsaufgaben (Klassen: sarkastisch/positiv/negativ; sarkastisch/nicht sarkastisch) lösen können. Sowohl die automatisierte Klassifikation als auch die von Testpersonen durchgeführte Klassifikation liefern keine besonders guten Ergebnisse. Beispielsweise konnten die Menschen bei der Klassifikation der Tweets in sarkastisch/positiv/negativ eine Genauigkeit von rund 43 % erzielen; bei der Klassifikation in sarkastisch/nicht sarkastisch rund 59 %. Die Autoren schließen, dass aufgrund der Kürze der Tweets der Kontext etwas verloren geht und dadurch die Identifizierung von Sarkasmus schwieriger wird. Beim Aufbau eines annotierten Korpus mit sarkastischen Aussagen ist zu beachten, dass – nachdem selbst Menschen sarkastische Aussagen schwer identifizieren können – Ungenauigkeiten enthalten sein können, wenn nicht die Verfasser selbst sarkastische Aussagen als solche kennzeichnen.[282]

- Diskursinformationen

  Die rhetorische Struktur von Texten kann für tiefgehende Analysen von Interesse sein. Asher et al. definieren in ihren Arbeiten verschiedene Kategorien von rhetorischen Strukturen: „CONTRAST" und „CORRECTION" deuten an, dass es sich um unterschiedliche Meinungen handelt. „EXPLANATION" liefert eine Begründung, „ELABORATION" impliziert, dass weitere Details oder Beispiele angeführt werden. „SUPPORT" deutet eine Bestärkung einer Aussage an, „RESULT" wird als Konsequenz oder Resultat aufgefasst und „CONTINUATION" bedeutet, dass diese Aussagen Teile eines größeren Themas sind.[283] Neben den rhetorischen Strukturen können Meinungen auch noch in weitere Gruppen eingeteilt werden: „REPORTING" sind Ausdrücke, die Hinweise auf den Grad der Zustimmung enthalten. „JUDGEMENT"-Ausdrücke geben eine Bewertung über ein Objekt ab. „ADVICE"-Aussagen geben Handlungsanleitungen für den

---

[282] Vgl. González-Ibáñez/Muresan/Wacholder, 2011, 581ff.
[283] Vgl. Asher/Benamara/Mathieu, 2008, 7ff.

Leser wider und mit „SENTIMENT"-Ausdrücken werden Stimmungsrichtungen ausgedrückt. Diese Hauptgruppen werden wiederum in zahlreiche
Untergruppen gegliedert. Die Zuordnung von Aussagen zu Gruppen erfolgt
auf Basis von bestimmten Schlüsselwörtern, beispielsweise deuten Wörter
wie „irritiert", „verärgert", „ärgerlich", etc. auf einen „SENTIMENT"-
Ausdruck hin (mit der Untergruppe „Ärger").[284] Einen ähnlichen Weg schlagen Somasundaran et al. vor: Sie stellen ebenfalls ein Annotationsschema
vor, das die Beziehung zwischen Meinungen ausdrückt. Im Schema werden
beispielsweise der Meinungstyp, die Polarität (positiv, negativ, neutral, beides, unbekannt) sowie die Beziehung zu einer anderen Meinung im Diskurs
definiert.[285] In einer weiteren Publikation verwenden sie das vorgeschlagene
Schema und führen damit eine Sentiment Klassifikation durch.[286]

Sprachübergreifende Analysen

Wie auch auf der Dokumentenebene werden sprachübergreifende Ansätze auf
Satzebene entwickelt und diskutiert. In der Literatur lassen sich drei große Richtungen identifizieren: [287]

• Übersetzung der Sätze
  Bei diesem Ansatz werden Sätze der Zielsprache in die Quellsprache übersetzt und anschließend erfolgt die Bewertung der Stimmungsrichtung mit
  Klassifikatoren, die in der Quellsprache trainiert wurden.
  Kim/Hovy schlagen diese Richtung ein und entwickeln zwei Modelle zur
  Sentiment Klassifikation auf Satzebene: Das erste Modell übersetzt zuerst
  deutsche E-Mails in die englische Sprache. Anschließend wird für die übersetzten E-Mails die Stimmungsrichtung auf Basis der enthaltenen Wörter ermittelt. Das zweite Modell wählt den umgekehrten Weg, d.h. englische meinungsbehaftete Wörter werden ins Deutsche übersetzt und damit werden die
  deutschen Texte analysiert. Die Autoren evaluierten die beiden Modelle und

---

[284] Vgl. Asher/Benamara/Mathieu, 2008, 4ff.
[285] Vgl. Somasundaran/Ruppenhofer/Wiebe, 2008, 130ff.
[286] Vgl. Somasundaran et al., 2009, 66ff.
[287] Vgl. Liu, 2012, S. 45

kamen zu folgenden Ergebnissen: für positive E-Mails wurde bei Modell 1 Precision 0,72 und Recall 0,40 gemessen, für Modell 2 Precision 0,55 und Recall 0,65. Bei negativen E-Mails wurde bei Modell 1 eine Precision von 0,55 und ein Recall von 0,80 ermittelt, bei Modell 2 eine Precision von 0,61 und Recall von 0,42.[288] Banea et al. experimentieren mit verschiedenen Varianten; eine davon kann dieser Richtung zugeordnet werden: Der Text der Zielsprache wird automatisch in die Quellsprache übersetzt und anschließend klassifiziert.[289]

- Übersetzung des Trainingskorpus

  Das Grundprinzip bei diesem Ansatz ist, dass ein Trainingskorpus der Quell-sprache in eine Zielsprache übersetzt wird und anschließend Klassifikations-methoden auf Basis des übersetzten Korpus trainiert werden. Mihalcea et al. beispielsweise experimentieren mit einem übersetzten Korpus, der händisch annotiert wird (in die Klassen „subjektiv", „objektiv" und „unklar"); mit die-sem annotierten Korpus wird eine Klassifikationsmethode trainiert. Der beste Klassifizierer erreichte ein F-Maß von 67,85.[290] Wie bereits weiter oben an-geführt, experimentieren Banea et al. mit verschiedenen Varianten; zwei der Experimente können in diese Richtung eingeordnet werden: (1) Ein händisch annotierter, englischer Korpus wird in die Zielsprache übersetzt und die An-notationen in den übersetzten Korpus übernommen; (2) ein Text wird auto-matisch annotiert und anschließend in die Zielsprache übersetzt. Insgesamt lässt sich festhalten, dass mit allen drei Varianten ähnliche Ergebnisse erzielt wurden.[291] In einer weiteren Publikation von Banea et al. wurde ein annotier-ter Korpus in fünf weitere Sprachen übersetzt und zahlreiche Evaluierungen wurden durchgeführt.[292] Kim et al. evaluieren ebenfalls verschiedene Mög-

---

[288] Vgl. Kim/Hovy, 2006, 205ff.
[289] Vgl. Banea et al., 2008, 127ff.
[290] Vgl. Mihalcea/Banea/Wiebe, 2007, S. 979–981
[291] Vgl. Banea et al., 2008, 127ff.
[292] Vgl. Banea/Mihalcea/Wiebe, 2010, 28ff.

lichkeiten und zeigen, dass hohe Genauigkeit mit Klassifizierungsalgorith-
men, die auf Basis eines übersetzten Korpus trainiert wurden, erreicht werden.[293]

- Übersetzung eines Sentimentlexikons

  Das Grundprinzip dieses Ansatzes ist, dass ein Sentimentlexikon von einer
  Quellsprache in eine Zielsprache übersetzt wird und anschließend eine lexikonbasierte Klassifikationsmethode trainiert wird. Mihalcea et al. haben in
  ihrer Arbeit auch mit dieser Variante experimentiert: Sie erstellen ein Sub-
  jektivitätslexikon in der Zielsprache, indem ein bestehendes Lexikon mithilfe
  von verschiedenen Wörterbüchern übersetzt wird. Dieses übersetzte Lexikon
  bildet die Grundlage für eine regelbasierte Klassifikationsmethode. Die Ergebnisse sind deutlich schlechter, als mit oben angeführtem korpusbasierten
  Ansatz.[294]

2.3.3 Eigenschaftsebene

Die nächst-detailliertere Ebene der Sentimentanalyse ist die Analyse auf der Ebene
der Eigenschaften (auch als „Aspekte" bezeichnet). Wenn die Analyse auf dieser
Ebene durchgeführt wird, dann ist es möglich, das in 2.1.1.1 vorgestellte Quintupel
$(e_i, a_{ij}, s_{ijkl}, h_k, t_l)$ zu befüllen.

Auf der Aspekt-Ebene lassen sich folgende Hauptaufgaben zur Analyse und
damit zur Generierung des Quintupels für eine Menge von Dokumenten D identifizieren:

1. Extraktion der Entitäten und Kategorisierung: Im ersten Schritt müssen alle
    Entitäten e_i in D extrahiert und synonyme Ausdrücke in Gruppen kategori-
    siert werden.

2. Extraktion der Aspekte und Kategorisierung: Als nächstes werden die As-
    pekte a_{ij} der Entitäten extrahiert; wie bei den Entitäten müssen synonyme
    Ausdrücke gruppiert werden.

---

[293] Vgl. Kim/Li/Lee, 2010, 595ff.
[294] Vgl Mihalcea/Banea/Wiebe, 2007, S. 977–979

3. Extraktion der Meinungsinhaber: Die Meinungsinhaber h_k werden in diesem Schritt extrahiert; synonyme Bezeichnungen für die Meinungsinhaber müssen gruppiert werden.

4. Extraktion des Zeitpunkts: Der Zeitpunkt t_l der Meinungsabgabe ist zu extrahieren; unterschiedliche Zeitformate sind in ein einheitliches Format zu bringen.

5. Sentiment Klassifikation: In diesem Schritt erfolgt die eigentliche Ermittlung der Stimmungsrichtung s_{ijkl}, die entweder in der Form positiv/negativ/neutral oder in Form einer numerischen Skala angegeben wird.

6. Zusammenfügung in ein Quintupel: Im letzten Schritt sind die durch die zuvor durchgeführten Aufgaben extrahierten Informationen zusammenzufügen und beispielsweise in einer Datenbank für weitere Analysen zu speichern.[295]

Im Folgenden werden die Schritte näher erläutert. Vielfach verwenden Autoren verschiedene Kombinationen der nachfolgend angeführten Algorithmen und Ansätze. Beispielsweise werden in Xu et al. die Eigenschaften und Stimmungsrichtungen mit einem Algorithmus extrahiert, der auf LDA basiert. Die extrahierten Aspekte und Stimmungswörter werden dazu verwendet, um aspektabhängige Sentimentlexika zu generieren.[296]

2.3.3.1 Extraktion der Entität, des Meinungsinhabers und des Zeitpunkts

Die Extraktion der Entität, des Meinungsinhabers und des Zeitpunkts sind klassische Probleme der Named Entity Recognition (NER). Mithilfe von Named Entity Recognition werden folgende Typen von Namen in Texten erkannt:

- Namen von Personen, Unternehmen und Orten
- Datums- und Zeitangaben
- monetäre Beträge und Prozentsätze

---

[295] Vgl. Liu, 2012, 14ff.
[296] Vgl. Xu et al., 2013, 25ff.

Named Entity Recognition ist ein umfangreich erforschtes Themengebiet. Beispielsweise ist die Erkennung von Personen und Organisationen in Nachrichtenartikeln weit fortgeschritten – über 95 % F-Maß auf Basis von verschiedenen Algorithmen (wie Maximum Entropy oder Hidden Markov) werden bereits erreicht. Dies bedeutet, dass relevante Muster gut erkannt und ziemlich eindeutig sind. Named Entity Tagger sind damit also nahezu gleich leistungsfähig wie Menschen. Named Entity Recognition ist nur wenig von der Domäne abhängig, sondern vorrangig vom Grad der Generalisierung während des Aufbaus eines NER-Algorithmus.[297,298] In informalen Texten, in denen Grammatik-, Tipp- und Rechtschreibfehler wesentlich häufiger vorkommen, ist die Informationsextraktion – und damit auch die Named Entity Recognition – wesentlich schwieriger und erreicht weniger gute Werte.[299]

2.3.3.2   Extraktion der Aspekte

Die Extraktion der Aspekte kann ebenfalls – ähnlich wie die Extraktion der Entitäten – als Teilaufgabe der Information Extraction aufgefasst werden. Die Extraktion des Aspekts ist insofern von Interesse, da sich eine Meinung in der Regel auf ein bestimmtes Meinungsziel bezieht. Die Besonderheit dabei ist, dass Aspekte auch implizit ausgedrückt werden können und damit die Extraktion wiederum schwieriger wird. Beispielsweise wird im Satz „Das Smartphone ist sehr teuer." implizit auf den Aspekt „Preis" verwiesen.

In der Literatur lassen sich mehrere Ansätze zur Extraktion von Aspekten unterscheiden: Extraktion basierend auf

• häufigen Hauptwörtern und Hauptwortphrasen,

• der Verwendung von Meinung-Ziel-Relation,

• Supervised Learning Algorithmen oder

• Topic-Modeling-Algorithmen.[300]

---

[297] Vgl. Moens, 2006, S. 203
[298] Vgl. Feldman/Sanger, 2008, S. 96
[299] Vgl. Moens, 2006, S. 218
[300] Vgl. Liu, 2012, 58ff.

Häufige Hauptwörter und Wortphrasen

Eine effiziente und einfache Methode zur Extraktion von Aspekten basiert auf der Analyse von Häufigkeiten von Hauptwörtern oder Wortphrasen („frequent nouns"). Diesem Ansatz liegt die Idee zugrunde, dass Begriffe, die häufig in z.B. Rezensionen vorkommen, wichtige Aspekte sind. Die Begriffe werden einfach gezählt, häufig vorkommende Begriffe werden behalten, weniger häufig vorkommende verworfen. Zur Identifikation von Hauptwörtern und Wortphrasen können POS-Tagger eingesetzt werden. Die Schwelle zur Abgrenzung häufige vs. weniger häufige Wörter kann mit Experimenten festgelegt werden.

Mehrere Autoren verwenden diesen Ansatz und versuchen, mit verschiedenen Erweiterungen die Genauigkeit zu steigern. Eine der ersten Arbeiten stammt von Hu/Liu: Sie identifizieren häufige Hauptwörter und Hauptwortphrasen in Rezensionen unter Verwendung von Assoziationsregeln (vgl. auch Agrawal[301]). Als Schwelle setzen die Autoren einen Wert von 1 % an, d.h. es werden solche Hauptwörter und Hauptwortphrasen als häufig angesehen, die in mehr als 1 % aller Sätze vorkommen. Zusätzlich werden redundante einzelne Wörter eliminiert; Wortphrasen, die nicht die gleiche Reihenfolge aufweisen, werden ebenfalls eliminiert.[302] Dieser Ansatz wird auch von Blair-Goldensohn et al. aufgegriffen. Die gefundenen häufigen Begriffe werden mit verschiedenen Filterkriterien bereinigt (z.B. werden nur Aspekte von Sätzen mit Stimmungsrichtungen aufgegriffen, bestimmte Muster müssen vorliegen, etc.). Nachdem Aspekte, die auf diese Weise gewonnen werden, recht feingranular sind, schlagen die Autoren vor, mit Klassifikationsmethoden (im konkreten Fall mit Binary Maximum Entropy) auf Basis von annotierten Daten Aspekte zu extrahieren und mit den fein granularen Aspekten zu kombinieren.[303] Popescu/Etzioni stellen ein System „OPINE" vor, das auf Basis von Unsupervised Learning Algorithmen Aspekte von Rezensionen extrahiert und die Stimmungsrichtung bewertet. Wesentliche Teile des Systems wurden

---

[301] Vgl. Agrawal/Srikant, 1994
[302] Vgl. Hu/Liu, 2004, S. 171
[303] Vgl. Blair-Goldensohn et al., 2008

auch bereits in einer früheren Publikation vorgestellt und diskutiert.[304] Die komplexe Aufgabe der aspektbasierten Stimmungsbewertung wird in mehrere Teilschritte gegliedert. Einer der Schritte ist die Extraktion der expliziten Aspekte. Als
Input werden mit dem MINIPAR-Algorithmus geparste Sätze verwendet; daraus
werden Hauptwörter und Hauptwortphrasen extrahiert, solche mit hoher Häufigkeit werden weiterverwendet, während die weniger häufigen verworfen werden.
Die Schwelle wird experimentell ermittelt. Die Hauptwörter und Hauptwortphrasen werden mit einem „Assessor" bewertet, um die Qualität der Aspekte zu steigern. Zur Bestimmung der „Teil-Ganzes-Relation", also der Eigenschaften und
der Teile einer Entität wird der PMI-Wert zwischen den Phrasen und speziellen
„Teil-Ganzes-Phrasen" (wie z.B. „Scanner hat", „des Scanners", etc. für ein Produkt „Scanner") berechnet. Zur weiteren Unterscheidung von Teilen und Eigenschaften wird WordNet mit der „is-a"-Hierarchie eingesetzt. Bei den durchgeführten Evaluierungen stellen die Autoren fest, dass der vorgeschlagene Extraktions-
algorithmus robust gegenüber Änderungen der Produktklassen ist.[305] Ku et al. verwenden ebenfalls die Häufigkeiten: Ein Hauptwort oder eine Wortphrase wird als
repräsentativ erachtet, wenn dieser Term häufig über mehrere Dokumente hinweg
vorkommt oder wenn dieser Term häufig innerhalb eines Dokuments vorkommt.[306]

Meinung-Ziel-Relation

Der Nachteil bei der oben angeführten Extraktion der Aspekte mittels Häufigkeiten besteht darin, dass weniger häufige Wörter ebenso Aspekte sein könnten, diese
aber möglicherweise aufgrund des Schwellwertes nicht berücksichtigt werden.
Das Prinzip bei der Vorgehensweise nach der „Meinung-Ziel-Relation" ist Folgendes: Wenn ein Satz kein häufig vorkommendes Wort, aber eine Stimmungsrichtung enthält, dann wird das nächstgelegene Hauptwort oder Wortphrase als
Aspekt extrahiert. Der Satz „Das Display ist großartig." enthält also beispielsweise

---

[304] Vgl. Etzioni et al., 2005, 94ff.
[305] Vgl. Popescu/Etzioni, 2005, 343ff.
[306] Vgl. Ku/Liang/Chen, 2006, 104f.

das Sentimentwort „großartig", das „nächste" Hauptwort ist „Display" und wird daher als Aspekt extrahiert.

Dieses Grundprinzip wurde bereits von einigen der oben angeführten Autoren zur Verbesserung der Extraktion angewendet. Hu/Liu beispielsweise setzen genau dieses Grundprinzip um; die Autoren führen aus, dass die Anzahl der wenig häufig vorkommenden Wörter aber nur rund 15 % – 20 % der Gesamtanzahl der Aspekte beträgt.[307] Bei Blair-Goldensohn et al. kommt dieses Prinzip neben anderen Varianten zum Tragen.[308] Andere Autoren verwenden beispielsweise auch Parser[309] oder eigene Parser für Phrasen.[310]

Kim/Hovy verwenden verschiedenste Ansätze zum Opinion Mining: Auf Basis von „Semantic Role Labeling" identifizieren und extrahieren sie Meinungsinhaber, Meinungsziele (also Aspekte bzw. Entitäten) in Nachrichtentexten. Sie teilen die Aufgabe in mehrere Teilschritte ein:

- Meinungen identifizieren,
- semantische Rollen für meinungsbehaftete Sätze annotieren,
- Meinungsinhaber und Aspekte extrahieren und
- das Tripel (opinion, holder, topic) in einer Datenbank abspeichern.

Zur Annotation der semantischen Rollen verwenden die Autoren den von Gildea/Jurafsky[311] vorgeschlagenen Algorithmus. Zur Bestimmung des Meinungsziels werden also die Relationen auf Basis der semantischen Rollen verwendet.[312]

Supervised Learning

Die Extraktion von Aspekten kann als spezielle Aufgabe der Information Extraction aufgefasst werden.[313] Insofern liegt es auf der Hand, mittels Supervised oder Unsupervised Learning Algorithmen die Aspekte aus Texten zu extrahieren. Im

---

[307] Vgl. Hu/Liu, 2004, S. 173
[308] Vgl. Blair-Goldensohn et al., 2008
[309] Vgl. Zhuang/Jing/Zhu, 2006, 45f.
[310] Vgl. Wu et al., 2009, 1533f.
[311] Vgl. Gildea/Jurafsky, 2002
[312] Vgl. Kim/Hovy, 2006, 1ff.
[313] Vgl. Cowie/Lehnert, 1996, S. 81

Bereich des Opinion Minings kommen häufig Supervised Learning Algorithmen zum Einsatz; diese Algorithmen bedingen aber das Vorhandensein von Trainingsdaten, die häufig händisch erstellt werden müssen.

Jakob/Gurevych setzen zur Extraktion von Aspekten Conditional Random Fields (CRF) ein und experimentieren mit verschiedenen Features und verschiedenen Domänen. Bei der Anwendung von CRF werden die besten Ergebnisse erzielt, wenn als Features Token, Part-of-Speech-Tagging, Wortdistanz, die Bewertung, ob ein Satz eine Meinung enthält und ein Dependency Path herangezogen werden.[314] Jin/Ho verwenden Hidden Markov Models (HMM) unter Einbeziehung von Part-of-Speech-Tagging und lexikalischen Mustern. Um die Analyseergebnisse weiter zu verbessern, definieren die Autoren verschiedene Kategorien (Komponente, Funktion, Feature, Meinung), Muster und Tags zur Annotierung von Text. Die annotierten Texte werden anschließend ausgewertet und zur Extraktion der Aspekte verwendet.[315] Kessler/Nicolov fokussieren in ihrer Arbeit darauf, wie eine Meinungsäußerung mit einem bestimmten Aspekt verknüpft werden kann. Die Autoren verwenden Daten aus unterschiedlichen Domänen (Automobil und Kamera) und trainieren verschiedene Klassifikationsmethoden. Die besten Ergebnisse werden mit einem SVM-basierenden Ansatz erreicht (F-Maß 0,698).[316]

Topic Modeling
Topic Modeling ist eine Methode des Unsupervised Learning; die Grundidee ist, dass jedes Dokument aus verschiedenen Themen besteht, und jedes Thema entspricht einer Wahrscheinlichkeitsverteilung über verschiedene Wörter. Ein Topic Model ist ein Modell, das ein probabilistisches Verfahren zur Generierung von Dokumenten spezifiziert. Das Ergebnis von Topic Modeling ist eine Reihe von Wortgruppen; jede Wortgruppe bildet ein Thema und ist eine Wahrscheinlichkeitsverteilung (Probability) über Worte in der Dokumentensammlung (siehe Abb. 2.7).[317]

---

[314] Vgl. Jakob/Gurevych, 2010, 1037ff.
[315] Vgl Jin/Ho, 2009, 466ff.
[316] Vgl. Kessler/Nicolov, 2009, 90ff.
[317] Vgl. Steyvers/Griffiths, 2007, 427ff.

Topic 247

word	pr.
DRUGS	.069
DRUG	.060
MEDICINE	.027
EFFECTS	.026
BODY	.023
MEDICINES	.019
PAIN	.016
PERSON	.016
MARIJUANA	.014
LABEL	.012
ALCOHOL	.012
DANGEROUS	.011
ABUSE	.009
EFFECT	.009
KNOWN	.008
PILLS	.008

Topic 5

word	pr.
RED	.202
BLUE	.099
GREEN	.096
YELLOW	.073
WHITE	.048
COLOR	.048
BRIGHT	.030
COLORS	.029
ORANGE	.027
BROWN	.027
PINK	.017
LOOK	.017
BLACK	.016
PURPLE	.015
CROSS	.011
COLORED	.009

word	pr.
MIND	.081
THOUGHT	.066
REMEBER	.064
MEMORY	.037
THINKING	.030
PROFESSOR	.028
FELT	.025
REMEMBERED	.022
THOUGHTS	.020
FORGOTTEN	.020
MOMENT	.020
THINK	.019
THING	.016
WONDER	.014
FORGET	.012
RECALL	.012

Abb. 2.7: Beispielhafte Darstellung von drei extrahierten Themen[318]

In der Literatur werden als die wichtigsten Modelle dargestellt:

- Probabilistic Latent Semantic Analysis (pLSA)

  Die „Probabilistic Latent Semantic Analysis" (pLSA) ist ein Unsupervised Learning Ansatz, der auf Latent Semantic Analysis (LSA) aufbaut. Das Ziel von LSA ist es, semantische Beziehungen in Daten zu finden, die über die lexikalischen Zusammenhänge hinausgehen. pLSA ist eine Weiterentwicklung von LSA, die vor allem eine statistische Fundierung aufweist. Bei der pLSA wird zur Schätzung der Latenzklassenwahrscheinlichkeiten ein Expectation-Maximization-Ansatz (EM-Algorithmus) eingesetzt.[319] Auf LSA

---

[318] In Anlehnung an Steyvers/Griffiths, 2007, S. 427
[319] Vgl. Hofmann, 1999, 289ff.

aufbauende Algorithmen sind vergleichsweise rechenintensiv; als Alternativen bieten sich auf Kovarianzanalysen basierende Verfahren an, die etwas
schlechtere Ergebnisse liefern, aber weniger rechenintensiv sind.[320]

- Latent Dirichlet Allocation (LDA)

  Mit LDA wird das Ziel verfolgt, Dokumente einer Sammlung so zu beschreiben, dass einerseits die grundlegenden statistischen Beziehungen, die für
  Klassifikation, Neuheitserkennung, Ähnlichkeit, etc. relevant sind, zu erhalten, und andererseits effiziente Verarbeitung von großen Datenmengen möglich ist. LDA ist ein hierarchisches Bayesianisches Modell, in dem jedes Dokument aus einer Sammlung von Dokumenten als endliche Mischung über
  einer darunterliegenden Menge von Themen modelliert wird. Jedes Thema
  wird wiederum als unendliche Mischung über eine Menge von Wahrscheinlichkeiten modelliert. Diese Wahrscheinlichkeiten entsprechen einer expliziten Darstellung eines Dokuments.[321] Abb. 2.8 stellt das Grundprinzip von
  LDA dar: Im Dokument sind verschiedene Begriffe farblich hinterlegt (z.B.
  Begriffe wie „computer", „prediction" in blau, etc.). Links in der Abbildung
  sind die „Themen" dargestellt, die Verteilungen von Wörtern sind. Im rechten Teil der Abbildung – dem Histogramm – ist die Zuordnung der Themen
  zu einem Dokument zu sehen.[322]

---

[320] Vgl. Kobayashi/Aono, 2004, 107f.
[321] Vgl. Blei/Ng/Jordan, 2003, 993ff.
[322] Vgl. Blei, 2011, 1ff.

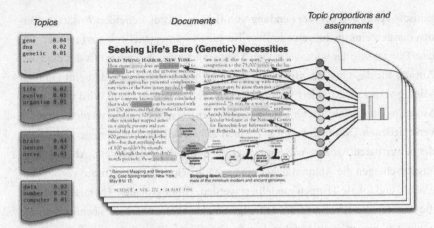

Abb. 2.8: Grundprinzip LDA[323]

Die Verwendung von Topic Modeling liegt insofern auf der Hand, da die Themen im Topic Model den Aspekten im Kontext von Opinion Mining ähnlich sind. Es gilt allerdings zu beachten, dass ein Thema sowohl Aspekte als auch Sentiment-Wörter enthalten kann. Für die Analyse der Stimmungsrichtung bzw. für die Extraktion der Aspekte ist es also notwendig, die Aspekte und die Stimmungswörter zu trennen. Dies wird durch Erweiterung der ursprünglichen Algorithmen erreicht. Damit ist es auch möglich, Aspekte und Stimmungsrichtung gleichzeitig zu modellieren und zu bewerten. Durch die Anwendung von Topic Modeling werden die einzelnen Aspekte in größere Gruppen zusammengefasst.

Mehrere Autoren setzen auf Topic Modeling für die Sentimentanalyse: Eine der ersten Arbeiten, die gleichzeitig die Stimmungsrichtung und die Aspekte modellieren, stammt von Mei et al. Sie schlagen ein probabilistisches Modell vor, das sie auf Weblogs anwenden. Die Autoren bilden – im Gegensatz zu einigen anderen – die Analyse der Sentiments nicht im Modell ab; dieser Schritt wird separat ausgeführt, um die positive bzw. negative Stimmungsrichtung zu ermitteln.[324] Titov/McDonald sehen die Anwendung von pLSA und LDA für Opinion Mining

---

[323] Blei, 2011, S. 1
[324] Vgl. Mei et al., 2007, 171ff.

kritisch: Aufgrund der Verwendung von Bag-of-Words in beiden Ansätzen werden nur gemeinsam auftretende Begriffe auf Dokumentenebene ausgewertet. Für eine Darstellung der vorkommenden Themen in einem Dokument ist das ein guter Ansatz; für das Opinion Mining ist dies nur bedingt geeignet, da beim Opinion Mining Aspekte extrahiert werden sollen, die bewertbar sind. Wird also Topic Modeling beispielsweise für Hotelbewertungen verwendet, dann werden Hotels in verschiedenen Destinationen als Themen abgeleitet werden, weniger allerdings die bewertbaren Aspekte wie Sauberkeit, Qualität des WLAN, etc. Als Lösungsansatz schlagen die Autoren daher einen „Multi-Grain LDA"-Ansatz vor, in dem globale und lokale Themen modelliert werden. Unter globalen Themen verstehen die Autoren die zuvor angeführten allgemeinen Themen, lokale Themen sind die konkreten, bewertbaren Aspekte. Die durchgeführten Experimente liefern gute Ergebnisse.[325] Lin/He stellen einen auf LDA basierenden, Unsupervised Learning Ansatz vor, mit dem gleichzeitig Aspekte und Stimmungsrichtung ermittelt werden.[326] Li et al. wählen einen ähnlichen Weg und erweitern LDA um eine Sentiment- und um eine Abhängigkeits-Komponente. Die Idee für diese Erweiterung basiert auf der Beobachtung, dass die Sentimentorientierung häufig einen lokalen Kontextbezug hat (die Bedeutung von Verbindungswörtern wie „und", „aber", etc. wurden schon beispielsweise in Ding/Liu aufgegriffen[327]). Lu/Zhai präsentieren eine interessante Idee: Sie teilen Rezensionen ein in Expertenrezensionen, die gut formuliert und durchdacht sind, und in normale Rezensionen, die wenig strukturiert sind und in den verschiedensten Web 2.0-Quellen zu finden sind. Die Idee ist, dass die Expertenrezension als Art „Vorlage" für die normalen Rezensionen dient und auf dieser Basis Aspekte und Stimmungsrichtungen extrahiert werden. Dazu werden drei Schritte vorgeschlagen: (1) Extraktion der normalen Rezensionen, (2) Zusammenfassung der normalen Rezensionen auf Basis der Expertenrezension, und (3) weitere Aufgliederung der normalen Rezensionen in die Klassen „zu den

---

[325] Vgl. Titov/McDonald, 2008, 111ff.
[326] Vgl. Lin/He, 2009, 375ff.
[327] Vgl. Ding/Liu, 2007

Expertenrezensionen ähnlich" bzw. „unähnlich". Der erste Schritt kann mit gängigen Information Retrieval Algorithmen umgesetzt werden, während für die beiden weiteren Schritte ein Semi-Supervised Learning Topic Modeling Ansatz (auf Basis pLSA) vorgeschlagen wird. Dazu wird die Expertenrezension mit in das Modell integriert.[328] Sauper et al. haben sich zum Ziel gesetzt, Algorithmen zu entwickeln, mit denen Inhalte von Rezensionen aggregiert werden können. Als Input verwenden sie dazu nicht – wie bei vielen anderen üblich – gesamte Rezensionen, sondern nur Auszüge aus den Rezensionen, die sie mit einem selbst entwickelten Framework[329] extrahieren. Die Autoren entwickeln ein Bayesianisches Topic Model, in dem Eigenschaften und deren Attribute als Variablen abgebildet werden. Dabei wird das Topic Modeling mit Hidden Markov Models (HMM) kombiniert. Der Ansatz wurde an Auszügen von Restaurant-Rezensionen evaluiert; es lassen sich zuverlässig Cluster der Eigenschaften bilden.[330]

Topic Modeling-Algorithmen sind Unsupervised Learning Algorithmen; das Ziel dieser Modelle ist es in der Regel, Themen abzuleiten, die die Grundgesamtheit repräsentativ abbilden. Blei/McAuliffe stellen einen Supervised Topic Modeling Ansatz vor; das Ziel dieses Ansatzes ist es, nicht „nur" Themen abzubilden, sondern darüber hinaus auch Vorhersagen für eine bestimmte Variable zu treffen. Beispielsweise könnte eine numerische Bewertung einer Rezension (mit Sternen oder ähnlicher Bewertungsskala) auf Basis des Textes der Rezension vorhergesagt werden. Für diesen Zweck sind die auf Unsupervised Learning basierten Modelle nicht ausreichend. Die Autoren entwickeln „SLDA" (Supervised Latent Dirichlet Allocation) auf Basis von LDA und fügen zusätzlich eine Zielvariable ein. Diese Variable kann eben die Anzahl der Sterne bei einer Rezension sein, die Kategorie eines News-Artikels, die Anzahl der Downloads, etc. Die Eignung des Modells wurde an zwei Szenarien evaluiert und als vorteilhaft befunden.[331] Mukherjee/Liu stellen ein Semi-Supervised Joint Model vor, bei dem Aspekte nicht nur extrahiert,

---

[328] Vgl. Lu/Zhai, 2008, 121ff.
[329] Vgl. Sauper/Haghighi/Barzilay, 2010, 377ff.
[330] Vgl. Sauper/Haghighi/Barzilay, 2011, 350ff.
[331] Vgl. Blei/McAuliffe, 2010, 1ff.

sondern Synonyme auch in Cluster gruppiert werden. Dazu wird als Input eine Liste von Wörtern in verschiedenen Kategorien verwendet; die Algorithmen sind an LDA bzw. an DF-LDA (Dirichlet Forest prior-LDA)[332] angelehnt und adaptiert, da diese Algorithmen in der ursprünglichen Variante nicht mit Seedlisten umgehen können. Die vorgeschlagenen Modelle wurden anhand von Hotelrezensionen evaluiert und als vielversprechend beschrieben.[333] Weitere verschiedene Varianten der gemeinsamen Modellierung werden unter anderem in Jo/Oh[334] und Zhao et al.[335] vorgestellt.

Besonderheiten

Bei der Extraktion der Aspekte gilt es einige weitere Herausforderungen und Besonderheiten zu berücksichtigen:

- Implizite Aspekte

  In Kapitel 2.1.1.2 wurde dargestellt, dass Meinungen explizit als auch implizit ausgedrückt sein können; ähnlich dazu kann dies auch bei Aspekten beobachtet werden. Der vorige Abschnitt beleuchtete explizite Aspekte, die in der Regel Hauptwörter oder Hauptwortphrasen sind, sowie deren Extraktion. Folgendes Beispiel soll explizite bzw. implizite Aspekte verdeutlichen: Bei „Der Autofokus der Kamera ist schnell." ist der Aspekt der „Autofokus". Bei Sätzen wie „Die Kamera ist teuer." oder „Die Kamera ist sehr schwer." sind Aspekte wie „Preis" oder „Gewicht" gemeint; die Aspekte sind implizit im Text formuliert.

  In der Literatur können im Vergleich zur Extraktion von expliziten Aspekten relativ wenige Arbeiten identifiziert werden. Eine der ersten Arbeiten, die sich mit impliziten Aspekten auseinandersetzt, stammt von Liu et al. Die Autoren schlagen eine Abbildung von Werten von Aspekten auf explizite

---

[332] Vgl. Andrzejewski/Zhu/Craven, 2009
[333] Vgl. Mukherjee/Liu, 2012, 339ff.
[334] Vgl. Jo/Oh, 2011
[335] Vgl. Zhao et al., 2010

Aspekte vor, d.h. Begriffe wie „schwer", oder „teuer" werden durch die expliziten Aspekte „Preis" und „Gewicht" ersetzt.[336] Su et al. bauen ebenfalls auf der Idee der Abbildungsregeln auf. Im Unterschied zu Liu et al. schlagen sie aber eine Methode vor, um die Abbildungsregeln unter Verwendung von meinungsbehafteten Wörtern automatisch zu generieren. Zur Identifizierung von Features setzen die Autoren einen PMI-Algorithmus ein; meinungsbehaftete Wörter werden aus den Rezensionen händisch identifiziert und dienen als Seedliste für ein Lexikon. Diese Seedliste wird – wie in 2.2.1.1 beschrieben – mithilfe von Synonymen und Antonymen erweitert. Die in dem entstandenen Lexikon enthaltenen Wörter werden zu den Features abgebildet. Dazu wird für jedes meinungsbehaftete Wort der PMI-Score für jedes Feature berechnet; je nach Wert und Threshold werden dann meinungsbehaftete Wörter zu Features abgebildet.[337] Su et al. sehen in einer späteren Arbeit den Ansatz von Liu et al. als zu ungenau an und schlagen eine Methode vor, bei der Sentimentwörter zu expliziten Aspekten abgebildet werden. Die Methode basiert auf „Mutual Reinforcement Relationship". Die Beziehung zwischen Sentiment Wort und Aspekt wird dadurch identifiziert, indem Sentiment Wörter und Aspekte iterativ in Cluster zusammengefasst werden. Anschließend werden die Ähnlichkeiten zwischen den Paaren betrachtet; die eigentliche Assoziation wird dann mit einem Graph modelliert.[338] Hai et al. schlagen eine zweistufige Vorgehensweise vor: In einem ersten Schritt werden wie bei den vorigen Ansätzen Sentiment Wörter zu expliziten Aspekten abgebildet; in einem zweiten Schritt werden die Regeln zu Clustern zusammengeführt, um robustere Regeln für die Abbildung zu generieren.[339]

- Aspekte der Ressourcenverwendung
Eine besondere Form von Aspekten stellen Aspekte der Ressourcenverwendung dar. Dies sind Aspekte, die den Verbrauch von Ressourcen beschreiben.

---

[336] Vgl. Liu/Hu/Cheng, 2005, S. 346–348
[337] Vgl. Su et al., 2006, S. 24–28
[338] Vgl. Su et al., 2008, 959ff.
[339] Vgl. Hai/Chang/Kim, 2011, 394f.

Beispielsweise enthält der Satz „Die Waschmaschine verbraucht viel Wasser." keine Sentiment Wörter, trotzdem ist damit eine negative Stimmungsrichtung verbunden, weil der Verbrauch des Wassers als unerwünscht empfunden wird. Diese Aspekte können aber möglicherweise auch mit Regeln verarbeitet werden, da sie häufig eine Form (Verb, Quantifizierung, Hauptwort) aufweisen.[340]

- Gruppierung von Aspekten

Anschließend an die Extraktion von Aspekten müssen die synonym gebrauchten Begriffe gruppiert werden. Ähnlich wie bei Eigennamen (beispielsweise wird das Mobiltelefon „Samsung Galaxy S3" auch als „SGS3", „Samsung Galaxy", „Galaxy S3" bezeichnet) können auch für denselben Aspekt unterschiedliche Begriffe verwendet werden. Ein erster Ansatz, um eine Gruppierung vornehmen zu können, liegt in der Verwendung von Thesauri oder Wörterbüchern wie WordNet. Dies ist allerdings noch unzureichend, da diese synonym verwendeten Wörter häufig domänenspezifisch sind.[341]

Carenini et al. diskutieren die Vor- und Nachteile von Supervised Learning und Unsupervised Learning Methoden zur Extraktion von Aspekten. Der Ansatz der Autoren basiert darauf, dass mit Unsupervised Learning Algorithmen ein erstes Set von Aspekten extrahiert wird. Dieses Set wird auf eine Taxonomie von benutzerdefinierten Aspekten abgebildet. Um Redundanzen zu vermeiden, werden dabei Ähnlichkeitsmaße angewendet. Zur Berechnung der Ähnlichkeiten zwischen den Aspekten werden die Wörter zuerst auf die Stammform reduziert, zusätzlich wird WordNet zur Erkennung von lexikalisch verwandten Wörtern eingesetzt. Der Vorteil dieses Ansatzes ist, dass die Taxonomie von benutzerdefinierten Wörtern rasch aufgebaut werden kann und kein annotierter Korpus notwendig ist. Damit kann der Algorithmus auch leicht auf andere Domänen übertragen werden. Darüber hin-

---

[340] Vgl. Liu, 2012, S. 67–68
[341] Vgl. Liu/Hu/Cheng, 2005, S. 348

aus entspricht die Taxonomie wahrscheinlich den Vorstellungen von Benutzern, wie ein Produkt beschrieben bzw. verglichen werden kann.[342] Guo et al. stellen einen sprach- und domänenunabhängigen Unsupervised Learning Algorithmus zur Extraktion und Gruppierung von Aspekten vor. Die Autoren basieren ihren Algorithmus auf latenten semantischen Strukturen („Multilevel Latent Semantic Association"). Als Input werden semistrukturierte Rezensionen (aufgeteilt in Pro und Kontra) verwendet; aus diesem Input werden zuerst die Aspekte extrahiert. Die Extraktion erfolgt so, dass Hauptwörter Kandidaten für Aspekte sind und abhängig vom Vorkommen in weiteren Rezensionen diese Kandidaten dann tatsächlich als Aspekte herangezogen werden. Anschließend wird eine LaSA Methode (Multilevel Latent Semantic Association) mit zwei Modellen angewendet, um die Aspekte zu kategorisieren. Das erste Modell dient dazu, um semantische Assoziationen zwischen Wörtern zu erfassen; Wörter werden dabei in Sets zusammengefasst und die semantischen Strukturen für jeden Aspekt werden abgebildet. Das zweite Modell kategorisiert die Aspekte nach den extrahierten Strukturen und den Rezensionen. Der Vorteil dieses mehrstufigen Verfahrens ist, dass Aspekte nicht „nur" auf einer lexikalischen Ebene gruppiert werden, sondern auf Basis der „dahinterliegenden" semantischen Assoziationen.[343] LDA wurde im vorigen Kapitel bereits näher erläutert. Neben Guo et al. haben auch einige andere Autoren die Gruppierung von Aspekten auf Basis von LDA-Algorithmen untersucht (z.B. Andrzejewski et al.[344], Zhai et al.[345]). Yu et al. gehen von der Annahme aus, dass wichtige Aspekte eines Produkts auch häufig in den Rezensionen vorkommen. In einem ersten Schritt werden die Aspekte mit einem Parser (basierend auf Wu et al.[346]) identifiziert: Hauptwörter bzw. Hauptwortphrasen sind Kandidaten für die Aspekte. Diese Kandidaten werden mittels eines SVM-Algorithmus klassifiziert, um festzustellen, ob sie

[342] Vgl. Carenini/Ng/Zwart, 2005, S. 12–15
[343] Vgl. Guo et al., 2009, 1088ff.
[344] Vgl. Andrzejewski/Zhu/Craven, 2009
[345] Vgl. Zhai et al., 2011
[346] Vgl. Wu et al., 2009

tatsächlich als Aspekte verwendet werden. Anschließend wird die Stimmungsrichtung in Bezug auf diese Aspekte mit einem SVM-Algorithmus ermittelt. Im Anschluss daran kommt ein Algorithmus zum Einsatz, der die Aspekte in Bezug auf ihre Wichtigkeit reiht. Die Reihung wird auf Basis der Häufigkeit der Aspekte und der Konsistenz über alle Rezensionen hinweg mithilfe einer probabilistischen Regression berechnet. Der Algorithmus wurde an elf unterschiedlichen Produkten in vier verschiedenen Domänen evaluiert und als leistungsfähig bewertet.[347] Ein Semi-Supervised Learning Ansatz wird in Zhai et al. vorgestellt. Der Ansatz sieht vor, dass eine geringe Anzahl an Trainingsdaten für jede Kategorie von Aspekten händisch zu annotieren ist. Die nicht annotierten Daten werden mit einem Naive Bayes Expectation-Maximization-Algorithmus (basierend auf Nigam et al.[348]) den Kategorien von Aspekten zugewiesen. Zur weiteren Verbesserung werden noch folgende Randbedingungen berücksichtigt: Wörterbuch-basierte synonyme Ausdrücke für Aspekte gehören mit hoher Wahrscheinlichkeit zur selben Gruppe von Aspekten; Ausdrücke mit gemeinsamen Wörtern gehören ebenfalls wahrscheinlich zur selben Gruppe. Die Evaluation belegt, dass der vorgestellte Ansatz bessere Ergebnisse liefert als viele andere Ansätze.[349]

Moghaddam/Ester stellen fest, dass viele Bewertungsportale im Web wie e-pinions.com, tripadvisor.com und einige andere nicht nur die textuelle Rezension zur Verfügung stellen, sondern weitere – für das Opinion Mining interessante – Informationen: vordefinierte Sets von Aspekten für verschiedene Produktkategorien (beispielweise „Bedienung", „Beständigkeit", etc. bei Camcordern); numerische Bewertungsskalen (in Sternen oder ähnliches angegeben) mit Richtlinien zur Interpretation der Skala (also z.B. 5 Sterne entspricht ausgezeichnet, etc.). Die Autoren schlagen vor, diese Informationen ebenfalls in das Opinion Mining mit einzubeziehen und stellen einen Unsupervised Learning Ansatz vor, um die Aspekte zu extrahieren. In einem ersten Schritt werden häufige Hauptwörter (die in mehr

---

[347] Vgl. Yu et al., 2011, 1497ff.
[348] Vgl. Nigam et al., 2000
[349] Vgl. Zhai et al., 2010, 1273ff.

als 1 % der Fälle vorkommen) als potenzielle Aspekte extrahiert. Die Ausgangs-basis ist dabei der gestemmte und um Stoppwörter bereinigte Rezensionstext. In einem weiteren Schritt wird nach den vordefinierten Sets von Aspekten gesucht und das nächstgelegene Adjektiv wird als korrespondierendes Sentiment Wort be-stimmt. Das Satzsegment zwischen diesen beiden Begriffen und die POS-Tags von allen Wörtern werden gespeichert. Anschließend werden die Tags der vorge-gebenen Aspekte mit speziellen Tags ersetzt. Im letzten Schritt werden häufige Muster mit einem „Generalized Sequential Pattern" Algorithmus ermittelt und mit den potenziellen Aspekten zusammengeführt. Dabei wird einfach die Anzahl der Muster, die mit den potenziellen Aspekten übereinstimmen verwendet.[350]

2.3.3.3 Sentiment Klassifikation auf Eigenschaftsebene

Die Sentiment Klassifikation auf Ebene der Eigenschaften/Aspekte greift wiede-rum auf ähnliche Ansätze wie schon in den Kapiteln 2.3.1 und 2.3.2 dargestellt zurück; prinzipiell sind also die gleichen Ansätze möglich. Es lassen sich auch hier im Wesentlichen zwei Hauptrichtungen unterscheiden: Klassifikation mit Su-pervised Learning Ansätzen und Klassifikation mit lexikonbasierten Ansätzen. Supervised Learning Ansätze benötigen Trainingsdaten; häufig sind die trainierten Modelle wenig für andere Domänen geeignet. Lexikonbasierte Ansätze verwen-den – wie der Namen schon sagt – Sentiment Lexika, Regeln für Meinungen und berücksichtigen Sentiment Shifters. Üblicherweise können dafür auch Unsupervi-sed Learning Ansätze verwendet werden.

Klassifikation

Bei der Klassifikation auf Ebene der Eigenschaften muss insbesondere der Gel-tungsbereich der Stimmung beachtet werden: Bezieht sich also der stimmungsbe-haftete Ausdruck tatsächlich auf einen bestimmten Aspekt in diesem Satz? Auch hier lassen sich verschiedene Ansätze identifizieren, häufig werden aber mithilfe von Parsern die Abhängigkeiten zwischen Stimmungsausdruck und Aspekt be-stimmt.

---

[350] Vgl. Moghaddam/Ester, 2010, S. 1825–1827

Hu/Liu stellen ein System zur Zusammenfassung von Rezensionen auf Eigenschaftsebene vor. Das System bestimmt dabei die Sentiment-Orientierung eines Satzes, der Aspekte eines Produkts enthält. Die Bestimmung erfolgt auf Basis eines zuvor aufgebauten Sentimentlexikons.[351] Ding et al. wählen ebenfalls einen lexikonbasierten Ansatz zur Sentiment Klassifikation. Die Hauptidee ist, dass meinungsbehaftete Wörter rund um Aspekte verwendet werden, um die Stimmungsrichtung in Bezug auf diesen Aspekt zu bestimmen. Dabei stellen sich einige Herausforderungen: Wie wird mit mehreren meinungsbehafteten Wörtern umgegangen (die unter Umständen gegensätzlich sind)? Wie wird mit Wörtern umgegangen, die sehr spezifisch für eine Domäne sind? Wie wird mit bestimmten sprachlichen Konstrukten umgegangen, die möglicherweise sogar die Orientierung der Stimmungsrichtung verändern können? Die vorgeschlagene Vorgehensweise sieht wie folgt aus:

- Aufbau eines Lexikons mit Sentiment Wörtern

  Im ersten Schritt wird ein Lexikon mit Sentiment Wörtern aufgebaut; das Lexikon basiert auf der Arbeit von Hu/Liu[352] und wird ergänzt und erweitert; beispielsweise werden bestimmte (umgangssprachliche) Ausdrücke und Redewendungen ergänzt.

- Bestimmung und Aggregation der Meinung für einen Aspekt

  o Für jeden Satz, der einen oder mehrere Aspekte enthält, werden die meinungsbehafteten Wörter identifiziert und ein Maß für die Stimmungsrichtung berechnet. Dazu wird jeder positive Ausdruck mit +1, jeder negative Ausdruck mit -1 bewertet. In die Berechnung des Gesamtmaßes fließt auch die Distanz zwischen dem Aspekt und dem positiven oder negativen Ausdruck ein. Das Maß berechnet sich wie folgt:[353]

$$score(f) = \sum_{w_i : w_i \in S \cap w_i \in V} \frac{w_i \cdot SO}{dis(w_i, f)}$$

---

[351] Vgl. Hu/Liu, 2004, 173f.
[352] Vgl. Hu/Liu, 2004
[353] Ding/Liu/Yu, 2008, S. 234

f bezeichnet den Aspekt, w_i ist das Sentiment Wort (bzw. der Sentiment Ausdruck) im Satz s, V ist die Menge aller Sentiment Wörter und Ausdrücke, SO ist die semantische Orientierung, $w_i.SO$ stellt die semantische Orientierung des Sentimentwortes w_i dar. Mit der Einbeziehung der Distanz in die Berechnung werden Wörter, die weiter vom Aspekt entfernt sind, weniger stark gewichtet.

o Regeln zur Berücksichtigung von Negationen

Negationen drehen üblicherweise die Stimmungsrichtung eines Ausdrucks um, beispielsweise wird der Satz „Der Autofokus ist nicht gut." negativ bewertet, da das Verneinungswort „nicht" die Bedeutung von „gut" umkehrt.

o Regeln zur Berücksichtigung von „aber"-Sätzen

Wörter, die auf einen Gegensatz hinweisen, werden gesondert behandelt, da sie ebenfalls häufig die Stimmungsrichtung verändern können. Beispielsweise wird durch die Verwendung von „aber" im Satz „Der Autofokus ist gut, aber der Akku ist schwach." deutlich, dass der zweite Satzteil negativ belegt ist, während der erste Teil eine positive Stimmungsrichtung aufweist.

• Behandlung von kontextabhängigen Meinungen

Sentiment Wörter können im jeweiligen Kontext unterschiedliche Bedeutung haben. Beispielsweise kann „lang" je nach Kontext eine positive oder negative Stimmungsrichtung bedeuten: „Die Akkulaufzeit ist lang." ist positiv, „Das Programm braucht lange zum Starten." ist eher negativ behaftet.

Die Autoren schlagen mehrere Regeln vor, um kontextabhängige Sentimentwörter richtig zu bewerten (siehe 2.2.1.2):

o Intra-Satz Verknüpfungsregel

o Pseudo Intra-Satz Verknüpfungsregel

o Satzübergreifende Verknüpfungsregel[354]

---

[354] Vgl. Ding/Liu/Yu, 2008, 234ff.

Blair-Goldensohn et al. stellen einen Ansatz vor, der sowohl auf ein Senti-mentlexikon aufbaut als auch Supervised Learning Algorithmen einsetzt. Fol-gende grundlegende Vorgehensweise wird vorgeschlagen:

- Identifikation der Textfragmente, die meinungsbehaftet sind
- Identifikation der relevanten Aspekte in diesen Textfragmenten
- Aggregation der Stimmungsrichtungen für jeden Aspekt

Für die eigentliche Sentiment Klassifikation wird zuerst ein Sentimentlexikon auf-gebaut (ähnlich wie in 2.2.1.1 beschrieben), das mit Seedlisten von Wörtern startet und mit WordNet erweitert wird. Zusätzlich wird den Sentiment Wörtern ein Kon-fidenzmaß zugewiesen, das angibt, wie wahrscheinlich das Wort eine positive o-der negative Konnotation hat. Die Klassifikation wird in einem ersten Schritt auf Basis des Sentimentlexikons und der enthaltenen Konfidenzmaße vorgenommen. In einem weiteren Schritt wird ein Maximum Entropy Algorithmus trainiert und angewendet, um die Genauigkeit der Bestimmung der Stimmungsrichtung zu ver-bessern. Als Ergebnis dieses Schrittes erhält man einzelne meinungsbehaftete Sätze, bei denen die Stimmungsrichtung berechnet wurde. Aus diesen Sätzen wer-den anschließend die Aspekte extrahiert und so werden Stimmungsrichtung und Aspekt zusammengeführt.[355] In Brody/Elhadad werden die Aspekte mit einem Standard-LDA Algorithmus extrahiert. Die Stimmungsrichtung wird so bestimmt, dass für jeden Aspekt relevante Adjektive extrahiert und diese in einem Graph verknüpft und die Stimmungsrichtung mit einem Label Propagation Algorithmus bestimmt wird. Zur Extraktion der Adjektive wird ein Parser verwendet, um auch Negationen und Verknüpfungen erkennen zu können. Die Abbildung der Stim-mungsrichtung in einem Graphen basiert auf Hatzivassiloglou/McKeown[356]. Die Berechnung der gesamten Stimmungsrichtung erfolgt mit einem Label Propaga-tion Algorithmus von Zhu/Ghahramani.[357] Der Algorithmus wurde anhand von Restaurant Rezensionen evaluiert.[358] Kessler/Nicolov haben 194 Blogeinträge

---

[355] Vgl. Blair-Goldensohn et al., 2008
[356] Vgl. Hatzivassiloglou/McKeown, 1997
[357] Vgl. Zhu/Ghahramani, 2002
[358] Vgl. Brody/Elhadad, 2010, 806ff.

über Autos bzw. über Digitalkameras händisch gesammelt und verschiedene Statistiken berechnet: Beispielsweise sind in diesem Korpus 51 % der Aspekte links vom Sentiment Ausdruck, 49 % sind rechts davon. Der Median der Anzahl der Token zwischen einem Sentiment Ausdruck und dem zugehörigen Aspekt ist 2, der Mittelwert 6,21. 41 % der Sentiment Ausdrücke zielen auf einen Aspekt ab, der weiter entfernt ist als der nächste Aspekt. 91 % der Aspekte sind im selben Satz wie die Sentiment Ausdrücke. Die Autoren vergleichen weiters verschiedene Ansätze und evaluieren diese: Proximity-Ansatz, Heuristic Syntax, Ansatz nach Bloom et al.[359] (Liste von Mustern) und RankSVM. Der Proximity-Ansatz wählt den Ausdruck als zugehörigen Aspekt aus, der am nähesten zum Sentiment Ausdruck ist. Wie obige statische Zahlen schon vermuten lassen, ist dieser Ansatz vergleichsweise ungenau und schneidet in den Evaluierungen am schlechtesten ab. Am besten schneidet RankSVM ab; die Grundidee von RankSVM ist es, ein Modell zu lernen, das die Aspekte, die am wahrscheinlichsten zu einem Sentiment Ausdruck gehören, am höchsten gereiht werden.[360]

Sprachübergreifende Klassifikation

Die sprachübergreifende Analyse von Texten spielt auf der Eigenschaftsebene ebenfalls eine Rolle, wenngleich es hier wenig Publikationen gibt. Bautin et al. übersetzen Texte aus Zeitungsartikeln in acht verschiedenen Sprachen (Arabisch, Chinesisch, Französisch, Deutsch, Italienisch, Japanisch, Koreanisch und Spanisch) in die englische Sprache mit dem IBM WebSphere Translation Server. Die eigentliche Analyse der Texte (POS-Tagging, Eigennamenerkennung, Extraktion von Referenzen, Kalkulation des Sentiments) wird mit dem Textanalysesystem „Lydia"[361] durchgeführt. Als Erkenntnis kann festgehalten werden, dass die Genauigkeit der Analysen über die Sprachen hinweg in etwa vergleichbar ist. Für die spanische Sprache wurde zudem der Einfluss von verschiedenen maschinellen Übersetzern untersucht und als gering eingeschätzt.[362] Der Beitrag von Bautin et

---

[359] Vgl. Bloom/Garg/Argamon, 2007
[360] Vgl. Kessler/Nicolov, 2009, 92ff.
[361] Vgl. Godbole/Srinivasaiah/Skiena, 2007
[362] Vgl. Bautin/Vijayarenu/Skiena, 2008, 21ff.

al. behandelt die Extraktion von Entitäten und deren Aspekte sowie die Gruppierung nicht bzw. nur sehr oberflächlich; Guo et al. greifen die Thematik wesentlich detaillierter auf. Die Autoren stellen einen Ansatz vor, um sprachübergreifend Unterschiede zwischen Kundenrezensionen zu ermitteln. Sie erweitern dazu den Latent Semantic Association (LSA) Algorithmus und stellen einen „cross-lingual Latente Semantic Association" Algorithmus vor. Dazu wird zuerst ein Modell trainiert, um die semantischen Assoziationen zwischen den Aspekten sprachübergreifend zu ermitteln; anschließend wird das Modell zur Kategorisierung von Aspekten angewendet und in weiterer Folge können Unterschiede der Stimmungsrichtungen zwischen verschiedenen Sprachen ermittelt werden.[363]

2.4   Besonderheiten bei den Analysen

2.4.1   Sprach- und domänenübergreifende Analysen

Die Notwendigkeit von sprachübergreifenden Ansätzen ergibt sich daraus, dass in der praktischen Anwendung von Opinion Mining verschiedene Sprachen zur Analyse herangezogen werden können. Firmen, die die Meinungen zu ihren Produkten analysieren möchten, agieren häufig auf verschiedenen Märkten und müssen damit auch mit unterschiedlichen Sprachen umgehen.[364] Viele der veröffentlichen Arbeiten und Algorithmen beziehen sich aber „nur" auf die englische Sprache. Beispielsweise sind in WordNet[365] rund 117.700 Synsets und über 155.000 Wörter (Englisch) enthalten[366], darüber hinaus wurden für WordNet zahlreiche Programmierschnittstellen und Erweiterungen entwickelt. Weiters lassen sich in der Literatur einige auf WordNet basierende Ergänzungen finden, beispielsweise SentiWordNet[367,368]oder PsychoSentiWordNet[369]. Ähnliche Projekte wurden auch für

---

[363] Vgl. Guo et al., 2010, 1200ff.
[364] Vgl. Maynard/Bontcheva/Rout, 2012
[365] Vgl. Miller, 1995
[366] Vgl. WordNet Statistics, Online im WWW unter URL: http://wordnet.princeton.edu/wordnet/man/wnstats.7WN.html [Stand: 27.08.2013]
[367] Vgl. Esuli/Sebastiani, 2006
[368] Vgl. Baccianella/Esuli/Sebastiani, 2010
[369] Vgl. Das, 2011

andere Sprachen gestartet: Das „MultiWordNet"-Projekt enthält verschiedene Sprachen, unter anderem Italienisch, Spanisch, Portugiesisch, etc. Verglichen mit WordNet sind aber deutlich weniger Einträge enthalten (rund 58.000 Wörter (Italienisch) und 32.700 Synsets).[370] Das Projekt „GermaNet" wurde für die deutsche Sprache entwickelt; es enthält rund 85.000 Synsets und rund 111.000 lexikalische Einträge.[371,372] Meyer/Gurevych vergleichen einige der verfügbaren Lexika (Wiktionary, OpenThesaurus und GermaNet) hinsichtlich verschiedener Kriterien wie Anzahl der Wörter, der Synsets und Antonyme.[373] Darüber hinaus stellt sich die Frage, inwieweit die Algorithmen zur Aufbereitung von Texten, zur Extraktion oder Annotation von Texten bzw. zur Bestimmung der Stimmungsrichtung in anderen Sprachen sinnvoll einsetzbar sind.

Sprachübergreifende Ansätze zum Opinion Mining lassen sich wiederum in die drei verschiedenen Analyseebenen – Dokumentenebene, Satzebene und Eigenschaftsebene – unterscheiden. Einige der Forschungsansätze wurden in den vorangegangen Kapiteln bereits vorgestellt (vgl. 2.3.1.3, 2.3.2.3).

Domänenübergreifende Ansätze sind vor allem auf der Dokumentenebene zu finden (vgl. Kapitel 2.3.1.3), kaum aber für Satz- oder Eigenschaftsebene. Ein Ansatz auf Satzebene wurde von Pan et al. entwickelt. Das vorgeschlagene Grundprinzip besteht darin, dass mithilfe eines Graphen Assoziationen zwischen domänenunabhängigen und domänenabhängigen Wörtern abgebildet werden. Es werden also domänenspezifische Wörter der Quelldomäne und der Zieldomäne mithilfe der domänenunabhängigen Begriffe in Cluster zusammengefasst.[374]

Eine der wenigen publizierten Arbeiten in Bezug auf domänenübergreifende Analysen auf Eigenschaftsebene stammt von Guo et al. Der Ansatz besteht darin,

---

[370] Vgl. Fondazione Bruno Kessler: The MultiWordNet Project, Online im WWW unter URL: http://multiwordnet.fbk.eu/english/whatin.php [Stand: 27.08.2013]
[371] Vgl. GermaNet - An Introduction, Online im WWW unter URL: http://www.sfs.uni-tuebingen.de/lsd/ [Stand: 31.08.2013]
[372] Vgl. Kunze/Lemnitzer, 2002
[373] Vgl. Meyer/Gurevych, 2010, S. 48
[374] Vgl. Pan et al., 2010, 751ff.

Latent Semantic Associations einzusetzen, um die Beziehungen zwischen den Eigenschaften und Meinungen abzubilden. Mit einem Unsupervised Learning Algorithmus werden domänenspezifische Anhaltspunkte zur Sentimentbewertung extrahiert. Bei der Anpassung der Modelle an die neue Domäne werden die verschiedenen semantischen Assoziationen miteinander integriert, um die Sentiment Klassifikation für die neue Domäne optimieren zu können. Die folgende Abbildung verdeutlicht die einzelnen Schritte dieses Ansatzes.[375]

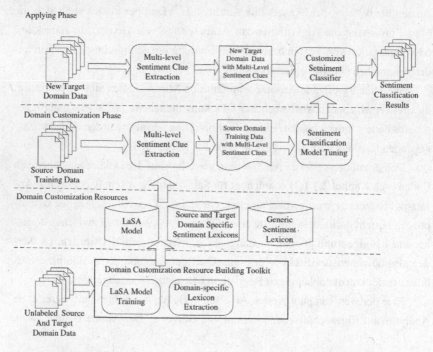

Abb. 2.9: Framework zur domänenübergreifenden Sentimentanalyse auf Eigenschaftsebene[376]

---

[375] Vgl. Guo et al., 2011, 2493ff.
[376] Guo et al., 2011, S. 2495

2.4.2 Opinion Mining für spezielle Web-Quellen

In den wissenschaftlichen Publikationen lassen sich auch einige Ansätze finden, die die Spezifika von Web-Quellen in die Analysen mit einbeziehen. Häufig wird dabei auf Microblogs – bzw. in der Regel konkret auf Twitter – eingegangen.

Eine der ersten Arbeiten, die explizit auf Microblogs fokussiert, stammt von Pak/Paroubek. Es wird eine Methode vorgestellt, um einen Korpus mit positiven und negativen Stimmungsrichtungen aufzubauen. Die Texte werden über die Twitter API gesammelt und auf Basis von Emoticons („:-)", „:-(", etc.) werden Stimmungsrichtungen unterschieden. Auf diesem Korpus werden statistische und linguistische Analysen durchgeführt (Häufigkeiten von Wörtern, POS-Tagging, etc.) und in weiterer Folge eine Klassifikationsmethode für Twitter damit trainiert. Die Autoren experimentierten mit verschiedenen Features (Unigramme, Bigramme und Trigramme) und Klassifikationsmethoden (SVM, Naive Bayes).[377] Davidov et al. stellen ein Framework mit einem Supervised Learning Algorithmus vor, der 50 verschiedene Twitter Hashtags (z.B. „#sad", „#crazy", „#bored", „#fun", etc.) sowie verschiedene Smileys berücksichtigt.[378] Kouloumpis et al. experimentieren ebenfalls mit Twitter und kommen zu dem Schluss, dass die besten Klassifikationsergebnisse mit „Microblogging-Features" – also z.B. das Vorhandensein von Verstärkern wie Großschreibung (z.B. „COOL") oder Buchstabenwiederholungen (z.B. „cooooool"), Emoticons und Abkürzungen aus dem Internet-Slang – erzielt werden. Kritisch sehen die Autoren die Verwendung von POS-Features, da bei der Verwendung dieser Features die Klassifikationsergebnisse sogar verschlechtert wurden.[379] Brody/Diakopoulos gehen explizit auf „Wortverlängerungen" durch Wiederholung von Buchstaben (z.B. wie auch im Titel der Publikation angeführt „Cooooooooooooooollllllllllllll!!!!!!!!!!!!!!!") Die Autoren zeigen, dass solche Wiederholungen häufig mit subjektiven Aussagen verbunden sind und stellen schließlich einen Unsupervised Learning Algorithmus vor, um ein

---

[377] Vgl. Pak/Paroubek, 2010, 1321ff.
[378] Vgl. Davidov/Tsur/Rappoport, 2010, 242ff.
[379] Vgl. Kouloumpis/Wilson/Moore, 2011, 538ff.

bestehendes Sentimentlexikon um solche veränderten Wörter zu ergänzen.[380] Thelwall et al. beziehen ihre Textdaten vom Social Network „Myspace" (www.myspace.com) und entwickeln einen Algorithmus zur Bestimmung der Emotion. Dabei werden verschiedene Textverarbeitungsschritte eingesetzt, unter anderem eine Rechtschreibkorrektur, eine Liste mit Wörtern, die die Stimmungs-richtung verstärken oder abschwächen, Umgang mit Buchstabenwiederholungen, Umgang mit wiederholten Satzzeichen, eine Liste mit Emoticons u.v.m.[381]

---

[380] Vgl. Brody/Diakopoulos, 2011, 562f.
[381] Vgl. Thelwall et al., 2010, 2551f.

3 Web 2.0-Quellen für das Opinion Mining

In diesem Kapitel soll die Fragestellung 1 „Welche Web 2.0-Quellen können als Basis für Opinion Mining herangezogen werden und welche Besonderheiten ergeben sich daraus?" beantwortet werden. Dazu wird zuerst ein Überblick über Begrifflichkeiten rund um „Web 2.0" gegeben, die einzelnen Anwendungskategorien von Web 2.0 kurz dargestellt und anschließend Besonderheiten dieser Anwendungskategorien anhand verschiedener Kriterien untersucht.

3.1 Definitionen, Begriffe

Rund um den Begriff „Web 2.0" lassen sich zahlreiche andere Begrifflichkeiten in der Literatur identifizieren, die mehr oder minder ähnlich sind. Im Folgenden sollen diese Begriffe definiert und voneinander abgegrenzt werden.

Der Begriff „Web 2.0" wurde das erste Mal bei einem Treffen von O´Reilly und MediaLive International aufgegriffen und in der Folge maßgeblich geprägt. Anfänglich war der Begriff nicht klar umrissen, sondern vielmehr wurden die Veränderungen des Internets aufgegriffen. O´Reilly hält „Kernkompetenzen von Unternehmen im Web 2.0" fest; diese sind unter anderem die Nutzung kollektiver Intelligenz, Nutzung des „Long Tails", Verwendung von leichtgewichtigen Benutzeroberflächen und Entwicklungsmodellen, Einbeziehung der Anwender als „Mitentwickler" und die Erstellung von Software über die Grenzen einzelner Geräte hinaus.[382] Der Begriff Web 2.0 steht dafür, was sich in und rund um das Web verändert: von technischen Aspekten, über wirtschaftlichen Aspekten, bis hin zu sozialen Phänomene wie Partizipation.[383] Kilian et al. fassen unter Web 2.0 zusammen: *„Das Web 2.0 umfasst Internet-Anwendungen und -Plattformen, die die*

---

[382] Vgl. O'Reilly, Tim: Web 2.0/2005, Online im WWW unter URL: http://oreilly.com/web2/archive/what-is-web-20.html [Stand: 24.09.2013]
[383] Vgl. Alby, 2008, S. 18

© Springer Fachmedien Wiesbaden GmbH, ein Teil von Springer Nature 2019
G. Petz, *Opinion Mining im Web 2.0*, https://doi.org/10.1007/978-3-658-23801-8_3

Nutzer aktiv in die Wertschöpfung integrieren – sei es durch eigene Inhalte, Kommentare, Tags oder auch nur durch ihre virtuelle Präsenz. Wesentliche Merkmale der Wertschöpfung sind somit Interaktivität, Dezentralität und Dynamik."[384] Die Grundidee von Web 2.0 ist es, dass Benutzer möglichst einfach und intuitiv Inhalte für andere Benutzer bereitstellen können. Es kommen dabei nicht unbedingt neue Technologien zum Einsatz; vielmehr werden bestehende Technologien wie Javascript, XMLHttpRequest, AJAX und XML kombiniert, um die Bedienung ähnlich wie bei Desktop-Anwendungen zu ermöglichen.[385]

Ein häufig im Zusammenhang mit Web 2.0 verwendeter Begriff ist „Social Software". Wie auch bei Web 2.0 lässt sich keine allgemein anerkannte Definition identifizieren, häufig wird Social Software aber als Teilmenge von Web 2.0 aufgefasst. Hippner definiert Social Software wie folgt:

„*Social Software umfasst*

- *webbasierte Anwendungen,*
- *die für Menschen*
- *den Informationsaustausch, den Beziehungsaufbau und die Kommunikation*
- *in einem sozialen Kontext unterstützen*
- *und sich an spezifischen Prinzipien [...] orientieren.*"[386]

Die folgenden Punkte stellen diese Prinzipien dar:

- Im Mittelpunkt von Social Software steht das Individuum bzw. die Gruppe; im Gegensatz dazu steht bei „herkömmlicher" Software meist die Produktivitätsorientierung im Vordergrund.

- Social Software setzt auf Selbstorganisation mit vergleichsweise wenigen Konventionen und Regulierungen.

- Soziale Rückkopplungen („Social Feedback") in Form von Ratings, Kommentaren, Punkten etc. werden explizit unterstützt.

- Ein Grundgedanke von Social Software liegt in der Vernetzung von Informationen und Personen.

---

[384] Kilian/Hass/Walsh, 2008, S. 7
[385] Vgl. Schiele/Hähner/Becker, 2007, 6ff.
[386] Hippner, 2006, S. 7

- Durch die Integration von Individuen in eine Gruppe ist eine „Many-to-many-Kommunikation" wünschenswert.

- Das Individuum stellt sich und sein Wissen zu Verfügung; Personen, Beziehungen, Inhalte und Bewertungen werden sichtbar gemacht.[387]

Komus versteht unter Social Software *„umfassende soziotechnische Systeme, die auf Basis technischer und sozialer Vernetzung durch einfach zu bedienende Informationssysteme gemeinsam in einem bestimmten Themenfeld Leistungen generieren."*[388] Turban et al. definieren Social Software als *"A software product that enables people to rendezvous, connect, and collaborate through computer-mediated communication"*.[389] Trotz zahlreicher Definitionsversuche gibt es im Detail Unterschiede und Unschärfen in den Definitionen. Beispielsweise plädieren manche Autoren dafür, das WWW als hartes Kriterium für „Social Web" anzusetzen, während andere Autoren auch beispielsweise Instant Messaging oder andere Anwendungen wie Second Life unter Social Web einordnen.[390]

Häufig wird mit den Begriffen „Web 2.0" und „Social Software" auch der Begriff „Social Media" verwendet. Heymann-Reder definiert Social Media als *„[...] Internet-Plattformen, auf denen Nutzer mit anderen Nutzern Beziehungen aufbauen und kommunizieren, wobei sich die Kommunikation nicht im Austausch von verbalen Botschaften erschöpft, sondern auch viele multimediale Formate mit einbezieht: Fotos, Videos, Musik- und Sprachaufzeichnungen sowie Spiele. Die Nutzergemeinde einer solchen Social Media-Plattform bezeichnet man als Community. Durch die Gestaltungsmöglichkeiten, die diese Community in Social Media genießt, bekommt die Stimme der Konsumenten zunehmend Gewicht und das gesamte Internet demokratisiert sich."*[391] Safko/Brake sehen Social Media als Kommunikationskanäle, die den Austausch von Inhalten ermöglichen: *„Social media refers to activities, practices, and behaviors among communities of people*

---

[387] Vgl. Hippner, 2006, 7f.
[388] Komus, 2006, S. 36
[389] Turban et al., 2012, S. 104
[390] Vgl. Ebersbach/Glaser/Heigl, 2008, S. 29
[391] Heymann-Reder, 2011, S. 20

who gather online to share information, knowledge, and opinions using conversa-
tional media. Conversational media are Web-based applications that make it pos-
sible to create and easily transmit content in the form of words, pictures, videos
and audios."[392] Turban et al. definieren Social Media als *„The online platforms*
and tools that people use to share opinions, experiences, insights, perceptions, and
various media, including photos, videos, and music, with each other."[393] Andere
Autoren versuchen Social Media in Bezug zu den „klassischen" Medienmodellen
zu setzen: Die klassischen Modelle verbreiten Informationen monodirektional,
während bei Social Media Inhalte vergleichsweise einfach von allen Benutzern
verbreitet werden können.[394]

Ein wesentliches Element in allen oben angeführten Begriffen ist die Benut-
zer-Partizipation. Im Web 2.0 ist das Phänomen zu beobachten, dass die Internet-
Nutzer von sich aus Inhalte generieren, beispielsweise in Form von Bewertungen
von Produkten auf Meinungsplattformen, in Form von Selbstdarstellungen in
Weblogs bis hin zur Bekanntgabe persönlicher Daten in sozialen Netzwerken.
Diese von Benutzern generierten Inhalte werden als „User generated content"
(UGC) bezeichnet. Turban et al. definieren UGC als „various kinds of media con-
tent that are produced by end users and are publicly available."[395]
Vickery/Wunsch-Vincent führen drei grundlegende Kriterien zur Abgrenzung von
User generated content an:

Öffentliche Verfügbarkeit: Der generierte Content muss auf einer oder mehreren Plattformen öffentlich verfügbar gemacht werden, beispielsweise auf einer
öffentlich verfügbaren Website oder in einem Social Network. Dieses Kriterium
schließt E-Mail, Instant Messaging und ähnliche Kommunikationsmöglichkeiten
aus.

Kreative Leistung: Die erstellen Inhalte müssen eine gewisse eigene kreative
Leistung enthalten; dies ist beispielsweise der Fall bei der Verfassung eines

---

[392] Safko/Brake, 2009, S. 6
[393] Turban et al., 2012, S. 335
[394] Vgl. Zarrella/Heidl, 2010, S. 6
[395] Turban et al., 2012, S. 333

Blogeintrags mit einer eigenen Meinung zu einem Thema oder bei der Erstellung eines eigenen Fotos oder Videos. Lediglich die Anfertigung einer Kopie eines bestehenden Contents wird nicht als User generated content erachtet. Die erforderliche Minimalleistung ist schwer zu definieren und abhängig vom Kontext.

Erstellung des Inhalts außerhalb professioneller Routinetätigkeit: Die Erstellung von User generated content erfolgt außerhalb von kommerziellen Vereinbarungen und ohne Erwartung von monetären Entschädigungen, sondern aus Gründen der Anerkennung, des Selbstausdrucks oder Prestigegründen.[396]

Wie aus obigen Definitionen ersichtlich ist, sind die Begriffe „Web 2.0", „Social Software" und „Social Media" nicht exakt deckungsgleich; aufgrund der Vielzahl an Definitionsversuchen und der teilweise sehr breiten und unscharfen Abgrenzungen werden im Folgenden die Begriffe synonym verwendet.

3.2 Anwendungen des Web 2.0 als mögliche Quellen für Opinion Mining

Nachdem der Begriff des Web 2.0 nicht exakt definiert ist, ist es auch nicht weiter verwunderlich, dass es unterschiedliche Auffassungen gibt, welche Anwendungen zum Web 2.0 zu zählen sind. Häufig werden folgende Anwendungen zu Web 2.0 gezählt:

- Weblogs
- Microblogs
- Social Network Services
- Social Media Sharing
- Wikis
- Social Bookmarking
- Consumer Communities
- Foren

---

[396] Vgl. Vickery/Wunsch-Vincent, 2007, S. 18

- Game Communities[397,398,399,400]

Heymann-Reder schlägt folgende Kategorisierung von Social Media vor:

Art	Beispiele
Freundschaftsnetzwerk	Facebook, Google+
Business-Netzwerk	Xing, LinkedIn
Microblogging-Dienste	Twitter, Tumblr
Blogs	blogspot.com, frostablog.de, techchrunch.com, etc.
Video Sharing Sites	YouTube, Clipfish
Media Sharing Site	Flickr, Slideshare
Wikis	Wikipedia, GenWiki, Wikileaks, etc.
Frage- und Antwort-Portale	GuteFrage.net
Foren	3G-Forum (http://www.umtslink.at/3g-forum/), hifi-forum.de, etc.
Social News Sites	Rivva.de
Social Bookmarking	Delicious.com, mister-wong.com

Tab. 3.1: Arten von Social Media[401]

3.2.1 Beeinflussung von Konsumenten durch Social Media

Im Hinblick auf Opinion Mining stellt sich die Frage, welche der oben angeführten Anwendungen für ein Unternehmen relevante Meinungen zu deren Produkten, Marken oder dem Unternehmen als Ganzes enthalten. Im Hinblick auf die Produkte werden dazu der Kaufentscheidungsprozess mit den potenziell involvierten Social Media Anwendungen betrachtet. Nachdem Meinungen nicht nur Produkte betreffen können, sondern sich auch auf Marken und auf Unternehmen beziehen

---

[397] Vgl. Zarrella/Heidl, 2010, S. 7
[398] Vgl. Kilian/Hass/Walsh, 2008, 12ff.
[399] Vgl. Chaffey, 2009, 22ff.
[400] Vgl. Turban et al., 2012, 104ff.
[401] Vgl. Heymann-Reder, 2011, 7ff

können, werden Anwendungen im Bereich der Markenführung und Unternehmenskommunikation betrachtet.

3.2.1.1   Kaufprozess

In der Literatur sind verschiedene Modelle in Bezug auf den Kaufprozess beschrieben; meistens werden diese aber als Phasenmodelle dargestellt. Für einen Kauf gibt es in der Regel eine Vielzahl von Kaufentscheidungsvorgängen, die durch den Kaufpreis, die Bedeutung des Produkts für den Konsumenten, etc. bestimmt werden. Diese Modelle implizieren in der Regel, dass es sich nicht um „Low-Involvement"-Produkte handelt. Im Allgemeinen werden folgende fünf Phasen im Kaufprozess unterschieden, die aber nicht notwendigerweise sequentiell durchlaufen werden müssen:

- Problemerkennung

  Der Kaufprozess startet üblicherweise damit, dass der Konsument einen Wunsch oder ein Bedürfnis erkennt.

- Informationssuche

  In dieser Phase werden Informationen über den Kaufwunsch vom Konsumenten zusammentragen.

- Bewertung der Alternativen

  Die zuvor zusammengetragenen Informationen werden auf Basis von zuvor aufgestellten Kaufkriterien bewertet.

- Kaufentscheidung

  Die Informationssuche sowie die Bewertung der Alternativen sind letztlich die Basis für die Kaufentscheidung des Konsumenten. Gegebenenfalls können situative Faktoren noch einen Einfluss auf die Entscheidung eines Konsumenten haben (beispielsweise wenn ein Produkt nicht verfügbar ist).

- Verhalten nach dem Kauf

  Nach dem Kauf setzt beim Käufer ein gewisses Maß an Zufriedenheit oder Unzufriedenheit ein. Aus Sicht des Marketings können also nach dem Kaufvorgang noch weitere Aktivitäten gesetzt werden, um den Käufer von der

Richtigkeit seiner Entscheidung zu überzeugen und um das Produkt gut nutzen zu können (siehe Dissonanztheorie). In dieser Phase kommen also ebenfalls wesentlich kommunikative Instrumente zur Anwendung.[402]

Gerade in den Phasen der Informationssuche, der Bewertung und dem Verhalten nach dem Kauf kann Social Media eine große Rolle spielen. Abb. 3.1 bis Abb. 3.3 verdeutlichen dies:

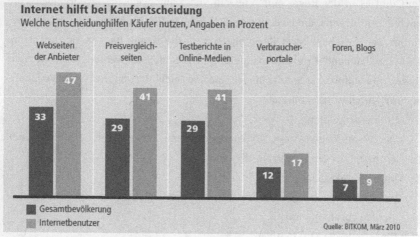

Abb. 3.1: Internet bei Kaufentscheidungen[403]

---

[402] Vgl. Kotler/Bliemel/Keller, 2007, 295ff.
[403] Steimel/Halemba/Dimitrova, S. 14

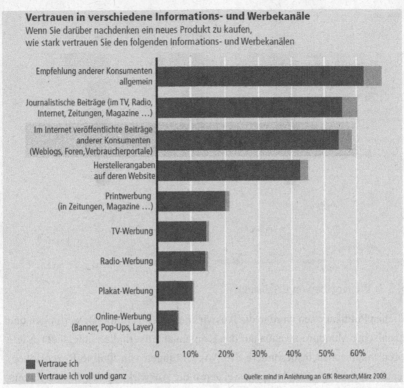

Vertrauen in verschiedene Informations- und Werbekanäle
Wenn Sie darüber nachdenken ein neues Produkt zu kaufen,
wie stark vertrauen Sie den folgenden Informations- und Werbekanälen

Empfehlung anderer Konsumenten allgemein

Journalistische Beiträge (im TV, Radio, Internet, Zeitungen, Magazine ...)

Im Internet veröffentlichte Beiträge anderer Konsumenten (Weblogs, Foren, Verbraucherportale)

Herstellerangaben auf deren Website

Printwerbung (in Zeitungen, Magazine ...)

TV-Werbung

Radio-Werbung

Plakat-Werbung

Online-Werbung (Banner, Pop-Ups, Layer)

0   10%   20%   30%   40%   50%   60%

■ Vertraue ich
■ Vertraue ich voll und ganz

Quelle: mind in Anlehnung an GfK Research, März 2009

Abb. 3.2: Vertrauen in Kanäle[404]

---

[404] Steimel/Halemba/Dimitrova, S. 16

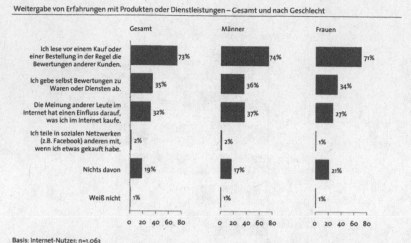

Weitergabe von Erfahrungen mit Produkten oder Dienstleistungen – Gesamt und nach Geschlecht

Basis: Internet-Nutzer; n=1.063

Frage: Im Internet können Verbraucher ihre Erfahrungen mit Anbietern oder Produkten weitergeben.
Welche der folgenden Aussagen treffen auf Sie zu?

Abb. 3.3: Weitergabe von Erfahrungen[405]

In etlichen Publikationen wurden die Auswirkungen von Online-Bewertungen und elektronischer Mundpropaganda auf das Konsumentenverhalten untersucht. Viele Autoren untersuchen insbesondere die Auswirkungen von Online Rezensionen: Cui et al. beschäftigen sich beispielsweise mit der Auswirkung von Online-Rezensionen auf den Umsatz mit neuen Produkten. Sie fokussieren dabei auf Amazon-Rezensionen.[406] Andere Autoren untersuchen ebenfalls den Einfluss von Rezensionen, teilweise stehen aber andere Plattformen bzw. ein anderer Kontext im Fokus der Untersuchungen, beispielsweise Rezensionen von Tourismusbewertungs-Plattformen[407] oder Bücher-Rezensionen[408].

---

[405] Budde et al., S. 39
[406] Vgl. Cui/Lui/Guo, 2012, S. 46
[407] Vgl. Gretzel/Yoo, 2008
[408] Vgl. Chevalier/Mayzlin, 2006, 345ff.

3.2.1.2 Unternehmenskommunikation

Die Bedeutung von Kommunikation nimmt aus wirtschaftlicher Perspektive zu, denn in gesättigten Märkten mit vergleichsweise ähnlichen Produkten wird Produktdifferenzierung zunehmend über die Kommunikation gesteuert. Der Erfolg eines Unternehmens hängt daher eng mit der Reputation und dem Markenimage zusammen. Die Möglichkeiten, die Web 2.0-Anwendungen eröffnen – wie der offene Meinungsaustausch oder die Einbeziehung der Nutzer – können die Interaktionsbeziehung mit dem Kunden verändern und damit letztlich eine Einflussnahme auf das Kundenverhalten ermöglichen.[409,410]

Unter Unternehmenskommunikation versteht man die Verknüpfung von Unternehmensführung, Kommunikation und sozialer Integration. Zerfaß definiert Unternehmenskommunikation als *„alle kommunikativen Handlungen von Organisationsmitgliedern, mit denen ein Beitrag zur Aufgabendefinition und -erfüllung in gewinnorientierten Wirtschaftseinheiten geleistet wird.“*[411] Die Unternehmenskommunikation kann in drei Funktionsfelder abgegrenzt werden:

- Marktkommunikation

  Orientiert sich vor allem an den Transaktionen mit Bezugsgruppen, die am Markt und in seinem Umfeld agieren (also Kunden und potenzielle Kunden). Ziel der Marktkommunikation ist es, Produkte und Ressourcen einzukaufen bzw. zu verkaufen. Die Kommunikation dient der Anbahnung von Verträgen. Dieses Funktionsfeld wird vor allem aus Marketing-Sicht beleuchtet.

- Mitarbeiterkommunikation/Interne Kommunikation

  Bei der Mitarbeiterkommunikation stehen die Mitarbeiter mit ihren Wünschen und den internen Abläufen im Mittelpunkt der Betrachtungen.

---

[409] Vgl. Rudolph/Emrich/Meise, 2007, 187ff.
[410] Vgl. Fischer, 2006, 30f.
[411] Zerfaß, 2006, S. 287

- Public Relations

  Im Vordergrund stehen die Kommunikationsbeziehungen zu den Bezugsgruppen im sozialen und politischen Kontext, die in der Gegenwart aber auch
  in der Zukunft Auswirkungen auf den Geschäftserfolg haben können.[412]

In der Literatur können zahlreiche Ansätze und Publikationen identifiziert werden,
die Web 2.0-Anwendungen vor allem in die Marktkommunikation einbeziehen.
Die Einsatzmöglichkeiten für Web 2.0-Anwendungen sind dabei recht breit: von
Unterstützung der Kundenbindung, über Markenführung, Beschwerdemanage-
ment bis hin zur Unterstützung von Marketingmanagement-Aufgaben. Constan-
tinides/Fountain diskutieren beispielsweise die Relevanz bzw. die Auswirkungen
von Web 2.0 auf die Marketing-Strategie und auf Direct Marketing. Sie stellen
dabei fest, dass der Kaufprozess durch Web 2.0 beeinflusst wird – insbesondere
durch Rezensionen, Weblogs, Social Network Services und Online Foren.[413] Die
Nutzung von Social Media Plattformen kann aber nicht nur den Kaufprozess beeinflussen, sondern die gesamte Reputation eines Unternehmens. Um die Formen
von Social Media und die Wirkungsweisen besser zu verstehen, haben Kietzmann
et al. eine „Wabe" mit sieben Funktionsblöcken vorgestellt: Identität, Konversation, Teilen von Inhalten, Beziehungen, geographische Anwesenheit, Reputation
und Gruppen. Die verschiedenen Social Media Plattformen decken die Funktions-
blöcke unterschiedlich ab: So liegt beispielsweise der Schwerpunkt von Facebook
auf dem Aufbau von Beziehung, der Darstellung der eigenen Identität, dem Aufbau von Reputation und auf der Ermöglichung von Konversationen.[414] Aus Sicht
des Opinion Minings – Meinungen zu Produkten, Marken oder einem Unternehm-
men – sind also vor allem Social Media Plattformen interessant, die den Funkti-
onsblock „Kommunikation" abdecken.

Auch im Rahmen der Markenführung spielen Online-Kanäle mittlerweile
eine große Rolle. Ein wesentliches Instrument der Online-Markenpflege ist die
Kommunikation. Eine der größten Herausforderungen ist dabei, zu kontrollieren,

---

[412] Vgl. Mast/Huck/Hubbard, 2008, 13f.
[413] Vgl. Constantinides/Fountain, 2008, S. 239
[414] Vgl. Kietzmann et al., 2011, 241ff.

wie die Marke durch andere dargestellt wird. Die Kontrolle der Darstellungen kann zwar durch verschiedene Monitoring-Werkzeuge im Vergleich zur Offline-Welt einfacher vorgenommen werden, allerdings hat beispielsweise eine negative Bewertung eines Konsumenten eine vergleichsweise höhere Reichweite.[415] Social Media Plattformen können in der Vorkaufsphase, der Kaufphase als auch in der Nachkaufphase verwendet werden; insbesondere in der Nachkaufphase können Kundenservice-Prozesse und Beschwerdemanagement-Prozesse unterstützt werden.[416]

Aufgabe der Online-Public Relations (PR) ist es, Informationen über das Unternehmen zu verbreiten, sowie Images zu beeinflussen und den Aufbau von Reputation zu unterstützten. Im Rahmen der Online-PR können verschiedene Instrumente zum Einsatz kommen, unter anderem etliche aus dem Social Media Bereich wie Weblogs, Microblogging, Diskussionsforen, soziale Netzwerke und Podcasts.[417]

3.2.1.3 Fazit

Aus obigen Ausführungen wird evident, dass vor allem solche Social Media Anwendungen für Opinion Mining in Betracht zu ziehen sind, bei denen die Kommunikation im Vordergrund steht. Die Kommunikation bezieht sich dabei sowohl auf den Kaufprozess als auch auf Kommunikation im Sinn der Unternehmenskommunikation und des Marketingmanagements. Folgende Social Media Anwendungen werden für das Opinion Mining daher näher betrachtet und im Folgenden detaillierter beschrieben:

- Weblogs
- Microblogs
- Social Network Services
- Bewertungsportale
- Diskussionsforen

---

[415] Vgl. Mezger/Sadrieh, 2007, 75ff.
[416] Vgl. Kaplan/Haenlein, 2011, 108ff.
[417] Vgl. Fraas/Meier/Pentzold, 2012, 154ff.

3.2.2   Weblogs

Turban et al. definieren Weblogs (oder kurz „Blogs") als *"a personal website that is open to the public to read and to interact with; dedicated to specific topic or issues."*[418] Aus kommunikationswissenschaftlicher Sicht versteht man unter Weblogs ein Medienschema, das als Mischform von „normalen" Websites und asynchronen Formen der computervermittelten Kommunikation (wie E-Mail der Diskussionsforen) einzugliedern ist. Aus sozialpsychologischer Perspektive wurden vor allem Vergleiche von Weblogs mit persönlichen Homepages erarbeitet. Aus technischer Sicht kann ein Weblog als Website mit umgekehrt chronologisch sortierten Beiträgen (d.h. der neueste Beitrag ist an oberster Stelle) aufgefasst werden. Die Gesamtheit der Weblogs wird als „Blogosphäre" bezeichnet.

Weblogs weisen einige Charakteristika auf, die sie von „normalen" Websites unterscheiden:

- Häufigere Aktualisierung

  Die Inhalte werden bei Weblogs häufiger aktualisiert als bei klassischen Websites; dadurch entsteht ein dynamischer Charakter der Kommunikation.

- Austausch zwischen Autor und Leser

  Weblogs setzen – im Sinne des Web 2.0 – auf eine Partizipation der Benutzer und bieten daher verschiedene Möglichkeiten des kommunikativen Austauschs zwischen Autor und Leser an. Der Austausch wird insbesondere durch eine Kommentar-Funktion ermöglicht; die Inhalte sind damit weiterhin asymmetrisch verteilt, der Autor des Weblogs hat die „Datenhoheit".

- Persönliche Sicht, Vernetzung

  Häufig werden in Weblogs persönliche, subjektive Ansichten und Meinungen vertreten. Neben der Interaktion zwischen Autor und Leser ist auch eine Vernetzung der Weblog-Betreiber untereinander üblich, indem andere Beiträge aufgegriffen und diskutiert werden.[419,420]

---

[418] Turban et al., 2012, S. 104
[419] Vgl. Schmidt, 2006, 21f.
[420] Vgl. Seeber, 2008, 14ff.

Jeder Beitrag in einem Weblog ist üblicherweise über einen permanenten URL ("Permalink") adressierbar. Wenn ein Blogger auf einen Beitrag von einem bestimmten Blog verweist, dann wird über den Trackback-URL diese Verlinkung auf dem zitierten Blog angezeigt. Dies ermöglicht die Herstellung von engen thematischen Bezügen und Verlinkungen.[421]

Die Einsatzmöglichkeiten von Weblogs reichen von privaten Nutzungsszenarien über Watchblogs (kritische Beobachtung von Medien und Firmen), J-Blogs (Weblogs, die von Journalisten geführt werden) bis hin zu Corporate Blogs (Weblogs, die von Firmen geführt werden), Lernblogs für die Wissensvermittlung und -aneignung. Die Einsatzmöglichkeiten sind nicht scharf voneinander abgegrenzt, sondern sind verschwimmend und übergreifend. Aus Unternehmenssicht ist folgende Abbildung interessant, die eine Typologie von Corporate Blogs darstellt. Auf der waagrechten Achse wird die Art und Weise, wie Zielgruppen beeinflusst werden sollen, aufgegliedert. Bei der informativen Vorgehensweise steht die Wissensvermittlung im Vordergrund; bei der persuasiven Kommunikation ist das Erreichen von Einstellungsänderungen das Hauptziel; bei der argumentativen Kommunikation geht es um die Verständigung mit Anspruchsgruppen sowie um einen Interessensaustausch. Die senkrechte Achse stellt dar, ob die Kommunikation eher intern oder eher markgerichtet ist bzw. den Zwecken der Public Relations dient. Die Ellipsen stellen den Einsatzschwerpunkt des jeweiligen Corporate Blogs dar.[422]

---

[421] Vgl. Koch/Richter, 2009, S. 24
[422] Vgl. Zerfass/Boelter, 2005, 117ff.

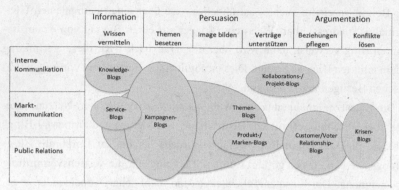

Abb. 3.4: Einsatzmöglichkeiten von Weblogs in Wirtschaft und Politik[423]

Bekannte   Weblogs   sind   beispielsweise   der   FRoSTA-Blog
(http://www.frostablog.de/), Mashable (http://mashable.com/), TechCrunch
(http://techcrunch.com/) oder WindowsBlog (http://windowsblog.at/).[424]

3.2.3   Microblogs

Microblogs sind eine Sonderform der oben angeführten Weblogs. Die Besonderheit liegt darin, dass in der Regel nur kurze Nachrichten – gegebenenfalls mit Bild
– veröffentlicht werden können. Die veröffentlichten Beiträge stehen – je nach
Konfigurationsmöglichkeiten – einem eingeschränkten Benutzerkreis oder der Öf-
fentlichkeit zur Verfügung. Turban et al. definieren Microblogging als *"a form of
blogging that allows users to write messages (usually up to 140 characters) and
publish them, either to be viewed by anyone or by a restricted group that can be
chosen by the user."*[425]

Der bekannteste Microblogging-Dienst ist Twitter (https://twitter.com/); die
Nutzung von Twitter ist gratis. Twitter wird immer wieder als Social Network
Service bezeichnet (vgl. 3.2.4), was aber streng genommen nicht stimmt, denn

---

[423] Zerfass/Boelter, 2005, S. 127
[424] Vgl. Technorati: Technorati Top 100, Online im WWW unter URL: http://techno-
rati.com/blogs/top100/ [Stand: 25.09.2013]
[425] Turban et al., 2012, S. 107

Twitter ist vielmehr eine Plattform, um Nachrichten an verschiedene Empfänger zu verteilen. Diese Nachrichten können bis zu 140 Zeichen lang sein und werden als „Tweets" bezeichnet. [426] Eine Besonderheit sind die sogenannten „Hashtags": Hashtags sind Wörter oder Zeichenketten mit dem vorangestellte Symbol „#". Es handelt sich dabei um Meta-Informationen, die in den Nachrichten verfasst werden. Benutzer, die die Beiträge von bestimmten Personen „abonniert" haben, werden als „Follower" bezeichnet. Das „@"-Symbol in den Nachrichtentexten signalisiert, dass sich der Text an einen bestimmten Benutzer richtet (z.B. wenn eine Antwort auf einen Beitrag geschrieben wird). [427]

Aus Unternehmenssicht kann die Verwendung eines Microblogging-Dienstes aus folgenden Gründen interessant sein: Mithilfe von Twitter können rasch Informationen an Interessierte – vor allem an Kunden – kommuniziert werden. Die Informationen können dabei nicht nur vom Unternehmen zu den Anspruchsgruppen fließen, sondern im Sinn der Kommunikation auch umgekehrt: Konsumenten können Feedback über ein Produkt abgeben, können Verbesserungsvorschläge, Zufriedenheit mit dem Produkte oder Wünsche äußern. Ein Hauptnutzen von Microblogging bzw. Twitter liegt darin, dass die Kommunikation mit Kunden informal und ungezwungen ablaufen kann; auf diese Weise ist es möglich, eine Beziehung zu Kunden oder Partnern aufzubauen. [428]

3.2.4   Social Network Services

Als eine der wesentlichsten Anwendungen im Web 2.0 werden „soziale Netzwerke" oder „Social Networks" genannt. An dieser Stelle sollen die Begriffe abgegrenzt und definiert werden: Reinhold definiert ein soziales Netzwerk als einen *„Begriff zur Beschreibung sozialer Beziehungen in einem Handlungssystem"*[429]; Schäfers et al. sehen es als *„ein Geflecht von sozialen Beziehungen, die als Ganzes*

---

[426] Vgl. Koch/Richter, 2009, 35ff.
[427] Vgl. Zarrella/Heidl, 2010, 44ff.
[428] Vgl. Turban et al., 2012, 107f.
[429] Reinhold, 1991, S. 418

betrachtet das Verhalten einzelner Beteiligter beeinflussen".[430] Koch/Richter definieren ein soziales Netzwerk als *„[...] eine abgegrenzte Menge von Knoten in der Form von Akteuren oder Akteursgruppen und einer Menge von Kanten zwischen diesen Knoten. Die Kanten beschreiben soziale Interaktionen oder Beziehungen (z.B. Kommunikationsbeziehungen oder Bekanntschaften) zwischen den Akteuren."*[431] In einem sozialen Netzwerk kann also abgebildet werden, wer mit wem kommuniziert, wer wen kennt, etc. Bei den Verbindungen zwischen den Knoten können „weak ties", das sind eher zufällig Bekannte, und „strong ties", also Verbindungen zu Personen, die einem nahestehen, unterschieden werden.

Soziale Netzwerke können durch die technologischen Entwicklungen der letzten Jahre digital – vorrangig auf Basis des WWW – abgebildet werden. Auch hierbei werden wieder die verschiedensten Begriffe verwendet wie „Social Network Sites", „Social Network Service", etc. Boyd/Ellision definieren „Social Network Sites" als *„[...] web- based services that allow individuals to (1) construct a public or semi- public profile within a bounded system, (2) articulate a list of other users with whom they share a connection, and (3) view and traverse their list of connections and those made by others within the system."*[432] Ähnlich definiert Hippner „Social Network Services": *„Bei Social Network Services handelt es sich um spezielle Online Communities, die auf den Aufbau und die Verwaltung von sozialen Netzwerken abzielen."*[433] Die Begriffe Social Network Services, Social Networking Sites, Social Networking Dienste und Online Social Networks (OSN) werden synonym verwendet.[434]

In Social Networking Diensten stehen in der Regel folgende Grundfunktionalitäten zur Verfügung:

- Identitätsmanagement

    Diese Funktionalität dient dazu, dass sich Benutzer selbst – zum Beispiel in

---

[430] Schäfers/Kopp/Lehmann, 2006, S. 221
[431] Koch/Richter, 2008, S. 353
[432] Boyd/Ellison, 2007, S. 211
[433] Hippner, 2006, S. 13
[434] Vgl. Ebersbach/Glaser/Heigl, 2008, S. 79

Form eines Profils – darstellen können. Diese Funktion ist besonders in offenen Social Networking Diensten ein wesentlicher Anreiz, um sich regelmäßig anzumelden und soziale Bedürfnisse zu stillen.

- Expertensuche
  Die Expertensuche kommt hauptsächlich in Social Networking Diensten mit Fokus auf geschäftliche Beziehungen zum Einsatz. Hierbei besteht die Möglichkeit, das Netzwerk nach bestimmten Kriterien zu durchsuchen. Gelegentlich gibt es die Möglichkeit, dass potenziell interessante Kontakte vorgeschlagen werden.

- Kontext-Awareness
  In Social Network Services spielt Vertrauen eine große Rolle; für den Aufbau von Vertrauen ist Kontextinformation ein wichtiges Instrument. So werden neben der Darstellung des Profils weitere Möglichkeiten geboten, wie beispielsweise die Visualisierung des persönlichen Netzwerks oder Beziehungen zu anderen Personen.

- Netzwerk-Awareness
  Unter Netzwerk-Awareness versteht man die Wahrnehmung von Aktivitäten von Personen des persönlichen Kontaktnetzwerks. Gerade in offenen Netzwerken stellt dies einen großen Erfolgsfaktor dar.

- Kontaktmanagement
  Unter Kontaktmanagement werden alle Funktionalitäten verstanden, die zum Aufbau und zur Pflege eines persönlichen Kontaktnetzwerks dienen.

- Unterstützung eines gemeinsamen Austauschs
  Der Austausch von Nachrichten über Foren, Blogs oder Instant Messaging-Dienste ist eine wesentliche Funktionalität in Social Network Services.[435]

Das zurzeit wohl bekannteste Social Network Service ist Facebook (https://www.facebook.com/) mit rund einer Milliarde Nutzer weltweit.[436] Andere

---

[435] Vgl. Koch/Richter, 2008, 360ff.
[436] Vgl. Mediabistro: Facebook Nutzerzahlen, Online im WWW unter URL: http://allfacebook.de/userdata/ [Stand: 26.09.2013]

Social Network Services sind etwa Google+ (http://plus.google.com/), LinkedIn (http://www.linkedin.com/) oder Xing (http://www.xing.com/).

3.2.5 Bewertungsportale und Online-Rezensionssysteme

Seit einigen Jahren erfreuen sich Bewertungsportale sowie Online-Rezensionssysteme immer größerer Beliebtheit. Viele Internethändler bieten Online-Rezensionssysteme an, damit Kunden Meinungen über gekaufte oder bekannte Produkte austauschen können. Solche Funktionalitäten verringern bei Konsumenten die Kosten für die Informationssuche und Produktevaluation und stellen letztlich eine Möglichkeit für Internethändler dar, Kunden an das eigene Angebot zu binden.

Ursprünglich war es auf vielen Portalen möglich, anonym Bewertungen abzugeben, mittlerweile ist bei vielen Portalen eine Registrierung notwendig. Neben der eigentlichen textuellen Bewertung werden vielfach auch weitere Möglichkeiten zur Verfügung gestellt: Bewertungen auf Basis einer numerischen Skala (z.B. mit Sternen oder ähnlichen Skalen) oder die Möglichkeit, Bewertungen zu kommentieren oder zu hinterfragen. Nachdem die Anzahl der Bewertungen in den letzten Jahren rasant gestiegen ist, wird die Suche nach nützlichen Bewertungen für die Konsumenten schwieriger. Als Reaktion darauf bieten Bewertungsportale häufig auch die Möglichkeit an, dass Konsumenten die Nützlichkeit („helpfulness") einer Rezension bewerten.[437,438,439]

Im Web lassen sich zahlreiche Online-Rezensionssysteme identifizieren:

* Internet-Händler
  Viele Internet-Händler wie Amazon (www.amazon.com), Staples (www.staples.com), Office Depot (www.officedepot.com), Walmart (www.waltmart.com), Zalando (www.zalando.com), Booking (www.booking.com), etc. bieten auf den Seiten des eigenen Shops Möglichkeiten zur Erfassung von Rezensionen an. Die folgende Abbildung zeigt die

---

[437] Vgl. Zarrella/Heidl, 2010, 161ff.
[438] Vgl. Scholz/Dorner, 2013, 135f.
[439] Vgl. Chen/Tseng, 2011, S. 755

Rezensionen eines Produkts bei Staples (einem der größten Einzelhandels-
konzerne für Bürobedarf weltweit). Wie in der Abbildung zu sehen ist, können neben der textuellen Bewertung und der Bewertung mit Sternen die Rezensionen strukturiert werden, indem Konsumenten Vorteile, Nachteile und
Verwendungszweck mit Stichwörtern explizit erfassen. Diese Elemente werden dann kumuliert beim Produkt dargestellt. Weiters ist zu erkennen, dass
die nützlichsten Bewertungen (sowohl positiv als auch negativ) dargestellt
werden.

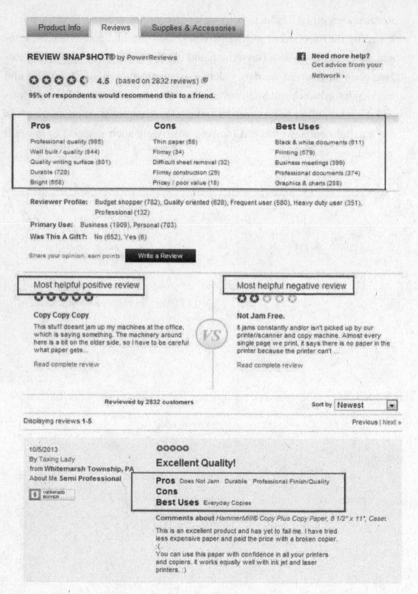

Abb. 3.5: Rezension bei Staples[440]

- Bewertungsportale

  Bewertungsportale bieten im Wesentlichen eine Plattform an, um bestimmte Produkte oder Dienstleistungen bewerten zu können. Solche Bewertungsportale sind beispielsweise Epinions (www.epinions.com), Yelp (www.yelp.com), Qype (www.qype.com), RateMyProfessors (www.ratemyprofessors.com), MeinProf (www.meinprof.de), etc. Die Bandbreite an bewertbaren Produkten und Dienstleistungen reicht dabei von Konsumgütern über Restaurants, Bars und Hotels bis hin zu Universtäten, Schulen und deren Lehrende.

3.2.6 Diskussionsforen

Diskussionsforen (oder kurz Foren) werden von manchen Autoren nicht als Social Media-Anwendung angeführt, von anderen hingegen schon. Zieht man beispielsweise die Definitionen von Heymann-Reder für Social Media, von Hippner für Social Software und die grundlegenden Kriterien für User generated content von Vickery/Wunsch-Vincent heran, dann können Foren aber durchaus als Social Media-Anwendung bezeichnet werden.

Foren haben technologische Ursprünge nicht (nur) im WWW, sondern im Usenet. Nachdem das WWW mittlerweile der vorherrschende Dienst im Internet ist, wird im Folgenden auf Foren im WWW fokussiert. Im Mittelpunkt von Foren steht die Diskussion, die in sogenannte Threads gegliedert ist. Ein Thread ist der „Diskussionsfaden", in dem die einzelnen Beiträge („Postings") enthalten sind. Grundsätzlich sind moderierte und nicht moderierte Foren zu unterscheiden. Aufgabe des Moderators ist es, auch die Einhaltung der Forumsregeln zu achten und Diskussionen thematisch nicht entgleisen zu lassen.[441]

Im Gegensatz zu Social Network Services gibt es aber nicht einige wenige, sehr dominante Foren, sondern sehr viele Foren zu einer Vielzahl von unterschiedlichsten Themen. Die Bandbreite an Themen ist dabei sehr groß: von Konsumgütern über die verschiedensten Dienstleistungen bis hin zu Software-Entwicklung. Bekannte Foren sind beispielsweise: UMTSlink (www.umtslink.at; ein Forum

---

[441] Vgl. Zarrella/Heidl, 2010, 175ff.

über   mobile   Endgeräte   und   Mobil-Technologien),   Stackoverflow
(www.stackoverflow.com; ein Forum für Programmierer), Joomla-Forum
(forum.joomla.org; Forum über das CMS Joomla!), etc.

3.3   Besonderheiten

Ausgehend von den oben angeführten Social Media Quellen (vgl. Kapitel 3.2) und
der im Kapitel 2 angeführten Definition von Opinion Mining ($e_i, a_{ij}, s_{ijkl}, h_k, t_l$)
sowie den Ansätzen zum Opinion Mining stellt sich die Frage, welche Besonderheiten sich aus diesen Social Media Quellen für das Opinion Mining ergeben.

3.3.1   Besonderheiten in der Literatur

In der Literatur lassen sich nur wenige Quellen identifizieren, die Spezifika von
Social Media Quellen untersucht haben. Beispielsweise haben Scholz/Dorner über
27.000 Online-Rezensionen in sechs verschiedenen Produktkategorien (digitale
Kompaktkameras, Smartphones, Notebooks, Tagesrucksäcke, Brettspiele und
Eaux de Toilette) untersucht. Die mittlere Anzahl der Worte pro Rezension liegt –
abhängig von der jeweiligen Produktkategorie – zwischen 115 und 279 Wörter;
im Schnitt enthalten die Rezensionen zwischen 10 % und 14 % Schreibfehler. Die
wesentlichsten Erkenntnisse sind beispielsweise, dass nützliche Rezensionen viele
Produktmerkmale diskutieren und abweichende Meinungen von den Lesern als
besonders wertvoll wahrgenommen werden. Die Autoren haben in ihrer Untersuchung Erfahrungsgüter (die Qualität lässt sich erst nach Vertragsabschluss feststellen) und Suchgüter (die Produkte sind vor dem Kauf überprüfbar und gut bewertbar) unterschieden; Rezensionen von Erfahrungsgütern werden dann als nützlich eingestuft, wenn die persönlichen Erfahrungen mit dem Produkt beschrieben
werden; bei Suchgütern werden objektive Berichte über die Produktmerkmale von
den Lesern bevorzugt.[442] Narayanan et al. haben eine linguistische Analyse von
englischen Evaluierungstexten in Bezug auf Konditionalsätze (vgl. 2.3.2.3) durch-

---

[442] Vgl. Scholz/Dorner, 2013, 140ff.

geführt. Tab. 3.2 zeigt den Anteil der Konditionalsätze in verschiedenen Produktkategorien. Die häufigsten Verbindungwörter für diese Konditionalsätze sind „if" (6 %), „unless" (0,3 %) und „even if" (0,17 %).[443]

Quelle	Anteil Konditional-sätze	Gesamtanzahl Sätze
Mobiltelefon	8,6 %	47.711
Auto	5,0 %	8.113
LCD TV	9,92 %	258.078
Audio Systeme	8,1 %	5.702
Medizin	8,29 %	160.259

Tab. 3.2: Anteil Konditionalsätze[444]

Agrawal et al. haben Diskussionen in Newsgroups analysiert und festgestellt, dass Antworten auf Beiträge eher einen Widerspruch als Zustimmung beinhalten (74 % der Antworten beinhalten eine gegensätzliche Standpunkt, während 7 % dem beantworteten Beitrag zustimmen).[445] Pak/Paroubek untersuchten Tweets in Bezug auf verschiedene Eigenschaften und stellten folgende Sachverhalte fest: Subjektive Texte enthalten mehr Personalpronomen als objektive Texte; die Autoren von subjektiven Texten sprechen von sich in der „ich"-Form oder sprechen die Follower in der zweiten Person an. Häufig werden zum Ausdruck von Meinungen und Emotionen auch Superlative verwendet (sowohl für positive als auch für negative Stimmungsrichtungen).[446]

3.3.2 Empirische Untersuchung[447]

Teile dieser Arbeit wurden in (Petz et al., 2013) veröffentlicht.

---

[443] Vgl. Narayanan/Liu/Choudhary, 2009, 180ff.
[444] Vgl. Narayanan/Liu/Choudhary, 2009, S. 181
[445] Vgl. Agrawal et al., 2003, 531ff.
[446] Vgl. Pak/Paroubek, 2010, S. 1322
[447] Vgl. Petz et al., 2013, 38ff.

3.3.2.1   Methodik

Auf Basis der Definitionen und Erläuterungen von Opinion, User generated content und Social Media soll empirisch erhoben werden, welche Unterschiede tatsächlich zwischen den für das Opinion Mining relevanten Social Media Quellen bestehen. Als Ergebnis der empirischen Erhebung wird die Darstellung von Unterschieden zwischen den einzelnen Social Media Kanälen in Bezug auf unterschiedliche Kriterien erwartet. Dazu werden folgende Untersuchungsmerkmale festgelegt:

Kriterium	Beschreibung	Basierend auf / Anmerkung	Skalenniveau[448]
Sprache	Gibt die Sprache an, in der der Beitrag verfasst wurde, z.B. Englisch, Deutsch, etc.	Siehe Chen[449] und Pang/Lee[450]	Nominal
Anzahl der Wörter	Anzahl der Wörter, die ein Beitrag (also z.B. ein Blog Post, ein Facebook-Eintrag, eine Online Rezension, etc.) enthält.	Siehe Scholz/Dorner[451]	Metrisch
Anzahl der Sätze	Anzahl der Sätze, die ein Beitrag enthält.	Kapitel 2.3.2	Metrisch
Anzahl von „Internet-Slang"-Abkürzungen	Anzahl der typischen Internet-Abkürzungen (wie LOL, IMHO,	Siehe Maynard[452]	Metrisch

---

[448] Vgl. Backhaus et al., 2008, 8ff.
[449] Vgl. Chen/Zimbra, 2010
[450] Vgl. Pang/Lee, 2008, S. 42
[451] Vgl. Scholz/Dorner, 2013
[452] Vgl. Maynard/Bontcheva/Rout, 2012

	IMO, etc.), die ein Beitrag enthält.		
Anzahl von Emoticons	Anzahl der Emoticons (wie ;-) :-) :-o etc.), die ein Beitrag enthält.		Metrisch
Anzahl grammatikalisch falscher Sätze	Anzahl der Sätze in einem Beitrag, die Rechtschreib-, Tipp- oder Grammatikfehler enthalten.		Metrisch
Subjektivität	Gibt an, ob der Beitrag subjektiv ist und eine Meinung widergibt.	Kapitel 2.1.1.3 und 2.3.2.1	Nominal
Meinungsinhaber	Gibt an, ob der Meinungsinhaber auch der Autor des Beitrags ist.	Kapitel 2.1.1.1 Kim/Hovy geben an, dass die Idenfikation von Meinungsinhabern in Zeitungsartikeln wichtig ist, während bei Rezensionen die Meinung wahrscheinlich vom Autor der Rezension stammt. Über andere Arten von Social Media Content wird keine Aussage getroffen.[453]	Nominal
Ausdruck der Meinung	Gibt an, ob die Meinung implizit oder explizit ausgedrückt wird.	Kapitel 2.1.1.2	Nominal
Themenbezug	Gibt an, ob sich der Beitrag auf das Thema der Überschrift bzw. auf die allgemeine Thematik bezieht.	Kapitel 2.4.1 Pang/Lee führen aus, dass ein meinungsbehaftetes Dokument mehrere Themen be-	Nominal

---

[453] Vgl. Kim/Hovy, 2006, S. 1

		inhalten kann, sie nehmen jedoch keinen konkreten Bezug zu Social Media.[454]	
Bezug zu Aspekten	Gibt an, ob der Beitrag Aspekte enthält oder sich „nur" auf ein Objekt als Ganzes bezieht.	Kapitel 2.3.3	Nominal

Tab. 3.3: Kriterien für empirische Erhebung[455]

Für Microblogs (konkret: Twitter) wurde zudem noch untersucht, inwieweit die Beiträge Sentiment-Hashtags wie z.B. #anger etc. enthalten. In Anlehnung an Davidov et al. wurde nach folgenden Hashtags gefiltert: #fun, #anger, #bored, #sad, #happy, #sarcasm, #sucks, #notcute.[456]

Für die Durchführung der Erhebung stellt sich die Frage, wie die Daten tatsächlich erhoben werden können, um möglichst repräsentative Aussagen zu erhalten. Um repräsentative Aussagen zu erhalten, kann eine einfache Zufallsstichprobe gezogen werden. Bei einer einfachen Zufallsstichprobe hat jedes Objekt der Grundgesamtheit die gleiche Wahrscheinlichkeit, in die Stichprobe gezogen zu werden.[457] Dies ist im konkreten Fall aber schwierig zu bewerkstelligen.

Daher wird folgende Vorgehensweise gewählt: Es wird eine Art Quota-Sampling durchgeführt, d.h. es werden nur ausgewählte Quellen mit bestimmten Rahmenbedingungen berücksichtigt. Die Stichprobe wird aus Social Media Quellen gezogen (siehe Tab. 3.4), die sich mit einer bestimmten Marke (Samsung) in einer bestimmten Zeitperiode (15.6.2001 bis 28.1.2013) beschäftigen. In diesem Zeitraum findet eine Vollerhebung statt bzw. falls zu viele Einträge vorhanden sind, wird eine Zufallsstichprobe aus diesem Subset gezogen. In Sinne der Defini-

---

[454] Vgl. Pang/Lee, 2008, S. 43
[455] Vgl. Petz et al., 2013, S. 39
[456] Vgl. Davidov/Tsur/Rappoport, 2010
[457] Vgl. Bortz/Schuster, 2010, 80f.

tion von Vickery/Wunsch-Vincent von User generated content (Erstellung des Inhalts außerhalb professioneller Routinetätigkeiten) werden offizielle Beiträge von Firmen in den Social Media Quellen nicht in die Analysen mit einbezogen. Die erhobenen Daten wurden anschließend händisch in Bezug auf die in Tab. 3.3 angeführten Kriterien von vier Kollegen bewertet. Vor der Bewertung wurden Regeln diskutiert und festgelegt, wie bestimmte Ausdrücke zu werten sind, um möglichst konsistente Bewertungen zu erzielen.

Social Media Quelle	URL	Sprache
Social Network Service (Facebook)	http://www.facebook.com/SamsungDeutschland	Deutsch
	http://www.facebook.com/SamsungPolska	Polnisch
	http://www.facebook.com/samsungczsk	Tschechisch
	http://www.facebook.com/SamsungUSA	Englisch
Microblog (Twitter)	https://twitter.com/SamsungAT	Deutsch
	https://twitter.com/Samsungtweets	Englisch
	https://twitter.com/SamsungPolska	Polnisch
	https://twitter.com/SamsungCZSK	Tschechisch
Weblog	http://www.samsungvillage.com/blog/global/	Englisch
	http://allaboutsamsung.de/	Deutsch
	http://galaktyczny.pl	Polnisch
	http://www.svetandroida.cz/index.php?s=samsung	Tschechisch

Diskussionsforen	http://www.umtslink.at/3g-forum/forums/201-Samsung	Deutsch
	http://samsung-mo-bile.com.pl/forum/	Polnisch
	http://forum.mobilma-nia.cz/forum-30/Sams-ung.html	Tschechisch
	http://forums.cnet.com/sams-ung-forum	Englisch
Online Rezensionen	http://www.amazon.de/Sam-sung-Smartphone-Super-AMOLED-Touchscreen-Megapixel-metallic-blue/dp/B007VCRRNS/ref=sr_1_1?ie=UTF8&qid=135902 8544&sr=8-1	Deutsch
	http://www.ama-zon.com/Samsung-Galaxy-GT-I9300-Factory-Unlo-cked/dp/B007VCRRNS/ref=sr_1_1? ie=UTF8&qid=1359028623 &sr=8-1&keywords= samsung+galaxy+s3	Englisch
	http://cokupic.pl/pro-dukt/Samsung-Galaxy-S-III-i9300	Polnisch

	http://mobilni-telefony.heu-reka.cz/samsung-i9300-ga-laxy-s-iii-16gb/recenze/	Tschechisch

Tab. 3.4: Untersuchte Quellen

Insgesamt wurden 410 Beiträge in Facebook, 287 Beiträge in Twitter, 387 Blog-Postings, 417 Beiträge in 4 verschiedenen Diskussionsforen und 433 Online-Rezensionen (in Summe also 1934 Beiträge) in vier verschiedenen Sprachen untersucht. Die Sammlung und Erhebung der einzelnen Beiträge erfolgte händisch bei den Diskussionsforen bzw. bei zwei Online-Rezensionsplattformen, automatisiert über eine API bei Twitter und Facebook und mithilfe eines Web Crawlers für Rezensionen bei Amazon. Die statistischen Berechnungen wurden mit SPSS durchgeführt.

3.3.2.2   Ergebnisse

Die wesentlichsten Erkenntnisse der empirischen Erhebung werden im Folgenden dargestellt:

- Länge der Beiträge
  Die Länge der Beiträge variiert je nach Social Media Kanal. Tab. 3.5: Mittelwerte der Wortanzahl
- verdeutlicht, dass die längsten Beiträge in Online Rezensionen vorkommen (rund 119 Wörter pro Beitrag); interessanterweise sind die Beiträge in Facebook vergleichsweise kurz (rund 19 Wörter pro Beitrag).

Type	Mittelwert	N	Standardabweichung
Social Network (Facebook)	18,86	410	30,26
Microblog (Twitter)	13,99	287	6,19
Rezensionen	118,94	433	263,52
Blog	30,56	387	28,11
Forum	53,64	417	63,59

Tab. 3.5: Mittelwerte der Wortanzahl

	<= 10	11 - 30	31 - 50	51 - 70	71 - 90	91 - 110	111 - 130	131 - 150	151 - 170	171 - 190	191 - 210	211 +
Social Network	220	122	39	9	8	3	2	2	1	1	0	3
Mi-croblog	94	193	0	0	0	0	0	0	0	0	0	0
Rezen-sionen	82	98	70	38	29	18	19	16	5	3	2	53
Blog	84	156	85	29	20	6	2	3	0	0	0	2
Forum	50	136	78	55	25	26	12	13	7	5	4	6

Tab. 3.6: Anzahl der Wörter (χ^2=0,0, C=0,511)

- Anzahl der Sätze

  Die Anzahl der Sätze ist insbesondere bei Beiträgen in Social Network Ser-vices und Microblogs nicht einfach zu bestimmen, da immer wieder Punkti-onszeichen fehlen, Sätze mit Emoticons beendet werden oder Ähnliches. Die nachfolgende Tabelle zeigt die Anzahl der Sätze in den jeweiligen Beiträgen.

	<= 2	3 - 4	5 - 6	7 - 8	9 - 10	11 - 12	13 - 14	15 - 16	17 - 18	19 - 20	21+
Social Network (Facebook)	330	48	15	9	3	1	1	0	0	2	1
Microblog (Twit-ter)	258	28	1	0	0	0	0	0	0	0	0
Rezensionen	169	90	49	38	20	10	7	6	2	2	40
Blog	239	103	24	16	3	0	0	1	0	0	1
Forum	185	108	57	32	15	8	6	4	0	0	2

Tab. 3.7: Anzahl der Sätze (χ^2=0,0, C=0,442)

- Emoticons und Internet-Slang

  Emoticons werden in allen Social Media Kanälen häufig verwendet (siehe Tab. 3.8); je nach Social Media Kanal enthalten zwischen 16 % und 28 % der Beiträge ein oder mehrere Emoticons. Internet-Slang-Begriffe und -Abkürzungen kommen zwar ebenfalls vor, werden aber deutlich seltener verwendet (sieheTab. 3.9); zwischen 8% und 20% der Beiträge enthalten Internet-Slang). Überraschend wenig Internet-Slang-Begriffe kommen in Facebook vor.

	Anzahl der Emoticons					Ges.	% enthalten Emoticons
	0	1 - 2	3 - 4	5 - 6	7+		
Social Network (Facebook)	296	112	2	0	0	410	27,8 %
Microblog (Twitter)	217	68	2	0	0	287	24,4 %
Rezensionen	366	59	4	2	2	433	15,5 %
Blog	280	104	3	0	0	387	27,6 %
Forum	333	78	6	0	0	417	20,1 %

Tab. 3.8: Anzahl der Emoticons (χ^2=0,0, C=0,156)

	Anzahl der Internet-Slang-Abkürzungen					Ges.	% enthalten Abkürzungen
	0	1 – 2	3 - 4	5 - 6	7+		
Social Network (Facebook)	376	29	5	0	0	410	8,3 %
Microblog (Twitter)	229	54	4	0	0	287	20,2 %
Rezensionen	379	46	7	1	0	433	12,5 %
Blog	332	47	5	3	0	387	14,2 %
Forum	368	39	4	4	2	417	11,8 %

Tab. 3.9: Anzahl der Internet-Slang-Abkürzungen (χ^2=0,0, C=0,145)

- Anzahl grammatikalisch falscher Sätze

Wie zu erwarten ist, enthalten die Beiträge über alle Social Media Kanäle hinweg viele Grammatik- und Rechtschreibfehler (siehe Tab. 3.10). In dieser Erhebung wurden nicht die einzelnen Fehler gezählt, sondern lediglich die Anzahl der Sätze ermittelt, die Fehler enthielten.

	Anteil falscher Sätze					Ges.	% falsche Sätze gesamt
	0 %	1 % – 25 %	26 % – 50 %	51 % –75 %	>75 %		
Social Network (Facebook)	187	18	53	14	138	410	54,4 %
Microblog (Twitter)	120	0	48	7	112	287	58,2 %
Rezensionen	136	82	83	48	84	433	68,6 %
Blog	169	26	91	29	72	387	56,3 %
Forum	150	35	83	41	108	417	64,0 %

Tab. 3.10: Anteile Grammatikfehler (χ^2=0,0, C=0,3)

- Subjektivität vs. Objektivität

  Die Erhebung zeigt, dass in vielen Beiträgen über alle Social Media Kanäle sowohl subjektive Aussagen, objektive Aussagen als auch beides gleichzeitig enthalten sein können (siehe Tab. 3.11). Beispielsweise enthalten Rezensionen nicht nur die persönlichen Eindrücke und Meinungen von einem Produkt, sondern beschreiben auch Fakten. Interessanterweise enthalten Beiträge in Diskussionsforen vergleichsweise wenig subjektive Aussagen; dies lässt sich vermutlich damit begründen, dass immer wieder Hinweise und Anleitungen gegeben werden, wo beispielsweise im Menü eine bestimmte Funktion zu finden ist oder wie etwas zu bedienen ist.

	subjektiv	objektiv	beides
Social Network (Facebook)	67,3 %	26,1 %	6,6 %
Microblog (Twitter)	82,9 %	12,8 %	4,3 %
Rezensionen	71,7 %	2,9 %	25,4 %
Blog	69,3 %	19,6 %	11,1 %
Forum	50,2 %	35,5 %	14,3 %

Tab. 3.11: Subjektive und objektive Aussagen (χ^2=0,0, C=0,342)

- Bezug zu Aspekten

  Wie zu erwarten ist, beziehen sich Online Rezensionen nicht „nur" auf das

Produkt als Ganzes (also auf die Entität), sondern auch auf einzelne Aspekte des Produkts (vgl. Tab. 3.12). Aufgrund der Kürze von Twitter-Meldungen beziehen sich die Tweets in der Regel entweder auf einen Aspekt oder auf die Entität. Vergleichsweise „oberflächlich" werden Produkte in Facebook diskutiert; hier werden die Meinungen eher zu Entitäten abgegeben.

	Aspekte	nur Entität	beides
Social Network (Facebook)	33,0 %	65,4 %	1,6 %
Microblog (Twitter)	43,4 %	56,6 %	0,0 %
Rezensionen	39,6 %	33,4 %	27,0 %
Blog	55,3 %	39,1 %	5,6 %
Forum	60,6 %	33,1 %	6,3 %

Tab. 3.12: Aspekte und Entitäten (χ^2=0,0, C=0,372)

- Meinungsinhaber

In der Literatur wird diskutiert, dass die Erkennung des Meinungsinhabers bei Zeitungsartikeln wichtig ist. Diese Diskussion kann auf Basis der Stichprobe bestätigt werden. In allen Social Media Kanälen stimmt der Meinungsinhaber zu einem sehr hohen Prozentsatz mit dem Autor des Beitrags überein (vgl. Tab. 3.13). Lediglich in Diskussionsforen werden vergleichsweise häufig auch Meinungen von anderen Personen widergegeben. Die Ergebnisse sind knapp nicht signifikant (χ^2=0,062, C=0,111).

	Meinungsinhaber des Beitrags ist		
	Autor	Eine andere Person	Mehrere Personen
Social Network (Facebook)	97,6 %	0,5 %	1,9 %
Microblog (Twitter)	95,0 %	2,5 %	2,5 %
Product Review	96,0 %	0,5 %	3,6 %
Blog	95,5 %	1,5 %	3,0 %
Forum	90,7 %	3,1 %	6,2 %

Tab. 3.13: Meinungsinhaber von Beiträgen (χ^2=0,062, C=0,111)

- Themenbezug

  Der subjektive Eindruck des Autors ist, dass viele Beiträge in sozialen Netzwerken und anderen Social Media Kanälen nichts mit dem eigentlichen
  Thema zu tun haben. Die folgende Tabelle zeigt aber deutlich, dass der subjektive Eindruck nicht stimmt, sondern dass ein Großteil der Beiträge auf das
  eigentliche Thema Bezug nehmen. Diese Themenbezogenheit ist bei Diskussionsforen besonders ausgeprägt, was aber möglicherweise auf das Vorhandensein von Forenmoderatoren und Forenregeln zurückzuführen ist. Interessanterweise enthalten auch Rezensionen immer wieder Aussagen, die keinen
  Bezug zum Thema haben. Vergleichsweise „undiszipliniert" verläuft die
  Kommunikation in Facebook.

	Themenbezug		
	ja	nein	sowohl als auch
Social Network (Facebook)	82,3 %	16,6 %	1,1 %
Microblog (Twitter)	95,3 %	4,7 %	0,0 %
Rezensionen	93,1 %	1,2 %	5,8 %
Blog	92,6 %	6,3 %	1,1 %
Forum	95,6 %	3,4 %	1,0 %

Tab. 3.14: Themenbezug (χ^2=0,0, C=0,255)

- Sentiment-Hashtags

  In der vorliegenden Stichprobe sind keine Sentiment-Hashtags (wie z.B. #an-
  ger, #fun, etc.) enthalten.

3.3.2.3   Diskussion der Erhebung

Die in Tab. 3.3 angeführten Kriterien werden in der Literatur teilweise kritisch
beleuchtet, da sie nicht eindeutig zu bewerten sind (beispielsweise Subjektivität
vs. Objektivität). Im Zuge der Erhebung und Bewertung tauchten tatsächlich immer wieder Unklarheiten bei einzelnen Beiträgen auf bezüglich dessen, wie diese
zu bewerten sind. Auch bei vermeintlich einfachen Kriterien wie beispielsweise
„Anzahl der Sätze" war es bei einigen Einträgen nicht ganz trivial, die Sätze zu

zählen, da Punktionszeichen fehlten, Emoticons anstelle von Satzzeichen verwendet wurden, etc. Das Team, das bei der Bewertung beteiligt war, tauschte immer wieder Erfahrungen aus, um so zu möglichst konsistenten Bewertungen zu gelangen. Zur Verbesserung der Konsistenz könnten die Beiträge jeweils von mehreren Evaluatoren bewertet werden (Davidov et al. ließen beispielsweise mithilfe von Mechanical Turk sarkastischen Aussagen mehrfach von unterschiedlichen Evaluatoren bewerten[458]). Aus forschungsökonomischen und praktischen Gründen (die Evaluatoren sind nicht alle der polnischen, deutschen bzw. tschechischen Sprache mächtig) beschränkten sich die Evaluatoren aber lediglich auf den Erfahrungsaustausch bei schwierigen und nicht eindeutigen Bewertungen.

Eine Limitation der Erhebung ist sicherlich, dass – wiederum aus forschungsökonomischen Gründen – lediglich eine Marke aus dem Konsumgüterbereich (im Elektronikgüter-Bereich) untersucht wurde. Aufgrund der Stichprobengröße liegt zwar die Vermutung nahe, dass die Ergebnisse für andere Marken im Konsumgüterbereich ähnlich sein werden, möglicherweise weichen diese aber bei gänzlich anderen Domänen – beispielsweise bei Meinungen zu Politik oder zu Produkten aus Film und Literatur – deutlich ab.

3.4 Erkenntnisse, Auswirkungen auf das Opinion Mining

Wie in den vorigen Kapiteln dargestellt, weisen die Texte in Social Media Kanälen bzw. User generated content bestimmte Eigenschaften auf, die letztlich das Opinion Mining beeinflussen werden:

- Fehlerhafte Texte
  Viele Ansätze zum Opinion Mining gehen implizit von der Annahme aus, dass die vorliegenden Texte grammatikalisch richtig sind[459]; wie aber in der Erhebung deutlich wurde, enthalten die von Benutzern erstellten Texte jede Menge Fehler. Die Konsequenz daraus ist, dass die Vorverarbeitung von Texten sinnvoll sein wird und die Vorverarbeitung explizit diese fehlerhaften

---

[458] Vgl. Davidov/Tsur/Rappoport, 2010, S. 112
[459] Vgl. Dey/Haque, 2009, S. 206

Texte berücksichtigen muss. Es ist zu überprüfen, inwieweit Algorithmen
wie z.B. Part-of-Speech-Tagger, Stemmer, etc. robust gegenüber grammatikalisch falschen Texten sind. Für Twitter (und möglicherweise auch für Facebook) stellt sich aufgrund der Kürze der Sätze die Frage, inwieweit POS-
Tags als Features sinnvoll sind.[460] Ansätze für die Verarbeitung von fehlerhaften Texten lassen sich beispielsweise in Clark[461], Barbosa/Feng[462] oder in
Zhang et al.[463] finden.

- Umgang mit Abkürzungen, Internet-Slang, Emoticons
  Die Erhebung hat gezeigt, dass die Texte häufig Emoticons und Internet-
  Slang beinhalten. Weiters wurde im Rahmen der Erhebung auch festgestellt,
  dass die Beiträge nicht immer in der gleichen Sprache erstellt werden. So
  sind zum Beispiel auf der deutschen Facebook-Seite von Samsung Beiträge
  in englischer und türkischer Sprache zu finden.

  Als Konsequenz auf das Opinion Mining kann abgeleitet werden, dass einerseits die Robustheit von Algorithmen auf solche Abkürzungen und anders-
  sprachige Texte untersucht werden muss. Andererseits können die Abkürzungen und Internet-Slang eine Chance darstellen, die Opinion Mining Prozesse zu verbessern, indem solche Begriffe explizit als Features verwendet
  werden. Für Twitter wurde beispielsweise ein Ansatz von Davidov et al. vorgestellt, um Hashtags in die Sentimentanalyse einfließen zu lassen.[464] Zhang
  et al. kombinieren lexikonbasierte und Machine-Learning-Ansätze für die
  Sentimentanalyse von Tweets.[465]

  Die im Kapitel 2.2.2 beschriebene Kategorisierung von Entitäten bzw. von
  Aspekten kann durch die Erhebung ebenfalls bestätigt werden, da beispielsweise für das Produkt „Samsung Galaxy S3" tatsächlich Begriffe und Abkürzungen wie „SGS3" etc. verwendet werden.

---

[460] Vgl. Kouloumpis/Wilson/Moore, 2011, S. 541
[461] Vgl. Clark, 2003
[462] Vgl. Barbosa/Feng, 2010
[463] Vgl. Zhang et al., 2011
[464] Vgl. Davidov/Tsur/Rappoport, 2010
[465] Vgl. Zhang et al., 2011

- Vereinfachungen

  Die Erhebung hat gezeigt, dass der Meinungsinhaber – im Gegensatz zu Zeitungsartikeln[466] – in der Regel dem Autor des Beitrags gleichzusetzen ist. Diese Annahme ist insofern eine Vereinfachung, weil die Autoren bei vielen Social Media Quellen leicht zu ermitteln sind: Rezensionen stellen die Autoren meist klar dar, in Social Network Services oder Microblogs sind die Autoren der Beiträge und damit die Meinungsinhaber klar erkennbar. Ähnliches trifft für den Zeitpunkt der Meinungsabgabe zu: Die Beiträge in vielen Social Media Quellen enthalten explizit Datum und Uhrzeit.

- Umgang mit Gesprächsfäden

  In Diskussionsforen, Blogs und teilweise auch in Social Networks spannen sich Diskussionen über mehrere Beiträge, die von mehreren Autoren stammen. Jeder Beitrag kann zwar prinzipiell für sich analysiert werden, trotzdem stellt sich die Frage für das Opinion Mining, ob eine Analyse des Gesamtzusammenhangs der einzelnen Beiträge einen Mehrwert oder genauere Analyseergebnisse liefern könnte.

3.5 Zusammenfassung

In diesem Kapitel wurde die Fragestellung 1 „Welche Web 2.0-Quellen können als Basis für Opinion Mining herangezogen werden und welche Besonderheiten ergeben sich daraus?" bearbeitet.

Kurz zusammenfasst lässt sich festhalten, dass vor allem solche Social Media Anwendungen für Opinion Mining in Frage kommen, bei denen die Kommunikation im Vordergrund steht. Die Kommunikation spielt beim Kaufprozess sowie bei der Unternehmenskommunikation und dem Marketingmanagement eine wesentliche Rolle. Konkrete Quellen für das Opinion Mining sind also Weblogs, Microblogs, Social Networks, Bewertungsportale und Diskussionsforen.

In einer empirischen Erhebung wurden die Besonderheiten dieser Quellen untersucht. Dabei wurde ermittelt, dass Texte in diesen Social Media Kanälen

---

[466] Vgl. Kim/Hovy, 2006, S. 1

viele grammatikalische Fehler beinhalten sowie Emoticons und Internet-Slang verwenden. Die Autoren der Beiträge stimmen zu einem großen Prozentsatz mit dem Meinungsinhaber überein, ein Großteil der Beiträge beziehen sich überraschend oft auf die eigentliche Thematik. Die Konsequenz für das Opinion Mining ist, dass a) „unsaubere" Texte vorverarbeitet werden müssen, b) die Robustheit verschiedener Algorithmen in Bezug auf diese „unsauberen" Texte evaluiert werden muss und c) die verwendeten Emoticons und Internet-Slang-Wörter eine Chance darstellen, die Sentimentanalyse zu verbessern.

4 Methoden und Algorithmen für Opinion Mining

In diesem Kapitel soll die Fragestellung 2 „Welche Algorithmen und Methoden sind für die effektive Durchführung des Opinion Minings notwendig?" beantwortet werden. Ziel ist es, einen Überblick über Methoden sowie eine Bewertung der Eignung und Einsetzbarkeit ausgewählter Methoden in Bezug auf die Sentimentanalyse zu geben.

Wie bereits im Kapitel 2.1.4 diskutiert, werden in der Literatur für die Verfahren zur Textverarbeitung unterschiedliche Begriffe („Methode", „Algorithmus", „Verfahren", etc.) verwendet. In dieser Arbeit wird für die Verfahren des maschinellen Lernens der Begriff „Methode" verwendet.

4.1 Überblick

Viele inhaltsanalytische Verfahren für Texte gehen auf die Bereiche des Text Minings, Information Retrieval, Information Extraction und Natural Language Processing zurück. Wie bereits im Kapitel 2.1.2 angeführt, werden diese Bereiche – je nach Forschungsgebiet und -perspektive –unterschiedlich aufgefasst und definiert. Letztlich sollen aber mithilfe von softwareunterstützten Methoden Informationen aus Texten offengelegt werden. Die Methoden sollen dabei einerseits in der Lage sein, eine große Anzahl von Wörtern und Strukturen in natürlicher Sprache zu bewältigen, und andererseits sollen die Unbestimmtheit, Unsicherheit und Unschärfe in Texten berücksichtigt werden.[467] Häufig kann der gleiche Algorithmus für unterschiedliche Teilaufgaben im Text Mining eingesetzt werden; so können beispielsweise Hidden Markov Modelle sowohl für Part-of-Speech Tagging als auch für die Named Entity Extraktion verwendet werden.[468]

---

[467] Vgl. Hotho/Nürnberger/Paaß, 2005, 22ff.
[468] Vgl. Feldman/Sanger, 2008, S. 58

© Springer Fachmedien Wiesbaden GmbH, ein Teil von Springer Nature 2019
G. Petz, *Opinion Mining im Web 2.0*, https://doi.org/10.1007/978-3-658-23801-8_4

Folgende Aufgaben und Methoden werden dem Text Mining zugeordnet:[469]

- Auswahl des Datenmaterials

  In einem ersten Schritt werden geeignete Texte ausgewählt; dies sind meist große Mengen von Textdokumenten, die aus Textdatenbanken oder Ähnlichem stammen.

- Datenaufbereitung

  Die ausgewählten Textdokumente müssen in einem nächsten Schritt computerlinguistisch aufbereitet werden. In der Regel werden Texte in einer Datenstruktur abgespeichert, die für weitere Verarbeitungen und Analysen besser geeignet ist als ein einzelnes Textdokument. Dazu wird der Text vorverarbeitet (z.B. in einzelne Segmente auf Wortebene zerteilt, lemmatisiert, etc.) und in der Regel als Vektormodell gespeichert. Die derzeit vorherrschenden Ansätze sind das Vektorraum-Modell, das probabilistische Modell und das logische Modell. Methoden zur Textvorverarbeitung sind beispielsweise:

  o Tokenization: Bei der Tokenization wird ein Text in Segmente auf Wortebene geteilt; das können einzelne Wörter oder Wortphrasen sein.

  o Lemmatisierung: Bei der Lemmatisierung werden die Flexionsformen eines Wortes auf seine Grundform zurückgeführt.

  o Stoppwort-Entfernung: Stoppwörter sind Wörter, die sehr häufig auftreten und wenig oder keine semantische Relevanz für den Inhalt des Textes haben. Dies sind in der Regel Bindewörter, Artikel, etc.

  o Satzende-Bestimmung („Sentence boundary determination"): Wie der Name schon sagt, werden Sätze und deren Enden erkannt.

  o Part-of-Speech Tagging: POS-Tagging ordnet Wortarten (z.B. Nomen, Verb, Adjektiv, etc.) unter Berücksichtigung des Kontextes den einzelnen Worten eines Textes zu. Es gibt verschiedene Tagsets: Penn Treebank Tagset, Brown Tagset, British National Corpus für die englische Sprache, Stuttgart-Tübingen Tagset für die deutsche Sprache, Prague Dependency Treebank für die tschechische Sprache, etc. Das POS-

---

[469] Vgl. Weiss et al., 2010, 15ff.

Tagging ist für Parsing, Word Sense Disambiguation, die Erkennung von Phrasen, etc. eine Voraussetzung bzw. Unterstützung.

o Word Sense Disambiguation: Unter Word Sense Disambiguation versteht man die Auflösung von sprachlichen Mehrdeutigkeiten von Wörtern oder Wortphrasen. Beispielsweise kann „Bank" ein Geldinstitut bezeichnen, aber auch eine Sitzgelegenheit.

o Text Chunking: Unter Text Chunking versteht man die Erkennung von Wortphrasen, die sich wie ein einzelnes Wort verhalten (z.B. eine Phrase wie „the current accout deficit").

o Parsing: Das Parsing ist vermutlich eine der anspruchsvollsten Aufgaben im Bereich des Text Mining; beim Parsing wird jedes Wort eines Satzes in eine Satzstruktur gebracht (wie z.B. Subjekt, Prädikat, Objekt, etc.).

o Feature Generation: Die in weiteren Schritten eingesetzten Verfahren zur Analyse von Texten verwenden üblicherweise einzelne Bestandteile des Textes: Buchstaben, Wörter, Phrasen oder Konzepte. Bei der Feature Generation wird ein Dokument auf Basis dieser Features repräsentiert.[470,471,472]

• Analyse

In diesem Schritt kommen die eigentlichen Methoden des Text Minings zum Einsatz. Die Methoden werden grob untergliedert in

o Klassifikationsmethoden (Supervised Learning)

Textklassifikationsmethoden zielen darauf ab, vordefinierte Klassen Texten zuzuordnen, beispielsweise können Nachrichtenartikel bestimmte Kategorien wie „Sport", „Politik" oder Ähnliches zugewiesen werden. Üblicherweise benötigen Klassifikationsmethoden Trainingsdaten, die bereits mit den Zielklassen markiert sind. Die Aufgabe der Methoden ist es dann, ein Klassifikationsmodell zu finden, das die

---

[470] Vgl. Weiss et al., 2010, 15ff.
[471] Vgl. Feldman/Sanger, 2008, 68ff.
[472] Vgl. Hotho/Nürnberger/Paaß, 2005, 24ff.

Klassen neuen, noch nicht markierten Dokumenten zuweisen kann. Methoden in diesem Bereich sind beispielsweise Naive Bayes Methode, Nearest Neighbor Methode, Entscheidungsbäume, Support Vector Machines, etc. Die Evaluierung der Effektivität dieser Verfahren erfolgt mit den in Kapitel 2.1.3 beschriebenen Möglichkeiten und Maßzahlen.[473]

o   Cluster-Methoden (Unsupervised Learning)

Cluster-Methoden zielen darauf ab, zuvor unbekannte inhaltliche Zusammenhänge in den untersuchten Inhalten auszumachen und diese dann entsprechend zu gruppieren. Es existieren zahlreiche Verfahren; am häufigsten werden hierarchisches Clustering und Partitional Clustering empfohlen. Hierarchische Clustering-Methoden basieren auf einer Verschmelzung von kleineren Clustern zu größeren bzw. auf einer Teilung von größeren Clustern in kleinere. Die meisten der hierarchischen Clustering-Methoden basieren auf vier Grundalgorithmen: Single-Link, Complete-Link, Average-Link und Ward's Algorithmus. Partitional Clustering-Methoden gruppieren Objekte in eine vordefinierte Anzahl von Clustern; die bekanntesten Methoden sind K-Means-Methode, Single-Pass Clustering, Nearest Neighbor Clustering und Expectation Maximization. Darüber hinaus gibt es noch weitere Arten von Cluster-Methoden wie zum Beispiel Methoden aus dem Bereich Fuzzy Clustering. Die Evaluierung von diesen Methoden kann mithilfe von statistischen Maßzahlen (z.B. Mean square error, Silhouette Koeffizient) und mit Vergleichsmaßzahlen (Vergleich mit bekannten Cluster-Ergebnissen; z.B. Purity, InversePurity, etc.)[474]

o   Methoden zur Informationsextraktion

Die Aufgabe von Informationsextraktion ist es, Teile aus einem Text zu extrahieren und diesem spezifische Attribute zuzuweisen. Beispiels-

---

[473] Vgl. Hotho/Nürnberger/Paaß, 2005, 28ff.
[474] Vgl. Brücher/Knolmayer/Mittermayer, 2002, 11ff.

weise sollen in einem Text Personen, Orte, Organisationen, Datums-
werte, etc. identifiziert werden. Erschwerend für diese Aufgaben wirkt
sich aus, dass natürlichsprachlicher Text nicht direkt für solche Analysen verwendbar ist, sondern die Analysen oftmals in mehrere Schritte
(wie Tokenbildung, Satzteilung, Part-of-Speech Analyse, Named Entity Recognition, etc.) gegliedert werden müssen. Letztlich können für
diese Aufgaben wiederum Methoden aus dem Bereich des Machine
Learnings angewendet werden, wie z.B. Hidden Markov Modelle oder
Conditional Random Fields.[475,476]

o   Methoden zur Zusammenfassung von Text
    Eine weitere Richtung von Textanalyse ist die Zusammenfassung von
    Texten. Der technologische Ansatz ist ähnlich wie beim Clustern von
    Inhalten – ein Cluster besteht aus einer Menge von ähnlichen Doku-
    menten; die Cluster werden als Klassen von Dokumenten mit dem glei-
    chen Thema betrachtet.[477]

- Ergebnispräsentation
  Im letzten Schritt steht die Visualisierung im Vordergrund; die Methoden zur
  Visualisierung sollen letztlich die Erkennung und Extraktion von Mustern
  unterstützen und verbessern. Eine Methode zur Visualisierung von Schlüs-
  selwort-Dokument-Relationen ist beispielsweise „Cat-a-Cone", die Hierar-
  chien dreidimensional darstellt. Andere Visualisierungsansätze sind „Info
  Crystal", „Self-Organizing Maps", etc.[478]

4.2   Im Opinion Mining häufig eingesetzte Methoden

Wie bereits im Kapitel 2 angeführt, gibt es zahlreiche Veröffentlichungen zu
Opinion Mining. Die folgende Tabelle zeigt einen Auszug der
Veröffentlichungen; jeweils angeführt ist der Teilbereich bzw. die Teilaufgabe im

---

[475] Vgl. Weiss et al., 2010, 129ff.
[476] Vgl. Hotho/Nürnberger/Paaß, 2005, 40ff.
[477] Vgl. Weiss et al., 2010, 198ff.
[478] Vgl. Hotho/Nürnberger/Paaß, 2005, 42ff.

Opinion Mining sowie die verwendeten Methoden und – falls für den jeweiligen
Ansatz sinnvoll – die verwendeten Features. Wie eingangs bereits beschrieben,
war der Ausgangspunkt für die Literaturrecherche scholar.google.com,
wissenschaftliche Datenbanken wie ACM Digital Library, Springer Link, EBSCO
und IEEE Xplore Digital Library sowie die „klassische" Bibliothekssuche. Als
Suchbegriffe wurden die Begriffe „Opinion Mining", „Sentiment Analysis",
„Sentiment Classification" verwendet.

Veröffentlichung	Methoden	Features	Teilbereich des Opinion Minings	Ebene / Ansatz	Anmerkung
Hu/Liu, 2004	Ausgangsbasis: WordNet	-	Aufbau Lexikon	Wörterbuchbasierter Ansatz	
Kim/Hovy, 2004	Ausgangsbasis: WordNet	-	Aufbau Lexikon	Wörterbuchbasierter Ansatz	
Esuli/Sebastiani, 2006	Ausgangsbasis: WordNet	-	Aufbau Lexikon	Wörterbuchbasierter Ansatz	
Blair-Goldensohn et al., 2008	Gewichtung von Wörtern	-	Aufbau Lexikon	Wörterbuchbasierter Ansatz	
Esuli, 2008	SentiWord-Net	-	Aufbau Lexikon	Wörterbuchbasierter Ansatz	
Hatzivassiloglou/McKeown, 1997	Verwendung von logischen Verknüpfungen	-	Aufbau Lexikon	Korpusbasierter Ansatz	
Kanayama/Nasukawa, 2006	Initiales Lexikon kombiniert mit domänenspezischem Korpus und Unsupervised Learning	-	Aufbau Lexikon	Korpusbasierter Ansatz	
Ding/Liu/Yu, 2008	Verwendung von Satz-Verknüfpungen	-	Aufbau Lexikon	Korpusbasierter Ansatz	
Choi/Cardie, 2009	Anpassung eines Lexikons an spezifische Domänen	-	Aufbau Lexikon	Korpusbasierter Ansatz	
Feng/Bose/Choi, 2011	Konnotationslexikon	-	Aufbau Lexikon	Korpusbasierter Ansatz	

Jindal/Liu, 2006	Naive Bayes, Class Sequential Rules	-	Sentimentanalyse	Vergleichendes Opinion Mining	Experimentieren mit mehreren Verfahren
Ganapathibhotla/Liu, 2008	Lexikon, Regeln	-	Sentimentanalyse	Vergleichendes Opinion Mining	Erkennen der bervorzugten Entität
Ding/Liu/Zhang, 2009	Sentimentlexikon, Regeln	-	Sentimentanalyse	Vergleichendes Opinion Mining	Erweiterung eines Sentimentlexikons um vergleichende Meinungen
Xu et al., 2011	Tokenization, Satzteilung, Stemming, Parsing, POS-Tagging, Lexikon mit Vergleichsphrasen, Lexikon mit Produkten und Attributen, CRF, SVM	Linguistische Features (Wortart, Präfix und Suffix, POS-Tag, syntaktischer Pfad, etc.)	Sentimentanalyse	Vergleichendes Opinion Mining	
Pang/Lee/Vaithyanathan, 2002	Naive Bayes, Maximum Entropy, SVM	Unigramme, Unigramme mit Bigrammen kombiniert, Unigramme und POS-Tags kombiniert	Sentimentanalyse	Dokumentenebene	beste Ergebnisse mit SVM
Turney, 2002	Phrase Pattern Matching, PMI-IR	Wörter, POS-Tags	Sentimentanalyse	Dokumentenebene	
Dave/Lawrence/Pennock, 2003	Tokenization, Satzteilung, Parsing, SVM, Naive Bayes, Maximum Entropy, Expectation Maximization	Unigramme, Bigramme, N-Gramme	Sentimentanalyse	Dokumentenebene	Experimente mit vielen verschiedenen Settings

Gamon, 2004	SVM	Uni-gramme, Bigramme, Tri-gramme, linguisti-schen Features; Reduktion der Features mit Likelihood-Quotient	Sentimen-tanalyse	Dokumentenebene	
Pang/Lee, 2004	Minimum-Cut, SVM, Naive Bayes	Uni-gramme	Sentimen-tanalyse	Dokumenten-ebene/Satzebene	Objektive Sätze werden eliminiert
Chaovalit/Zhou, 2005	Phrase Pattern Matching	N-Gramme höherer Ordnung	Sentimen-tanalyse	Dokumentenebene	Umsetzung von Turney
Mishne, 2005	SVM	Häufige Wörter, POS-Tags, Sentiment Wörter, PMI-IR, hervorge-hobene Wörter, Symbole	Sentimen-tanalyse	Dokumentenebene	
Cui/Mittal/Datar, 2006	PA, SVM, Language Modeling Based Classifier, Winnow Classifier	N-Gramme höherer Ordnung	Sentimen-tanalyse	Dokumentenebene	Vergleich von verschiedenen Varianten; beste Ergebnisse mit PA
Dasgupta/Ng, 2009	Spectral Cluster, SVM	-	Sentimen-tanalyse	Dokumentenebene	Kombination von Supervised und Unsupervised Learning
Liu et al., 2010	Maximum Entropy	lexikali-sche Features, polarisierte lexikalische Features, polarisierte Bigramme sowie Bindewörter	Sentimen-tanalyse	Dokumentenebene	Experimente mit verschiedenen Features

Taboada et al., 2011	Lexikon-basierte Kalkulation der semantischen Orientierung	-	Sentimentanalyse	Dokumentenebene	Verwendung von Negationen und Sentiment Shifters
Shimada/Endo, 2008	SVM, SVR, Maximum Entropy	Wörter, Wortfrequenz	Sentimentanalyse	Dokumentenebene, Vorhersage Sentiment Bewertung	
Aue/Gamon, 2005	SVM, Naive Bayes	Unigramme, Bigramme, Trigramme; Reduktion der Features mit Log Likelihood Ratio	Sentimentanalyse	Dokumentenebene, domänenübergreifend	
Tan et al., 2009	Naive Bayes	Wörter von unterschiedlichen Domänen	Sentimentanalyse	Dokumentenebene, domänenübergreifend	
Bollegala/Weir/Carroll, 2011	Thesaurus, SCL (Structured Correspondance Learning), SCL-MI, SFA, LSA	Unigramme, Bigramme	Sentimentanalyse	Dokumentenebene, domänenübergreifend	
Mihalcea/Banea/Wiebe, 2007	Lexikon, Naive Bayes	Wörter	Sentimentanalyse	Dokumentenebene, sprachübergreifend	Evaluierung von einem lexikonbasierten bzw. einem korpusbasierten Ansatz
Wan, 2009	SVM	Features in den unterschiedlichen Sprachen	Sentimentanalyse	Dokumentenebene, sprachübergreifend	
Boyd-Graber/Resnik, 2010	SLDA	-	Sentimentanalyse	Dokumentenebene, sprachübergreifend	
Wiebe/Bruce/O'Hara, 1999	Naive Bayes	binäre Features	Sentimentanalyse	Satzebene, Subjektivität	

Yu/Hatzivassiloglou, 2003	Naive Bayes, WordNet	Wörter, Bigramme, Trigramme, POS-Tags, semantische Orientierung	Sentimentanalyse	Satzebene, Subjektivität	
Riloff/Wiebe/Wilson, 2003	Meta-Bootstrapping, Basilisk, Naive Bayes	Wörter, Diskurs-Features	Sentimentanalyse	Satzebene, Subjektivität	
Pang/Lee, 2004	Minimum Cuts, SVM, Naive Bayes	Unigramme	Sentimentanalyse	Satzebene, Subjektivität	
Wiebe et al., 2004	k-Nearest Neighbors	Unigramme, N-Gramme	Sentimentanalyse	Satzebene, Subjektivität	
Barbosa/Feng, 2010	SVM	Metainformationen, Tweet Syntax Features	Sentimentanalyse	Satzebene, Subjektivität	Fokussiert auf Twitter; Experimente mit WEKA
Yu/Hatzivassiloglou, 2003	Log-Likelihood-Quotient mit POS-Tagging	-	Sentimentanalyse	Satzebene, Stimmungsrichtung	
Pang/Lee, 2004	Minumum-Cut, SVM, Naive Bayes	Unigramme	Sentimentanalyse	Satzebene, Stimmungsrichtung	Stimmungsklassifikation mit SVM und Naive Bayes
Hu/Liu, 2004	Sentiment Lexikon, Pattern Matching	Häufige Wörter, POS-Tags	Sentimentanalyse	Satzebene, Stimmungsrichtung	Satzebene ist "nur" Teilschritt
Gamon et al., 2005	Naive Bayes, Expectation Maximization, k-means, TF-IDF	N-Gramme	Sentimentanalyse	Satzebene, Stimmungsrichtung	
Täckström/McDonald, 2011	Likelihood	Supervised Learning zur Generierung von Features	Sentimentanalyse	Satzebene, Stimmungsrichtung	
Narayanan/Liu/Choudhary, 2009	SVM	Sentiment Wörter, POS-Tags, Zeichen, Länge der	Sentimentanalyse	Satzebene, Stimmungsrichtung, Konditionalsätze	Experimente mit verschiedenen Settings

		Konditio-nalsätze, Negations-wörter			
Tsur/Da-vidov/Rappoport, 2010	Pattern Mat-ching (ähn-lich k-Nearest Neighbors)	Muster, Anzahl spezieller Zeichen (!, ?, ", etc.)	Sentimen-tanalyse	Satzebene, Sarkas-mus	
González-Ibáñez/Muresan/Wa-cholder, 2011	SVM	Uni-gramme, wörter-buchba-sierte Be-griffe, Emoticons, Smileys	Sentimen-tanalyse	Satzebene, Sarkas-mus	Auch Men-schen erzielen schlechte Er-gebnisse beim Erkennen von Sarkasmus.
Mihal-cea/Banea/Wiebe, 2007	Lexikon für subjektive Begriffe, re-gelbasierte Klassifikation		Sentimen-tanalyse	Satzebene, sprach-übergreifend	
Banea et al., 2008	Lexikon, re-gelbasiert, SVM, Naive Bayes		Sentimen-tanalyse	Satzebene, sprach-übergreifend	
Wilson/Wiebe/Hoff-mann, 2009	Lexikon mit subjektiven Begriffen, Dependency Tree, BoosTexter, AdaBoost.M H, Ripper, TiMBL, k-Nearest Neighbor, SVM		Sentimen-tanalyse	Phrasenebene	Kombination von Features liefert bessere Ergebnisse.
Etzioni et al., 2005	Regeln, Bootstrapping		Extraktion Aspekte	Eigenschaftsebene	Durchgängig Unsupervised Learning Al-gorithmen ein-gesetzt
Moens, 2006	Maximum Entropy, Hid-den Markov Model		Extraktion Entitäten	Eigenschaftsebene	Erstellen Named Entity Tagger auf Ba-sis der ange-führten Algo-rithmen

Ku/Liang/Chen, 2006	Sentimentlexikon, regelbasiert, SVM, Decision Tree		Extraktion Aspekte	Eigenschaftsebene	
Zhuang/Jing/Zhu, 2006	Parser	Schlüsselwörter, meinungsbehaftete Wörter	Extraktion Aspekte	Eigenschaftsebene	
Kim/Hovy, 2006	Semantic role labeling	Meinungsbehaftete Wörter	Extraktion Aspekte	Eigenschaftsebene	
Mei et al., 2007	Hidden Markov Model		Extraktion Aspekte	Eigenschaftsebene	
Blair-Goldensohn et al., 2008	Sentiment Lexikon, Binary Maximum Entropy	Sentiment-Scores	Extraktion Aspekte	Eigenschaftsebene	
Titov/McDonald, 2008	Topic Modeling basierend auf LDA und PLSA	Unigramme, Bigramme, Trigramme, Topic Model Features	Extraktion Aspekte	Eigenschaftsebene	
Ding/Liu/Yu, 2008	Sentiment Lexikon, Regeln	Einbeziehung von Satzverknüpfungen	Sentimentanalyse	Eigenschaftsebene	
Blair-Goldensohn et al., 2008	Sentiment Lexikon, Binary Maximum Entropy		Sentimentanalyse	Eigenschaftsebene	
Jin/Ho, 2009	Hidden Markov Model	POS-Tags, Phrasen, Muster	Extraktion Aspekte	Eigenschaftsebene	
Kessler/Nicolov, 2009	Parser, Pattern Matching, RankSVM, ähnlichkeitsbasierendes Verfahren	POS-Pfad, POS-Relation, Distanz, Dependency Path, Anzahl Sentiment Ausdrücke, Art der Erwähnung	Extraktion Aspekte	Eigenschaftsebene	Beste Ergebnisse mit RankSVM

Lin/He, 2009	Erweiterung von LDA, SVM (nur Vergleich mit SVM)		Extraktion Aspekte	Eigenschaftsebene	Eigenschaften und Stimmungsrichtung werden in einem Modell abgebildet.
Kessler/Nicolov, 2009	Parser, Pattern Matching, RankSVM, ähnlichkeitsbasierendes Verfahren	POS-Pfad, POS-Relation, Distanz, Dependency Path, Anzahl Sentiment Ausdrücke, Art der Erwähnung	Sentimentanalyse	Eigenschaftsebene	Beste Ergebnisse mit RankSVM
Jakob/Gurevych, 2010	CRF	Token, POS-Tags, Wortdistanz, Dependency Path	Extraktion Aspekte	Eigenschaftsebene	
Brody/Elhadad, 2010	Label Propagation, LDA		Sentimentanalyse	Eigenschaftsebene	
Mukherjee/Liu, 2012	ME-LDA, DF-LDA, Maximum Entropy		Extraktion Aspekte	Eigenschaftsebene	Eigenschaften und Stimmungsrichtung werden in einem Modell abgebildet.
Pak/Paroubek, 2010	SVM, Naive Bayes, CRF	Unigramme, Bigramme und Trigramme	Sentimentanalyse	Social Media	Beste Ergebnisse mit Naive Bayes
Kouloumpis/Wilson/Moore, 2011	AdaBoost.MH, SVM (nur Vergleich), Wörterbuch (Basis: Internet Lingo Dictionary)	Unigramme, Bigramme, POS-Tags, Sentiment Lexikon, N-Gramme, "Microblogging-Features"	Sentimentanalyse	Social Media	Beste Ergebnisse mit N-Grammen kobiniert mit lexikalischen Features und "Microblogging-Features"

Tab. 4.1: Überblick Methoden im Opinion Mining (eigene Darstellung)

Zusammenfassend lassen sich folgende Aussagen festhalten:

- Aufbau Lexikon

  Bei den wörterbuch-basierten Ansätzen ist in vielen Fällen WordNet die Ausgangsbasis (und damit liegt der Fokus auf der englischen Sprache; siehe auch 2.4.1). Einige der korpusbasierten Ansätze versuchen, Sentimentlexika mit spezifischen Begriffen und Phrasen von bestimmten Domänen zu ergänzen bzw. bestimmte Regeln beim Aufbau mit einfließen zu lassen.

- Dokumentenebene

  Zur Sentimentanalyse auf Dokumentenebene werden vor allem Supervised Learning Algorithmen aus dem Bereich Machine Learning verwendet. Die am häufigsten eingesetzen Verfahren sind Naive Bayes, SVM (Support Vector Machine), Maximum Entropy. Neben diesen werden auch noch regelbasierte Algorithmen implementiert.

- Satzebene

  Die Bestimmung der Subjektivität erfolgt ebenfalls häufig mit Supervised Learning Algorithmen: Naive Bayes und SVM werden am häufigsten eingesetzt, darüber hinaus kommen wietere Methoden wie Minimum Cuts, k-Nearest Neighbors und andere zum Einsatz. Die verwendeten Features sind häufig bestimmte Wörter und Wortphrasen, Unigramme, Bigramme, Trigramme. Zur Analyse der Stimmungsrichtung werden wenig überraschend wiederum ähnliche Algorithmen eingesetzt; mit möglichen Features wurde mehr experimentiert, insofern kommen auch N-Gramme, Sentiment Wörter, POS-Tags und verschiedene Muster in Betracht.

- Eigenschaftsebene

  Die Veröffentlichungen zum Opinion Mining auf Eigenschaftsebene fokussieren häufig auf die Extraktion von Aspekten sowie auf die Sentiment Klassifikation. Die Extraktion von Aspekten kann ähnlich dem Named Entity Recognition interpretiert werden. Die Methoden, die für die Erkennung von Aspekten herangezogen werden, sind einmal mehr aus dem Bereich des Machine Learning (SVM, Maximum Entropy). Vergleichsweise neu sind die Ansätze rund um Topic Modeling (Verfahren wie LDA, Hidden Markov Model). Als Features werden häufig POS-Tags, Schlüsselwörter sowie syntaktische und semantische Features herangezogen. Für die Sentimentanalyse kommen im Prinzip die gleichen Verfahren und Features wie auf Satz- und Dokumentenebene zum Einsatz. Eine besondere Rolle nehmen Topic Modelle ein, bei denen versucht wird, die Aspekte gemeinsam mit der Stimmungsrichtung zu modellieren.

Allgemein kann weiters festgehalten werden, dass es „das beste Verfahren" bzw. die „besten Features" und somit auch das „beste Modell für Opinion Mining" nicht gibt. Zwar vergleichen Autoren die von ihnen vorgeschlagenen Ansätze immer wieder mit anderen Ansätzen und Ergebnissen, jedoch gibt es keine einheitliche Zielsetzung für die Gestaltung der Vorgehensweisen und keine einheitliche Datenbasis, anhand derer objektiv alle Ansätze gegenübergestellt werden könnten. Beispielsweise berichten Pang et al., dass mit Unigrammen bessere Ergebnisse erzielt wurden als mit Bigrammen bei der Sentiment Klassifikation von Filmkritiken.[479] Das Gegenteil berichten beispielsweise Dave et al., die mit Bi- und Trigrammen bessere Ergebnisse erzielen, allerdings im Kontext von Produktrezensionen.[480]

Vergleichsweise wenig wird über die tatsächlich eingesetzten Schritte und Algorithmen zur Vorverarbeitung von „unsauberen" Texten berichtet sowie auf Besonderheiten von Social Media eingegangen. Es können aber trotzdem einige interessante Aussagen festgehalten werden: Beispielsweise führen Kouloumpis et al. an, dass die Verwendung von „Microblogging-Features" bei Twitter sinnvoll ist.[481] Interessante Ansätze für die Vorverarbeitung von „unsauberen" Texten lassen sich beispielsweise in Dey/Haque finden.[482] Bontcheva et al. fokussieren auf

---

[479] Vgl. Pang/Lee/Vaithyanathan, 2002, 80ff.
[480] Vgl. Dave/Lawrence/Pennock, 2003, 521ff.
[481] Vgl. Kouloumpis/Wilson/Moore, 2011, 540f.
[482] Vgl. Dey/Haque, 2009, 210ff.

die Eigennamenerkennung in Microblog Texten; sie führen aus, dass mit den „üblichen" Algorithmen die Eigennamen-Erkennung keine besonders guten Ergebnisse liefert und entwickeln auf Basis von GATE einen Prozess, um die Spezifika von Twitter-Nachrichten besser berücksichtigen zu können.[483]

4.3   Darstellung und Evaluierung ausgewählter Methoden

Im Folgenden werden einige Methoden und Algorithmen detaillierter erläutert und in Bezug auf die Eignung für Opinion Mining für Texte aus Social Media Quellen untersucht.

4.3.1   Textvorverarbeitung

Wie in 3.3.2 ersichtlich, enthält User generated content häufig Fehler, Internet-Slang oder Emoticons. Für „praxistaugliche" Anwendung von Opinion Mining kann daher nicht davon ausgegangen werden, dass die Texte „sauber" sind (wie z.B. in Shimada/Endo[484]). Es ist also sinnvoll und notwendig, die Texte vor der eigentlichen Sentimentanalyse aufzubereiten. Im Rahmen der Textvorverarbeitung für die linguistische Analyse werden üblicherweise zwei Teilbereiche unterschieden:

- Selektion der Dokumente

  Mit „Selektion der Dokumente" wird der Prozess bezeichnet, der eine Menge von digital vorliegenden Dateien in definierte Textdokumente umwandelt. Vor einigen Jahren war dies häufig ein manueller und langsamer Prozess; in Zeiten des Internets können innerhalb kürzester Zeit eine Vielzahl von Dokumenten gewonnen werden. Dies bedingt aber eine hohe Automatisierung des Prozesses und kann eine Vielzahl von Schritten beinhalten. Um für den Text spezifische Algorithmen anwenden zu können, sind beispielsweise

---

[483] Vgl. Bontcheva et al., 2013, 84ff.
[484] Shimada/Endo, 2008, S. 1007

Schritte wie Identifikation des Zeichensatzes, Identifikation der Sprache, Extraktion des eigentlichen Inhalts, etc. nötig.

- Textsegmentierung

  Unter Textsegmentierung versteht man die Umwandlung von einer Menge von Textdokumenten in seine Bestandteile wie Wörter (im Rahmen der Computerlinguistik wird häufig der Begriff „Token" verwendet), Normalformen der Wörter oder Sätze. Häufig sind die Schritte zur Generierung der Bestandteile voneinander abhängig.[485]

Die Herausforderungen bei der Textvorverarbeitung sind vielfältig; für die Entwicklung und Anwendung von Algorithmen sind folgende Abhängigkeiten zu beachten:

- Zeichensatz: Texte in unterschiedlichen Sprachen benötigen möglicherweise unterschiedliche Zeichensätze. Der verwendete Zeichensatz hat einen Einfluss auf den Prozess der Tokenization.

- Sprachen: Unterschiedliche Sprachen verwenden unterschiedliche Symbole und Regeln, was wesentliche Auswirkungen auf die Algorithmen hat. So werden beispielsweise in der geschriebenen thailändischen Sprache keine Satzzeichen verwendet; eine Identifikation der Sprache vor der Durchführung von weiteren Verarbeitungsschritten ist somit unumgänglich.

- Korpus: Frühe Entwicklungen fokussierten häufig auf bestimmte Arten von Texten; durch die Verfügbarkeit von einer Vielzahl von Textdokumenten im Internet stellt sich häufig die Frage, wie robust einzelne Algorithmen in Bezug auf bestimmte Domänen oder Schreibstile (z.B. News-Artikel vs. Tweet vs. Blog-Posting) sind.

- Anwendung: Vielfach sind für geschriebene, natürliche Sprachen im Gegensatz zu künstlichen Sprachen (wie Programmiersprachen) keine exakten Definition und Regeln vorhanden, was beispielsweise genau ein Wort oder ein Satz ist. Nachdem viele Schritte bei der linguistischen Analyse aber häufig aufeinander aufbauen, können sich die durchgeführten Schritte wechselseitig

---

[485] Vgl. Palmer, 2010, 9f.

beeinflussen. Beispielsweise wird „I am" oft als „I'm" geschrieben; interessant ist dann, ob bei der Tokenization zwei Wörter („I" und „am") oder nur ein Wort erkannt werden. Dies hat wiederum Einfluss auf die weitere Verarbeitung.[486]

Im Folgenden werden einige Ansätze näher vorgestellt und evaluiert.

4.3.1.1   Content Extraktion

Teile der folgenden Ergebnisse wurden in (Petz et al., 2012) veröffentlicht.

User generated content kann auf mehrere Arten extrahiert werden:

- Verwendung einer API (Application Programming Interface) Falls eine API zur Verfügung steht, können über diese Schnittstelle die von Benutzern generierten Inhalte in strukturierter oder semistrukturierter Form extrahiert werden. Hierbei können verschiedene Technologien und Datenformate zum Einsatz kommen; weit verbreitet sind Webservices in Verbindung mit XML oder JSON. Plattformen wie Facebook, Twitter oder Youtube stellen beispielsweise solche APIs zur Verfügung.

  Facebook stellt eine Vielzahl von APIs zur Verfügung: Graph API, Open Graph, Dialogs, Chat, Ads API, FQL, Localization and translation, Atlas API, Public Feed API und Keyword Insights API. Für die Extraktion von Beiträgen von Usern sind vor allem die Schnittstellen Graph API sowie Public Feed API von Interesse.[487] Um die Schnittstellen kennenzulernen, bietet Facebook auch ein eigenes Web-Tool „Graph API Explorer" an.[488] Die API von Twitter bietet ebenfalls vielfältige Möglichkeiten an, um Suchen abzusetzen, Tweets zu extrahieren, etc.[489]

---

[486] Vgl. Palmer, 2010, 10ff.
[487] Vgl. Facebook APIs/2013, Online im WWW unter URL: https://developers.facebook.com/docs/reference/apis/ [Stand: 10.11.2013]
[488] Vgl. Graph API Explorer/2013, Online im WWW unter URL: https://developers.facebook.com/tools/explorer [Stand: 10.11.2013]
[489] Vgl. Twitter: REST API v1.1 Resources/2014, Online im WWW unter URL: https://dev.twitter.com/docs/api/1.1 [Stand: 18.01.2014]

- Verwendung eines Web Crawlers

  Wenn keine API zur Verfügung steht (manche Bewertungsplattformen oder Diskussionsforen bieten keine APIs an), dann müssen die Inhalte mittels eines Web Crawlers gewonnen werden. Web Crawler sind Programme, die Webseiten automatisch herunterladen. Abb. 4.1 stellt den Ablauf eines sequentiellen Web Crawlers dar, der die einzelnen Webseiten nacheinander abruft: Auf der linken Seite sind mit gestrichelten Pfeilen die wesentlichen Datenoperationen dargestellt, auf der rechten Seite die wichtigsten Abläufe. Der Crawler startet mit einer initialen Liste von URLs, die besucht werden sollen und in der sogenannten „crawl frontier" abgelegt werden. In einer Schleife werden die URLs aus der crawl frontier – je nach implementierter Strategie (Breadth-First oder Depth-First) – entnommen. Die Webseite mit diesem URL wird geladen, die in der Seite enthaltenen Hyperlinks werden extrahiert und der crawl frontier hinzugefügt. Anschließend wird die Seite in einem Repository abgelegt. Diese Schleife wird solange durchlaufen, bis die crawl frontier abgearbeitet ist.[490]

---

[490] Vgl. Liu, 2008, 273ff.

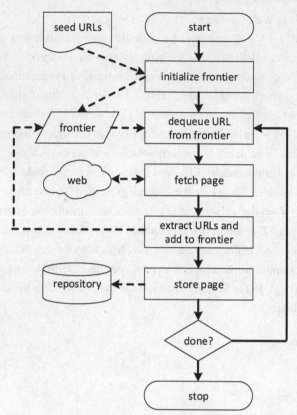

Abb. 4.1: Flow Chart Diagramm eines Web Crawlers[491]

Webseiten, die mit einem Web Crawler extrahiert werden, enthalten in der
Regel nicht nur die relevanten Inhalte, sondern auch weniger relevante Inhalte wie Navigationselemente, Werbung, weiterführende Links, etc. In einigen Forschungsarbeiten wird angeführt, dass die Ergebnisse von Data Mi-
ning-Aufgaben wesentlich verbessert werden können, wenn irrelevante Elemente entfernt werden.[492] In der Literatur können verschiedene Ansätze zur

---

[491] Liu, 2008, S. 275
[492] Vgl. Liu, 2008, 202f.

Extraktion der relevanten Inhalte (auch als „Web Page Cleaning" bezeichnet) identifiziert werden: Der als „Wrapper" bezeichnete Ansatz verwendet Regeln, um die relevanten Inhalte zu identifizieren. Diese Regeln werden entweder händisch erstellt oder automatisch aus einer Menge von Trainingsdaten abgeleitet.[493] Mehrere Autoren haben Algorithmen entwickelt, die auf visuellen Analysen basieren. Dabei werden die Positionen der einzelnen Elemente einer Webseite bestimmt und mittels Supervised Learning Algorithmen wird der eigentliche Inhalt ermittelt. Wie bei Supervised Learning Algorithmen üblich, müssen auch in diesem Anwendungsfall Trainingsdaten vorliegen.[494,495] Andere Autoren beziehen die DOM-Struktur der Webseite bzw. die HTML-Tags für die Extraktion des relevanten Inhalts ein.[496] Yi et al. bauen einen „Style-Baum" basierend auf der DOM-Struktur auf, der das Layout der Webseite repräsentiert.[497] Li/Ezeife verwenden mehrere Schritte: Zuerst werden Blöcke auf der Basis des „Vision Based Page Segmentation" (VIPS)-Algorithmus von Cai et al. gebildet. Anschließend werden Features (wie Inhalte, Positionen, Anzahl der Verlinkungen, etc.) aus den Blöcken extrahiert. Im nächsten Schritt wird die Wichtigkeit der Blöcke auf Basis der Ähnlichkeit der Blöcke, der Position und der Verlinkungen berechnet. Im letzten Schritt werden aus den N wichtigsten Blöcken die Inhalte abgespeichert. Die Autoren zeigen in Experimenten, dass der vorgeschlagene Algorithmus vergleichsweise effizient und genau arbeitet.[498]

Für das (automatisierte) Opinion Mining sollten idealerweise Algorithmen herangezogen werden, die performant eine Vielzahl von Webseiten verarbeiten, hohe Genauigkeit aufweisen, wenig oder keinen Trainingsaufwand mit sich ziehen und nicht spezifisch für bestimmte Webseiten oder bestimmte

[493] Vgl. Laender et al., 2002, S. 85
[494] Vgl. Cai et al., 2003, 408ff.
[495] Vgl. Song et al., 2004, 204ff.
[496] Vgl. Lin/Ho, 2002, 589ff.
[497] Vgl. Yi/Liu/Li, 2003, 298ff.
[498] Vgl. Li/Ezeife, 2006, 562ff.

Strukturen optimiert sind. Bezogen auf diese Rahmenbedingungen können in der Literatur folgende Algorithmen identifiziert werden:

- Content Extraction via Tag Ratios (CETR)

  Weninger/Hsu stellen das „Text-To-Tag Ratio" (TTR) zur Erkennung von relevanten Kontext vor. Die Autoren gehen aufgrund von Beobachtungen davon aus, dass viele Webseiten aus einer Überschrift am Anfang, Hyperlinks auf der linken und/oder rechten Seite mit Werbebannern dazwischen angeordnet bestehen. Der eigentliche Text befindet sich in der Mitte der Seite. Das Text-To-Tag Ratio ist das Verhältnis der Anzahl der Nicht-HTML-Tag-Zeichen zur Anzahl der HTML-Tags in einer bestimmten Zeile. Wenn eine Zeile keine HTML-Tags enthält, dann wird das Verhältnis auf die Anzahl der Zeichen dieser Zeile gesetzt. Um Verzerrungen zu reduzieren, werden vor der Kalkulation Leerzeilen sowie <script>- und <remark>-Tags entfernt. Das entstandene Histogramm wird noch geglättet, um zusammenhängende Inhalte (wie Artikelüberschrift, kurze Absätze, etc.) nicht zu verlieren. Anschließend wird das geglättete Histogramm gruppiert, um den eigentlichen Inhalt zu identifizieren. Die besten Ergebnisse werden mit EM und Threshold Clustering erreicht.[499] In einer weiteren Publikation haben die Autoren ihren Ansatz noch weiter verbessert, indem das Histogramm in zwei Dimensionen abgebildet und die Cluster-Methoden entsprechend angepasst werden.[500]

- Maximum Subsequence Segmentation (MSS)

  Pasternack/Roth schlagen die Verwendung von Maximum Sequence Segmentation vor. Dazu wird das Dokument zuerst in Token unterteilt und für jeden Token wird ein bestimmter Score mithilfe von Naive Bayes berechnet. Diese Klassifizierer berechnen die Wahrscheinlichkeit, dass der Token innerhalb oder außerhalb des Haupttextes steht. Die Autoren experimentieren mit verschiedenen Features; als sinnvoll wurden Trigramme und offene HTML-Tags erachtet. Anschließend an die „lokale" Klassifizierung findet eine globale Optimierung statt, um finale Vorhersagen treffen zu können.

---

[499] Vgl. Weninger/Hsu, 2008, 24ff.
[500] Vgl. Weninger/Hsu/Han, 2010, 975ff.

Zwei unterschiedliche Varianten werden noch diskutiert: eine überwachte sowie eine teilweise überwachte Variante. Als Ergebnis kann festgehalten werden, dass die besten Resultate mit dem Semi-Supervised Ansatz erzielt wurden; darüber hinaus ist der Algorithmus robust gegenüber anderen Domänen sowie verschiedenen Formen von Artikeln (News-Artikel, Blog Posts, etc.).[501]

- Boilerplate

  Kohlschütter et al. analysieren Webseiten in Bezug auf unterschiedliche Features und experimentieren mit verschiedenen Szenarien. Sehr gute Ergebnisse wurden mit Decisison Tree (C4.8) mit der Kombination von zwei simplen Features erreicht: Anzahl der Wörter und Linkdichte. Damit wurden eine Precision von 92 % und ein Recall von 92 % erreicht. Mit anderen (und teilweise aufwändigeren) Features konnten noch kleinere Verbesserungen erzielt werden (Precision bis 95 %, Recall bis95 %). Der Algorithmus wurde in vier verschiedenen Domänen mit verschiedenen Formaten (News-Artikel, Blog-Posts) evaluiert, andere Sprachen wurden bislang außer Acht gelassen.[502] Einer der Autoren erstellte eine Java-Bibliothek auf Basis obiger Publikation.[503,504]

OpenNLP und Lucene stellen keine Algorithmen zur Content Extraktion zur Verfügung, in RapidMiner können simple Verfahren, die auf Regular Expressions oder XPath basieren, verwendet werden. GATE stellt eine Implementierung des Algorithmus von Kohlschütter zur Verfügung.[505]

---

[501] Vgl. Pasternack/Roth, 2009, 974ff.

[502] Vgl. Kohlschütter/Fankhauser/Nejdl, 2010, 442ff.

[503] Vgl. Kohlschütter, Christian: Boilerpipe. Boilerplate Removal and Fulltext Extraction from HTML pages/2010, Online im WWW unter URL: https://code.google.com/p/boilerpipe/ [Stand: 14.11.2013]

[504] Vgl. Kohlschütter, Christian: Boilerplate Detection using Shallow Text Features/2010, Online im WWW unter URL: http://www.l3s.de/~kohlschuetter/boilerplate/ [Stand: 14.11.2013]

[505] Vgl. Cunningham, Hamish, et al.: Developing Language Processing Components with GATE Version 7 (a User Guide). For GATE version 7.2-snapshot (development

Evaluierung

Die oben vorgestellten Algorithmen – CETR, Boilerpipe und MSS – werden im Folgenden gegenübergestellt und evaluiert. Dazu wurden 700 deutschsprachige Webseiten von 205 unterschiedlichen Quellen herangezogen. Die einzelnen Webseiten wurden zufällig von deutschen und österreichischen News-Seiten gesammelt, wobei weder die Größe und Bekanntheit der Website noch die enthaltenen Themen einen Einfluss auf die Auswahl hatten. Alle Dokumente wurden händisch annotiert, um den relevanten Inhalt zu kennzeichnen. Zur Evaluierung der Algorithmen wurden die Implementierungen der Autoren verwendet: CETR[506], MSS[507] und Boilerpipe[508]. Die Boilerpipe-Bibliothek konnte direkt verwendet werden und brauchte nicht weiter angepasst zu werden. In Boilerpipe können zur Parametrierung zwei Arten von Extraktionstypen verwendet werden: „DefaultExtractor" und „ArticleExtractor", der bei Web-Artikeln verwendet werden sollte. Die Parameter für CETR wurden empirisch bestimmt: Die besten Resultate wurden erzielt, wenn zwei Cluster (CETR und CETR-KM) mit einem Threshold-Koeffizient von 2.0 (CETR-TM) eingestellt wurden. MSS wurde mit zwei Drittel der Daten trainiert, das restliche Drittel wurde zur Evaluierung verwendet. Um die Genauigkeit zu erhöhen, wurden darüber hinaus zehn Trainingszyklen mit zufällig ausgewählten Dokumenten aus der gesamten Dokumentenmenge durchlaufen.

Um die Performanz der Algorithmen vergleichen zu können, werden folgende Maße herangezogen:

- Precision, Recall, F1-Score (siehe 2.1.3.2)

---

builds)/2013, Online im WWW unter URL: http://gate.ac.uk/sale/tao/ [Stand: 25.11.2013]

[506] Vgl. Weninger, Tim: CETR -- Content Extraction with Tag Ratios, Online im WWW unter URL: http://www.cse.nd.edu/~tweninge/cetr/ [Stand: 28.11.2013]

[507] Vgl. Pasternack, Jeff, Online im WWW unter URL: http://jeffreypasternack.com/software.aspx [Stand: 28.11.2013]

[508] Vgl. Kohlschütter, Christian: Boilerpipe. Boilerplate Removal and Fulltext Extraction from HTML pages/2010, Online im WWW unter URL: https://code.google.com/p/boilerpipe/ [Stand: 14.11.2013]

- „Text-only Score": Der „Text-only Score" basiert auf der Levenshteindistanz und ist ein Maß für den Unterschied des Outputs des Algorithmus und des Outputs einer manuellen Bearbeitung. Der Score berechnet sich wie folgt:

$$textOnlyScore(a, b) = 1 - \frac{distance(a,b)}{alignmentLength(a,b)} \qquad [509]$$

wobei $distance(a, b)$ die minimale Anzahl der Operationen (Einfügen, Löschen) angibt, um den Text in den „Gold-Standard" zu transformieren, und $alignmentLength(a, b)$ die Länge der gegenüberzustellenden Files (in Tokens) ist.[510]

- Rechenzeit: Wenn Algorithmen zur Extraktion von Texten aus Webseiten Teil eines umfangreicheren Opinion Mining Prozesses sind, dann kann die Rechenzeit, um die die benötigten Schritte zur Extraktion durchzuführen, von Bedeutung sein. Die Rechenzeit bezieht sich auf die Zeit, die benötigt wird, um den Content aus 100 zufällig ausgewählten Webseiten aus dem Korpus zu extrahieren. Die Berechnungen wurden auf einem Dell Latitude E6520 Laptop (Intel Core i5-2520M, 4 GB RAM) durchgeführt.

Die Ergebnisse der Evaluierung sind in der folgenden Tabelle dargestellt:

Algorithmus	Preci-sion	Recall	F_1-Score	Text-only Score	Rechen-zeit [s]
Boilerpipe „Article-Extractor"	87,94	92,86	90,33	78,79	1,62 s
Boilerpipe „Default-Extractor"	72,49	90,65	80,56	61,95	**0,7 s**
CETR	69,26	91,77	78,94	60,05	1,97s
CETR-KM	70,22	90,35	79,02	60,24	1,19 s
CETR-TM	70,44	90,72	79,30	61,05	0,76 s
MSS	**91,29**	**93,56**	**92,41**	**81,72**	4,1 s

Tab. 4.2: Ergebnisse der Evaluierung

---

[509] Pasternack/Roth, 2009, S. 979
[510] Vgl. Pomikálek, 2011, S. 25

Bezogen auf Precision, Recall, F_1-Score und Text-only Score liefert MSS die besten Ergebnisse für die verwendeten Daten (deutsche und österreichische News-Webseiten); allerdings benötigt dieser Algorithmus auch mit Abstand die meiste Rechenzeit. Etwas schlechtere Ergebnisse in Bezug auf die Qualität liefert Boilerpipe mit dem „Article-Extractor", im Vergleich zu MSS ist dieser aber deutlich schneller.

4.3.1.2   Textzerlegung, Satzteilung

Wie einleitend festgestellt wurde, ist eine der ersten und wichtigsten Aufgaben zur Verarbeitung von natürlich sprachlichem Text die Zerlegung des Klartextes mit einem Tokenizer (auch lexikalischer Scanner bezeichnet). Die Textzerlegung ist für künstliche Sprachen wie Programmiersprachen gut definierbar, während in natürlichsprachlichen Texten die Syntax nicht immer exakt definiert ist. Grundsätzlich werden bei der Zerlegung zwei Ansätze unterschieden: Textzerlegung für mit Leerzeichen getrennte Sprachen (also die meisten europäischen Sprachen) und Textzerlegung für nicht segmentierte Sprachen (wie z.B. Chinesisch oder Thailändisch). Die Textzerlegung bei nicht segmentierten Sprachen ist komplexer und benötigt zusätzliche lexikalische und morphologische Informationen. Die Herausforderungen der Textzerlegung bei mit Leerzeichen getrennten Sprachen entstehen vor allem im Umgang mit Satzzeichen (Beistriche, Anführungszeichen, Apostrophe, Punkte, etc.), da diese Zeichen verschiedene Bedeutungen haben können. Beispielsweise kann ein Punkt das Ende eines Satzes kennzeichnen, er kann aber auch als Kennzeichnung einer Abkürzung („z.B.", „Nov.", etc.) dienen oder als Trennzeichen im Datumsformat („17.11.2013", etc.). Ähnlich sind die anderen Sonderzeichen zu behandeln („11/17/2012", „1,5 €", „can't", „I'm", etc.). Üblicherweise werden solche Satzzeichen als separate Token behandelt, der Tokenizer muss aber mit solchen Fällen umgehen können und entscheiden, wie die Satzzeichen zu berücksichtigen sind. Weitere Herausforderungen entstehen durch die Verwendung von Wortabteilungen am Ende einer Zeile sowie durch zusammengesetzte Ausdrücke (z.B. „Kundenzufriedenheitsumfrage" ist in der englischen

Sprache „customer satisfaction survey").[511,512] Wenn eine formale Beschreibung der Sprache und des zugehörigen Wortschatzes angegeben werden kann, dann kann der Tokenizer auch automatisch generiert werden (beispielsweise mit JFlex[513]). In der Literatur und im Web lassen sich zahlreiche Implementierungen von Tokenizer finden. Im Folgenden seien einige der bekanntesten kurz umrissen:

- Tokenizer von OpenNLP

  Apache OpenNLP ist eine Bibliothek, die eine Vielzahl von Machine Learning Algorithmen zur Verarbeitung von natürlichsprachlichen Text bereitstellt. OpenNLP stellt mehrere Implementierungen eines Tokenizers zur Verfügung:

  - o „Whitespace Tokenizer": Ein einfacher Tokenizer, der Nicht-Leerzeichen als Token identifiziert.

  - o „Simple Tokenizer": Sequenzen der gleichen Zeichenklassen werden als Token identifiziert.

  - o „Learnable Tokenizer": Ein Tokenizer, der die Tokengrenzen auf Basis von Wahrscheinlichkeitsmodellen (Maximum Entropy) erkennt. OpenNLP stellt hierfür bereits trainierte Modelle in verschiedenen Sprachen (Englisch, Deutsch, Holländisch, Dänisch, Portugiesisch, Schwedisch) zur Verfügung.[514,515]

- Tokenizer von Lucene

  Apache Lucene besteht aus mehreren Teilprojekten; das Kernprojekt, der „Lucene Core" ist eine Bibliothek zur Volltextsuche, das auch Implementierungen für Rechtschreibprüfung, Trefferkennzeichnung sowie Tokenizer,

---

[511] Vgl. Palmer, 2010, 15ff.

[512] Vgl. Weiss et al., 2010, 20f.

[513] Vgl. Klein, Gerwin/Rowe, Steve: JFlex - The Fast Scanner Generator for Java/2009, Online im WWW unter URL: http://www.jflex.de/ [Stand: 17.11.2013]

[514] Vgl. Apache OpenNLP Developer Documentation. Chapter 3. Tokenizer, Online im WWW unter URL: http://opennlp.apache.org/documentation/1.5.3/manual/opennlp.html#tools.tokenizer [Stand: 15.11.2013]

[515] Vgl. The Apache Software Foundation: OpenNLP. Models for 1.5 series, Online im WWW unter URL: http://opennlp.sourceforge.net/models-1.5/ [Stand: 17.11.2013]

Stoppwort-Filterung, Stemming, Textnormalisierung, etc. enthält.[516,517] Lucene bietet folgende Implementierungen an:

- o „StandardTokenizer": ist ein Grammatik-basierter Tokenizer, der Token wie E-Mail-Adressen, etc. erkennt.

- o „KeywordTokenizer": Der gesamte Input wird als ein Token interpretiert.

- o „CharTokenizer": Diese Art von Tokenizer basiert auf bestimmten Zeichen (z.B. Leerzeichen, etc.)[518]

    Es gibt auch eine Portierung für das .Net-Framework.[519]

- Tokenizer von GATE

  GATE („general architecture for text engineering") ist eine frei verfügbare Bibliothek für Textverarbeitung, das – ähnlich wie OpenNLP – eine Vielzahl von Machine Learning Algorithmen, Information Retrieval- und Textverarbeitungsalgorithmen enthält. Unter anderem steht ein Tokenizer zur Verfügung. Der Tokenizer basiert auf Regeln und erkennt verschiedene Typen von Token: Wörter, Zahlen, Symbole sowie Satzzeichen.[520,521]

- Tokenizer von RapidMiner Studio

  RapidMiner Studio ist ein Produkt von RapidMiner, das ebenfalls eine Vielzahl von Methoden rund um Textanalyse und -klassifikation über eine grafische Benutzerschnittstelle zur Verfügung stellt. RapidMiner Studio bietet so-

---

[516] Vgl. The Apache Software Foundation: Lucene. Welcome to Apache Lucene/2013, Online im WWW unter URL: http://lucene.apache.org/ [Stand: 17.11.2013]

[517] Vgl. Package org.apache.lucene.analysis, Online im WWW unter URL: http://lucene.apache.org/core/4_5_1/core/org/apache/lucene/analysis/package-summary.html [Stand: 17.11.2013]

[518] Vgl. McCandless/Hatcher/Gospodnetić, 2010, 118ff.

[519] Vgl. LUCENE.net Search Engine Library, Online im WWW unter URL: http://lucenenet.apache.org/ [Stand: 17.11.2013]

[520] Vgl. GATE: a full-lifecycle open source solution for text processing, Online im WWW unter URL: http://gate.ac.uk/overview.html [Stand: 20.11.2013]

[521] Vgl. Chapter 6. ANNIE: a Nearly-New Information Extraction System. Tokenizer, Online im WWW unter URL: http://gate.ac.uk/sale/tao/splitch6.html#sec:annie:tokeniser [Stand: 20.11.2013]

genannte Operatoren, die zu einem Workflow zusammengeschalten und konfiguriert werden können. Der Operator „Tokenize" teilt ein Dokument auf Basis der Standardeinstellungen in einzelne Wörter auf. Die Einstellungen können aber tiefergehend konfiguriert werden; beispielsweise können Trennzeichen, reguläre Ausdrücke oder linguistische Merkmale zur Bestimmung der Token festgelegt werden.[522,523]

Die Satzteilung ist – zumindest beim eigenschaftsbasierten Opinion Mining – „nur" ein Zwischenprodukt; trotzdem bringt eine korrekte Satzteilung einige Herausforderungen mit sich. Viele geschriebene Sprachen verwenden zur Unterscheidung der einzelnen Sätze Satztrennzeichen wie Punkt, Ausrufzeichen oder Fragezeichen. Wie die Erhebung (3.3.2.2) aber gezeigt hat, ist gerade bei User generated content dies nicht immer zutreffend: Sätze werden mit Smileys, Internet-Slang oder ohne besondere Zeichen beendet. Schwierig ist die Satztrennung bei Sprachen, die solche Satztrennzeichen nicht verwenden (wie z.B. Thailändisch). Aber sogar bei Sprachen, die Satztrennzeichen verwenden, tauchen einige Herausforderungen auf: Punkte können – wie oben schon beschrieben – nicht nur das Satzende bedeuten, sondern auch für abgekürzte Wörter oder Datumsangaben verwendet werden. Auch das Rufzeichen kann innerhalb eines Satzes verwendet werden, um einen Ausdruck besonders zu betonen (häufig ist dieser Ausdruck dann in Klammer geschrieben, z.B. „(tatsächlich!)", „sic!", etc.) bzw. kann das Rufzeichen auch Teil eines Namens oder eines Slogans sein (z.B. „Yahoo!", Obamas Slogan „Forward!", etc.). In vielen NLP-Applikationen ist die Satzerkennung im Wesentlichen auf folgende Kriterien beschränkt: Als Satztrennzeichen werden Punkt, Fragezeichen und Rufzeichen verwendet und – gemäß der Definition von Nunberg[524] – ist ein Text dann ein Satz, wenn er mit einem Großbuchstaben beginnt und mit einem dieser Satztrennzeichen endet. In

---

[522] Vgl. RapidMiner, Inc.: RapidMiner Studio, Online im WWW unter URL: http://rapidminer.com/products/rapidminer-studio/ [Stand: 20.11.2013]

[523] Vgl. RapidMiner, Inc.: Text:Tokenize, Online im WWW unter URL: http://rapid-i.com/wiki/index.php?title=Text:Tokenize [Stand: 20.11.2013]

[524] Vgl. Nunberg, 1990, S. 54

einigen Studien wurde untersucht, ob als Satztrennung „Punkt + Leerzeichen + folgender Großbuchstabe" ausreichend ist; dies ist für einige „sauber" formulierte englische Texte passend, weniger aber beispielsweise für journalistische Texte aus dem Wall Street Journal. Einige Autoren haben darauf aufbauend weitere Kontextfaktoren verwendet: Unterscheidung von Groß- und Kleinschreibung, POS-Tags, Wortlängen, Präfixe und Suffixe, Abkürzungsklassen, lexikalische Wörter, etc.[525]

Aus obigen Ausführungen wird ersichtlich, dass robuste Algorithmen für die Satzteilung notwendig sind; aufgrund der vielen Schreibvarianten kann die Robustheit mit regelbasierten Algorithmen nur bedingt erreicht werden. Es wurden auch zahlreiche Algorithmen auf Basis von Machine-Learning Algorithmen entwickelt. Mikheev entwickelte einen Algorithmus zur Satzteilung, der Machine-Learning, Regeln und vier Wortlisten kombiniert. Diese Wortlisten sind: gebräuchliche Wörter; gebräuchliche Wörter, die häufig am Satzanfang stehen; häufige Eigennamen und eine Liste mit gängigen Abkürzungen. Mit diesen vier Listen und den Regeln können insbesondere Abkürzungen und noch nicht bekannte Abkürzungen gut erkannt und damit eine falsche Satzteilung vermieden werden. Der Autor evaluierte den vorgeschlagenen Algorithmus mit dem Brown-Korpus sowie dem Wall Street Journal Korpus.[526] Nachteilig an diesem Ansatz ist, dass die Regeln auf die englische Sprache abgestimmt sind. Kiss/Strunk entwickelten eine Vorgehensweise, um eine multilinguale Satzteilung vorzunehmen. Auch sie stellen die Erkennung von Abkürzungen in den Mittelpunkt, allerdings gehen sie nicht von vordefinierten Listen aus, sondern definieren drei Kriterien zur Erkennung von Abkürzungen: Abkürzungen sind Zusammenstellungen aus einem verkürztem Wort und einem Punkt, sind in der Regel kurz und können gelegentlich auch innerhalb der Abkürzung Punkte enthalten. Um Abkürzungen identifizieren und als solche auszeichnen zu können, wird eine zweistufige Klassifikation vorgeschlagen: Zuerst erfolgt eine Klassifikation auf einer globalen Ebene, anschließend er-

---

[525] Vgl. Palmer, 2010, 22ff.
[526] Vgl. Mikheev, 2002, 291ff.

folgt eine Verfeinerung auf Token-Ebene. Für beide Klassifikationen werden Likelihood-Ratios verwendet. Der Algorithmus wurde an elf verschiedenen Sprachen getestet und es konnten sehr gute Ergebnisse erzielt werden.[527]

Ähnlich wie bei den Tokenizern lassen sich verschiedene Implementierungen in der Literatur und im Web finden. Im Folgenden seien wieder zwei der bekanntesten kurz umrissen (Lucene hat keine Implementierung einer Satzteilung; in RapidMiner kann eine einfache Satzteilung mit dem Tokenize-Operator durchgeführt werden):

- Satzteilung von OpenNLP

  Im Umfang der Bibliothek von Apache OpenNLP ist auch eine Implementierung für die Satzteilung enthalten. Ein Maximum Entropy Modell wird verwendet, um zu evaluieren, ob die Zeichen „.", „!" und „?" ein Satzende bezeichnen. Es stehen einige trainierte Modelle für verschiedene Sprachen (Englisch, Deutsch, Dänisch, Holländisch, Portugiesisch, Schwedisch) zum Download zur Verfügung.[528,529,530]

- Satzteilung von GATE

  GATE bietet zwei Implementierungen für die Satzteilung an:

  o „Standard"-Satzteiler

    Die Satzteilung verwendet eine Liste von domänenunabhängigen Abkürzungen und verschiedenen Regeln. Es existieren alternative Regeln, die Zeilenumbrüche anders interpretieren.

  o „RegEx Sentence Splitter"

    Der „RegEx Sentence Splitter" stellt eine Alternative zum Standard-Satzteiler dar; wie der Name schon sagt, basiert diese Implementierung

---

[527] Vgl. Kiss/Strunk, 2006, 486ff.

[528] Vgl. Apache OpenNLP Developer Documentation. Chapter 2. Sentence Detector, Online im WWW unter URL: http://opennlp.apache.org/documentation/1.5.3/manual/opennlp.html#tools.sentdetect [Stand: 17.11.2013]

[529] Vgl. The Apache Software Foundation: Class SentenceDetectorME/2010, Online im WWW unter URL: http://opennlp.sourceforge.net/api/opennlp/tools/sentdetect/SentenceDetectorME.html [Stand: 19.11.2013]

[530] Vgl. The Apache Software Foundation: OpenNLP. Models for 1.5 series, Online im WWW unter URL: http://opennlp.sourceforge.net/models-1.5/ [Stand: 17.11.2013]

auf Regular Expressions. Es können verschiedene Muster definiert werden: für Satzteilungen sowie für explizite Nicht-Teilung eines Satzes (beispielsweise bei Abkürzungen). Mit diesem Satzteiler sollen vor allem die Performanz zur Laufzeit und die Robustheit gesteigert werden.[531]

Evaluierung

Wie oben bereits erwähnt, ist die Zerteilung eines Textes, bei dem die Wörter mit Leerzeichen getrennt sind (zutreffend beispielsweise auf die europäischen Sprachen) vergleichsweise einfach und wird an dieser Stelle nicht näher evaluiert. Der Fokus der Evaluierung soll daher auf der Zergliederung eines Textes in Sätze sein: Einerseits, weil Sätze im Opinion Mining zumindest einen wichtigen Zwischenschritt darstellen und andererseits, weil die Texte, die in Social Media Kanälen veröffentlicht werden, oftmals grammatikalisch falsch sind, Satzzeichen teilweise weggelassen oder durch andere Zeichen ersetzt werden.

Zur Evaluierung der unterschiedlichen Algorithmen wurden die in 3.3.2 erhobenen Daten als Ausgangsbasis verwendet. Nachdem für die tschechische bzw. polnische Sprache kaum bzw. keine sprachspezifischen Implementierungen verfügbar sind, wurden nur die Texte in der deutschen (insgesamt 422 Beiträge) und englischen Sprache (insgesamt 411 Beiträge) herangezogen. Die Beiträge stammen aus folgenden Quellen: Social Network Services (Facebook), Produkt Rezensionen (Amazon), Microblog (Twitter), Blog und Diskussionsforen. Folgende Algorithmen wurden gegenübergestellt: aus dem Softwarepaket „GATE" (Version GATE 7.1 build 4485) der „ANNIE Sentence Splitter" und der „Regex Splitter" und aus der Bibliothek „OpenNLP" der „Sentence Splitter". Für den Sentence Splitter in OpenNLP stehen sowohl für die englische als auch für die deutsche

---

[531] Vgl. Chapter 6. ANNIE: a Nearly-New Information Extraction System. Sentence Splitter, Online im WWW unter URL: http://gate.ac.uk/sale/tao/splitch6.html#sec:annie:splitter [Stand: 19.11.2013]

Sprache Modelle zum Download zur Verfügung[532] (Version 1.5); diese sprachspezifischen Modelle wurden in der jeweiligen Sprache eingesetzt.

Um eine Vergleichszahl zu erhalten, wurde die Anzahl der Sätze pro Beitrag
auch händisch bestimmt. Bei der händischen Satzteilung sind etliche Schwierigkeiten aufgetreten. So ist es beispielsweise bei vielen Beiträgen aufgrund von
Grammatikfehlern, fehlenden Satzzeichen oder Satzzeichen, die durch Emoticons
ersetzt wurden, nicht klar, wo ein Satz tatsächlich endet. Insofern ist es schwierig,
einen „Gold-Standard" zu definieren. Um diesen Sachverhalt zu verdeutlichen,
sind in folgender Tabelle einige solcher Beiträge angeführt:

Quelle	URL	Beitrag
Facebook	https://www.face-book.com/308714872532583/posts/435806366490099	du hast doch selber ein ipod <3 haha
Facebook	https://www.face-book.com/308714872532583/posts/435806366490099	Ich hab grad nochmal gegoogelt Panorama Funktion ist zwar nicht von Apple aber Samsung hat keine Und junge Retina Display ist der Name von Appel :D bei Samsung heißt es glaub ich amoled Display Ja das stimmt :)
Twitter	https://twitter.com/SamsungAT	@SamsungAT ja ich würd mich auch sehr freuen
Blog	http://allaboutsamsung.de/	Das wär der Hammer, eine Full-HD Auflö-sung und noch 4.500mAh für das SGS4... Da wäre mein Galaxy S3 aber gleich aus-getauscht :D Jetzt noch bitte eine super Kamera (8MP reichen, der Sensor muss

---

[532] Vgl. The Apache Software Foundation: OpenNLP. Models for 1.5 series, Online im
WWW unter URL: http://opennlp.sourceforge.net/models-1.5/ [Stand: 17.11.2013]

		einfach besser werden) und 2 oder 3GB RAM... dann stände ich mit offenem Maul da :D
Diskussi-onsforum	http://www.umts-link.at/3g-fo-rum/forums/ 201-Samsung	Kann ich da einfach ein offizielles 4.0.3 rom flashen oder funktioniert dann irgend was nicht? Beim letzten Update waren gleich unzählige apps vorinstalliert Irgend eine Hotel App hatte sogar zugriff auf GPS, Kontakte Konten... 3Logo und inside3 ist ja noch ok, aber diese Zwangsprogramme find ich sehr ungut. Habs darauf hin gleich gerootet und alles gelöscht -.-

Tab. 4.3: Beispiele für Satzteilung

Die Algorithmen wurden wie folgt evaluiert: Der ANNIE Sentence Splitter und der Regex Sentence Splitter von GATE wurden in diesem Softwarepaket (Version GATE 7.1 build 4485) getestet. Dazu wurden zwei Korpora (für die deutschen bzw. für die englischen Dokumente) angelegt (siehe Abb. 4.2); anschließend wurden sogenannte Applikationen („Corpus Pipeline Application") mit den jeweiligen Verarbeitungsschritten (Zergliederung in Token und Satzteilung) definiert (siehe Abb. 4.3). Die annotierten Dokumente enthalten Informationen über die Anzahl der Sätze sowie über Start- und End-Index.

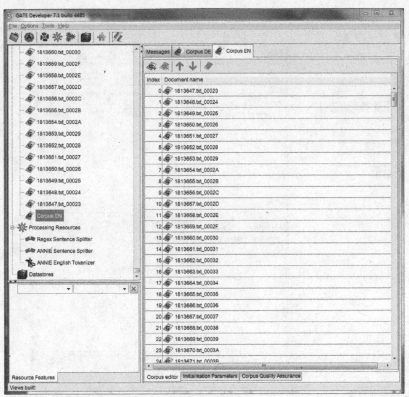

Abb. 4.2: GATE mit Korpus (eigene Darstellung)

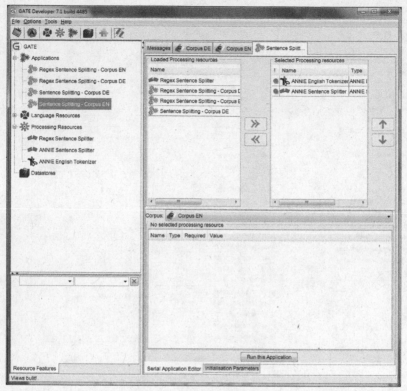

Abb. 4.3: GATE – Applikationen mit Verarbeitungsschritten (eigene Darstellung)

Der Sentence Splitter von OpenNLP wurde mit IKVM[533] in C# eingebunden. Die Initialisierung und der Aufruf der Satzteilung können mit folgenden Statements erfolgen:

```
//load the sentence model into a stream
java.io.FileInputStream sentModelStream = new
java.io.FileInputStream(sentenceModelPath);
// load the model
```

---

[533] Vgl. Frijters, Jeroen: IKVM.NET/2013, Online im WWW unter URL: http://www.ikvm.net/ [Stand: 23.12.2013]

```
SentenceModel sentModel = new
opennlp.tools.sentdetect.SentenceModel(sentModelStream
);
//create sentence detector
sentenceParser = new
opennlp.tools.sentdetect.SentenceDetectorME(sentModel)
;
//split input into sentences
return sentenceParser.sentDetect(input);
```

Listing 1: Einbindung von OpenNLP in C# (eigene Darstellung)

Die folgenden beiden Tabellen (Tab. 4.4 und Tab. 4.5) zeigen die Genauigkeit der Algorithmen. Auffällig ist, dass die Algorithmen in der englischen Sprache deutlich bessere Ergebnisse liefern als für die deutsche Sprache. Dies muss aber relativiert werden, da nur bei OpenNLP eine sprachspezifische Einstellung vorgenommen wurde und bei den anderen Algorithmen nur Standard-Einstellungen verfügbar waren. Insgesamt lässt sich festhalten, dass der ANNIE Sentence Splitter und der OpenNLP Splitter vergleichbare Ergebnisse erzielen.

	ANNIE Sentence Splitter	GATE Regex Splitter	OpenNLP Sentence Splitter	Anzahl Beiträge
Social Network Service (Facebook)	92 %	92 %	88 %	100
Produktrezension (Amazon)	82 %	83 %	74 %	100
Microblog (Twitter)	45 %	45 %	44 %	61
Blog	42 %	42 %	43 %	50
Diskussionsforum	77 %	79 %	80 %	100
Gesamt	82 %	83 %	80 %	411

Tab. 4.4: Genauigkeit der Algorithmen für die englische Sprache

	ANNIE Sentence Splitter	GATE Regex Splitter	OpenNLP Sentence Splitter	Anzahl Beiträge
Social Network Service (Facebook)	75 %	10 %	69 %	108
Produktrezension (Amazon)	32 %	6 %	31 %	100
Microblog (Twitter)	79 %	7 %	86 %	14
Blog	59 %	7 %	62 %	100
Diskussionsforum	64 %	4 %	66 %	100
Gesamt	59 %	7 %	58 %	422

Tab. 4.5: Genauigkeit der Algorithmen für die deutsche Sprache

Falsche Satzteilungen kommen häufig dadurch zustande, dass Aufzählungszeichen (insbesondere bei taxativen Aufzählungen von Vor- und Nachteilen eines Produkts) von den Algorithmen nicht als eigene Sätze interpretiert werden, bei der händischen Bewertung dies aber sinngemäß als Satz (trotz des Fehlens von Subjekt, Prädikat oder Objekt) gewertet wird. Zur Verdeutlichung ist ein Auszug aus einer Rezension bei Amazon angeführt:

„Ich bin seit 2 Tagen stolzer Besitzer des SGS3 und hatte in den letzten 48 Std das Gerät gefühlt 30 std in der Hand, also genug Zeit es ausführlich zu testen.

Pro:- Super großes scharfes Display

- leicht und sehr flach

- ultra schnell

- super empfang (kann nicht nachvollziehen was bei den anderen los ist)

- super intuitives userinterface (ohne Anleitung leicht zu verstehen)

- verarbeitung und edles Design

- anstehendes Update auf android 4.1 jelly bean

-Starker Akku

Contra- durch das Desing und Materialien leicht anfällig (durch eine Schutzfolie und ein schönes individuelles Cover Problem gelöst)

- nicht leicht mit einer Hand zu bedienen (aber den Kompromiss muss man eingehen wenn man ein super großes Display möchte)
- wenn ich ehrlich bin fällt mir nichts mehr ein..."

Der ANNIE Sentence Splitter interpretiert obigen Text als einen Satz; als menschlicher Leser tendiert man dazu, jeden Aufzählungspunkt als einen (unvollständigen) Satz zu bewerten. Wie oben schon angeführt muss auch noch einmal darauf hingewiesen werden, dass bei der Satzteilung sprachspezifische Besonderheiten (wie z.B. übliche Abkürzungen wie „z.B.", „usw.", …) berücksichtigt werden müssen. In der englischen Sprache werden vom ANNIE Sentence Splitter Punkte von Software-Versionen und Ähnliches gut berücksichtigt; beispielsweise wird der folgende Auszug aus einer Rezension („I am using OS 10.8 and the phone has the latest Android 4.0.4.") richtigerweise als ein Satz interpretiert.

4.3.1.3 Spracherkennung

Die empirische Erhebung in 3.3.2 hat gezeigt, dass beispielsweise auf deutschen Facebook-Seiten auch immer wieder Beiträge in anderen Sprachen vorkommen. Damit sprachspezifische Modelle zur Sentimentanalyse überhaupt zur Anwendung kommen können, ist es notwendig, die Sprache des veröffentlichten Beitrags zu erkennen.

Die Spracherkennung ist ein relativ breit erforschtes Gebiet und daher können in der Literatur auch etliche verschiedene Ansätze zur Erkennung der Sprache in geschriebenem Text identifiziert werden:

- Sprachspezifische, kurze Wörter
  Dieser Ansatz basiert im Wesentlichen darauf, sprachspezifische Wörter wie Präpositionen, Bestimmungswörter oder Bindewörter zur Bestimmung der Sprache heranzuziehen. Diese Wörter sind in der Regel kurz und geben gut Aufschluss über die Sprache.[534]

---

[534] Vgl. Grefenstette, 1995, S. 265

- Häufige Wörter

  Dieser Ansatz ist ähnlich dem ersten; in diesem Fall wird ein Sprachmodell auf Basis der häufigsten Wörter aufgebaut.[535,536]

- Kompressionstechniken und Ähnlichkeitsmaße

  Benedetto et al. stellen beispielsweise ein Spracherkennung auf Basis dieser Verfahren vor. Die Autoren berechnen die relative Entropie zwischen zwei Quellen A und B, indem Sequenzen a aus A und b aus B extrahiert werden. Anschließend wird eine neue Sequenz $a + b$ gebildet, indem b an a angehängt und mit gzip komprimiert wird. Die Länge L (ausgedrückt in Bit des komprimierten Textes) für b ist $\Delta_{ab} = L_{a+b} - L_a$. Die relative Entropie pro Zeichen zwischen A und B wird näherungsweise berechnet durch $S_{AB} = (\Delta_{ab} - \Delta_{Bb})/|b|$, wobei $|b|$ die Anzahl der Zeichen der Sequenz b und $\frac{\Delta_{Bb}}{|b|} = (L_{B+b} - L_B)/|b|$ die näherungsweise Berechnung der Entropie der Quelle B darstellt. Dieses Schema kann für die Spracherkennung verwendet werden, indem ein Textkorpus in mehreren Sprachen vorliegt und dieser Korpus mit einem zu bestimmenden Text verglichen wird. Die Autoren haben als Korpus offizielle Texte der Europäischen Union verwendet (liegen in 10 Sprachen vor). Weiters berichten die Autoren, dass die Spracherkennung mit diesem Verfahren bereits mit sehr kurzen Texten funktioniert.[537]

- N-Gramme

  Eine der ersten Arbeiten zur Textklassifikation und zur Spracherkennung auf Basis von Zeichen-N-Grammen stammt von Cavnar/Trenkle. Der Ansatz sieht dabei vor, für vorhandene Trainingsdaten in verschiedenen Sprachen N-Gramm-Profile zu bilden. Um die Sprache bei neuen Dokumenten zu bestimmen, wird für dieses Dokument ebenfalls ein Profil mit den häufigsten N-Grammen berechnet. Anschließend wird die Ähnlichkeit der Profile mit einem „Distanz-Maß" („Out-of-Place-Measure") verglichen. Das Profil, das

---

[535] Vgl. Souter et al., 1994, 186ff.
[536] Vgl. Cowie/Ludovik/Zacharski, 1999, 209f.
[537] Vgl. Benedetto/Caglioti/Loreto, 2002, 048703f.

die geringste Distanz zum Profil des untersuchten Dokuments aufweist, ist in Bezug auf die Sprache also am ähnlichsten. Die Autoren haben mit unterschiedlichen N-Grammen und mehreren Sprachen experimentiert und konnten mit 100-, 200-, 300- und 400-N-Grammen gute Ergebnisse erzielen (zwischen 93 % und 99,8 % korrekt eingestuft).[538] Die Vorteile dieser Variante sind vor allem, dass kleine Trainingskorpora benötigt werden und N-Gramme sehr robust gegenüber Tipp- und Rechtschreibfehlern, unbekannten Wörtern und Neologismen sind, solange die zugrundeliegende Verteilung der Zeichen mit den Trainingskorpora übereinstimmt. Darüber hinaus sind N-Gramme domänenunabhängig. Als nachteilig wird angeführt, dass für die zu erkennenden Sprachen jeweils Trainingskorpora vorliegen müssen und keine Option besteht, eine Sprache als „nicht erkannt" zu markieren (was insbesondere bei Dokumenten im Web von Interesse sein kann). Bei Dokumenten, die mehrere verschiedene Sprachen beinhalten, kann der Effekt auftreten, dass eine Sprache vorgeschlagen wird, die nicht einmal im Text vorkommt. Für Sprachen, die aus derselben Sprachfamilie stammen (z.B. slawische Sprachen wie Slowakisch, Tschechisch, Polnisch) und teilweise grammatikalische und lexikalische Überlappungen aufweisen, sind die trainierten Modelle schlecht anwendbar.[539]

Mehrere Autoren stellen Vergleiche zwischen den verschiedenen Ansätzen an und erweitern die bestehenden Ansätze: Da Silva/Lopez stellen einen Ansatz vor, um Sprachvarianten (z.B. britisches Englisch und amerikanisches Englisch, brasilianisches Portugiesisch und europäisches Portugiesisch, etc.) unterscheiden zu können. Sie verwenden ebenfalls N-Gramme (von 2 bis 8), berechnen aber die Ähnlichkeit anders als Cavnar/Trenkle.[540] Grothe et al. haben drei der Ansätze – häufige Wörter, sprachspezifische Wörter und N-Gramme – gegenübergestellt und evaluiert. Die Autoren experimentieren mit verschiedenen Einstellungen für die Parameter; als Korpus werden Artikel aus Wikipedia bzw. der Leipzig Korpus

---

[538] Vgl. Cavnar/Trenkle, 1994, 162ff.
[539] Vgl. Řehůřek/Kolkus, 2009, 359ff.
[540] Vgl. da Silva, Joaquim Ferreira/Lopes, 2006, 212ff.

herangezogen. Die besten Ergebnisse der Spracherkennung für die Wikipedia-Artikel konnten mit den häufigen Wörtern erzielt werden (korrekt erkannte Sprache je nach Parameter-Einstellungen zwischen 98,5 % und 99,2 %); beim Leipzig Korpus wurde mit allen drei Verfahren 100 % korrekt erkannt.[541] Řehůřek/Kolkus stellen einen wörterbuchbasierten Ansatz vor. Dabei werden nicht die häufigsten Wörter einer Sprache berücksichtigt, sondern solche Wörter, die spezifisch für eine bestimmte Sprache sind. Zur Ermittlung der eigentlichen Sprache wird ein eigener Relevanzindex definiert. Der vorgeschlagene Algorithmus wurde für neun verschiedene Sprachen evaluiert; die Sprache von längeren Texten wird sehr gut erkannt (Precision zwischen 87,6 % und 99,8 %, Recall zwischen 96,7 % und 99,8 %). Deutlich schlechtere Ergebnisse wurden mit kürzeren Texten (2 bis 5 Wörter) erzielt (Precision zwischen 57,8 % und 86,1 %, Recall zwischen 82,9 % und 91,8 %).[542] Vatanen et al. kritisieren, dass viele der publizierten Ansätze schlechte Ergebnisse mit kurzen Texten liefern und die Evaluierungen häufig nur mit wenigen unterschiedlichen Sprachen durchgeführt werden. Sie untersuchen die Genauigkeit von N-Gramm-Modellen anhand von 281 Sprachen und experimentieren mit verschiedenen Parametern. Die Kernaussage ist, dass die Genauigkeit der Spracherkennung deutlich abnimmt, je kürzer die Texte sind. Mit einer Justierung der Parameter ist aber eine Erhöhung der Genauigkeit möglich. Die Autoren experimentieren auch mit der Google AJAX language API (http://code.google.com/apis/ajaxlanguage/) zur Erkennung der Sprache (reduziert auf 50 Sprachen); die Genauigkeit ist vergleichsweise niedrig für diese Daten (20,8 % bis 60 %), während das beste N-Gramm-Modell eine Genauigkeit zwischen 64 % und 90,7 % erreichte.[543]

RapidMiner und OpenNLP stellen keine Algorithmen zur Spracherkennung zur Verfügung, GATE stellt mittels Plugin eine Implementierung basierend auf

---

[541] Vgl. Grothe/De Luca, Ernesto William/Nürnberger, 2008, 982ff.
[542] Vgl. Řehůřek/Kolkus, 2009, 361ff.
[543] Vgl. Vatanen/Vayrynen/Virpioja, 2010, 3423ff.

der „Java Text Categorizing Library" (Algorithmus basiert auf N-Grammen) zur Verfügung.[544]

Evaluierung

Die Performanz von unterschiedlichen Algorithmen zur Spracherkennung wurde anhand der in 3.3.2 erhobenen Daten untersucht. Die 1.955 erhobenen Beiträge wurden händisch in Bezug auf die Sprache annotiert. Wenn ein Beitrag beispielsweise nur ein Wort enthält, das aber in verschiedenen Sprachen gleich lautend vorkommen kann (z.B. „super"), dann wird für diesen Beitrag „unkown" vergeben; wenn ein Beitrag mehrere Sprachen enthält, dann wird die überwiegende Sprache angegeben.

Es wurden die Algorithmen von GATE Version 7.1 build 4485 (wie oben beschrieben eine Java-basierte Implementierung von N-Grammen; Darstellung des Aufbaus in GATE siehe Abb. 4.4), die Library „NTextCat" (eine Bibliothek zur Textklassifikation mit Fokus auf Spracherkennung; setzt ebenfalls N-Gramme ein)[545], ein Wörterbuch-basierter Ansatz sowie ein Hybrid-Ansatz evaluiert. NTextCat und der Wörterbuch-basierte Ansatz wurden in C# implementiert. Für den Wörterbuch-basierten Ansatz wurden Korpora in zehn verschiedenen Sprachen (Deutsch, Englisch, Tschechisch, Polnisch, Ungarisch, Slowakisch, Finnisch, Slowenisch, Italienisch und Dänisch) aufgebaut; die Daten stammen dabei aus offiziellen Texten und Veröffentlichungen der EU[546,547] sowie für die deutsche und englische Sprache aus verschiedenen Social Media Quellen. Beim Hybrid-

---

[544] Vgl. Cunningham, Hamish, et al.: Developing Language Processing Components with GATE Version 7 (a User Guide). For GATE version 7.2-snapshot (development builds)/2013, Online im WWW unter URL: http://gate.ac.uk/sale/tao/ [Stand: 25.11.2013]

[545] Vgl. Akcheurov, Ivan: NTextCat/2013, Online im WWW unter URL: https://ntextcat.codeplex.com/ [Stand: 30.03.2014]

[546] Vgl. Kultur und audiovisuelle Medien, Online im WWW unter URL: http://bookshop.europa.eu/de/kultur-und-audiovisuelle-medien-pbNA7012015/?CatalogCategoryID=ljAKABstfuoAAAEjQZEY4e5L [Stand: 30.12.2013]

[547] Vgl. Übersetzen und Verfassen von Texten. Online-Hilfen für das Übersetzen von EU-Texten – nützliche Links/2013, Online im WWW unter URL: http://ec.europa.eu/translation/index_de.htm [Stand: 30.12.2013]

Ansatz werden Wörterbuch-basierter Ansatz von N-Gramm-Ansatz kombiniert: Zuerst wird mittels Wörterbüchern versucht, die Sprache zu erkennen. Wenn die Sprache nicht erkannt oder nicht eindeutig ist (d.h. unter einem bestimmten Threshold-Wert liegt), dann wird der N-Gramme-Ansatz (von NTextCat) zusätzlich verwendet.

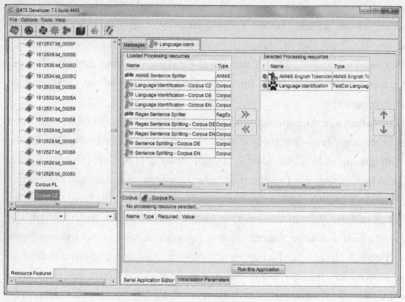

Abb. 4.4: GATE mit „Language Identification" (eigene Darstellung)

Tab. 4.6 stellt überblicksweise die Genauigkeit der Algorithmen (im Vergleich zur händischen Annotierung) dar. Insgesamt lässt sich festhalten, dass die N-Gramme von GATE mit den Standard-Einstellungen keine guten Ergebnisse liefern. Bei NTextCat wurden ebenfalls die zur Verfügung gestellten Standard-Sprachmodelle verwendet; mit diesen konnten deutlich bessere Ergebnisse erzielt werden. Interessanterweise ist bei allen Algorithmen die Genauigkeit bei Social Network Services sowie bei Microblogs deutlich schlechter als bei den anderen Kanälen. Die Ergebnisse sind signifikant (Test mit Qui-Quadrat, $\chi^2 = 0{,}0$ bei allen Algorithmen).

	GATE	NText-Cat	Dictionary	Hybrid	Anzahl Beiträge
Social Network Services (Facebook)	43,5 %	70,1 %	69,4 %	70,1 %	418
Microblog (Twitter)	24,5 %	71,3 %	71,7 %	71,3 %	286
Blog	54,1 %	90,2 %	89,7 %	90,2 %	388
Diskussionsforum	65,9 %	92,1 %	91,8 %	92,1 %	417
Produktrezension	50,9 %	87,2 %	86,3 %	87,2 %	446
Summe	49,3 %	82,9 %	82,4 %	82,9 %	1955

Tab. 4.6: Genauigkeit der Algorithmen zur Spracherkennung

Tab. 4.7 stellt die Genauigkeit des Hybrid-Ansatzes in Abhängigkeit von der Anzahl der Token dar; die von Vatanen et al. formulierte Kritik – dass die Algorithmen bei kurzen Texten vergleichsweise schlechte Texte liefern – wird mit diesen Ergebnissen bestätigt.

Anzahl Token	Genauigkeit
<= 10	55,6 %
11 – 30	86,0 %
31 – 50	93,2 %
51 – 70	96,5 %
71 – 90	97,9 %
91 – 110	98,1 %
111 – 130	100,0 %
131 – 150	100,0 %
151 – 170	100,0 %
171 – 190	100,0 %
191+	100,0 %

Gesamt	82,9 %

Tab. 4.7: Genauigkeit des Hybrid-Ansatzes (χ^2=0,0)

Die folgende Abbildung zeigt den Zusammenhang zwischen den verschiedenen Social Media Kanälen und der Anzahl der Token. Es ist deutlich zu erkennen, dass Microblogs und Social Network Services die kürzesten Texte aufweisen.

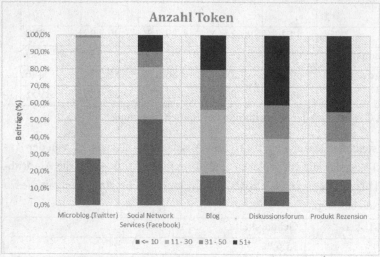

Abb. 4.5: Anzahl Token (eigene Darstellung)

4.3.1.4   Stammformreduktion („Stemming")

Unter Stammformreduktion (bzw. dem gebräuchlicheren Anglizismus „Stemming") versteht man die Rückführung eines Wortes auf seinen Wortstamm. Damit kann die Anzahl von unterschiedlichen Wörtern in einem Korpus reduziert und gleichzeitig die Häufigkeit des Auftretens eines bestimmten Ausdrucks erhöht werden. Analysen, die die Häufigkeiten einbeziehen, können möglicherweise von dieser Rückführung profitieren. Es können zwei Arten unterschieden werden: „Inflectional Stemming" und „Stemming to a Root". Beim „Inflectional Stemming" (oder auch als „morphologische Analyse" bezeichnet) werden Wortvarianten wie Einzahl/Mehrzahl, Gegenwart/Vergangenheit, etc. auf die Stammform zurückgeführt. Je nach Sprache kann dies unterschiedlich komplex und schwierig sein.

Selbst für vergleichsweise „einfache" Sprachen wie Englisch gibt es keine trivialen Regeln, um beispielsweise unregelmäßige Verben auf die Gegenwartsform zurückzuführen. Um mit solchen Fällen umgehen zu können, ist eine Mischung aus regelbasierten und Wörterbuch-basierten Schritten notwendig. Manchen Autoren geht diese Rückführung nicht weit genug, weshalb sie aggressivere Stemming-Algorithmen („Stemming to a Root") vorschlagen, um die Anzahl der unterschiedlichen Ausdrücke noch weiter zu reduzieren. Das Ziel dieser Algorithmen ist es, eine Stammform ohne Prä- und Suffixe zu erhalten. Wörter mit der gleichen Bedeutung im Kern werden zu einem Ausdruck verschmolzen. [548,549]

Inwieweit Stemming sinnvoll ist, hängt von der Anwendung ab. Im Information Retrieval wird durch Stemming beispielsweise bewirkt, dass der Recall steigt, gleichzeitig aber die Precision abnimmt, weil irrelevante Dokumente als relevant angesehen werden. Manche Autoren bezweifeln die Effektivität von Stemming für das Information Retrieval[550]; im IR werden Stemming-Algorithmen aber häufig eingesetzt. Beispielsweise belegt Krovetz in seiner Studie, dass die Retrieval Performance zwischen 15 % und 35 % unter Verwendung eines Stemmers gesteigert werden kann.[551] Inwieweit der Einsatz von Stemming die Ergebnisse im Opinion Mining verbessert, kann nicht klar beantwortet werden. Wie in Tab. 4.1 dargestellt, setzen manche Autoren Stemming-Algorithmen ein, andere verzichten darauf. Im Zweifelsfall muss experimentell evaluiert werden, ob der Einsatz sinnvoll ist.

Bestehende Algorithmen können grob eingeteilt werden in Affix-Entfernung, statistische Stemmer und hybride Ansätze. Algorithmen in der Kategorie Affix-Entfernung ermitteln die Stammform eines Wortes durch – wie der Name schon sagt – Entfernung der Affixe. Ein Affix hat in der Linguistik keine lexikalische, sondern eine grammatikalische Bedeutung. Je nach Stellung werden Präfix, Suf-

---

[548] Vgl. Liu, 2008, S. 200
[549] Vgl. Weiss et al., 2010, 21ff.
[550] Vgl. Frakes/Baeza-Yates, 1992, 147ff.
[551] Vgl. Krovetz, 1993, 195ff.

fix, Zirkumfix, etc. unterschieden. Einer der bekanntesten Algorithmen dieser Kategorie ist der „Porter Stemmer". Statistische Stemmer verwenden statistische Zusammenhänge, um die Stammform zu ermitteln. Dabei können beispielsweise N-Gramme oder HMM-Algorithmen eingesetzt werden. Hybride Ansätze kombinieren die ersten beiden Kategorien und versuchen damit beispielsweise, bekannte Stemming-Fehler zu reduzieren.[552]

Der von Martin F. Porter[553] vorgeschlagene Algorithmus („Porter Stemmer") wurde zum De-facto-Standard für das Stemmen der englischen Sprache. Porter hat später selbst eine offizielle Implementierung veröffentlicht.[554] In den darauffolgenden Jahren hat Porter seinen Algorithmus laufend verbessert („Snowball-Stemmer") und für verschiedene Sprachen (u.a. Französisch, Spanisch, Portugiesisch, Italienisch, Deutsch, Russisch, Finnisch, etc.) erweitert.[555,556]

Die Bewertung der Effektivität von Stemming-Algorithmen kann direkt als auch indirekt erfolgen. Häufig kommt die indirekte Bewertung zum Einsatz. Hierbei wird die Effektivität des Stemmers auf Basis einer Retrieval-Performanz (meist Recall) bewertet. Nachteilig bei diesem Verfahren ist, dass eine Optimierung der Algorithmen schwierig ist. Bei der direkten Evaluierung werden bestimmte Maßzahlen berechnet; dies sind beispielsweise die mittlere Anzahl der Wörter pro Wortstamm, die mittlere Anzahl von Zeichen, die beim Stemming entfernt wurden, Median und Mittelwert der Hamming Distanz zwischen Wörtern und ihren gestemmten Formen.

Paice schlägt ein Performanz-Maß zur Evaluierung von Stemming-Algorithmen vor, die vor allem das sogenannte „Understemming" und „Overstemming"

---

[552] Vgl. Smirnov, 2008
[553] Vgl. Porter, 1980
[554] Vgl. Porter, Martin F.: The Porter Stemming Algorithm/2006, Online im WWW unter URL: http://tartarus.org/~martin/PorterStemmer/ [Stand: 22.11.2013]
[555] Vgl. Porter, Martin F.: Snowball, Online im WWW unter URL: http://snowball.tartarus.org/ [Stand: 23.11.2013]
[556] Vgl. Porter, Martin F.: Snowball: A Language for Stemming Algorithms./2001, Online im WWW unter URL: http://snowball.tartarus.org/texts/introduction.html [Stand: 22.11.2013]

berücksichtigen. „Understemming" bedeutet, dass Wörter, die zum gleichen semantischen Konzept gehören, nicht auf denselben Stamm reduziert werden; „Overstemming" bedeutet umgekehrt, dass Wörter, die nicht zum selben semantischen Konzept gehören, auf denselben Stamm reduziert werden. Eine Menge W unterschiedlicher Wörter wird in semantische Gruppen (also Gruppen, die den gleichen Stamm aufweisen) gegliedert. Als erstes wird die „desired merge total" (DMT) berechnet:

$$DMT_g = 0,5 \, n_g \, (n_g - 1)$$

n_g ist die Anzahl der Wörter in der Gruppe g. Für jede Gruppe kann „desired non-merge total" (DNT) angegeben werden. Damit wird ausgedrückt, dass ein perfekter Stemmer keine nicht zusammengehörigen Wörter gruppiert.

$$DNT_g = 0,5 \, n_g \, (W - n_g)$$

Nach Anwendung eines Stemmers kann „unachieved merge total" (UMT) berechnet werden. UMT_g repräsentiert die Anzahl von Understemming-Fehlern in einer bestimmten Gruppe; s gibt die Anzahl der verschiedenen Stems an, u_i die Anzahl der jeweiligen Stems. UMT wird dann wie folgt berechnet:

$$UMT_g = 0,5 \sum_{i=1}^{s} u_i \, (n_g - u_i)$$

Durch Aufsummieren von DMT_g und UMT_g über alle Gruppen wird $GUMT$ (global unachieved merge total) bzw. $GDMT$ (global desired merge total) ausgedrückt. Der „Understemming Index" (UI) berechnet sich dann mit:

$$UI = \frac{GUMT}{GDMT}$$

Die Overstemming-Fehler werden durch „wrongly merged total" (WMT) definiert, wobei eine Stem-Gruppe n_s Items enthält, die von t verschiedenen semantischen Gruppen abgeleitet werden. v_i repräsentiert die Anzahl in dieser Gruppe.

$$WMT_s = 0,5 \sum_{i=1}^{t} v_i \, (n_s - v_i)$$

Nach dem Aufsummieren aller Stem-Gruppen erhält man GWMT (global wrongly-merged total); damit kann der „Overstemming Index" (OI) berechnet werden:

$$OI = \frac{GWMT}{GDNT}$$

Je nach Anwendungsszenario können entweder wenige Overstemming-Fehler (sogenannte „Light Stemmer") oder wenige Understemming-Fehler (sogenannte „Heavy Stemmer") gewünscht sein. Um die Leistungsfähigkeit von Stemming-Algorithmen noch besser vergleichen zu können, wurde die Kennzahl „ERRT" (Error Rate Relative to Truncation) definiert:

$$ERRT = \frac{length(OP)}{length(OT)}$$

Durch Begrenzen von Wörtern auf bestimmte Maximallängen und mit UI und OI als Koordinate (als Punkt P bezeichnet) kann die Performanz von Stemmern bewertet werden. Dazu wird die Länge vom Ursprungspunkt O nach P gemessen sowie die Länge vom Ursprungspunkt O zu dem Punkt, an dem die Hilfslinie der Wortbegrenzung geschnitten wird. Die folgende Abbildung verdeutlicht diesen Zusammenhang.[557]

---

[557] Vgl. Paice, 1996, 633ff.

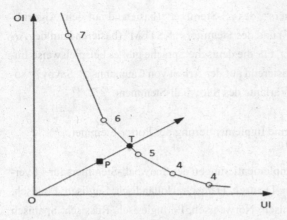

Abb. 4.6: Berechnung von ERRT[558]

De Madariaga et al. haben diesen Ansatz später noch weiterentwickelt.[559]

Neben der Implementierung des Porter-Stemmers lassen sich auch noch zahlreiche andere Implementierungen finden:

- Lucene

  Lucene enthält für verschiedene Sprachen (z.B. Arabisch, Portugiesisch, Spanisch, Englisch, Deutsch, etc.) verschiedene Stemmer-Implementierungen. [560] Je nach Sprache sind dies unterschiedliche Implementierungen, beispielsweise gibt es für die englische Sprache Implementierungen

---

[558] Paice, 1996, S. 635

[559] Vgl. de Madariaga, Ricardo Sánchez/del Castillo, José Raúl Fernández/Hilera, 2005, 231ff.

[560] Vgl. Lucene 4.6.0 analyzers-common API, Online im WWW unter URL: http://lucene.apache.org/core/4_6_0/analyzers-common/overview-summary.html [Stand: 25.11.2013]

des „Porter-Stemmers", des „S-Stemmer" (basierend auf dem Algorithmus von Harman[561]) und des Stemmers „KSTEM" (basierend auf der Arbeit von Krovetz[562]). Für die deutsche Sprache gibt es beispielsweise Implementierungen basierend auf der Arbeit von Caumanns[563], Savoy[564] sowie eine deutsche Variante des Snowball-Stemmers.[565,566,567]

- OpenNLP

  OpenNLP enthält eine Implementierung des Porter-Stemmers.[568]

- GATE

  GATE beinhaltet Implementierungen des Snowball-Stemmers für 11 verschiedene Sprachen: Deutsch, Dänisch, Holländisch, Englisch, Finnisch, Französisch, Italienisch, Norwegisch, Portugiesisch, Russisch, Spanisch und Schwedisch.[569]

- RapidMinder

  In RapidMiner stehen zahlreiche Implementierungen und Sprachen zur Verfügung: Snowball- und Porter-Stemmer, ein Stemmer für die deutsche Sprache basierend auf dem Algorithmus von Caumanns, Stemmer

---

[561] Vgl. Harman, 1991

[562] Vgl. Krovetz, 1993

[563] Vgl. Caumanns, 1999

[564] Vgl. Savoy, 2002

[565] Vgl. Miles, Patrick: German stemming algorithm variant, Online im WWW unter URL: http://snowball.tartarus.org/algorithms/german2/stemmer.html [Stand: 25.11.2013]

[566] Vgl. Package org.apache.lucene.analysis.en, Online im WWW unter URL: http://lucene.apache.org/core/4_6_0/analyzers-common/org/apache/lucene/analysis/en/package-summary.html [Stand: 25.11.2013]

[567] Vgl. Package org.apache.lucene.analysis.de, Online im WWW unter URL: http://lucene.apache.org/core/4_6_0/analyzers-common/org/apache/lucene/analysis/de/package-summary.html [Stand: 25.11.2013]

[568] Vgl. Interface Stemmer. opennlp.tools.stemmer, Online im WWW unter URL: https://opennlp.apache.org/documentation/1.5.3/apidocs/opennlp-tools/opennlp/tools/stemmer/Stemmer.html [Stand: 25.11.2013]

[569] Vgl. Cunningham, Hamish, et al.: Developing Language Processing Components with GATE Version 7 (a User Guide). For GATE version 7.2-snapshot (development builds)/2013, Online im WWW unter URL: http://gate.ac.uk/sale/tao/ [Stand: 25.11.2013]

für Arabisch sowie ein Stemmer, der WordNet miteinbezieht, um die Stammform eines Wortes zu ermitteln.[570]

Evaluierung

Wie oben bereits angeführt, können in der Literatur einige Publikationen identifiziert werden, die entweder sprachspezifische Stemming-Algorithmen entwickeln bzw. Vergleiche von Stemming-Algorithmen anstellen.

Im Hinblick auf Social Media Quellen stellt sich die Frage, wie Stemmer mit „unsauberen" – also grammatikalisch falschen – Texten und Emoticons umgehen. Die unterschiedlichen Algorithmen sollen also nicht noch einmal in Bezug auf Overstemming bzw. Understemming verglichen werden, sondern es soll lediglich ermittelt werden, wie die Stemming-Algorithmen mit den Besonderheiten von User generated content umgehen. Fragen, die sich in diesem Zusammenhang stellen sind beispielsweise, ob Emoticons reduziert oder komplett entfernt werden, was mit Hashtags in Tweets passiert, etc. Um diese Sachverhalte einschätzen zu können, wurden die deutschen Texte (422 Beiträge) und englischen Texte (411 Beiträge) aus 3.3.2 verwendet und mit RapidMiner (RapidMiner Studio Version 5.3.015) verarbeitet. Die deutschen Texte wurden mit einem Tokenizer aufgeteilt und mit dem Stemmer von Jörg Caumanns gestemmt. Bei den englischen Texten wurde ähnlich vorgegangen; zum Stemmen wurde der „PorterStemmer" verwendet. Abb. 4.7 zeigt die Umsetzung in RapidMiner: Es wurde ein Hauptprozess (im oberen Teil der Abbildung als „Main Process") definiert, der alle Beiträge einliest; die „Loop Files"-Prozesse beinhalten wiederum die einzelnen Teilschritte (im unteren Teil der Abbildung) zur Aufbereitung der Beiträge.

---

[570] Vgl. RapidMiner

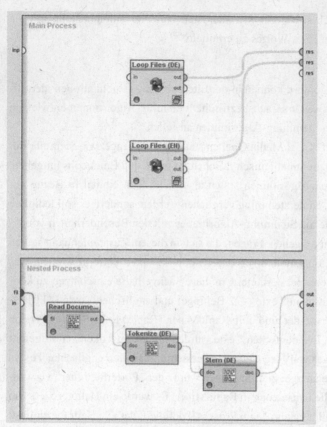

Abb. 4.7: Stemming in RapidMiner (eigene Darstellung)

Tab. 4.8 zeigt auszugsweise die Ergebnisse der Stemmer. Die Zeilen in der Tabelle sind zur leichteren Referenzierung durchnummeriert; Auffälligkeiten in den Texten sind fett und grau hinterlegt gekennzeichnet. Zeile 1-3, 7 und 13 enthalten Texte, die nicht völlig falsch sind; durch den Stemmer werden Emoticons (Smileys, etc.) nicht entfernt. Zeile 4-6 enthalten Markennamen („Siemens", „Apple", „iPhone"), die aufgrund der Stemming-Regeln gekürzt werden. Dies könnte für die Bewertung der Stimmungsrichtung auf Aspekt-Ebene problematisch werden, da die Eigennamenerkennung (Named Entity Recognition) damit erschwert bzw. unmöglich wird. Buchstabenverdoppelungen bzw. –vervielfa-chungen, wie in Zeile 8 dargestellt, bleiben unverändert. In Zeile 9 ist ein Tweet dargestellt, der durch das Stemming kaum verändert wurde. Problematischer ist die folgende Zeile 10 zu sehen, denn bei diesem Tweet werden die Hashtags und die Adressaten des Tweets (also „#VoteTheNextBigThing" und „@Samsun-gtweets") reduziert. Dies kann ebenfalls bei Aggregationen und Auswertungen zu Problemen führen. Weiters wird der Kurzlink durch die Aufteilung in Tokens in Kleinbuchstaben umgewandelt, was zur Folge hat, dass der Kurzlink nicht mehr funktionsfähig ist. Im Zusammenhang mit der Stimmungsbewertung dürfte sich das aber kaum auswirken. In den Texten in Zeile 11 und 12 sind Produktbezeich-nungen enthalten („2550", „3600", „ES8000"), die vom Stemmer nicht verändert wurden. Bei der Anwendung eines Stemmers bei der Textvorverarbeitung für das Opinion Mining gilt es aber zu beachten, ob nicht doch Produktbezeichnungen auftreten, die verändert werden könnten (siehe Zeile 6 „iPhone") und somit mög-licherweise wiederum eine Auswirkung auf die Sentimentanalyse haben.

#	Beitrag	Stem
1	Meine Mutter, damit sie ein-mal im Leben eine echte VIP sein kann (und mein S3 um es aufzunehmen) :)	mein mutter, dami sie einmal im leb eine echt vip sein kann (und mein s3 um es aufzunehmen) :)
2	die rote ist aber auch ganz schick	die rot ist aber auch ganx schick
3	du hast doch selber ein ipod <3 haha	du hast doch selb ein ipod <3 haha
4	siemens :) <3	siem :) <3
5	samsung und apple is scheise diggah nokiia iş king :*!!	samsung und appl is scheis diggah no-kiia is king :*!!
6	Mein Nutzerprofil : - Iphone 4 (16GB) User seit fast zwei Jah-ren - Markenunabhängig (für mich ist NICHT die Marke,	mein nutzerprofil : - ipho 4 (16gb) u-ser seit fast zwei jahr - markenunab-hangig (fur mich ist nich die marke,

	sondern das Produkt **entschei-dent**)Anforderungen : - Whatsapp, Surfen, email, Musik, Telefonieren . Also alles was ein Smartphone so hergibt **:)** […]	sond das produk **entscheid**)anforderungen : - whatsapp, surfen, email, musik, telefonier . also all was ein smartpho so hergib **:)** […]
7	**:D** gar nicht dran gedacht ^^	**:d** gar nich dra gedach ^^
8	oh gottttttttttttttttttttttttttttttttttttttttt ttttttttttttttttttt	oh gottttttttttttttttttttttttttttttttttttttttttttt ttttttt
9	RT **@stadtkind**: jup, ich RT **@SamsungAT** Wer würde sich über so ein Geschenk noch freuen? **http://t.co/o0rc2ri6**	rt **@stadtkind**: jup, ich rt **@samsungat** wer wurd sich uber so ein geschenk noch freuen? **http://t.co/o0rc2ri6**
10	I **#VoteTheNextBigThing** from **@Samsungtweets** in **#AdScrimmage**. **https://t.co/ZPnGssnv**	i **#votethenextbigth** from **@samsungtweet** in **#adscrimmage**. **https://t.co/zpngssnv**
11	Well, I can't say I'm surprised, but my **2550** has now died the same death as my **3600**! This time I will be smart enough to keep my money in my wallet rather than send it to Samsung to fix it. I refuse to go through that miserable experience again. This time, I will be smart and give my hard earned dollars to another manufacturer, even if I have to sacrifice some features. I have spent a	well, i can't sai i'm surprised, but my **2550** ha now di the same death as my **3600**! thi time i will be smart enough to keep my monei in my wallet rather than send it to samsung to fix it. i refus to go through that miser experi again. thi time, i will be smart and give my hard earn dollar to anoth manufacturer, even if i have to sacrific some features. i have spent a fortun on samsung product in the last few years, but i will not give them ani more. it pain me to sai it, but goodby samsung!

	fortune on Samsung products in the last few years, but I will not give them any more. It pains me to say it, but goodbye Samsung!	
12	I bought the latest Samsung 65" ES8000 and the problems are identical - wifi worked for me a few times and then it just stopped working. Ethernet works fine, no wifi any more - flashed quickly on the screen a couple of times. No luck with "resetting." Fortunately, it quit working within a week and Best Buy is replacing it. Samsung must have bought a stack of this technology with a high failure rate and don't seem to care about quality control for consumer satisfaction. It's not a grudge attack on Samsung, I've never dealt with them before, but c'mon, years of the same issue? Who does that? If Sony hadn't priced themselves out of the market, I would get a second full-array XBR, but it's not even close to being competitively priced. Do you think these 2 high-end LED sets	i bought the latest samsung 65" es8000 and the problem ar ident - wifi work for me a few time and then it just stop working. ethernet work fine, no wifi ani more - flash quickli on the screen a coupl of times. no luck with "resetting." fortunately, it quit work within a week and best bui is replac it. samsung must have bought a stack of thi technolog with a high failur rate and don't seem to care about qualiti control for consum satisfaction. it' not a grudg attack on samsung, i'v never dealt with them before, but c'mon, year of the same issue? who doe that? if soni hadn't price themselv out of the market, i would get a second full-arrai xbr, but it' not even close to be competit priced. do you think these 2 high-end led set (xbr 52* & 65" es8000) will benefit from calibration?

	(**XBR 52* & 65" ES8000**) will benefit from calibration?	
13	That's why I love Samsung! They're really concerned with nature. I'd like to visit this someday. :-)	that' why i love samsung! they'r realli concern with nature. i'd like to visit thi someday. :-)

Tab. 4.8: Ergebnisse der Stemmer

4.3.1.5 Entfernen von Stoppwörtern

Der Begriff der „Stoppwörter" ist insbesondere im Zusammenhang mit Information Retrieval bekannt geworden; Stoppwörter sind Wörter, die sehr häufig auftreten und in der Regel keine Relevanz für den Dokumentinhalt haben. Im Zusammenhang mit Opinion Mining kann die Entfernung von Stoppwörtern bei der Generierung der Features sowie bei der Erstellung von Sentiment-Lexika von Interesse sein. Stoppwörter sind also üblicherweise Artikel, Präpositionen und Bindewörter und manche Pronomen. Typische Stoppwörter in der englischen Sprache sind beispielsweise „a", „an", „about", „at", etc., typische Stoppwörter in der deutschen Sprache sind „aber", „als", „allen", „aus", „bei", etc. Allgemein verfügbare Stoppwortlisten umfassen meist rund 300 bis 400 Wörter.[571,572,573] Beim Opinion Mining ist zu beachten, dass manche Stoppwörter aber sogenannte „Sentiment Shifters" (vgl. 2.3.3.3) sein können, beispielsweise hat das Wort „nicht" eine erhebliche Bedeutung für die Stimmungsrichtung.

Folgende Bibliotheken bzw. Software-Produkte enthalten Implementierungen:

---

[571] Vgl. Weiss et al., 2010, 26f.
[572] Vgl. Aggarwal/Zhai, 2012, S. 81
[573] Vgl. Liu, 2008, 199f.

- Lucene

  Lucene stellt eine Implementierung zur Entfernung von englischen Stoppwörtern zur Verfügung; die Stoppwörter sind in einer nicht modifizierbaren
  Liste enthalten.[574]

- GATE

  In GATE ist ebenfalls eine Implementierung zur Entfernung von Stoppwörtern vorhanden; neben der Möglichkeit, eigene Stoppwortlisten zu verwenden können auch vordefinierte Listen für englische und deutsche Stoppwörter verwendet werden.[575]

- RapidMiner

  RapidMiner stellt mehrere Implementierungen zur Entfernung von Stoppwörtern zur Verfügung, unter anderem vordefinierte Listen mit Stoppwörtern
  für Deutsch, Englisch, Französisch, Tschechisch und Arabisch sowie eine
  Implementierung, bei der selbst erstellte Stoppwortlisten verwendet werden
  können.[576]

Evaluierung

Die deutschen sowie die englischen Texte aus 3.3.2 wurden von Stoppwörter bereinigt; dazu wurde wieder das Tool RapidMiner (RapidMiner Studio Version
5.3.015) eingesetzt. Für die Texte wurden Stoppwortfilter der jeweiligen Sprache
verwendet. Wie oben beschrieben, enthalten diese Stoppwortfilter vordefinierte
Wortlisten, die nicht verändert werden können. Welche Wörter dies sind, ist nicht
dokumentiert, aus den Experimenten lässt sich aber ableiten, dass es rund 350
Wörter (in deutsch) sind, beispielsweise „ab", „aber", „alle", „als", „aus", „außer",
„bald", „beginnen", „bei", „der", „deren", „des", „doch", „ein", „euer", „ohne",
„rund", „und" etc. Die englischen Stoppwörter umfassen knapp 400 Wörter, wie

---

[574] Vgl. Class StopAnalyzer, Online im WWW unter URL:
http://lucene.apache.org/core/4_0_0/analyzers-common/org/apache/lucene/analy-
sis/core/StopAnalyzer.html [Stand: 25.11.2013]

[575] Vgl. Directory: gate/plugins/Keyphrase_Extraction_Algorithm/src/kea/, Online im
WWW unter URL: http://gate.ac.uk/gate/plugins/Keyphrase_Extraction_Algo-
rithm/src/kea/ [Stand: 25.11.2013]

[576] Vgl. RapidMiner

„about", „above", „across", „already", „be", „best", „better", „except", „if", „like", „no", „none", „not", „nothing", „she", „some", „very", „well", „what", „without", etc. Der deutsche Algorithmus zur Stoppwort-Entfernung bietet eine nicht dokumentierte – für das Opinion Mining aber möglicherweise interessante – Einstellungsmöglichkeit, nämlich zwischen einer „Standardliste" und einer „Sentiment-Liste" auswählen zu können. Experimente mit diesen beiden Einstellungen haben aber ein identes Verhalten gezeigt. Die folgende Tabelle stellt auszugsweise die Beiträge ohne Stoppwörter dar.

#	Beitrag	Beitrag ohne Stoppwörter
1	Meine Mutter, damit sie einmal im Leben eine echte VIP sein kann (und mein S3 um es aufzunehmen) :)	Mutter, Leben echte VIP (und S3 aufzunehmen) :)
2	die rote ist aber auch ganz schick	rote schick
3	du hast doch selber ein ipod <3 haha	ipod <3 haha
4	siemens :) <3	siemens :) <3
5	samsung und apple is scheise diggah nokiia is king :*!!	samsung apple is scheise diggah nokiia is king :*!!
6	Mein Nutzerprofil : - Iphone 4 (16GB) User seit fast zwei Jahren - Markenunabhängig (für mich ist NICHT die Marke, sondern das Produkt entscheident)Anforderungen : - Whatsapp, Surfen, email, Musik, Telefonieren . Also alles was ein Smartphone so hergibt :) [...]	Nutzerprofil : - Iphone 4 (16GB) User fast Jahren - Markenunabhängig (NICHT Marke, Produkt entscheident)Anforderungen : - Whatsapp, Surfen, email, Musik, Telefonieren . Smartphone hergibt :) [...]
7	:D gar nicht dran gedacht ^^	:D nicht dran gedacht ^^
8	oh gottttttttttttttttttttttttttttttttttttttttttttttttt ttttttttttttt	oh gottttttttttttttttttttttttttttttttttttttttttttttttt ttttttttttttt
9	RT @stadtkind: jup, ich RT @SamsungAT Wer würde sich über so ein Geschenk noch freuen? http://t.co/o0rc2ri6	RT @stadtkind: jup, RT @SamsungAT Geschenk freuen? http://t.co/o0rc2ri6

10	I #VoteTheNextBigThing from @Samsungtweets in #AdScrimmage. https://t.co/ZPnGssnv	I #VoteTheNextBigThing from @Samsungtweets #AdScrimmage. https://t.co/ZPnGssnv
11	Well, I can't say I'm surprised, but my 2550 has now died the same death as my 3600! This time I will be smart enough to keep my money in my wallet rather than send it to Samsung to fix it. I refuse to go through that miserable experience again. This time, I will be smart and give my hard earned dollars to another manufacturer, even if I have to sacrifice some features. I have spent a fortune on Samsung products in the last few years, but I will not give them any more. It pains me to say it, but goodbye Samsung!	i can't say i 'm surprised , 2550 died death 3600 ! time i smart keep money wallet send samsung fix . i refuse go miserable experience . time , i smart give earned dollars manufacturer , i sacrifice features . i spent fortune samsung products years , i give . pains say , goodbye samsung !
12	I bought the latest Samsung 65" ES8000 and the problems are identical - wifi worked for me a few times and then it just stopped working. Ethernet works fine, no wifi any more - flashed quickly on the screen a couple of times. No luck with "resetting." Fortunately, it quit working within a week and Best Buy is replacing it. Samsung must have bought a stack of this technology with a high failure rate and don't seem to care about quality control for consumer satisfaction. It's not a grudge attack on Samsung, I've never dealt with them before, but c'mon, years of the same issue? Who does that? If Sony hadn't priced themselves out of the mar-	i bought latest samsung 65 " es8000 problems identical - wifi worked times stopped working . ethernet works fine , wifi - flashed quickly screen couple times . luck "resetting . " fortunately , quit working week buy replacing . samsung bought stack technology failure rate n't seem care quality control consumer satisfaction . 's grudge attack samsung , i 've dealt , c 'mon , years issue ? ? sony n't priced market , i get full-array xbr , 's competitively priced . think 2 high-end led sets (xbr 52* & 65 " es8000) benefit calibration ?

	ket, I would get a second full-array XBR, but it's not even close to being competitively priced. Do you think these 2 high-end LED sets (XBR 52* & 65" ES8000) will benefit from calibration?	
13	That's why I love Samsung! They're really concerned with nature. I'd like to visit this someday. :-)	's why i love samsung ! 're concerned nature . i 'd visit someday . :-)

Tab. 4.9: Ergebnisse der Stoppwort-Entferner

Zusammenfassend lässt sich festhalten, dass die Entfernung von Stoppwörtern ein vergleichsweise einfacher Prozess ist. Stoppwörter werden auch aus „unsauberen" Texten entfernt, sofern die Wörter richtig geschrieben sind. Die Standard-Wortlisten sind in Bezug auf das Opinion Mining kritisch zu hinterfragen, da einige Wörter enthalten sind, die für die Ermittlung der Stimmungsrichtung aber ausschlaggebend sein können (wie beispielsweise „ohne", „better", „best", „not", „well", etc.).

4.3.1.6 Part-of-Speech Tagging

Bei NLP-Aufgaben ist üblicherweise einer der ersten Schritte das Part-of-Speech Tagging. Part-of-Speech Tagging ist eine Aufgabe, die die Rolle der einzelnen Wörter eines Satzes bestimmt. Bei Part-of-Speech bestehen mehrere Herausforderungen:

- Tagset

  Aus linguistischer Sicht stellt sich die Frage, welche Arten von Wörtern in Sätzen vorkommen bzw. welche Rollen diese einnehmen. Weitgehende Übereinstimmung besteht darin, dass die (Haupt-)Teile der Sprache Hauptwörter, Verben und Adjektive sind. Diese Hauptteile sind aber in der Regel für computerunterstützte Analysen zu ungenau. Über die weitere Untergliederung in weitere Teile („Tags") besteht wenig Einigkeit, darüber hinaus können auch je nach Sprache unterschiedliche Tags sinnvoll sein. Für die englische Sprache werden beispielsweise häufig der Brown-Korpus und das zugehörige Tagset (87 grundlegende Tags und einige spezielle Tags), Penn Treebank[577], der Wall Street Journal-Korpus (48 Tags) und der Lancaster-Oslo/Bergen-Korpus (135 Tags) verwendet. Für die deutsche Sprache kann beispielsweise das Stuttgart-Tübigen-Tagset (STTS)[578] eingesetzt werden.

- Mehrdeutige Wörter
  In natürlicher Sprache kommen immer wieder mehrdeutige Wörter vor, beispielsweise kann mit „sieben" ein Zahlwort oder auch die Tätigkeit (durch ein Sieb schütteln) gemeint sein. Für Menschen ist es in der Regel relativ einfach, Mehrdeutigkeiten im Kontext aufzulösen, für Computerprogramme ist dies aber nicht trivial.

- Unbekannte Wörter
  Beim POS-Taggen von Sätzen kann der Fall auftreten, dass Sätze Wörter enthalten, die nicht im Trainingskorpus des Taggers vorgekommen sind. In solchen Fällen sollte der Tagger aber Mechanismen aufweisen, um mit den unbekannten Wörter umgehen zu können, damit gute Ergebnisse produziert werden.[579]

In der Literatur können zahlreiche unterschiedliche Ansätze für das POS-Tagging identifiziert werden; im Folgenden sind einige gängige Ansätze angeführt:

- Regelbasierte Ansätze
  Die ersten Ansätze zum POS-Tagging waren regelbasiert; eine der bekanntesten Arbeiten in diesem Bereich stammt von Brill. Die Grundidee – das sogenannte „Transformation Based Learning" (TBL) – kann dabei wie folgt zusammengefasst werden: Jedes Wort eines nicht annotierten Textes wird mit einem initialen Tag versehen. Das Tag kann dabei zufällig gewählt, nach bestimmten Mustern vergeben oder der Ouput eines anderen Taggers kann verwendet werden. Anschließend wird dieser Text mit einem händisch annotierten Text verglichen; auf Basis von Transformationsregeln, die iterativ angewendet werden, werden die initialen Tags durch besser passende Tags des

---

[577] Vgl. Marcus/Marcinkiewicz/Santorini, 1993
[578] Vgl. Schiller/Teufel/Thielen, 1995
[579] Vgl. Güngör, 2010, 205ff.

händisch annotierten Korpus ersetzt. Die Regeln bestehen dabei aus zwei Komponenten: aus einer Regel zum Überschreiben des Tags und einem Bedingungsteil. Die Regeln können also in der Form „Change the tag from X to Y, if condition" angeschrieben werden. Der Autor definiert eine Menge von Regeln und evaluiert den von ihm vorgeschlagenen Algorithmus an verschiedenen Korpora. Es konnten Genauigkeiten zwischen 96,3 % und 96,6 % erreicht werden.[580] Dieser Ansatz wurde von mehreren Autoren weiterentwickelt, beispielsweise Carberry et al. verbessern die Laufzeiten für das Training des Taggers[581], Mohammad/Pedersen verbessern die Genauigkeit des Taggers, indem sie fixe Tags für Wörter einführen, deren Tag als sicher eingestuft werden kann.[582]

- Markov Model Ansätze
  Die wesentlichen Nachteile der regelbasierten Ansätze sind, dass die Transformationsregeln manuell erstellt werden müssen und dass sie wenig robust gegenüber Änderungen der Sprache bzw. der Domäne sind. In der Literatur sind einige Ansätze auf Basis von Markov Modellen zu finden; eine der am häufigsten zitierten Arbeiten ist der „TnT-Tagger" von Thorsten Brants. Der Autor entwickelte einen POS-Tagger auf Basis von Markov Modellen der zweiten Ordnung. Die Zustände des Modells repräsentieren die Tags, die Outputs repräsentieren die Wörter; die Übergangswahrscheinlichkeiten hängen von den Zuständen bzw. von Paaren von Tags ab, die Ausgangswahrscheinlichkeiten hängen nur von der letzten Kategorie ab. Nachdem die Abschätzung der Wahrscheinlichkeiten von Trigrammen schwierig ist, werden diese mit linearer Interpolation berechnet. Besonderes Augenmerk wird auch auf die Behandlung von unbekannten Wörtern gelegt, die auf einer Analyse der Suffixe basiert. Um die Mehrdeutigkeiten von Wörtern noch besser interpretieren zu können, werden auch Großschreibungen in den Algorithmus einbezogen. Der Algorithmus wurde mit mehreren Korpora evaluiert; es

---

[580] Vgl. Brill, 1995, 545ff.
[581] Vgl. Carberry et al., 2001, 105ff.
[582] Vgl. Mohammad/Pedersen, 2003, 152f.

wurden Genauigkeiten zwischen 96 % und 97 % erreicht.[583] Wang/Schuurmans schlagen verschiedene Verbesserungen vor, die darauf beruhen, die Ähnlichkeiten zwischen Wörtern zu berücksichtigen.[584]

- Maximum Entropy Ansätze

POS-Tagger auf Basis von Markov Modellen beziehen den Kontext, in dem sich ein Wort befindet, nur wenig ein bzw. werden die Abhängigkeiten der Tags von nachfolgenden bzw. vorangehenden Wörtern wenig berücksichtigt. Maximum Entropy (ME) Ansätze sind den Transformation Based Learning-Ansätzen nicht unähnlich, bieten aber mehr Flexibilität. Die Grundidee von ME-Ansätzen zum POS-Tagging ist, dass eine Menge von Feature-Vorlagen (vergleichbar zu den Regeln von TBL) vordefiniert ist und das System die Anwendung der Feature-Vorlagen anhand des Trainingskorpus erlernt. Die Feature-Vorlagen reichen dabei von simplen Ausdrücken (z.B. Zieltag t_i hängt ab von t_{i-1}) bis hin zu komplexen Ausdrücken (z.B. t_i hängt ab von t_{i-1} und/oder t_{i-2} und/oder vom Wort w_{i+1}).[585] Eine der ersten Arbeiten stammt von Ratnaparkhi; er stellt ein probabilistisches Modell für $H \times T$ auf, wobei H die Menge von möglichen Wörtern und den Kontexten der Tags ist und T die Menge von zulässigen Tags darstellt. Zur Berechnung des Modells fließen verschieden Feature-Vorlagen ein, die – wie oben bereits formuliert – aus einem Bedingungsteil und der durchzuführenden Aktion bestehen. Mit diesem Modell konnten 96,6 % Genauigkeit erreicht werden.[586] Der POS-Tagger von Toutanova/Manning erweitert den Ansatz von Ratnaparkhi, indem weitere Features berücksichtigt werden: Großschreibung bei unbekannten Wörtern sowie Features zur Reduktion der Mehrdeutigkeiten von Verbformen und Präpositionen. Insgesamt konnte mit diesem Ansatz eine Genauigkeit von 96,86 % erreicht werden.[587] Curran et al. entwickeln einen

---

[583] Vgl. Brants, 2000, 224ff.
[584] Vgl. Wang/Schuurmans, 2005, 220ff.
[585] Vgl. Güngör, 2010, 219ff.
[586] Vgl. Ratnaparkhi, 1996, 133ff.
[587] Vgl. Toutanova/Manning, 2000, 63ff.

Ansatz auf Basis von Maximum Entropy, um mehrere Tags einem Wort zuzuweisen. Die Überlegung dahinter ist, dass damit mit Mehrdeutigkeiten
noch besser umgegangen werden kann.[588]

- Andere statistische Ansätze und Machine Learning Ansätze
  Zahlreiche POS-Tagger wurden auf Basis von anderen statistischen Ansätzen bzw. Machine Learning Ansätzen implementiert. Beispielsweise wurden
  POS-Tagger mit SVM[589], Naive Bayes[590], Decision Trees[591] etc. implementiert.

Die zuvor angeführten Ansätze fokussieren auf die englische Sprache; es sind aber
auch einige Veröffentlichungen zu POS-Taggern in anderen Sprachen erschienen:
Nogueira dos Santos et al. entwickeln einen Tagger für Portugiesisch auf Basis
einer Kombination von Decision Trees und Transformation Based Learning[592],
Poel et al. stellen einen Tagger für Holländisch auf Basis von SVM vor[593], Asa-
hara/Matsumoto präsentieren einen Tagger für Japanisch[594], Schmid einen Tagger
für Deutsch[595]. Darüber hinaus können in der Literatur noch etliche Tagger für
andere Sprachen gefunden werden.

Derczynski et al. greifen die Thematik von Part-of-Speech Tagging speziell
für Tweets auf. Die Autoren evaluierten die Performance verschiedener verbreite-
ter Tagger (TnT-Tagger von Brants, SVMTool von Giménez/Marquez, Brill's
Tagger TBL, Standford Tagger von Toutanova et al.), die mit dem WSJ-Korpus
traininert worden. Wenig überraschend attestieren die Autoren, dass die Performance vergleichsweise schlecht ist. Beispielsweise wurden mit SVMTool rund 75
% der Token richtig annotiert. Die Autoren analysierten die häufigsten POS-
Tagging-Fehler: Slang, häufige Rechtschreibfehler, Genre-bezogene Phrasen,

---

[588] Vgl. Curran/Clark/Vadas, 2006, 697f.
[589] Vgl. Mayfield et al., 2003
[590] Vgl. Goldwater/Griffiths, 2007
[591] Vgl. Màrquez/Padró/Rodríguez, 2000
[592] Vgl. Nogueira dos Santos, Cícero/Milidiú/Rentería, 2008, S. 143
[593] Vgl. Poel/Stegeman/Akker, 2007, 274ff.
[594] Vgl. Asahara/Matsumoto, 2000, 21ff.
[595] Vgl. Schmid, 1999

Emoticons und eindeutige Named Entities. Basierend auf dieser Fehleranalyse entwickelten die Autoren einen POS-Tagger, mit dem sie deutlich bessere Ergebnisse erzielen als mit den klassischen POS-Taggern.[596]

Neben den oben angeführten Implementierungen sind im Web unter anderem folgende Implementierungen verfügbar:

- OpenNLP

  OpenNLP stellt einen POS-Tagger für die englische Sprache auf Basis eines Maximum Entropy Modells zur Verfügung. Der Tagger verwendet die Tags der Penn Treebank.[597]

- GATE

  Der in GATE eingesetzte Algorithmus[598] ist eine modifizierte Version des Brill Taggers. Es werden eigene Tags zur Annotierung verwendet.[599]

- RapidMiner

  In RapidMiner Studio stehen zwei verschiedene POS-Tagger zur Verfügung: ein Tagger für die englische Sprache sowie ein Tagger für die deutsche Sprache. Als Tagsets werden Penn Treebank bzw. STTS verwendet. Welche Algorithmen im Detail verwendet werden, ist nicht ersichtlich bzw. dokumentiert.[600]

Evaluierung

Manche Autoren verwenden die POS-Tags im Opinion Mining, um die „richtigen" Wörter zur Bestimmung der Stimmungsrichtung bzw. zur Bestimmung von As-

---

[596] Vgl. Derczynski et al., 2013, 199ff.

[597] Vgl. Apache OpenNLP Developer Documentation. Chapter 6. Part-of-Speech Tagger, Online im WWW unter URL: http://opennlp.apache.org/documentation/1.5.3/manual/opennlp.html#tools.postagger [Stand: 28.11.2013]

[598] Vgl. Hepple, 2000

[599] Vgl. Cunningham, Hamish, et al.: Developing Language Processing Components with GATE Version 7 (a User Guide). For GATE version 7.2-snapshot (development builds)/2013, Online im WWW unter URL: http://gate.ac.uk/sale/tao/ [Stand: 25.11.2013]

[600] Vgl. RapidMiner

pekten heranzuziehen. Es stellt sich die Frage, wie robust POS-Algorithmen gegenüber „unsauberen" Texten sind. Zur Evaluierung wurde nur eine Stichprobe
(n=150) aus den englischen Texten aus 3.3.2 verwendet. Die Texte wurden manuell korrigiert; die Korrektur erfolgte dabei nicht lektorierend, also nicht im Sinn
einer lesbareren Formulierung. Es wurden lediglich Satzzeichen ergänzt und Tipp-
fehler korrigiert. Anschließend wurden POS-Tagger aus OpenNLP (das „Ma-
xent"-Modell Version 1.5 für die englische Sprache[601]) und der ANNIE POS Tagger von GATE (Version 7.1 build 4485) eingesetzt, um die POS-Tags von den
korrigierten sowie den nicht korrigierten Texten zu bestimmen. Es wurde keine
Bewertung vorgenommen, ob die POS-Tags korrekt sind, denn die Korrektheit ist
in manchen Fällen schwierig zu definieren. Beispielsweise stellt sich die Frage,
wie beim Tweet „@Samsungtweets love samsung products best in the world will
vote all the time." die Adressierung („@Samsungtweets") gekennzeichnet werden
soll. Der OpenNLP-Tagger weist „@Samsungtweets" in diesem Tweet als Hauptwort in der Mehrzahl („NNS" - „Noun, plural") aus. Die Einstellungen sind in
Abb. 4.8 dargestellt. Die POS-Tags wurden anschließend verglichen. Ähnlich wie
beim Sentence Splitting ist es schwierig, einen „Gold-Standard" zu entwickeln.
Manche Beiträge müssten nicht nur korrigiert, sondern tatsächlich lektoriert werden und möglicherweise müssten Sätze oder sogar ganze Absätze deutlich verändert und umgeschrieben werden. Aufgrund der manuellen Korrektur bedeutet dies
auch einen nicht unerheblichen Aufwand.

---

[601] Vgl. The Apache Software Foundation: OpenNLP. Models for 1.5 series, Online im
WWW unter URL: http://opennlp.sourceforge.net/models-1.5/ [Stand: 17.11.2013]

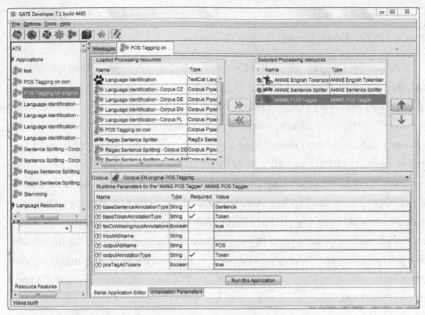

Abb. 4.8: POS-Tagging mit GATE (eigene Darstellung)

Tab. 4.10 zeigt die prozentuelle Übereinstimmung der POS-Tags der originalen Texte mit den POS-Tags der korrigierten Texte. Insgesamt kann festgehalten werden, dass die in OpenNLP bzw. GATE implementierten Algorithmen vergleichbare Ergebnisse liefern. Weiters ist festzustellen, dass das POS-Tagging überraschend robust gegenüber „unsauberen" Texten ist. Die hohe prozentuelle Übereinstimmung bei den Microblogs kann dahingehend erklärt werden, dass es schwierig ist, diese Beiträge zu korrigieren, da sie oft viele Hashtags („#") und direkte Adressierungen („@") und wenige Wörter beinhalten.

	OpenNLP	GATE
Microblog (Twitter)	96,7 %	89,7 %
Blog	76,7 %	70,0 %
Produktrezension	56,7 %	63,3 %
Social Network Service (Facebook)	56,7 %	60,0 %

Diskussionsforum	50,0 %	60,0 %

Tab. 4.10: Ergebnisse Evaluierung POS-Tagger

Fehler im Tagging treten häufig durch Abkürzungen oder „Internet-Slang" auf. Beispielsweise wird der Satz „I like ur firm" (Eintrag in Facebook) von GATE als „(I PRP) (like VBP) (ur NN) (firm NN)" annotiert („PRP" steht für „Personal pronoun", „VBP" für „Verb, non-3rd person singular present", „NN" steht für „Noun"). Korrigiert man diesen Satz auf „I like your firm", dann erhält man folgende Tags: „(I PRP) (like VBP) (your PRP$) (firm NN)" („PRP$" ist „Possessive pronoun"). Fehlende Satzzeichen beeinflussen die POS-Tags überraschend wenig. Beispielsweise hat das Einfügen eines Satzzeichens in diesem Beitrag „They told mee the same thing on my HLT6187SX/XAA we got the LED light engine in ours because it was supposed to last 10+ yrs without replacement unlike the light bulbs that have to be replaced every year or two." – abgesehen von einer Satzteilung und einer entsprechenden Kennzeichnung mit „(. .)" – keine Auswirkung auf die restlichen POS-Tags.

4.3.2   Extraktion Aspekte

In der Literatur können zahlreiche Ansätze zur Extraktion der Aspekte bzw. auch zur gemeinsamen Extraktion und Sentimentbestimmung identifiziert werden (siehe Tab. 4.1 sowie die Kapitel 2.3.3.2 und 2.3.3.3). Im Folgenden werden zwei dieser Ansätze – Hidden Markov Models und Latent Dirichlet Allocation – näher betrachtet.

4.3.2.1   *Hidden Markov Models (HMM)*

Hidden Markov Models haben sich für die Extraktion von Bedeutungen in natürlichsprachlichen Texten als besonders gut geeignet herausgestellt; sie werden von mehreren Autoren zur Extraktion der Aspekte eingesetzt.[602] Ein Hidden Markov Model ist ein stochastisches Modell, bei dem ein System mit Zuständen modelliert wird.

---

[602] Vgl. Feldman/Sanger, 2008, S. 131

In einem regulären Markov Model ist der Zustand x_i direkt ersichtlich; die Zustandsübergänge $p(x_i | x_{i-1})$ sind nur Parameter. Die gemeinsame Verteilung für eine Folge von n Beobachtungen ist also

$$p(x_1, \dots, x_n) = p(x_1) \prod_{i=2}^{n} p(x_i | x_{i-1})$$ [603]

Wenn dieses Modell zur Vorhersage der nächsten Beobachtung verwendet wird, dann hängt die Verteilung der Vorhersagen von der jeweils vorhergehenden Beobachtung ab (unabhängig von allen früheren Beobachtungen). In einem Hidden Markov Model ist der Zustand y_i nicht direkt beobachtbar, sondern nur der Output x_i ist sichtbar, welcher abhängig vom Zustand ist. Der versteckte Zustand kann aus N möglichen diskreten Werten bestehen und wird als latente Variable bezeichnet. Die beobachteten Werte können diskret oder kontinuierlich sein. Abb. 4.9 verdeutlicht den Unterschied zwischen dem regulären und dem Hidden Markov Model: y_t ist der versteckte Zustand zum Zeitpunkt t, x_t ist die Beobachtung zum Zeitpunkt t; die Pfeile symbolisieren konditionale Abhängigkeiten.

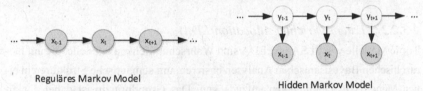

Reguläres Markov Model

Hidden Markov Model

Abb. 4.9: Reguläres und Hidden Markov Model[604]

Aus der Abbildung wird auch ersichtlich, dass beim Hidden Markov Model die beobachteten Variablen x_t nur von den latenten Variablen y_t abhängig sind. Daraus ergibt sich folgende gesamte Verteilung für das Modell

$$p(x_1, \dots, x_n, y_1, \dots, y_n) = p(y_1) \prod_{t=2}^{n} p(y_t | y_{t-1}) \prod_{t=1}^{n} p(x_t | y_t)$$ [605]

$p(y_t | y_{t-1})$ stellt dabei die Wahrscheinlichkeit der Zustandsübergänge dar, $p(x_t | y_t)$ ist die Wahrscheinlichkeit der Beobachtung.

[603] Sun/Deng/Han, 2012, S. 278
[604] Modifiziert von: Sun/Deng/Han, 2012, S. 278 und Xu/Zhang/Li, 2011, S. 61
[605] Sun/Deng/Han, 2012, S. 279

Um Hidden Markov Models anwenden zu können, sind Trainingsdaten mit den korrekten Auszeichnungen nötig. Ausgehend von einer Menge an möglichen Zuständen $\Omega_Y = \{q_1, \ldots, q_N\}$ und einer Menge an möglichen Beobachtungen $\Omega_X = \{o_1, \ldots, o_N\}$ ist die Trainingsaufgabe von HMM, die beste Menge von Wahrscheinlichkeiten der Zustandsübergänge A, der Beobachtungswahrscheinlichkeiten B und der initialen Verteilung Π zu finden. $\{A, B, \Pi\}$ sind also die Parameter für das HMM mit gegebenen Ω_x und Ω_y. Die Parameter definieren sich wie folgt: $A = \{a_{ij}\}$, $a_{ij} = p(y_{t+1} = q_j | y_t = q_i)$, $B = \{b_i(k)\}$, $b_i(k) = p(x_t = o_k | y_t = q_i)$ sowie $\Pi = \{\pi_i\}$, $\pi_i = p(y_0 = q_i)$. Es gibt einige Algorithmen, um Hidden Markov Models aufbauen zu können; einer der am häufigsten eingesetzten Algorithmen ist der Viterbi-Algorithmus.

Hidden Markov Models sind für eine Vielzahl von Problemstellungen im Bereich der Informationsextraktion und NLP eingesetzt worden, unter anderem für POS-Tagging[606] und Named Entity Recognition.[607,608,609,610]

4.3.2.2 Latent Dirichlet Allocation(LDA)

Topic Modelle wie PLSA und LDA sind Wahrscheinlichkeitsmodelle, die auf hierarchischen Bayesisanischen Analysen basieren, um semantische Strukturen in einer Menge von Dokumenten aufzudecken. Das Grundprinzip ist dabei, Dokumente durch eine Menge von Themen und ein Thema als eine Verteilung von Wörtern darzustellen. Abb. 2.8 stellt das Grundprinzip schematisch dar. Das Ziel von LDA ist es, Themen automatisch aus einer Sammlung von Dokumenten zu entdecken. Die Dokumente sind dabei beobachtete Variablen, während die Themenstruktur, die Verteilung der Themen je Dokument sowie die Wort-Zuordnungen zu Themen je Dokument latente Strukturen sind. Der Prozess zur Generierung eines Modells kann wie folgt beschrieben werden:

---

[606] Vgl. Güngör, 2010, 216ff.
[607] Vgl. Sun/Deng/Han, 2012, 278ff.
[608] Vgl. Hotho/Nürnberger/Paaß, 2005, S. 41
[609] Vgl. Xu/Zhang/Li, 2011, 59ff.
[610] Vgl. Zhang, 2010, 200ff.

1. Für jedes Thema $z = 1, ..., K$ wähle W dimensionale $\beta_z \sim Dirichlet(\eta)$, wobei K die Anzahl der latenten Themen, W die Anzahl der Terme und β Zufallsvariable für die $P(\omega|z)$ und η ein Hyperparameter ist.

2. Für jedes Dokument $d = 1, ..., D$ wähle K dimensionale $\theta \sim Dirichlet(\alpha)$, wobei D die Anzahl der Dokumente, K die Anzahl der latenten Themen, θ eine Zufallsvariable für die gemeinsame Verteilung einer Themenmischung und α ein Hyperparameter ist.

    Für jede Position $i = 1, ..., N_d$ (N_d ist die Anzahl der Terme in einem Dokument d):

    o   Wähle ein Thema $z_i \sim Mult(\cdot \,|\theta_d)$. z_i ist eine latente Variable, die ein Thema repräsentiert; $Mult(\cdot \,|\theta_d)$ ist eine Multinomialverteilung mit dem Parameter θ_d.

    o   Generiere den Term $\omega_i \sim Mult(\cdot \,|\beta_{z_i})$. ω ist ein Wort in einem Dokument, $Mult(\cdot \,|\beta_{z_i})$ ist eine Multinomialverteilung mit dem Parameter β_{z_i}.

Die Inferenz mittels LDA umfasst die Berechnung der Verteilung der latenten Variablen in einem gegebenen Dokument:

$$P(\theta, z|\omega, \alpha, \beta) = \frac{P(\theta, z, \omega|\alpha, \beta)}{P(\omega|\alpha, \beta)} \quad ^{611}$$

Die Berechnung dieser Verteilung ist für die exakte Inferenz nicht lösbar; daher werden verschiedene Verfahren vorgeschlagen (unter anderem EM-Algorithmus), um die Parameter abschätzen zu können.[612,613] Abb. 4.10 stellt das Grundprinzip von LDA grafisch dar.

---

[611] Xu/Zhang/Li, 2011, S. 83
[612] Vgl. Xu/Zhang/Li, 2011, 80ff.
[613] Vgl. Crain et al., 2012, 142ff.

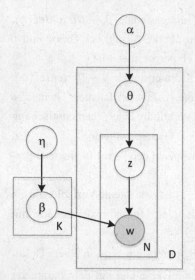

Abb. 4.10: Grafische Repräsentation von LDA[614]

Ein möglicher Nachteil (insbesondere auch bezogen auf das Opinion Mining bzw. die Extraktion von Aspekten) von LDA ist, dass LDA dazu tendiert, eher „breite" Themen zu erkennen. Beispielsweise kann der Fall auftreten, dass ein Konzept mehrere Aspekte umfasst; diese Aspekte kommen häufig im Konzept vor. LDA wird in diesem Fall dieses Konzept mit den dazugehörigen Aspekten zu einem Thema zusammenfassen und darüber hinaus andere Konzepte, die die gleichen Aspekte aufweisen, ebenfalls zu diesem Thema hinzufügen. Mit fortlaufender Anwendung von LDA wird das Thema dann diffuser; wenn eine schärfere Abgrenzung erwünscht ist, dann ist möglicherweise ein hierarchisches Topic Model besser geeignet.[615] Titov/McDonald sehen die Verwendung von LDA zur Darstellung von Themen passend, aber weniger geeignet zur Extraktion von Aspekten.[616]

---

[614] Xu/Zhang/Li, 2011, S. 83
[615] Vgl. Crain et al., 2012, S. 144
[616] Vgl. Titov/McDonald, 2008, S. 113

Liu führt als Nachteil von Topic Models allgemein an, dass in der Regel große Datenmengen und ein nicht zu unterschätzender Aufwand für die Feinabstimmung der Parameter notwendig sind, um vernünftige Resultate zu erhalten. Viele Topic Models verwenden die „Gibbs Sampling" Methode, die andere Ergebnisse als die „Markov Chain Monte Carlo" liefert, was wiederum die Feinabstimmung der Parameter erschwert. Liu sieht die Stärke von Topic Models allgemein darin, allgemeine und häufige Themen aus einer Menge von Dokumenten zu extrahieren. Aus seiner Sicht ist es aber schwierig, weniger häufig vorkommende Aspekte oder nur lokal häufige Aspekte zu extrahieren und möglicherweise sind gerade diese Aspekte für das Opinion Mining von Interesse. Liu führt aus, dass Topic Models nicht feingranular genug sind für die Extraktion von Aspekten und daher andere Methoden aus dem Bereich des Supervised Learning (wie HMM oder CRF) bzw. die „klassischen" Ansätze wie häufige Hauptwörter und Wortphrasen eher geeignet sind (siehe 2.3.3.2).[617]

4.3.2.3 Evaluierung

Um zu evaluieren, inwieweit die oben angeführten Algorithmen zur Extraktion der Aspekte geeignet sind, wurde folgendes Setup gewählt: Von der deutschsprachigen Amazon-Seite wurden Kundenrezensionen zu einem Mobiltelefon (Samsung Galaxy S4) mittels eines Crawlers extrahiert. Dieses Produkt wurde deswegen ausgewählt, weil viele Rezensionen (zum Zeitpunkt der Erhebung: 737 Rezensionen) existierten. Die einzelnen Rezensionen wurden in Textdateien gespeichert. Mit dem Tool „JFreq"[618] wurden die Stoppwörter eliminiert, die Anzahl der Wörter ermittelt und in das von Blei et al.[619] vorgeschlagene Dateiformat konvertiert. Microsoft Research hat im Projekt „Infer.NET"[620] LDA auf Basis von Blei et al.

[617] Vgl. Liu, 2012, S. 65
[618] Vgl. Lowe, William: JFreq: Count words, quickly. Java software version 0.5.4/2011, Online im WWW unter URL: http://www.conjugateprior.org/software/jfreq/ [Stand: 14.01.2014]
[619] Vgl. Blei/Ng/Jordan, 2003, 993ff.
[620] Vgl. Infer.NET, Online im WWW unter URL: http://research.microsoft.com/en-us/um/cambridge/projects/infernet/ [Stand: 14.01.2014]

implementiert[621]. Bei dieser Implementierung wurde mit verschiedenen Einstellungen experimentiert, um die Eignung von LDA für die Extraktion von Aspekten zu untersuchen: Anzahl der Themen (10, 20 bzw. 40), mit und ohne Stemming, mit und ohne Ziffern. Tab. 4.11 zeigt beispielsweise das Ergebnis von LDA mit „Infer.NET" für 10 Themen (ohne Stemming, mit Ziffern).

Topic	Wörter
0	ich samsung s4 nicht smartphone speicher s3 mich mir android wie für kamera lte galaxy update handy gerät one s
1	handy samsung s4 ich nicht super kamera nur 2 smartphone lte 16 elektronik htc richtig wieder display telefon black-mist fast
2	ich nicht mir samsung gut akku für handy s3 s4 display wie kauf mich nur zoll echt wieder smartphone gute
3	ich nicht für s4 mir mich one nur gerät htc akku hier display wie wirklich allerdings apps einfach gut können
4	s4 galaxy ich nicht iphone 5 einfach android gut samsung nur für haben mal handy kamera gb mich speicher mir
5	galaxy speicher smartphone samsung kamera gb s4 zoll interner 4.99 elektronik 16 black-mist cm 4.2 "12,7" amoled-touchscreen megapixel 13 lte
6	"12,7" amoled-touchscreen cm 13 4.2 megapixel 4.99 interner zoll lte 16 smartphone gb speicher android elektronik kamera black-mist phone unlocked
7	ich s4 android nicht für gerät samsung mir wirklich iphone mich wie einfach über hier apple kamera viel handy gut
8	nicht ich galaxy s4 s3 samsung nur wie für mir mal display android gut iphone hier wieder einfach vergleich deutlich
9	ich samsung nicht s4 kamera gerät gb galaxy android black-mist elektronik mir für mich 16 amazon speicher top wie display

Tab. 4.11: Topics mit LDA von Infer.NET

Zum Vergleich wurde mit dem Tool „MALLET - MAchine Learning for LanguagE Toolkit" (Version 2.0.7) experimentiert. MALLET ist ein in Java implemen-

---

[621] Vgl. Latent Dirichlet Allocation (LDA). Infer.NET user guide : Tutorials and examples, Online im WWW unter URL: http://research.microsoft.com/en-us/um/cambridge/projects/infernet/docs/Latent%20Dirichlet%20Allocation.aspx

tiertes Software-Paket, das verschiedene statistische Algorithmen zur Verarbeitung natürlichsprachlicher Texte (wie Dokumentenklassifikation, Clustering, etc.) zur Verfügung stellt.[622] Mit folgenden Kommandos wurden die Textdateien in das notwenige Format umgewandelt, die Stoppwörter entfernt (gleiche Stoppwörter wie bei Infer.NET) und anschließend die Topics modelliert:

```
mallet import-dir --input <directory for input files>
--output sgs4.mallet --keep-sequence --stoplist-file
stopwords_Samsung.txt
mallet train-topics  --input sgs4.mallet --num-topics
20 --output-state sgs4-state.gz --output-topic-keys
sgs4_keys.txt --output-doc-topics sgs4_compostion.txt
```

Listing 2: Aufruf von MALLET (eigene Darstellung)

Die folgende Tabelle stellt die 20 modellierten Themen dar:

Topic	Wörter
0	mist black zoll smartphone kamera elektronik cm lte amoled megapixel touchscreen interner gb samsung android empfehlen galaxy klasse blau
1	ich handy mir super wieder handys kaufen gekauft nichts nie internet kam toll obwohl gefallen sofort alten einwandfrei genug
2	speicher galaxy touchscreen amoled samsung interner megapixel kamera lte zoll android cm gb i the a is to elektronik
3	samsung display amazon nur wochen wie bekommen hosentasche euro unter kauf kaputt gekauft monaten problem glas fehler garantie geld
4	hier wie konnte laesst smart features daher moechte b eher z augen design einmal eindruck air guten view liegen
5	kamera touchscreen phone smartphone amoled interner cm white frost unlocked lte zoll megapixel android super zufrieden gb samsung tolles
6	s samsung speicher galaxy gb android kamera preis gutes e hab leute beste schoene absolut modell benutzt shv kern
7	s galaxy nicht display funktioniert deutlich nur gefaellt x lte vergleich prozessor g mp schneller gute unterschied smartphones groesser

---

[622] Vgl. McCallum, 2002

8	apps update ueber nur app wenig weiss nichts koennen google wlan leistung jeden kommt tagen laeuft version dennoch spiele
9	fuer wirklich funktionen schnell videos gut allerdings gute leicht fazit bilder koennte funktion empfang neue dank zudem hardware ziemlich
10	speicher megapixel smartphone elektronik gb interner galaxy android lte black zoll cm amoled mist touchscreen top vorher worden wei
11	samsung galaxy s nicht geraete sim lock fall region eben scheint bereits jahr karten kunden note produkt bleibt moechte
12	ich mir natuerlich ca bisher zeit wieder gerade nutzung sicher stunden ebenfalls telefonieren nutze vielen nicht mittlerweile kleine laenger
13	ich iphone nicht android mir apple viel wie besser schlecht gut ios bedienen hand klar ueberhaupt vergleich bereits machen
14	ich nicht mich fuer mal will bildschirm wollte eigentlich teil gemacht weg denke nutzer jahren definitiv gesagt halt jahre
15	s einfach smartphone ich alles haben kamera wuerde sagen fast gross wir macht markt spass vielleicht zufrieden begeistert fotos
16	gut akku display nur finde wirklich liegt meinung sieht hand viel alles haelt sagen groesse richtig plastik macht hd
17	s htc one mich besser akku z fuer sony xperia note sogar gehaeuse allerdings optik haptik rahmen performance verarbeitung
18	nicht gb mal sd karte ueber probleme etc braucht kamera paar telefon echt schoen oft wohl problem funktionieren neuen
19	geraet nicht nur leider fuer wie software sterne kommt waere jeder haette hoffe schwarz zurueck koennen vielen euch ganze

Tab. 4.12: Topics mit LDA von Mallet

Die von Titov/McDonalds und Liu angeführten Kritikpunkte (siehe 4.3.2.2) lassen sich mit den beiden angeführten Tabellen nachvollziehen: Zwar werden Themen modelliert und diese Themen sind durchaus dazu geeignet, einen Überblick über einen Korpus zu bekommen, LDA liefert aber zu „breite" Themen, um diese als Ausgangsbasis zur Extraktion von Aspekten einsetzen zu können. In den obigen Fällen wurden jeweils die Standard-Parameter übernommen; möglicherweise können durch eine feingranulare Abstimmung der Parameter die Ergebnisse noch verbessert werden.

Im Vergleich zur LDA-Variante wurden für den gleichen Korpus die Variante „häufige Hauptwörter" (siehe 2.3.3.2) getestet. Die Umsetzung erfolgte in

RapidMiner (Version 5.3.015) mit folgendem Prozess (vgl. Abb. 4.11): Die Dateien werden mit dem Operator „Process Documents from Files" eingelesen; innerhalb dieses Operators läuft ein Subprozess (im unteren Teil der Abbildung dargestellt). In diesem Subprozess erfolgt zuerst die Tokenisation und anschließend werden die Token mit dem Operator „Filter Tokens by POS-Tags" gefiltert (Einstellung bei „expression": „N.*" zum Filtern aller Hauptwörter).

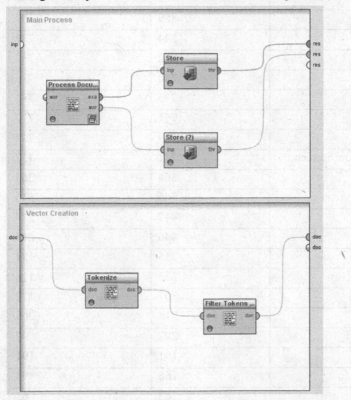

Abb. 4.11: Extraktion von häufigen Hauptwörtern in RapidMiner (eigene Darstellung)

Ein Auszug aus dem Ergebnis dieses sehr simplen Prozesses ist in der folgenden Tabelle dargestellt:

Wort	Häufigkeit gesamt	Häufigkeit Dokumente
S4	1779	737
Samsung	1477	737
Galaxy	1235	737
Smartphone	1034	737
Kamera	935	737
Android	889	737
Speicher	844	737
GB	822	737
LTE	780	736
Zoll	775	737
Megapixel	751	737
cm	749	737
AMOLED-Touchscreen	741	737
Handy	564	260
Elektronik	546	546
Display	447	239
Gerät	446	215
,	335	184
S3	335	116
Akku	307	172
Phone	218	203
HTC	202	97
Unlocked	191	191
Apps	166	94
One	162	62
Hand	138	105
Funktionen	132	83
.Ich	127	97
Apple	112	52

Meinung	108	76
Vergleich	104	65
.Das	103	79
Wochen	90	75
Zeit	90	76.
Amazon	88	62
Bilder	88	61
Tag	84	65
Software	83	64

Tab. 4.13: Auszug aus den häufigsten Hauptwörtern

Wie in Abb. 4.12 dargestellt, lässt sich der Prozess etwas ausgefeilter mit weiteren Operatoren gestalten: Der Operator „FP-Growth" berechnet sogenannte „Frequent Itemsets"; das sind Mengen von Wörtern, die in den Dokumenten häufig gemeinsam auftreten. Damit dieser Operator angewendet werden kann, müssen die Inputdaten zuvor mit dem Operator „Numerical to Binominal" aufbereitet werden. Der Operator „Create Association Rules" ist eigentlich nicht mehr notwendig; damit können aber mittels Association-Rules Beziehungen zwischen scheinbar unzusammenhängenden Daten erkannt werden. Dieser Schritt kann an dieser Stelle sinnvoll sein, um mögliche weitere Aspekte aufdecken zu wollen. Der Subprozess im Operator „Process Documents From Files" wurde so belassen wie in Abb. 4.12 dargestellt.

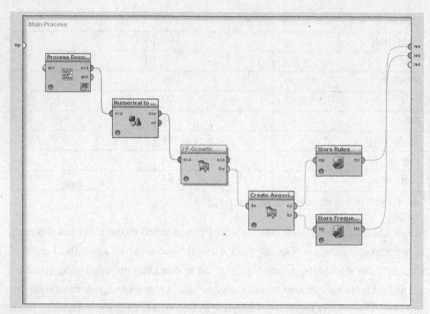

Abb. 4.12: Berechnung der „Frequent Itemsets" (eigene Darstellung)

Das Ergebnis dieses Prozesses ist in der folgenden Tabelle dargestellt:

Größe	Support	Item 1	Item 2	Item 3
1	0,999	LTE		
1	0,741	Elektronik		
1	0,353	Handy		
1	0,324	Display		
1	0,292	Gerät		
1	0,275	Phone		
1	0,259	Unlocked		
1	0,250	,		
1	0,233	Akku		
2	0,739	LTE	Elektronik	
2	0,353	LTE	Handy	

2	0,323	LTE	Display	
2	0,292	LTE	Gerät	
2	0,275	LTE	Phone	
2	0,259	LTE	Unlocked	
2	0,250	LTE	,	
2	0,233	LTE	Akku	
2	0,251	Elektronik	Handy	
2	0,243	Elektronik	Display	
2	0,240	Elektronik	Gerät	
2	0,259	Phone	Unlocked	
3	0,251	LTE	Elektronik	Handy
3	0,242	LTE	Elektronik	Display
3	0,240	LTE	Elektronik	Gerät
3	0,259	LTE	Phone	Unlocked

Tab. 4.14: Frequent Itemsets

Als Association Rules wurden beispielsweise folgende Regeln berechnet:

```
[Handy] --> [Elektronik] (confidence: 0.712)
[Handy] --> [LTE, Elektronik] (confidence: 0.712)
[LTE, Handy] --> [Elektronik] (confidence: 0.712)
[LTE] --> [Elektronik] (confidence: 0.740)
[Display] --> [LTE, Elektronik] (confidence: 0.745)
[LTE, Display] --> [Elektronik] (confidence: 0.748)
```

Listing 3: Association Rules (eigene Darstellung)
Die in Tab. 4.14 Tab. 4.14: Frequent Itemsets

dargestellten Begriffe sind eine gute Grundlage für das Opinion Mining auf Eigenschaftsebene.

4.3.3 Sentiment Klassifikation

Wie in Tab. 4.1 ersichtlich sind häufig eingesetzte Methoden aus dem Bereich des maschinellen Lernens die Support Vector Machine (SVM) und Naive Bayes.[623] Im Folgenden werden daher diese beiden Ansätze näher beschreiben.

4.3.3.1 SVM

Eine Support Vector Machine ist ein Klassifikator des überwachten maschinellen Lernens, die sowohl für die Klassifikation als auch für die Regression eingesetzt werden kann. Die prinzipielle Aufgabe ist es, eine Menge von verstreuten Objekten in Klassen einzuteilen, wobei die Klassengrenzen möglichst frei von Objekten bleiben sollen. Um ein Dokument d klassifizieren zu können, wird dieses durch (gewichtete) Vektoren $(t_{d1}, ..., t_{dN})$ der Anzahl der einzelnen Wörter im Vektorraum repräsentiert. Wie in Abb. 4.13 dargestellt, ist es nun die Aufgabe des SVM-Algorithmus, zwischen den Dokumenten eine Ebene („Hyperplane") zu finden, um sie in Klassen zu unterteilen.

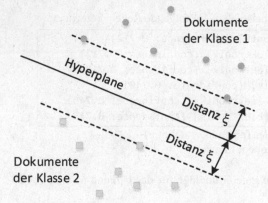

Abb. 4.13: Hyperplane der SVM[624]

---

[623] Vgl. Joachims, 2006, S. 217
[624] Vgl. Hotho/Nürnberger/Paaß, 2005, S. 33

Der Abstand („Distanz" ξ) der Vektoren, die am nächsten zur Hyperplane liegen, soll dabei maximiert werden. Der SVM-Algorithmus kann grundsätzlich zwei Klassen (z.B. positiv und negativ, dargestellt durch $y = +1$ bzw. $y = -1$ in nachfolgender Formel) unterscheiden. Die Hyperplane wird zunächst auf Basis von Trainingsdaten berechnet; anschießend können damit neue Dokumente klassifiziert werden. Um die Hyperplane berechnen zu können, wird in nachfolgender Gleichung $y = 0$ gesetzt und die Parameter b_j so variiert, dass Abstand ξ der Dokumente, die am nächsten zur Hyperplane liegen, maximiert wird:

$$y = f(\overrightarrow{t_d}) = b_0 + \sum_{j=1}^{N} b_j\, t_{dj} \quad {}^{625}$$

Die Dokumente, die genau den Abstand ξ zur Hyperplane aufweisen, werden als „Support Vectors" bezeichnet. Üblicherweise trifft dies nur auf einige wenige Dokumente zu. Falls die Vektoren nicht mit einer linearen Ebene unterteilt werden können, können der Vektorraum sowie die enthaltenen Vektoren in einen höherdimensionalen Raum überführt werden. Neue Dokumente mit dem Vektor $\overrightarrow{t_d}$ werden dann in eine der beiden Klassen eingeordnet (also beispielsweise in die Klasse 1, wenn $f(\overrightarrow{t_d}) > 0$ ist).[626,627,628]

In der Literatur lassen sich verschiedene Implementierungen und Software-Systeme identifizieren; hier ein kurzer, nicht vollständiger Überblick:

- LIBSVM: Eine der bekanntesten Software Bibliotheken für SVM; die Bibliothek umfasst Support Vector Klassifikation (zwei bzw. mehrere Klassen), Support Vector Regression und Ein-Klassen-SVM. Die Bibliothek wurde nach Angaben der Autoren mehr als 250.000 Mal aus dem Web heruntergeladen.[629]

---

[625] Hotho/Nürnberger/Paaß, 2005, S. 33
[626] Vgl. Feldman/Sanger, 2008, 76f.
[627] Vgl. Aggarwal/Zhai, 2012, 193ff.
[628] Vgl. Liu, 2008, 97ff.
[629] Vgl. Chang/Lin, 2011, 27:1

- SVM^{light}: Ebenfalls weit verbreitet ist die Implementierung „SVM^{light}"; diese Implementierung kann Regressions- und Klassifikationsprobleme und darüber hinaus auch Reihungsprobleme lösen.[630]

- SVM^{perf}: Eine weitere Implementierung von SVM stellt „SVM^{perf}"dar; besonders hervorzuheben ist die hohe Performanz bei vergleichbarer Genauigkeit mit SVM^{light}.[631,632]

- RapidMiner: RapidMiner ist ein frei erhältliches Tool von Rapid-i, das eine Vielzahl von Textverarbeitungsalgorithmen implementiert. Es enthält LIBSVM sowie eine in Java implementierte SVM.[633]

- WEKA: Ähnlich wie RapidMiner ist WEKA eine Sammlung von einer Vielzahl von Klassifikations- und Regressionsalgorithmen.[634]

- GATE: Ein ähnliches Produkt ist GATE („General Architecture for Text Engineering"), das ebenfalls verschiedene Algorithmen zur Klassifikation bereitstellt.

4.3.3.2   Naive Bayes

Bayes-Klassifikatoren berechnen die Zugehörigkeit eines Objekts zu einer Klasse basierend auf Wahrscheinlichkeiten. Es wird von der Annahme ausgegangen, dass zwischen einer Klasse $L(d_i)$ eines Dokuments d_i und den Wörtern dieses Dokuments eine bestimmte Relation besteht. Dies kann mit der bedingten Verteilung beschrieben werden: $p(t_1, ..., t_{n_i} | L(d_i))$, wobei t die Terme und n_i die Wörter der

---

[630] Vgl. Joachims, Thorsten: SVMlight. Support Vector Machine/2008, Online im WWW unter URL: http://www.cs.cornell.edu/people/tj/svm_light/index.html [Stand: 31.10.2013]

[631] Vgl. Joachims, Thorsten: SVMPerf. Support Vector Machine for Multivariate Performance Measures/2009, Online im WWW unter URL: http://www.cs.cornell.edu/people/tj/svm_light/svm_perf.html [Stand: 31.10.2013]

[632] Vgl. Joachims, 2006, 224f.

[633] Vgl. RapidMiner, Inc.: RapidMiner, Online im WWW unter URL: http://rapid-i.com/content/view/181/190/lang,en/ [Stand: 31.10.2013]

[634] Vgl. Weka 3: Data Mining Software in Java, Online im WWW unter URL: http://www.cs.waikato.ac.nz/~ml/weka/index.html [Stand: 31.10.2013]

Klasse sind. Die Bayes-Formel liefert die Wahrscheinlichkeit einer Klasse in Bezug auf die Wörter eines Dokuments:

$$p(L_C|t_1, \dots, t_{n_i}) = \frac{p(t_1, \dots, t_{n_i}|L_C)\, p(L_C)}{\sum_{L \in L} p(t_1, \dots, t_{n_i}|L)\, p(L)} \quad {}^{635}$$

$p(L)$ gibt die Wahrscheinlichkeit an, dass ein beliebiges Dokument zur Klasse L gehört, bevor die Wörter bekannt sind. Die bedingte Wahrscheinlichkeit auf der linken Seite ist die Wahrscheinlichkeit, dass das Dokument mit den Termen $(t_1, \dots, t_{n_i})$ zur Klasse L_C gehört. Die Klasse mit der höchsten Wahrscheinlichkeit kann dann dem Dokument zugewiesen werden. Wenn eine Unabhängigkeit der Wörter untereinander unterstellt wird, dann führt dies zu folgender vereinfachter Formel für die bedingte Wahrscheinlichkeit von Wörtern in Bezug auf eine gegebene Klasse L_C:

$$p(t_1, \dots, t_{n_i}|L_C) = \prod_{j=1}^{n_i} p(t_j|L_C) \quad {}^{636}$$

Der Naive Bayes Klassifikator beinhaltet einen einfachen Lernschritt, nämlich die Schätzung der Wahrscheinlichkeiten von Wörtern $p(t_j|L_C)$ in jeder Klasse durch die relativen Häufigkeiten. Für die Klassifizierung von neuen Dokumenten werden die geschätzten Wahrscheinlichkeiten verwendet.

Die Annahme, dass die Wörter unabhängig voneinander sind, stimmt in der Praxis nicht; trotzdem werden mit Naive Bayes gute Ergebnisse erzielt.[637,638,639]

4.3.3.3   Evaluierung

Die Eignung von SVM und von Naive Bayes zur Klassifikation ist in zahlreichen Veröffentlichungen diskutiert und belegt worden. An dieser Stelle werden daher die beiden angeführten Klassifikatoren nur kurz evaluiert. Im ersten Schritt wurde ein Trainingskorpus aufgebaut. Dazu wurden Rezensionen von Amazon zu einem

---

[635] Hotho/Nürnberger/Paaß, 2005, S. 29
[636] Hotho/Nürnberger/Paaß, 2005, S. 30
[637] Vgl. Hotho/Nürnberger/Paaß, 2005, 29f.
[638] Vgl. Liu, 2008, 87ff.
[639] Vgl. Aggarwal/Zhai, 2012, 181ff.

Haushaltsprodukt (Staubsauger) gesammelt. In Summe wurden 393 deutschsprachige Rezensionen mittels eines Web Crawlers extrahiert. Diese Rezensionen wurden anschließend händisch in einzelne Sätze unterteilt, die Stimmungsrichtung wurde händisch bewertet. Die Stimmungsrichtung wurde dabei in sieben Stufen angegeben: negativ (-3 bis -1, wobei -3 stark negativ und -1 schwach negativ bedeutet); neutral (0) und +1 bis +3 für positive Stimmungsrichtung (+1 ist schwach positiv, +3 stark positiv). Um Verzerrungen durch die händische – und damit zwangsläufig subjektive – Einschätzung der Stimmungsrichtung zu reduzieren, wurden rund zwei Drittel der Rezensionen von zwei Personen händisch bewertet. Zur weiteren vereinfachten Bearbeitung wurde die siebenstufige Skala auf eine dreistufe Skala (-1: negativ; 0: neutral; +1: positiv) reduziert. Insgesamt wurden 526 Sätze als positiv (+1), 188 Sätze als neutral (0) und 388 Sätze als negativ (-1) gekennzeichnet.

Im zweiten Schritt wurden oben angeführte Algorithmen mit dem Tool RapidMiner (Version 5.3.015) getestet. Abb. 4.14 zeigt den Prozessablauf; im Schritt ① werden die Daten geladen und in einem internen Repository gespeichert. Im Operator „Process Documents" erfolgt lediglich die Unterteilung in Token; andere mögliche Schritte wie POS-Tagging, Stemming, Filterung von Stoppwörtern, etc. wurden nicht vorgenommen. Das Trainieren eines Modells und die zugehörige Kreuzvalidierung erfolgt im Operator „Validation". Der Subprozess ist mit ② in der Abbildung gekennzeichnet. Der Operator „Performance" liefert die Ergebnisse der Kreuzvalidierung.

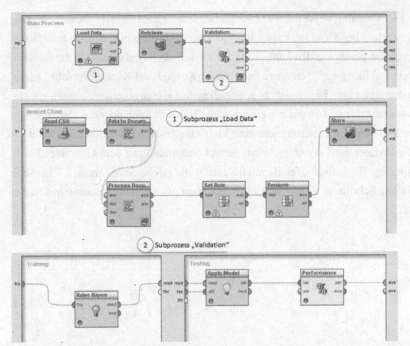

Abb. 4.14: Klassifikation mit Naive Bayes in RapidMiner (eigene Darstellung)

Die folgende Tabelle zeigt das Ergebnis der Klassifizierung an (Accuracy: 52,0 %). Nachdem keine weiteren Textvorverarbeitungsschritte gesetzt und nur die Standard-Parameter verwendet wurden, sind sowohl Recall als auch Precision niedrig.

	True 1	True 0	True -1	Class Precision
Prediction 1	275	53	77	67,90 %
Prediction 0	91	69	82	28,51 %
Prediction -1	160	66	229	50,33 %
Class Recall	52,28 %	36,70 %	59,02 %	

Tab. 4.15: Ergebnis Naive Bayes

Die Vorgangsweise bei SVM ist ähnlich und ist in Abb. 4.15 dargestellt. Die Besonderheit bei SVM ist, dass mit SVM eigentlich nur ein binäres Klassifikationsproblem gelöst werden kann. Davidov et al. diskutieren dies auch ausführlich in ihrer Publikation.[640] Nachdem der erstellte Korpus drei Klassen (positiv, negativ, neutral) enthält, bieten sich zwei grundlegende Herangehensweisen an: entweder eine mehrfache Anwendung einer binären Klassifikation oder die Verwendung einer SVM-Implementierung, die eine Multiklassen-Klassifikation unterstützt.[641] In RapidMiner wird der erste Ansatz recht komfortabel mit dem Operator „Polynominal by Binominal Classification" unterstützt (siehe Subprozess 2.1 in Abb. 4.15). Die Schritte ① und ② sind ansonsten ident mit der Klassifikation mit Naive Bayes.

[640] Vgl. Davidov/Tsur/Rappoport, 2010, S. 246
[641] Vgl. Joachims, Thorsten: SVM multiclass. Multi-Class Support Vector Machine/2008, Online im WWW unter URL: http://www.cs.cornell.edu/people/tj/svm_light/svm_multiclass.html [Stand: 17.01.2014]

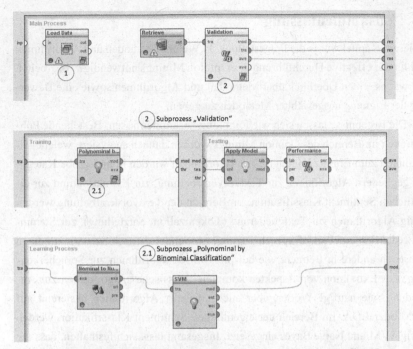

Abb. 4.15: Klassifikation mit SVM in RapidMiner (eigene Darstellung)

Die folgende Tabelle gibt die Ergebnisse der Klassifikation mit SVM wider (Accuracy: 52,4 %):

	True 1	True 0	True -1	Class Precision
Prediction 1	507	166	322	50,95%
Prediction 0	4	12	7	52,17%
Prediction -1	15	10	59	70,24%
Class Recall	96,39 %	6,38 %	15,21 %	

Tab. 4.16: Ergebnisse der Klassifikation mit SVM

Um die Ergebnisse verbessern zu können, sollte einerseits ein umfangreicherer Trainingskorpus verwendet und andererseits sollten Schritte zur Textvorverarbeitung eingesetzt werden.

4.4   Zusammenfassung

In diesem Kapitel wurde die Fragestellung 2 „Welche Methoden und Algorithmen sind für die effektive Durchführung des Opinion Minings notwendig?" bearbeitet. Ziel war es, einen Überblick über Methoden und Algorithmen sowie eine Bewertung der Eignung ausgewählter Methoden zu geben.

Die Ergebnisse lassen sich wie folgt kurz zusammenfassen: Bestehende Publikationen im Bereich des Opinion Minings wurden danach analysiert, welche Algorithmen zum Einsatz kommen. Die Algorithmen wurden in drei grobe Kategorien gegliedert: Algorithmen zur Textvorverarbeitung, zur Extraktion und zur eigentlichen Sentiment Klassifikation. Im Bereich der Textvorverarbeitung werden häufig Algorithmen zur Textgliederung (Tokenization, Satzteilung), zur Stammformreduktion und Part-of-Speech Tagging verwendet. Je nach Szenario kommen auch noch andere in Betracht wie beispielsweise Algorithmen zur Spracherkennung. Zur Extraktion von Aspekten kommen „klassische" Algorithmen zur Anwendung wie häufige Wörter, aber auch „neuere" Algorithmen basierend auf HMM oder LDA. Im Bereich der eigentlichen Sentiment Klassifikation werden häufig SVM und Naive Bayes eingesetzt. Insgesamt lässt sich festhalten, dass die angeführten Algorithmen zwar prinzipiell auch für Social Media Texte verwendbar sind, die Spezifika von Social Media Texten aber zu wenig berücksichtigen.

Bei den durchgeführten Evaluierungen muss kritisch angemerkt werden, dass die Stichprobenumfänge vergleichsweise klein sind und damit hinterfragt werden muss, inwieweit diese Ergebnisse verallgemeinert werden können. Dies ist darauf zurückzuführen, dass die Texte teilweise händisch annotiert werden mussten, um eine Vergleichsbasis zu erlangen. Aus forschungsökonomischen Gründen wurde versucht, den Aufwand für die händische Annotation in überschaubaren Rahmen zu halten.

Um eine bessere Allgemeinaussage ableiten zu können, müssen folgende Aktionen gesetzt werden: die Umfänge der Stichproben müssen erweitert werden, verschiedene inhaltliche Domänen (z.B. Diskussionen über Konsumgüter vs. Diskussionen über politisches Geschehen) sind gegenüberzustellen und verschiedene Sprachen sind zu berücksichtigen.

Aus all den durchgeführten Evaluierungen lässt sich abschließend festhalten, dass es „das beste Verfahren" bzw. das „beste Modell" für Opinion Mining nicht gibt.

5 Vorgehensmodell

In diesem Kapitel wird die Fragestellung 3 „Wie können die Methoden und Algorithmen des Opinion Minings in einem durchgängigen Vorgehensmodell systematisiert werden?" beantwortet. Dazu werden zuerst allgemeine Begriffe und Definitionen von Vorgehensmodellen erläutert und ein kurzer Überblick über Vorgehensmodelle gegeben. Anschließend werden die Besonderheiten des Web 2.0 aus Kapitel 3 und die in Kapitel 4 diskutierten Methoden in einem Vorgehensmodell systematisiert.

5.1 Überblick

5.1.1 Begriffe, Definitionen

Heinrich et al. definieren den Begriff Modell wie folgt: *„Ein Modell des Istzustands ist die Abbildung eines vereinfachten Ausschnitts der Wirklichkeit, ein Modell des Sollzustands ist eine vereinfachte Vorstellung darüber, wie ein bestimmter Ausschnitt der Wirklichkeit aussehen soll bzw. wie er aussehen wird, wenn diese Vorstellung realisiert wird."*[642] In der Wirtschaftsinformatik gibt es also zwei grundsätzliche Verständnisse von Modellen: ein abbildungsorientiertes Verständnis („Modelle von Etwas") und ein konstruktionsorientiertes Verständnis („Modelle für Etwas").[643] Modelle können nach dem Vorgehen weiter untergliedert werden:

- Lebenszyklus-Modelle
  In diese Kategorie werden Phasen-, Vorgehens-, Prozess-, Lebenszyklus- und Verfahrensmodelle eingeordnet. Die Gemeinsamkeit dieser Modelle ist,

---

[642] Heinrich/Heinzl/Riedl, 2011, S. 216
[643] Vgl. Strahringer, 2013

© Springer Fachmedien Wiesbaden GmbH, ein Teil von Springer Nature 2019
G. Petz, *Opinion Mining im Web 2.0*, https://doi.org/10.1007/978-3-658-23801-8_5

dass eine Gesamtaufgabe in mehrere Teilaufgaben gegliedert wird. Insbesondere für den Bereich der Systementwicklung und des Software-Engineerings
gibt es zahlreiche Vorgehensmodelle.

- Entwicklungs- und Evolutionsmodelle
  Entwicklungs- und Evolutionsmodelle (oder auch Reifegradmodelle) sind
  dazu konzipiert, die Unsicherheiten bei der Anwendung und Entwicklung der
  Datenverarbeitung zu reduzieren. Bekannte Modelle sind beispielsweise
  „CMMI" (Capability Maturity Model Integration) oder „SPICE" (Software
  Process Improvement and Capability Determination).

- Betriebswirtschaftlich orientierte Modelle
  Dieser Kategorie werden Modelle wie Unternehmens-, Prozess-, Funktions-
  und Organisationsmodelle sowie Wirtschaftlichkeits- und Nutzenmodelle
  zugeordnet.

- Systementwicklungsorientierte Modelle
  Diese Modelle sind speziell für den Einsatz im Software-Engineering von
  Interesse. Dazu zählen Daten- und Informationsmodelle, Referenzmodelle,
  objektorientierte Modelle, Integrationsmodelle, Lernmodelle und Spezifika-
  tionsmodelle.

- Personen- und kommunikationsbezogene Modelle
  In diese Kategorie fallen Kommunikations-, Interaktions-, Akzeptanz-, Ver-
  haltens- und Partizipationsmodelle sowie mentale Modelle.

- Sonstige Modelle
  Zu den sonstigen Modellen werden Modelle des Operations Research, ma-
  thematische und statistische Modelle, Simulationsmodelle und Netzwerkmo-
  delle gezählt.[644]

---

[644] Vgl. Lehner/Hildebrandt/Maier, 1995, 87ff.

Unter einem Vorgehensmodell versteht man „*die Präzisierung eines Phasenschemas durch Beschreibung der auszuführenden Tätigkeiten und Ergebnisse der Tätigkeiten*".[645] „*Ein Vorgehensmodell beschreibt die Art der Durchführung der Teilaufgaben einer Systementwicklung, wobei man sich meistens an der logischen oder chronologischen Reihenfolge der Aufgaben orientiert.*"[646] Fischer et al. sehen Vorgehensmodelle und Prozessmodelle als Synonyme an[647], während Heinrich et al. insofern Unterschiede festhalten, dass ein Vorgehensmodell objektbezogene Tätigkeiten, Ergebnisse und empfohlene bzw. vorgeschriebene Methoden zur Durchführung der Tätigkeiten sowie Rollen definiert.[648]

Vorgehensmodelle sind im Software-Engineering und in der Systementwicklung häufig anzutreffen. In Vorgehensmodellen werden in der Regel sämtliche Aktivitäten in Phasen beschrieben, die zur Durchführung eines Projekts notwendig sind. Bei Vorgehensmodellen für die Systementwicklung werden insbesondere Prinzipien, Methoden, Verfahren und Werkzeuge beschrieben, die für die System- bzw. Software-Entwicklung einzusetzen sind. Üblicherweise werden die Aktivitäten in Phasen, Arbeitsschritte und Aktivitätenblöcke und dazwischenliegende Meilensteine gegliedert. Mithilfe der Meilensteine werden (Zwischen-)Ergebnisse festgelegt, die abgenommen werden müssen.[649] Marquardt betont ebenfalls die Beschreibung der Vorgehensweise, bringt aber Input und Output als weitere Aspekte ein: „*[Ein Vorgehensmodell] bildet die Beschreibung der koordinierten Vorgehensweise bei der Abwicklung des Projekts und definiert sowohl den Input, der zur Abwicklung einer Aktivität notwendig ist, als auch den Output, der als Ergebnis einer Aktivität produziert wird.*"[650] Heinrich et al. greifen ebenfalls die Gliederung in Phasen auf: „*Ein Vorgehensmodell ist in der Regel nicht monolithisch,*

---

[645] Heinrich, 1993, S. 334
[646] Schwarze, 2000, S. 164
[647] Vgl. Fischer/Biskup/Müller-Luschnat, 1998, S. 18
[648] Vgl. Heinrich/Heinzl/Riedl, 2011, S. 118
[649] Vgl. Breitner, 2013
[650] Marquardt, 2003, S. 921

sondern besteht aus Teilmodellen, die auch mehrfach in mehreren Phasen verwendet und miteinander kombiniert werden können (z.B. das Teilmodell Konfigurationsmanagement)."[651]

Fischer et al. definieren ein Metamodell für ein Vorgehensmodell (siehe Abb. 5.1), das zur Eingliederung von Vorgehensmodellen eingesetzt werden kann. Die Autoren fassen den Kern eines Vorgehensmodells als ein Regelwerk auf, das Regeln sowohl für den Umgang mit dem Vorgehensmodell selbst als auch für die Strukturkomponenten definiert:

- Tätigkeitsbereiche: Die Tätigkeitsbereiche sind eine häufig zu findende Strukturkomponente und bilden übliche Tätigkeiten des Systementwicklungsprozesses ab: Projekt-, Konfigurations- und Qualitätsmanagement sowie die eigentliche Systementwicklung. Die Tätigkeiten werden als Aktivitäten und deren Ergebnisse beschrieben. Unter einer Aktivität wird eine konkrete Durchführung von definierten Arbeitsschritten verstanden, die häufig in Phasen gruppiert werden.

- Methoden und Werkzeuge: Das Vorgehensmodell definiert Methoden und Werkzeuge, die zur Erarbeitung der Ergebnisse eingesetzt werden können. Die Begriffe „Methode" und „Werkzeug" wurden bereits in Kapitel 2.1.4 diskutiert und definiert.

- Rollenmodell: Den Aktivitäten werden durch das Vorgehensmodell definierte Rollen (wie z.B. Programmierer, Systemanalytiker, etc.) zugeordnet. Rollen sind durch Fähigkeiten und Erfahrungen definiert.

- Vorgehensmodell: Das Vorgehensmodell wird als *„Muster zur Beschreibung eines Entwicklungsprozesses und der Basis eines Entwicklungsschemas"*[652] definiert, wobei ein Entwicklungsschema *„[...] die Fokussierung des repräsentierten Wissens einer soziotechnischen Umgebung (Entwicklungsphilosophie, SW-Werkzeuge, Projektorganisation) bezüglich der Art und Weise, wie*

---

[651] Heinrich/Heinzl/Riedl, 2011, S. 118
[652] Fischer/Biskup/Müller-Luschnat, 1998, S. 18

Software-Systeme gestaltet und betreut werden"[653], ist. Unter einem Ent-wicklungsprozess verstehen die Autoren den *„Lebenslauf eines Software-Systems vom Projektbeginn über Nutzung/Betreuung bis zur Außerbetrieb-nahme"*[654].

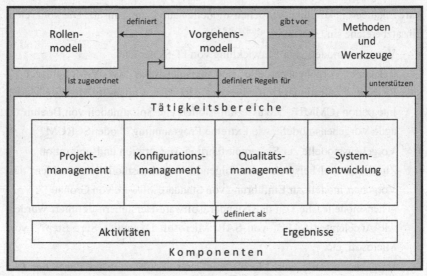

Abb. 5.1: Ordnungsschema für Vorgehensmodelle[655]

Zusammengefasst lässt sich aus obigen Definitionen festhalten, dass ein Vorge-hensmodell ein Rahmen für eine strukturierte Vorgehensweise zur Lösung eines bestimmten Problems ist. Die durchzuführenden Aktivitäten zur Lösung eines Problems werden in Phasen gegliedert; neben den Aktivitäten werden auch die Ergebnisse, Rollen sowie die anzuwendenden Methoden und Werkzeuge beschrie-ben. Diese Zusammenfassung dient im Folgenden als Rahmen und Arbeitsdefini-tion für das zu konzipierende Vorgehensmodell.

---

[653] Fischer/Biskup/Müller-Luschnat, 1998, S. 18
[654] Fischer/Biskup/Müller-Luschnat, 1998, S. 18
[655] Fischer/Biskup/Müller-Luschnat, 1998, S. 17

5.1.2   Vorgehensmodelle in der Literatur

In der Literatur können zahlreiche Vorgehensmodelle identifiziert werden. Häufig können oder müssen sie für den jeweiligen Entwicklungsprozess bzw. Einsatzzweck angepasst werden. Insbesondere in der Systementwicklung und im Software Engineering kommen Vorgehensmodelle häufig zum Einsatz. Die konkreten Einsatzbereiche sind vielfältig: [656,657,658]

- Vorgehensmodelle zur Entwicklung von IT-Systemen

  Bekannte Vorgehensmodelle sind beispielsweise das V-Modell XT[659], PRINCE2[660], Rational Unified Process (RUP)[661], Capability Maturity Model Integration (CMMI)[662], Wasserfall-Modell und Spiralmodell von Boehm[663], agile Vorgehensmodelle wie Extreme Programming[664] oder SCRUM[665].

- Vorgehensmodelle zur Systemeinführung, -integration und -migration

  Zu diesen sind beispielsweise folgende Vorgehensmodelle zu zählen: das Vorgehensmodell zur Einführung von Standardsoftware von Gronau[666]; Vorgehensmodelle, die von den Standardsoftware-Herstellern definiert wurden wie Accelerated SAP[667] von SAP, Microsoft Dynamics Sure Step[668] von Microsoft, etc.

- Vorgehensmodelle zum Management von IT-Systemen im Laufe des Lebenszyklus

  In diese Kategorie fallen beispielsweise das Vorgehensmodell von

---

[656] Vgl. Breitner, 2013
[657] Vgl. Jacobs, 2013
[658] Vgl. Gronau, 2013
[659] Vgl. Höhn/Höppner, 2008
[660] Vgl. Bentley, 2009
[661] Vgl. Kruchten, 2004
[662] Vgl. CMMI Product Team, 2006
[663] Vgl. Boehm, 1988
[664] Vgl. Beck/Andres, 2012
[665] Vgl. Schwaber, 2004
[666] Vgl. Gronau, 2001
[667] Vgl. Gulledge/Simon, 2005, 715ff.
[668] Vgl. Dunkinson/Birch, 2013

Gernert/Ahrend[669], das Vorgehensmodell für das Management der unternehmensweiten Applikationsarchitektur von Hafner/Winter[670].

- Vorgehensmodelle zum IT-(Multi-)Projektmanagement
  In diese Kategorie fallen Vorgehensmodelle wie das V-Modell XT sowie das Vorgehensmodell PRINCE2.

- Vorgehensmodelle zum Qualitätsmanagement und IT-Servicemanagement
  Zu dieser Kategorie sind beispielsweise das EFQM-Modell[671] oder Best Practices auf Basis von ITIL[672] zu zählen.

5.1.3 Ansätze für das Opinion Mining

Was ein Opinion Mining System leisten soll, beschreiben Dave et al. sehr pointiert: *"Ideally, an opinion mining tool would process a set of search results for a given item, generating a list of product attributes (quality, features, etc.) and aggregating opinions about each of them (poor, mixed, good)."*[673] Für ein Vorgehensmodell als Basis für ein Softwaretool für das Opinion Mining können in der Literatur verschiedene Ansätze als Diskussionsgrundlage identifiziert werden. Diese Ansätze erfüllen häufig nicht die Kriterien eines Vorgehensmodells, stellen aber eine mögliche Ausgangsbasis zur Entwicklung eines Vorgehensmodells dar. Darüber hinaus lassen sich in der Literatur zahlreiche Veröffentlichungen identifizieren, bei denen mit unterschiedlichen Methoden und Algorithmen – wie in Tab. 4.1 dargestellt – experimentiert wurde.

---

[669] Vgl. Gernert/Ahrend, 2002

[670] Vgl. Hafner/Winter, 2005

[671] Vgl. European Foundation for Quality Management: EFQM Fundamental Concepts, Online im WWW unter URL: http://www.efqm.org/efqm-model/fundamental-concepts [Stand: 19.02.2014]

[672] Vgl. ITIL.org: ITIL Knowledge - Overview, Online im WWW unter URL: http://www.itil.org/en/vomkennen/itil/index.php [Stand: 19.02.2014]

[673] Dave/Lawrence/Pennock, 2003, S. 519

5.1.3.1   Allgemeine Ansätze zur Analyse von Texten

Eine allgemeine Basis für ein Vorgehensmodell für das Opinion Mining kann der in Abb. 2.1 (Kapitel 2.1.2.1) dargestellte KDD-Prozess sein; die Schritte dieses Prozesses sind kurz zusammengefasst:

1. Verständnis über die Domäne herstellen und eine relevante Teilmenge an Daten für die weitere Bearbeitung selektieren

2. Datenbereinigung und -vorverarbeitung

3. Datenreduktion und -projektion

4. das eigentliche Data Mining mit unterschiedlichen Methoden (Klassifikation, Regression, Clustering, etc.)

5. Ergebnisse interpretieren und die vorangegangenen Schritte gegebenenfalls wiederholen[674]

Häufig wird im Zusammenhang mit KDD auch das in Abb. 5.2 dargestellte CRISP-DM (Cross Industry Standard Process for Data Mining) Referenzmodell angeführt. Dieses Modell beinhaltet sechs Phasen, die aber nicht streng sequentiell durchlaufen werden müssen:

*   „Business Understanding"
    In dieser initialen Phase steht das Verstehen der Ziele und Anforderungen aus einer unternehmerischen Perspektive im Vordergrund. Diese Anforderungen sollen in ein Data Mining Modell abgebildet werden.

*   „Data Understanding"
    Diese Phase beginnt mit einer ersten Sammlung von Daten, um Abschätzungen über Datenmengen und -qualität vornehmen zu können.

*   „Data Preparation"
    Zu dieser Phase werden alle Aktivitäten zur Aufbereitung der Daten (wie Datenbereinigung, Datentransformation, etc.) gezählt. Diese Schritte werden meistens mehrfach und in keiner vordefinierten Reihenfolge ausgeführt.

*   „Modeling"
    Nach der Datenaufbereitung werden die eigentlichen Data Mining Methoden

---

[674] Vgl. Fayyad/Piatetsky-Shapiro/Smyth, 1996, 9ff.

angewendet; häufig ist es notwendig, zur vorigen Phase zurückzukehren, da unterschiedliche Methoden unterschiedlich aufbereitete Daten benötigen.

- „Evaluation"

  Bevor das Modell in der letzten Phase endgültig im Unternehmen angewendet und ausgerollt wird, ist es sinnvoll, das erstellte Data Mining Modell in Bezug auf verschiedene Gesichtspunkte zu evaluieren – beispielsweise auf die Qualität des Modells und dahingehend, ob die anfangs definierten Ziele und Anforderungen tatsächlich erreicht werden.

- „Deployment"

  In dieser abschließenden Phase werden – abhängig von den Anforderungen – Berichte generiert, wiederholbare Data Mining Prozesse definiert und ausgeführt oder zielgruppengerechte Präsentationen aufgebaut.

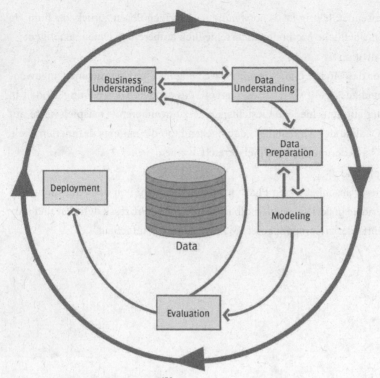

Abb. 5.2: CRISP-DM Modell[675]

Kurgan/Musilek vergleichen gängige Modelle zum Data Mining (unter anderem die beiden oben angeführten Prozesse/Modelle) und stellen diese systematisch gegenüber.[676]

Marbán et al. stellen einen Vergleich mit dem Software-Engineering an: Die Autoren stellen fest, dass Modelle zum Software-Engineering mittlerweile das Augenmerk auch auf Organisations-, Management- und andere Tätigkeiten legen, die über den Kern der eigentlichen Software-Entwicklung hinausgehen. Sie kritisieren, dass die gängigen Modelle für das Data Mining nur den Kern der Bearbeitung

---

[675] Chapman et al., 2000, S. 10
[676] Vgl. Kurgan/MUSILEK, 2006, 5ff.

und Analyse der Daten beinhalten und entwickeln in Anlehnung an den Software Life Cycle ein „Data Mining Engineering Model", das Projektmanagementprozesse, Entwicklungsprozesse und weitere integrierte Prozesse (wie Evaluierung, Dokumentation, Schulung, etc.) beinhaltet.[677]

Nachdem die Quelle für das Opinion Mining in dieser Arbeit das Web ist, sind für das Vorgehensmodell potenzielle Methoden und Vorgehen aus dem Bereich des Web Mining (siehe auch 2.1.2.2) von Interesse. Wie bereits angeführt, werden drei große Bereiche unterschieden: Web Structure Mining, Web Content Mining und Web Usage Mining. Für diese Arbeit ist vor allem der Bereich des Web Content Minings von Interesse. Hierbei können Methoden zur Klassifikation von Dokumenten, zum Clustern von Dokumenten sowie zur Extraktion von Informationen zum Einsatz kommen. Der Web Mining Prozess ist ähnlich dem Data Mining Prozess. Es lassen sich aber zwei wesentliche Unterschiede ausmachen: Die üblichen Data Mining Methoden müssen an die weniger strukturierten Daten angepasst werden und die Sammlung der Daten spielt beim Web Mining eine größere Rolle. Insbesondere für das Web Content Mining sind Techniken wie beispielsweise das Crawling essenziell.[678,679]

Nachdem sich Opinion Mining auch Methoden aus dem Bereich des Text Minings bedient, wird der typische Prozess des Text Minings kurz dargestellt. Der Text Mining Prozess ist dem Data Mining Prozess sehr ähnlich, der größte Unterschied besteht aber darin, dass unstrukturierte Textdaten die Ausgangsbasis sind und die Datenaufbereitung demnach anders abläuft. Der Prozess umfasst folgende Schritte:

1. Aufgabendefinition

    Am Beginn des Prozesses werden Problemstellungen festgelegt und Ziele definiert.

2. Dokumentselektion

    Potenziell relevante Dokumente sind auf Basis der Ziele zu identifizieren.

---

[677] Vgl. Marbán/Mariscal/Segovia, 2009, 438ff.
[678] Vgl. Berendt et al., 2004, 8ff.
[679] Vgl. Liu, 2008, 6f.

3. Dokumentaufbereitung

    Dieser Schritt besteht im Wesentlichen darin, Terme aus Texten zu extrahie-
    ren und diese in einem Modell (häufig das Vektorraummodell) zur weiteren
    Verarbeitung zu speichern. Häufig kommen für die Term-Extraktion Metho-
    den aus dem Bereich des NLP zum Einsatz wie Stemming, POS-Tagging,
    Parsing, etc.

4. (Text) Mining Methoden

    Nach der Dokumentaufbereitung können die eigentlichen Text Mining Me-
    thoden (wie Klassifikation, Segmentierung, etc.) angewendet werden.

5. Interpretation und Evaluation der Ergebnisse

    In diesem Schritt werden die Ergebnisse der Text Mining Methoden gefiltert
    und in Bezug auf Handlungsrelevanz bewertet.

6. Anwendung der Ergebnisse

    Das Text Mining kann anschließend für verschiedene Anwendungsszenarien
    eingesetzt werden, beispielsweise für die Analyse von Marktentwicklungen,
    etc.[680]

Die allgemeine funktionale Architektur von Text Mining Systemen (vgl. Abb. 5.3)
enthält in der Regel folgende Komponenten:

- „Preprocessing"-Komponente

  Diese Komponente beinhaltet alle Prozesse, Routinen und Methoden, um die
  Daten bzw. Textdokumente für die weitere Verarbeitung aufzubereiten. Üblicherweise werden mit dieser Komponente die Rohdaten in eine kanonische
  Form gebracht und durch andere Konzepte repräsentiert. Gegebenenfalls
  können weitere Aufgaben oder Regeln angewendet werden, beispielsweise
  um das Datum des Dokuments zu extrahieren.

- „Core Mining Operations"-Komponente

  Diese Komponente stellt den eigentlichen Kern eines Text Mining Systems
  dar; Algorithmen zur Trendanalyse und Musterkennung kommen zum Einsatz.

---

[680] Vgl. Hippner/Rentzmann, 2006, 288ff.

- „Presentation Layer"-Komponente

  Zu dieser Komponente gehören eine grafische Benutzeroberfläche (GUI), Abfragesprachen sowie Visualisierungsmöglichkeiten der analysierten Daten.

- „Refinement-Techniques"-Komponente

  In diesen Bereich fallen Methoden zur Filterung von redundanten Daten, zur Clusterung von verwandten Daten, zur Generalisierung von Daten und einige mehr.

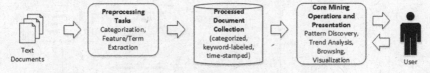

Abb. 5.3: Funktionale Architektur eines Text Mining Systems[681]

Die Preprocessing-Komponente und die Core Mining-Komponente werden als die erfolgskritischsten Komponenten bewertet.

Diese einfache Variante kann um einige Komponenten (wie in Abb. 5.4 dargestellt) erweitert werden. Beispielsweise wird eine Komponente zum Laden der Dokumente hinzugefügt („Document Fetching/Crawling Techniques"). Von besonderer Bedeutung ist auch die Wissensbasis. Diese Wissensbasis kann beispielsweise in Form von Ontologien vorliegen und ist in der Regel persistent im Text Mining System gespeichert.[682]

---

[681] Feldman/Sanger, 2008, S. 15
[682] Vgl. Feldman/Sanger, 2008, 13ff.

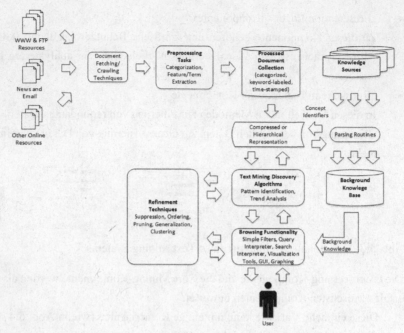

Abb. 5.4: Fortgeschrittene Systemarchitektur eines Text Mining Systems[683]

5.1.3.2   Ansätze aus dem Bereich des Opinion Minings

Wie in Kapitel 2 bereits dargestellt, existiert eine Vielzahl von Literatur und wissenschaftlichen Veröffentlichungen zu Opinion Mining. Im Folgenden werden daher einige interessante Ansätze und mögliche Beiträge zu einem Vorgehensmodell vorgestellt.

Khan et al. haben eine Literaturanalyse bei über 300 Publikationen aus dem Bereich des Opinion Mining durchgeführt und neben den Herausforderungen für die Forschung verbreitete und häufig eingesetzte Methoden erhoben. Die Autoren unterscheiden zwischen wissensbasierten Ansätzen (d.s. korpusbasierte bzw. wörterbuchbasierte Ansätze) und Machine Learning Ansätzen, wobei der Fokus der

---

[683] Feldman/Sanger, 2008, S. 17

Analyse auf zweiteren lag. Wie in Tab. 5.1 dargestellt, sind die am häufigsten eingesetzten Algorithmen SVM und Naive Bayes; neben diesen beiden lassen sich
auch noch andere identifizieren wie Maximum Entropy, Decision Tree, Neural
Network, LDA und pLSA.[684]

Year	SVM	NBA	Other	Total
2008	45	19	11	74
2007	32	23	17	72
2006	25	28	13	60
2005	11	9	35	55
2004	5	11	19	35
2003	6	9	8	23
2002	2	8	6	17

Tab. 5.1: Verwendung von Machine Learning Methoden[685]

Laut Lee et al. können im Opinion Mining drei Hauptaufgaben identifiziert werden:

- Entwicklung von linguistischen Ressourcen
  Linguistische Ressourcen werden hauptsächlich verwendet, um Subjektivi-
  tät, semantische Orientierung und Stärke der Einstellung zu bestimmen. Die
  Autoren definieren vier Hauptansätze, um linguistische Ressourcen zu ent-
  wickeln: Conjunction Methode, PMI, Ansätze auf Basis von WordNet und
  Gloss Klassifikationsmethoden.
- Sentiment Klassifikation
  Lee et al. fokussieren auf drei Varianten zur Sentiment Klassifikation: PMI,
  Machine Learning Ansätze und die Kombination von NLP-Ansätzen.
- Opinion Summarization
  Die Meinungen können mit verschiedenen Detailgraden zusammengefasst
  und dargestellt werden; die Opinion Summarization bildet aber anders als bei

---

[684] Vgl. Khan et al., 2009, 217ff.
[685] Khan et al., 2009, S. 220

Text Summarization keinen kurzen Textauszug, sondern soll möglichst die Meinungsvielfalt widerspiegeln.[686]

Die folgende Abbildung stellt die Hauptaufgaben sowie die verbundenen Forschungsgebiete dar.

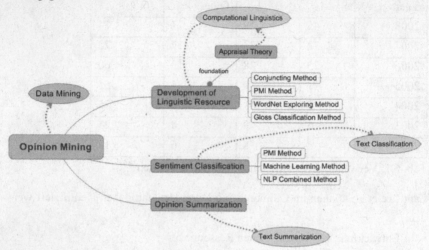

Abb. 5.5: Hauptaufgaben im Opinion Mining[687]

Liu/Hu stellen ein System vor, das Produktrezensionen zusammenfasst. Sie gliedern diese Aufgabe in zwei große Teilaufgaben: (1) Identifikation von Aspekten eines Produkts, zu denen Meinungen kundgetan wurden; (2) für jeden Aspekt Ermittlung der Anzahl der Rezensionen, die eine positive oder negative Meinung dazu ausdrücken. Die Autoren stellen auch die grundlegende Architektur ihres Systems dar (siehe Abb. 5.6), das im Wesentlichen auf zwei Hauptaufgaben aufbaut: die Extraktion der Aspekte und die Identifikation der Stimmungsrichtung. Die Extraktion der Aspekte basiert im Wesentlichen darauf, häufige Features mittels Association Rule Mining (und der Reduktion von redundanten oder falschen Features) und seltene Features zu erkennen (mittels nahe bei einem Meinungswort

---

[686] Vgl. Lee/Jeong/Lee, 2008, 230ff.
[687] Lee/Jeong/Lee, 2008, S. 231

liegenden Hauptwort oder Hauptwortphrase). Die Stimmungsrichtung wird auf Basis von WordNet ermittelt.[688,689]

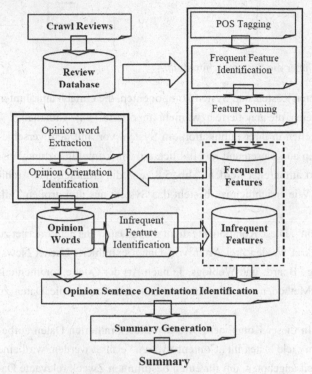

Abb. 5.6: Überblick über das System[690]

Einen ähnlichen Lösungsweg schlagen Blair-Goldensohn et al. vor. Wie in Abb. 5.7 zu sehen ist, sind aber manche Schritte in anderer Reihenfolge oder technisch anders umgesetzt als bei Liu/Hu.

---

[688] Vgl. Hu/Liu, 2004, 168ff.
[689] Vgl. Hu/Liu, 2004, 755ff.
[690] Hu/Liu, 2004, S. 170

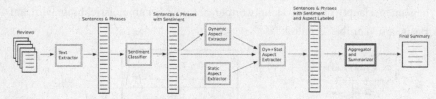

Abb. 5.7: Überblick über die Systemarchitektur[691]

Die doppelt umrahmten Kästen sind Systemkomponenten, die einfach umrahmten Kästen sind Textdateien, die annotierte bzw. nicht annotierte Texte enthalten.[692]

Glance et al. stellen in ihrer Publikation ein System vor, mit dem verschiedene Internet-Quellen ausgelesen und im Hinblick auf Marktintelligenz und Wissen über einen Markt aufbereitet werden. Abb. 5.8 zeigt die grundlegende Architektur des Systems. Wie ersichtlich ist, besteht das System aus drei großen Teilbereichen:

- „Content System": Diese Komponente dient dazu, Daten aus dem Internet zu sammeln. Konkret werden drei Arten von Daten extrahiert: Usenet Newsgroups, Message Boards und Weblogs. Je nach Art der Quelle kommen unterschiedliche Methoden und Algorithmen zum Einsatz, um die Daten zu strukturieren.   .

- „Production": In dieser Komponente werden die extrahierten Daten aufbereitet. Nachdem viele Daten im „Content System" erfasst werden, wird eine Suchmöglichkeit angeboten, um für einen bestimmten Zweck relevante Daten zu erhalten. Die Themen der relevanten Daten werden mit Regeln sowie mit Klassifikationsmethoden ermittelt. Die Stimmungsrichtung wird mittels Lexikon, POS-Tagger, Parser und semantischen Regeln berechnet. Um die Dokumente feingranularer bewerten zu können, werden anschließend noch Fakten extrahiert.

- „Analysis": Die aufbereiteten Daten können in einem interaktiven System im Detail analysiert und angezeigt werden. Dazu wurden einerseits Drill-Down-

---

[691] Blair-Goldensohn et al., 2008
[692] Vgl. Blair-Goldensohn et al., 2008

Mechanismen implementiert, andererseits wurden einige Maßzahlen definiert (z.B. „Buzz Count", „Polarity" und „Author Dispersion").[693]

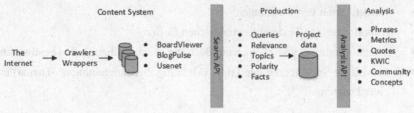

Abb. 5.8: Systemarchitektur[694]

„OPINE" ist ein System zum „Review Mining" von Popescu/Etzioni. Die Autoren gliedern dabei das „Review Mining" in folgende Hauptaufgaben:

1. Produkt Features auf Basis von häufigen Hauptwörtern identifizieren
2. Meinungen in Bezug auf diese Produkt Features identifizieren; zum Einsatz kommen dabei Regeln, die angewendet werden, wenn ein Produkt Feature in einem Textteil auftritt.
3. Bestimmung der Polarität der Meinung mittels Unsupervised Learning Algorithmen
4. Reihung der Meinungen in Bezug auf ihre Stärke[695]

Andere Autoren (wie z.B. Su et al.) stützen sich auf die Aufgaben von Popescu/Etzioni.[696]

Lin/He schlagen für ein feingranulares Opinion Mining vor, die Identifikation der Produkteigenschaften als ersten Schritt und die Sentiment Klassifikation in einem zweiten Schritt durchzuführen.[697] Kim/Hovy fokussieren nur auf einen Teilbereich des Opinion Minings, nämlich auf die Erkennung einer Meinung, des Meinungsinhabers und des Themas. Die Autoren beziehen sich auf Artikel in Zeitungen, da hier die Erkennung des Meinungsinhabers ungleich wichtiger ist als in

[693] Vgl. Glance et al., 2005, 422ff.
[694] Glance et al., 2005, S. 422
[695] Vgl. Popescu/Etzioni, 2005, 339ff.
[696] Vgl. Su et al., 2006, S. 23
[697] Lin/He, 2009, S. 375

Social Media Texten. Die Autoren schlagen für oben angeführten Teilbereich folgende Schritte vor:

- Identifikation von Meinungen
- Annotierung der Texte mit semantischen Rollen
- Meinungsinhaber und Themen auf Basis der semantischen Rollen bestimmen
- Persistente Speicherung der Triple (Meinung, Meinungsinhaber, Thema) in einer Datenbank[698]

Kaiser diskutiert im Rahmen einer Fallstudie ein „Opinion Mining Konzept" (siehe Abb. 5.9).

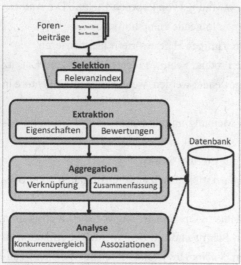

Abb. 5.9: Opinion Mining Konzept[699]

Dieses Konzept zieht als Quellen Beiträge in Diskussionsforen als Basis heran und beinhaltet folgende Punkte:

- Selektion der Quellen

  Nachdem es zahlreiche Foren gibt, werden diese zuerst in Bezug auf ihre

---

[698] Vgl. Kim/Hovy, 2006, 1f.
[699] Kaiser, 2009, S. 92

Relevanz ausgewählt. Der Relevanzindex setzt sich aus der Reichweite und der Größe des Forums zusammen.

- Extraktion

  Im Rahmen der Extraktion sollen Produkteigenschaften und deren Bewertungen erkannt werden. Beide Teilaufgaben werden als Klassifikationsaufgabe aufgefasst und es wird SVM auf Satzebene eingesetzt.

- Aggregation

  In diesem Schritt werden die extrahierten Produkteigenschaften mit den Bewertungen verknüpft. Dies ist insofern notwendig, da die Eigenschaften und die Bewertungen getrennt voneinander ermittelt werden. Als Vereinfachung wird angenommen, dass sich die Bewertung eines Satzes auf den enthaltenen Aspekt bezieht. Weiters werden gleichartige Bewertungen der Eigenschaften mit verschiedenen Detaillierungsgraden zusammengefasst.

- Analyse

  Bei der Analyse sollen die extrahierten Daten beispielsweise mit denen des Mitbewerbs verglichen werden. Eine Assoziationsanalyse soll Aufschluss darüber geben, welche Produktbestandteile von Kunden mit welchen Attributen assoziiert werden.[700]

Ein Framework zur Verarbeitung von Social Media Text in Echtzeit wird von Preot‚iuc-Pietro et al. vorgestellt. Die Autoren fokussieren auf Twitter und auf die Echtzeitverarbeitung. Dazu greifen sie Konzepte wie MapReduce auf, um die großen Datenmengen bewältigen zu können. Das Framework bietet „nur" eine Twitter-spezifische Tokenization, eine Spracherkennung sowie Stemming. Weitere Module wie POS-Tagging, Ortserkennung, NER, etc. sind geplant.[701]

Yi et al. haben einen etwas anderen Weg eingeschlagen: Die Autoren klassifizieren nicht die Stimmungsrichtung für ein gesamtes Dokument, sondern gehen von einem bestimmten Objekt aus, für das Referenzen im Text identifiziert und

---

[700] Vgl. Kaiser, 2009, 91ff.
[701] Vgl. Preot‚iuc-Pietro et al., 2012, 38ff.

anschließend dafür die Stimmungsrichtung berechnet wird. Das entwickelte System besteht aus einer Komponente zur Extraktion von themenspezifischen Features, einer Sentiment Extraktion und einer Komponente zur abschließenden Zusammenführung der extrahierten Informationen in die Form $(topic|feature, sentiment)$.[702] Die Autoren haben das entwickelte System um eine Komponente erweitert, um die Stimmungsrichtung auch für ein gesamtes Dokument ermitteln zu können und stellen die Architektur in einer späteren Veröffentlichung detaillierter vor. Wie in der Abb. 5.10 zu erkennen ist, werden die vordefinierten Objekte, die zu analysieren sind, dem „Spotter" und dem „Disambiguator" aus den erhobenen Daten gefiltert. Die Extraktion der Features erfolgt auf Basis von POS-Tags und Heuristiken; die eigentliche Stimmungsbewertung erfolgt auf Basis eines Sentiment Lexikons und von vordefinierten Regeln.[703]

---

[702] Vgl. Yi et al., 2003, 427ff.
[703] Vgl. Yi/Niblack, 2005, 1076ff.

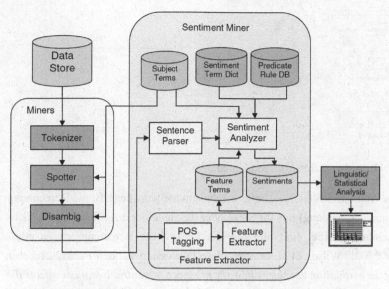

Abb. 5.10: Sentiment Mining Prozess von WebFountain[704]

Unnamalai stellt ein System vor, das ebenfalls auf Twitter fokussiert (siehe Abb. 5.11); nach der Erfassung der Texte aus Twitter werden diese gestemmt und die POS-Tags bestimmt. Danach erfolgt die Berechnung der Stimmungsrichtung: Die Texte werden geparst und mit SentiWordNet auf ihre Stimmungsrichtung analysiert.[705]

---

[704] Yi/Niblack, 2005, S. 1077
[705] Vgl. Unnamalai, 2012, 2259f.

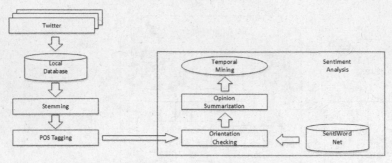

Abb. 5.11: Systemarchitektur von Unnamalai[706]

Manche Autoren diskutieren Varianten, bestimmte Schritte (z.B. die Berechnung
der Stimmungsrichtung) nur für Sätze oder Textteile durchzuführen, die tatsächlich meinungsbehaftet sind, um die Genauigkeit der Berechnungen zu erhöhen.[707,708,709,710] Wilson et al. bringen diese Diskussion auf den Punkt: *„Another
facet of the evaluation considers how the presence of neutral instances affects the
performance of features for distinguishing between positive and negative polarity.
These experiments show that the presence of neutral instances greatly degrades
the performance of these features, and that perhaps the best way to improve performance across all polarity classes is to improve the system's ability to identify
when an instance is neutral"*.[711] Im Gegensatz dazu konnten Cui et al. keine Verbesserung feststellen, wenn objektive Sätze aus den Daten entfernt werden.[712]

 Jin/Ho wählen andere Algorithmen („lexicalized HMM") zur Extraktion von
Aspekten und zur Sentiment Klassifikation. Im Preprocessing Schritt werden dabei Websites gecrawlt und bereinigt (siehe Abb. 5.12).[713]

[706] Unnamalai, 2012, S. 2259
[707] Vgl. Blair-Goldensohn et al., 2008
[708] Vgl. Maynard/Bontcheva/Rout, 2012
[709] Vgl. Boiy/Moens, 2009, 533ff.
[710] Vgl. Barbosa/Feng, 2010, 37ff.
[711] Wilson/Wiebe/Hoffmann, 2009, S. 399
[712] Vgl. Cui/Mittal/Datar, 2006, 1265ff.
[713] Vgl. Jin/Ho, 2009, S. 465

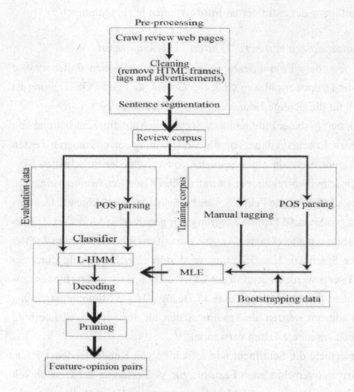

Abb. 5.12: System mit „lexicalized HMM"[714]

Wie auch bereits im Kapitel 2.3.3 beschrieben, definiert Liu für das Opinion Mining auf Aspekt-Ebene folgende Schritte:

1. Extraktion der Entitäten und Kategorisierung von synonymen Ausdrücken

2. Extraktion der Aspekte und Kategorisierung der synonymen Begriffe

3. Extraktion der Meinungsinhaber

4. Extraktion des Zeitpunkts

5. Sentiment Klassifikation (eigentliche Ermittlung der Stimmungsrichtung)

---

[714] Jin/Ho, 2009, S. 466

6.   Zusammenfügung der extrahierten Informationen in ein Quintupel[715]

5.1.3.3   Ansätze, die „unsaubere" Daten berücksichtigen

Hu/Liu stellen fest, dass Produktfeatures in Produktrezensionen üblicherweise
Hauptwörter oder Hauptwortphrasen sind; die Genauigkeit von POS-Tagging ist
insofern kritisch für die richtige Erkennung von Produktfeatures.[716]

Clark fokussiert in seiner Publikation ausschließlich auf die Verarbeitung von
unsauberen Texten. Er schlägt dabei vor, die Verarbeitung von unsauberen Texten
nicht wie häufig umgesetzt in einer Sequenz von verschiedenen Schritten (Tokenization, Rechtschreibkorrektur, etc.) durchzuführen, sondern in einem einzigen
Tool abzubilden, um bestimmte Fehler besser berücksichtigen zu können. Der vorgestellte Ansatz basiert auf Machine Learning mit generativen Modellen.[717] Bar-
bosa/Feng wählen einen interessanten Ansatz, um mit unsauberen Daten in Twitter
umzugehen: Die Sentiment Klassifikation wird zum einen zweistufig durchgeführt, d.h. die Tweets werden zuerst in subjektiv und objektiv unterschieden, anschließend werden die subjektiven Texte in Bezug auf die Stimmungsrichtung
evaluiert. Zum anderen werden als Trainingsdaten für die Supervised Learning
Algorithmen auch unsaubere Daten verwendet.[718]

Gamon untersucht die Sentiment Klassifikation von Kundenfeedbackdaten.
Er experimentiert mit verschiedenen Features zur Verbesserung der Genauigkeit
der Klassifikation auf Basis von SVM. Als Features werden auch linguistische
Features (wie POS-Trigramme, spezifische Längen von Sätzen und Phrasen, POS-
Tags kombiniert mit semantischen Relationen, etc.) herangezogen. Damit die Features die Anzahl der Trainingsdaten nicht übersteigen, werden sie mit dem Likelihood-Quotienten reduziert. Als Ergebnis kann festgehalten werden, dass die linguistischen Features die Klassifikation verbessern und die Genauigkeit erhöhen –

---

[715] Vgl. Liu, 2012, 14ff.
[716] Vgl. Hu/Liu, 2004, S. 171
[717] Vgl. Clark, 2003, 13ff.
[718] Vgl. Barbosa/Feng, 2010, 36ff.

auch, wenn unsaubere Daten vorliegen.[719] Xu et al. stellen eine Methode zum Mining von Kundenmeinungen (von Amazon) dar; sie verwenden bewusst keine komplexeren linguistischen Features mit der Begründung, dass Rezensionen von Kunden häufig informale Ausdrücke enthalten und Parsing für solche Daten ungenau ist.[720]

Ein Framework (in Abb. 5.13 dargestellt) zum Opinion Mining für „unsaubere" Daten stellen Dey/Haque vor. Die Softwarearchitektur besteht aus mehreren Modulen:

- „Data Acquisition": Mit diesem Modul werden Blogs mit einem Crawler geladen. Die Blogeinträge werden strukturiert abgespeichert.

- „Creating Knowledge Base": Der Aufbau von Wissen über eine Domain erfolgt mit einem semi-automatisierten Ansatz. Dazu wird die initiale Liste von Seed-Wörtern wird mit domänenspezifischen Wörtern erweitert; WordNet dient beispielsweise dazu, morphologische Formen dieser Wörter zu erhalten. Neben den Wörtern werden auch Muster gelernt, um Meinungen identifizieren zu können. Das generierte Wissen wird in Form von Regeln gespeichert und dient zur Analyse der Meinungen.

- „Text Preprocessing": Die Autoren identifizieren bei den Blogs als Hauptprobleme Rechtschreibfehler, die Verwendung von synonym klingenden Wörtern und die willkürliche Verwendung von Symbolen. Die wichtigsten Aufgaben sind daher die Entfernung von willkürlichen Satzzeichen und Symbolen, die Erkennung von Satzenden und die kontextbasierte Rechtschreibkorrektur.

- „Opinion Expression Identificiation": Die Erkennung von Meinungen wird in drei Teilaufgaben gegliedert: die Identifikation und Extraktion von Meinungsausdrücken aus Texten, die Extraktion von meinungsbehafteten Features und die Berechnung der Stimmungsrichtung. Um die komplexen Beziehungen zwischen Meinungswörtern, den Sentiment Shifters (wie „nicht",

---

[719] Vgl. Gamon, 2004, 841ff.
[720] Xu et al., 2011, S. 746

„sehr", etc.) abzubilden, wird mit einem Parser die grammatikalische Struktur ermittelt und anschließend mit „Frequent Sequential Pattern Mining" linguistische Regeln gelernt und angewendet.

- „Opinion Mining and Aggregation": Abschließend werden die extrahierten Features und Stimmungsrichtungen aggregiert. Nachdem die Features mit unterschiedlichen Wörtern ausgedrückt werden können, werden Ontologien auf Basis von WordNet verwendet, um Synonyme abbilden zu können. Die Ontologie wird in OWL gespeichert.[721]

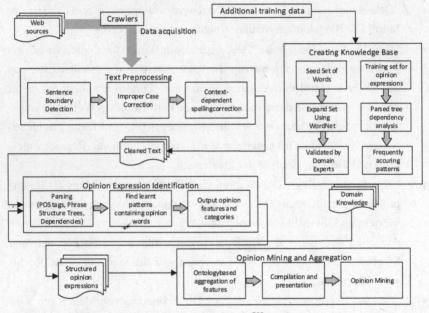

Abb. 5.13: Softwarearchitektur von Dey/Haque[722]

Mehrere Autoren beschäftigen sich weniger mit dem Umgang von unsauberen Daten, fokussieren aber auf die Verwendung von spezifischen Social Media Quellen. Koulumpis et al. diskutieren, dass POS-Tags für Tweets zur Sentimentanalyse

---

[721] Vgl. Dey/Haque, 2009, 209ff.
[722] Dey/Haque, 2009, S. 210

nicht sinnvoll sind.[723] Derczynski et al. untersuchen ebenfalls den Einfluss der spezifischen Merkmale von Tweets auf mehrere Text-Vorverarbeitungsschritte: Sprachidentifikation, Tokenization, POS-Tagging und Eigennamenerkennung. Die Autoren stellen fest, dass die Genauigkeit dieser Schritte durch unsaubere Texte beeinträchtigt wird. Ansätze zur Normalisierung (normale bzw. starke Normalisierung) der unsauberen Texte bieten nur kleine Verbesserungen und müssen noch weiter entwickelt werden.[724] In einer weiteren Publikation fokussieren Derczynski et al. weniger auf unsaubere Texte, sondern vielmehr auf die Besonderheiten von POS-Tagging für Tweets. Sie evaluieren die Leistung von mehreren verbreiteten Taggern (z.B. Brants TnT-Tagger, Brill-Tagger TBL, Stanford-Tagger, ...), die auf Basis des Wall Street Journal-Korpus trainiert wurden. Als Ergebnis lässt sich festhalten, dass die Tagger – ähnlich wie auch im Abschnitt 4.3.1.6 dargestellt – keine besonders hohe Genauigkeit für Tweets erreichen. Die häufigsten Tagging-Fehler entstehen durch Internet-Slang-Wörter, Rechtschreibfehler, Genre-bezogene Phrasen und unbekannte Wörter. In weiterer Folge entwickelten die Autoren einen Twitter-spezifischen POS-Tagger, der deutlich bessere Ergebnisse erzielt.[725]

5.2 Vorgehensmodell für Opinion Mining im Web 2.0

Basierend auf

- den zuvor angeführten Ansätzen (Kapitel 5.1.3),
- den Definitionen von Vorgehensmodellen (Kapitel 5.1.2),
- den möglichen Methoden für die einzelnen Schritte (Kapitel 4) und
- den Besonderheiten des Web 2.0 (Kapitel 3)

wird ein Vorgehensmodell für das Opinion Mining im Web 2.0 konzipiert. Das Vorgehensmodell (siehe Abb. 5.14) bildet ein semi-automatisiertes Vorgehen zum Opinion Mining ab, bei dem lexikalische Ansätze mit Machine Learning Ansätzen

---

[723] Kouloumpis/Wilson/Moore, 2011, S. 541
[724] Vgl. Derczynski et al., 2013, 21ff.
[725] Vgl. Derczynski et al., 2013, 199ff.

kombiniert werden. Die Kombination dieser beiden Ansätze wurde bereits auch von verschiedenen Autoren für Teilbereiche verfolgt.[726]

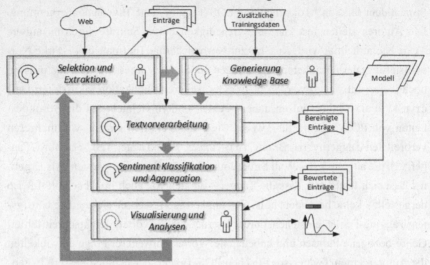

Abb. 5.14: Überblick Vorgehensmodell für Opinion Mining (eigene Darstellung)

Das Vorgehensmodell ist wie folgt zu verstehen: die großen Blöcke stellen die einzelnen Phasen des Vorgehensmodells dar. Insgesamt besteht das Modell aus 5 Phasen:

- Selektion und Extraktion
  In dieser Phase werden die potenziellen Quellen für ein zu untersuchendes Objekt (also ein Produkt, eine Marke, ein Unternehmen) ausgewählt und deren Inhalte extrahiert. Im Sinne des Monitorings ist es sinnvoll und notwendig, dass diese Phase regelmäßig durchgeführt wird, um aktuelle Inhalte aus den Quellen extrahieren zu können.
- Generierung Knowledge Base
  In dieser Phase werden die Ressourcen aufgebaut, die für die eigentliche Sen-

---

[726] Vgl. Melville/Gryc/Lawrence, 2009, 1275ff.

timent Bewertung benötigt werden. Diese Phase umfasst daher vier Hauptaufgaben: (1) der Aufbau einer Ontologie mit Entitäten und Aspekten, (2)
der Aufbau von Berechnungsmodellen auf Basis von Trainingsdaten, (3) die
Erstellung eines Wörterbuchs zur Erkennung der Sprache und (4) die Erstellung eines Wörterbuchs zur Korrektur von Symbolen und Internet Slang Begriffen. Nachdem der Aufbau dieser Ressourcen zeitaufwändig ist, kann
diese Phase wiederholt werden, wenn beispielsweise Analyseergebnisse verbessert oder Modelle für ein weiteres zu untersuchendes Objekt bzw. eine
andere Domäne aufgebaut werden sollen.

- Textvorverarbeitung

  Das Ergebnis der ersten Phase sind einzelne Beiträge, die in Bezug auf die
  Stimmungsrichtung bewertet werden sollen. Die eigentliche Berechnung der
  Stimmungsrichtung findet in der Phase „Sentiment Klassifikation und Ag-
  gregation" statt. Die Aufbereitung und Vorverarbeitung der Texte für die
  Klassifikation findet in dieser Phase („Textvorverarbeitung") statt. Diese
  Phase wird für jeden neu hinzugekommen Beitrag wiederholt durchgeführt
  und dient dazu, den „unsauberen" User generated content zu bereinigen.

- Sentiment Klassifikation und Aggregation

  Im Anschluss an die Bereinigung der Texte erfolgt die eigentliche Stimmungsbewertung. Wie in Kapitel 2 bereits dargestellt, existiert eine Vielzahl
  von möglichen Ansätzen. In dieser Arbeit liegt der Fokus auf Machine Learning Methoden, da diese weit verbreitet sind und – wie in Kapitel 0 dargestellt – vergleichsweise rasch zu Ergebnissen führen. Diese Phase wird ebenfalls mit jedem neu hinzugekommen Beitrag wiederholt.

- Visualisierung und Analysen

  Das Opinion Mining soll dazu genutzt werden, dass beispielsweise die eigenen Produkte verbessert oder die Kommunikation verändert wird. Es ist daher sinnvoll, die bewerteten Einträge im Sinn der Meinungsdefinition von
  Liu (Kapitel 2.1.1.1, Quintupel $(e_i, a_{ij}, s_{ijkl}, h_k, t_l)$) nach verschiedenen Ge-

sichtspunkten zu aggregieren, zu visualisieren und verschiedene Analyse-
möglichkeiten zur Verfügung zu stellen. Diese Phase wird – je nach Bedarf
der Anwender – durchgeführt bzw. wiederholt.

Die Phasen werden grundsätzlich sequentiell durchlaufen, wobei sie jedoch auch
laufend wiederholt werden (dargestellt durch das kreisförmige Pfeilsymbol).
Wichtig ist auch die Feedbackschleife von der letzten Phase – der Visualisierung
– zur ersten Phase, da der Anwender damit die Möglichkeit bekommt, die Qualität
der Sentiment Analyse zu bewerten und neue Einträge in die Trainingsdaten hinzuzufügen kann.

Am rechten Bildrand der jeweiligen Phasen sind die Ergebnisse durch verschiedene Symbole dargestellt. Die Ergebnisse stellen auch den Input für weitere
Phasen dar; dies wird durch die Pfeile verdeutlicht.

Außerdem enthält das Vorgehensmodell Rollen, die verschiedenen Phasen
zugeordnet sind:

- Rolle „Anwender"

  Die Rolle des Anwenders ist in der Phase „Visualisierung und Analysen" von
  Relevanz: Der Anwender kommt mit der (grafischen) Benutzeroberfläche in
  Berührung und kann die bewerteten Beiträge nach verschiedenen Kriterien
  aggregieren und visualisieren.

- Rolle „Domänenexperte"

  Die Rolle des Domänenexperten ist in den Phasen „Selektion und Extraktion" und „Generierung Knowledge Base" sinnvoll. In beiden Phasen ist in
  diesem semi-automatisierten Vorgehensmodell menschliche Intelligenz ge-
  fragt, um einerseits für ein Untersuchungsobjekt relevante Quellen zu identifizieren und andererseits, um Entitäten und Aspekte in Ontologien aufzubauen sowie um Trainingsdaten für die Supervised Learning Algorithmen zu
  erstellen.

Die Phasen werden im Folgenden näher beschrieben.

5.2.1   Selektion und Extraktion

Die erste Phase (siehe Abb. 5.15) betrifft die Selektion und Extraktion von Daten. Diese Phase muss – wie schon beschrieben – wiederholt durch geführt werden und besteht aus zwei Schritten: der Selektion der Quellen und der Extraktion der Texte. Während der Schritt der Extraktion der Texte laufend stattfinden muss, um aktuelle Daten aus den Quellen laden zu können, wird die Auswahl der Quellen hingegen nur gelegentlich verändert (beispielsweise wenn es eine Quelle nicht mehr gibt oder neue Quellen hinzugefügt werden sollen).

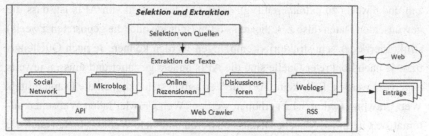

Abb. 5.15: Phase 1 - Selektion und Extraktion (eigene Darstellung)

Wie in Kapitel 3 erarbeitet, kommen als Quellenarten Social Network Services, Microblogs, Diskussionsforen, Online Rezensionssysteme und Weblogs in Betracht. Ähnlich wie bei Kaiser wird der Ansatz vorgeschlagen, bereits in diesem Schritt auf bestimmte Quellen zu fokussieren, um die Analysen zu erleichtern bzw. um die Auswertungen fokussierter durchführen zu können. Es müssen also konkrete Quellen für ein zu untersuchendes Objekt (ein Produkt, eine Marke oder Unternehmen) gefunden werden, z.B. bestimmte Facebook-Seiten, Twitter-Nachrichten mit bestimmten Hashtags, Amazon-Rezensionen zu bestimmten Produkten, bestimmte Diskussionsforen oder bestimmte Weblogs. Die Relevanz der einzelnen Quellen kann berücksichtigt werden, indem pro Quelle die Relevanz auf einer dreistufigen Skala (hohe Relevanz/mittlere Relevanz/geringe Relevanz) angegeben wird. Diese Relevanz wird vom Domänenexperten aufgrund der Reichweite (als Indikator dient die Anzahl der Benutzer) einer Quelle vergeben. Anders als bei Kaiser wird kein quantitativer Index vorgeschlagen, da die Reichweite im Lauf der Zeit variiert (z.B. die Anzahl der „Fans" einer Facebook-Seite) oder manchmal nur schwer ermittelt werden kann (z.B. bei Rezensionen in Amazon). Die Relevanz kann dann in der letzten Phase („Visualisierung und Analysen") in die Visualisierungen und als Filterkriterium einfließen.

Je nach Quellenart bzw. je nach konkreter Quelle müssen die Daten auf unterschiedliche Weise extrahiert werden. Viele Social Network Services als auch einige Microblogging-Dienste bieten APIs (Application Programming Interface) an. Beispielsweise stellt Facebook eine Vielzahl von APIs zur Verfügung (Graph API, Open Graph, etc.), Twitter bietet ebenfalls eine API an, um Suchen abzusetzen und Tweets zu extrahieren (vgl. 4.3.1.1). Der Vorteil von APIs ist, dass die gewünschten Daten (also z.B. die geposteten Beiträge oder die geposteten Tweets) strukturiert oder semistrukturiert empfangen werden können. Je nach Quellenart bzw. je nach konkreter Quelle sind die APIs anders gestaltet und müssen jeweils angepasst werden. Falls keine API zur Verfügung steht, können die Daten mittels Web Crawling (vgl. 4.3.1.1) erhoben werden. Web Crawler laden Webseiten automatisiert herunter. Manche Diskussionsforen und viele Weblogs bieten auch die Möglichkeit, mittels RSS aktualisierte Inhalte laden zu können. Je nach Quellenart und Möglichkeit zum Extrahieren von Daten sind die anschließenden Vorverarbeitungsschritte anders: Beispielsweise müssen Daten, die mit einem Web Crawler geladen wurden, um störende Inhalte (wie weiterführende Texte, Banner, etc.) bereinigt werden. RSS-Feeds enthalten in vielen Fällen nicht den gesamten Text, sondern nur einen Teaser und einen Link auf die entsprechende Webseite. Diese Webseite muss dann – wieder mit einem Crawler – geladen und bereinigt werden.

Das Ergebnis dieser Phase sind eine Menge an Dokumenten mit User generated content. Jedes Dokument enthält dabei genau einen Beitrag, also ein Posting in Facebook, einen Tweet, eine Rezension, etc.

5.2.2   Generierung Knowledge Base

In der zweiten Phase (siehe Abb. 5.16) steht die Generierung einer Knowledge Base auf Basis eines semi-automatisierten Ansatzes im Vordergrund. Hierbei sind vier größere Schritte in Betracht zu ziehen:

- Aufbau eines Wörterbuchs für die Spracherkennung

- Aufbau eines Wörterbuchs für Internet Slang und Emoticons
- Ermittlung und Definition von Entitäten und Aspekte für eine bestimmte Domäne
- Erstellung eines Machine Learning Modells zur Berechnung der Stimmungsrichtung

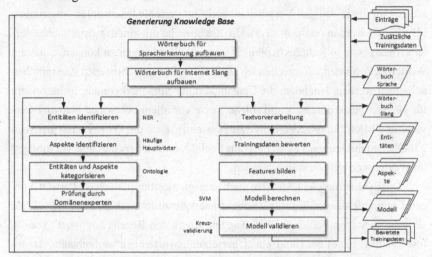

Abb. 5.16: Phase 2 - Generierung Knowledge Base (eigene Darstellung)

Input für diese Phase sind Einträge, die als Ergebnis während der ersten Phase entstanden sind sowie zusätzliche Trainingsdaten. Ergebnisse dieser Phase sind Entitäten und zugehörige Aspekte, ein Modell zur Berechnung des Sentiments, die bewerteten Einträge sowie die Wörterbücher zur Erkennung der verwendeten Sprache und von Internet Slang Begriffen.

Diese Phase wird dann wiederholt durchlaufen werden, wenn ein neues, zu untersuchendes Objekt angelegt wird bzw. wenn ein Modell für ein bereits angelegtes Untersuchungsobjekt weiter verfeinert und verbessert werden soll. Je nach Anforderung und Verbesserungsbedarf müssen nicht alle Schritte durchlaufen werden, sondern es können auch nur einzelne Schritte durchgeführt werden.

5.2.2.1   Wörterbücher aufbauen

Eine Spracherkennung ist insofern sinnvoll, da in den Web 2.0-Quellen immer wieder Einträge in anderen Sprachen vorkommen (siehe 3.3.2) und viele der Textverarbeitungsalgorithmen Sprachspezifika und sprachspezifische Implementierungen aufweisen (beispielsweise Stemming, POS-Tagging, etc.). In der Literatur können für die jeweiligen Verarbeitungsschritte verschiedene Implementierungen identifiziert werden (siehe 4.3.1.3). Um die Sprache mit einem wörterbuchbasiertem Ansatz (wie in Řehůřek/Kolkus[727] vorgestellt) erkennen zu können, muss ein Wörterbuch mit den entsprechenden Wörtern in den verschiedenen Zielsprachen aufgebaut werden. Nachdem die Genauigkeit der Spracherkennung insbesondere für kürzere Texte abnimmt und solche Texte vor allem bei Social Network Services und Microblogs vorkommen, ist es wichtig, dass die Wörter auch aus Web 2.0-Quellen mit kurzen Texten (also aus Social Network Services und Microblogs) im Wörterbuch aufgenommen werden.

Die Evaluierung in 4.3.1.6 hat auch gezeigt, dass beispielsweise Part-Of-Speech Tagging fehleranfällig ist bei unbekannten Ausdrücken (z.B. beim Satz „I like ur firm" entstehen Fehler im POS-Tagging durch den Begriff „ur" statt „your"). Insofern liegt es auf der Hand, ein „Übersetzungswörterbuch" aufzubauen, das Internet Slang Begriffe wie „LOL", „IMHO", „ur", etc. in „richtige" Begriffe übersetzt. Darüber hinaus können Emoticons und andere häufig verwendete Symbole aufgelöst und übersetzt werden. Manche der Internet Slang Begriffe werden in vielen/allen Sprachen verwendet (z.B. „IMHO"), andere Begriffe kommen hingegen spezifisch in bestimmten Sprachen vor. Das Wörterbuch muss also so aufgebaut sein, dass diese Besonderheit abgebildet werden kann.

---

[727] Vgl. Řehůřek/Kolkus, 2009, 361ff.

5.2.2.2 Entitäten und Aspekte ermitteln und kategorisieren

Nachdem es schwierig ist, semantische Zusammenhänge zwischen den Entitäten und Aspekten komplett automatisiert aufzubauen, wird ein semi-automatisiert Ansatz vorgeschlagen: Die Entitäten und Aspekte werden computerunterstützt ermittelt und anschließend manuell kategorisiert und gegliedert.

Die Ermittlung von Entitäten und Aspekten kann wie folgt ablaufen: Die Entitäten werden auf Basis von Named Entity Recognition (NER) (siehe Kapitel 2.3.3.1) aus den Texten ermittelt. Es existieren zahlreiche Implementierungen von NER, die bereits eine hohe Erkennungsrate aufweisen (F-Maß größer 90 %).[728] Nachdem die NER-Algorithmen in der Regel „nur" Namen von Personen, Unternehmen und Orten, Datums- und Zeitangaben und monetäre Beträge und Prozentsätze erkennen, ist es notwendig, die hinter NER liegenden Modelle um Namen von Marken und Produkten zu erweitern. Beispielsweise bietet die Named Entity Recognition von OpenNLP verschiedene Modelle zur Erkennung der Eigennamen zum Download an. Darüber hinaus wird eine API zur Verfügung gestellt, um den NER-Algorithmus zu trainieren.[729]

Für die Erkennung der Aspekte bieten sich wiederum mehrere Möglichkeiten an (siehe 2.3.3.2). Wie die Evaluierung in Kapitel 4.3.2 gezeigt hat, konnten mit LDA keine guten Ergebnisse erzielt werden, mit „simplen" Verfahren wie „Frequent Nouns" hingegen schon. Moghaddam/Ester schlagen ebenfalls den Weg mit „Frequent Nouns" als Basis für die Erkennung von Aspekten vor.[730] Es wird also der Weg vorgeschlagen, auf Basis von häufigen Hauptwörtern die Aspekte zu ermitteln. Voraussetzung für die Erkennung von häufigen Hauptwörtern ist, dass die Texte mit POS-Tags annotiert sind.

Im Anschluss an die Identifikation von Entitäten und Aspekten müssen diese gegliedert und kategorisiert werden. Es empfiehlt sich die Abbildung von seman-

---

[728] Vgl. Hotho/Nürnberger/Paaß, 2005, S. 42
[729] Vgl. Apache OpenNLP Developer Documentation. Written and maintained by the Apache OpenNLP Development Community, Online im WWW unter URL: http://opennlp.apache.org/documentation/1.5.3/manual/opennlp.html
[730] Vgl. Moghaddam/Ester, 2010, S. 1826

tischen Strukturen: „is-aspect" und „synonym". Mit „is-aspect" kann die Beziehung zwischen einer Entität und einem oder mehreren Aspekten abgebildet werden. Mit „is-aspect" werden sowohl „Teil-Ganzes"-Relationen (z.B. „Display" ist Teil von „Mobiltelefon") als auch Eigenschaften von Entitäten (z.B. „Fahrweise" von „Auto") abgebildet. Mit der „synonym"-Relationen können sowohl auf Ebene der Entitäten als auch auf Ebene der Aspekte synonyme Begriffe festgelegt werden (z.B. „Samsung Galaxy S4", „SGS4", „Galaxy S4", etc.).[731,732] Weiters können Begriffe für die Abbildung von impliziten Aspekten hinterlegt werden, beispielsweise ist „teuer" ein Begriff für den impliziten Aspekt „Preis" (siehe auch Kapitel 2.3.3.2). Xu et al. stellen fest, dass implizite Aspekte in Online Rezensionen häufig auftreten und die Identifikation dieser Aspekte daher hohe Bedeutung zukommt.[733]

Diese Aktivitäten sollten durch Domänenexperten durchgeführt werden, da diese die Entitäten, deren Aspekte und Synonyme am besten abschätzen können.

5.2.2.3   Modell aufbauen

Eingangs wurde beschrieben, dass das Vorgehensmodell sowohl lexikalische Ansätze als auch Machine Learning Ansätze kombiniert. Die Kapitel 2.3 und 4.2 haben gezeigt, dass ein Großteil der Ansätze zur Sentiment Klassifikation auf Basis von Supervised Learning Algorithmen umgesetzt wird; für dieses Vorgehensmodell wird ebenfalls dieser Weg gewählt. Bei Supervised Learning Algorithmen besteht ein wesentlicher Teil darin, dass mithilfe von annotierten Daten („Trainingsdaten") die Algorithmen trainiert werden, um anschließend Klassifikationsaufgaben durchführen zu können. Die Schritte zum Aufbau eines solchen Modells werden im Folgenden beschrieben.

Je nachdem, wie „sauber" die Einträge bzw. die zusätzlichen Trainingsdaten sind, ist eine Vorverarbeitung der Einträge notwendig. Prinzipiell kommen bei der Vorverarbeitung der Einträge die gleichen Schritte und Techniken zum Einsatz

---

[731] Vgl. Liu, 2012, 12f.
[732] Vgl. Liu, 2012, 58ff.
[733] Vgl. Xu et al., 2013, S. 35

wie in Phase 3 (siehe 5.2.3). Die detaillierte Beschreibung dieser Vorverarbeitungsschritte erfolgt dann in diesem Kapitel.

Wie schon kurz beschrieben, sind bei Supervised Learning Algorithmen Trainingsdaten notwendig, um ein Modell zur Berechnung der Stimmungsrichtung aufbauen zu können. Als Trainingsdaten kommen die extrahierten Einträge als auch zusätzliche Trainingsdaten in Frage. In einem ersten Schritt müssen daher Einträge gesammelt und anschließend bewertet werden. In Anlehnung an Barbosa/Feng (siehe 5.1.3.3) sollten als Trainingsdaten die verschiedenen Quellenarten herangezogen werden, um die Heterogenität in das Modell einfließen zu lassen. Um eine ausreichend genaue Granularität zu erreichen, sollte die Bewertung der einzelnen Einträge auf Satzebene und mit einer dreistufigen Skala (positiv/+1, neutral/0, negativ/-1) erfolgen. Um den subjektiven Einfluss eines einzelnen Bewerters zu reduzieren, ist es sinnvoll, die Bewertung von mehreren Bewertern vornehmen zu lassen und bei Unstimmigkeiten entweder einen Mehrheitswert zu wählen oder – mit einigem Aufwand verbunden – sich auf einen Wert im Zuge eines Abstimmungsprozesses zu einigen.

Zur Berechnung des Modells müssen entsprechende Features ausgewählt werden. Wie in Tab. 4.1: Überblick Methoden im Opinion Mining (eigene Darstellung)

ersichtlich, sind in den Publikationen unterschiedliche Features zu finden: Unigramme, Bigramme, N-Gramme, linguistische Features (Wortart, POS-Tags, etc.), Kombinationen aus den genannten Features, etc. Nachdem die Anzahl der Features im Verhältnis zur Anzahl der Trainingsdaten die Fehlerrate bzw. die Genauigkeit beeinflusst, wird in einigen Veröffentlichungen über das optimale Verhältnis von Features zu Trainingsdaten diskutiert. Die Ermittlung der optimalen Anzahl an Features für eine bestimmte Anzahl an Trainingsdaten (und umgekehrt) ist komplex und von zwei Faktoren wesentlich abhängig: von der Klassifikationsmethode selbst und von der Verteilung der Features in den Trainingsdaten. Hua et al. experimentieren mit verschiedenen Klassifikatoren und unterschiedlicher Anzahl von Trainingsdaten und Features. Als Ergebnis erhalten sie Kennlinien, die

die Fehlerraten bei einer bestimmten Anzahl von Trainingsdaten und Features angeben. Die Autoren testen mit bis zu 30 Features und bis zu 200 Trainingsdaten.[734]
Laut empirischen Experimenten von Foley sollte die Anzahl der Trainingsdaten
pro Klasse dreimal größer sein als die Anzahl der Features. Die Einschränkung bei
dieser Faustregel ist, dass dies nur für eine binäre Klassifikation und einer
Gauss'schen Verteilung der Features gültig ist.[735] Ruck stellt fest, dass die minimale Anzahl an Trainingsdaten pro Klasse der Anzahl an Features entsprechen
kann, wünschenswert aber ein Verhältnis von drei ist.[736] Um die Anzahl der Trainingsdaten in erträglichem Ausmaß zu halten, hat Gamon die Features mit dem
Likelihood-Quotienten reduziert, damit die Anzahl der Features die Anzahl der
Trainingsdaten nicht übersteigt. Gamon hat auch experimentiert, welche Features
sinnvoll eingesetzt werden können und kommt zu dem Schluss, dass linguistische
Features die Klassifikation verbessern und die Genauigkeit erhöhen können, dass
der Effekt aber – zumindest bei vergleichsweise „unsauberen" Daten – für praktische Anwendungen nicht besonders hoch ist.[737] Xu et al. ziehen komplexere linguistische Features ebenfalls nicht in Erwägung mit der Begründung, dass User
generated content häufig informelle Ausdrücke beinhaltet und einfachere Features
effektiv anwendbar sind.[738]

Aufgrund oben angeführter Sachverhalte wird für das Vorgehensmodell in
Bezug auf die Features Folgendes vorgeschlagen:

- Verwendung von einfachen Features (Unigramme)
- Reduktion der Anzahl der Features, um den Aufwand für die Erstellung von
  Trainingsdaten in Grenzen zu halten; dazu werden zwei Wege vorgeschlagen: Stemmen der Trainingsdaten (und damit Berechnung des Modells mit
  gestemmten Features) und Reduktion der Anzahl der Features, die wenig
  häufig vorkommen.

---

[734] Vgl. Hua et al., 2005, 1509ff.
[735] Vgl. Foley, 1972, S. 623
[736] Vgl. Ruck, 1990, S. 31
[737] Vgl. Gamon, 2004, 841ff.
[738] Vgl. Xu et al., 2011, S. 746

- Aufbau von ausreichenden Trainingsdaten (rund drei Mal soviele Trainingsdaten wie Features pro Klasse)

Die Evaluierung in Kapitel 4.3.3.3 zeigt auch, dass die beiden untersuchten Methoden (SVM und Naive Bayes) grundsätzlich geeignet sind, um eine Klassifikation vorzunehmen. Wie bereits dargestellt, kann mit der SVM eigentlich nur ein binäres Klassifikationsproblem gelöst werden. Um trotzdem eine Klassifikation in die Klassen positiv/neutral/negativ vornehmen zu können, können zwei mögliche Herangehensweisen gewählt werden: entweder eine mehrfache Anwendung einer binären Klassifikation oder die Verwendung einer SVM-Implementierung, die Multiklassen-Klassifikation unterstützt.

Im Anschluss an die Bewertung der Trainingsdaten und die Generierung der Features sind die Modelle zu berechnen. Um eine Abschätzung über die Güte des Modells vornehmen zu können, sollte mit der Kreuzvalidierung (3-fache/5-fache Kreuzvalidierung) die Genauigkeit bestimmt werden (siehe auch Kapitel 2.1.3). Damit erhält man einen Indikator, wie gut die Trainingsdaten und damit das Modell sind bzw. ob noch weitere Trainingsdaten oder andere Features notwendig sind.

5.2.2.4 Domänen- und sprachübergreifende Knowledge Base

Gerade für praktische Anwendungen ist die Problematik der domänenübergreifenden Sentimentanalyse interessant. Wie bereits in Kapitel 2.4.1 dargestellt, können in der Literatur verschiedene Ansätze für domänenübergreifende Sentimentanalysen identifiziert werden, es kann aber noch keine Aussage getroffen werden, welcher der Ansätze am effektivsten ist. Für das Vorgehensmodell wird der relativ neue und vielversprechend erscheinende Ansatz von Bollegala et al.[739] aufgegriffen. Wie bereits beschrieben, bauen die Autoren einen „Sentiment sensitiven Thesaurus", um Assoziationen zwischen Wörtern zu finden, die eine ähnliche Stimmungsrichtung in unterschiedlichen Domänen ausdrücken. Dieser Thesaurus wird dazu verwendet, um die Features für die Klassifikation zu erweitern. Nachdem

---

[739] Vgl. Bollegala/Weir/Carroll, 2011, 132ff.

sich der Ansatz auf die Dokumentenebene bezieht, müssen die Entitäten und Aspekte für die neue Domäne angepasst werden. Zur Unterstützung der Anpassung können die oben beschriebenen Algorithmen wie NER und „Frequent Nouns" auf Daten der neuen Domäne angewendet werden. Die Überprüfung und weitere händische Anpassung obliegt wiederum dem Domänenexperten.

Wie in Kapitel 2.3.2.3 dargestellt, gibt es einige Veröffentlichungen zu der Thematik der sprachübergreifenden Sentimentanalysen. Nachdem vergleichsweise hohe Genauigkeiten mit Klassifikationsmethoden erzielt werden, die auf Basis eines übersetzten Korpus trainiert wurden, wird dieser Ansatz auch für das Vorgehensmodell vorgeschlagen.[740] In Anlehnung an die Veröffentlichungen von Mihalcea et al.[741] und Banea et al.[742,743] können die annotierten Trainingsdaten in eine Zielsprache übersetzt werden. Um den Aufwand der Übersetzung gering zu halten, kann die Übersetzung automatisiert beispielsweise mit Google Translate API[744] erfolgen. Anschließend wird ein Modell auf Basis des übersetzten Korpus trainiert. Die Entitäten und Aspekte sind ebenfalls – automatisiert oder händisch – in die Zielsprache zu übersetzen.

Wie auch schon oben beschrieben, sind die Features sinnvollerweise zu reduzieren und die Modelle für weitere Domänen bzw. für andere Sprachen mit einer Kreuzvalidierung in Bezug auf die Qualität zu überprüfen und gegebenenfalls zu verbessern.

5.2.3   Textvorverarbeitung

In Kapitel 3 wurden Web 2.0-Quellen in Bezug auf die mögliche Eignung für das Opinion Mining untersucht; in Kapitel 3.4 wurden die Besonderheiten und die damit verbundenen Auswirkungen auf das Opinion Mining zusammengefasst. Bei der Evaluierung von einzelnen Algorithmen im Kapitel 4.3.1 wurde festgestellt,

---

[740] Vgl. Kim/Li/Lee, 2010, 595ff.
[741] Vgl. Mihalcea/Banea/Wiebe, 2007, 976ff.
[742] Vgl. Banea et al., 2008, 127ff.
[743] Vgl. Banea/Mihalcea/Wiebe, 2010, 28ff.
[744] Vgl. Google Developers. Google Translate API/2012, Online im WWW unter URL: https://developers.google.com/translate/?hl=de [Stand: 25.03.2014]

dass einige der gängigen Algorithmen sensibel in Bezug auf „unsaubere" Texte reagieren. Die Konsequenz für das Vorgehensmodell zum Opinion Mining ist, dass eine Phase zur Textvorverarbeitung (siehe Abb. 5.17) explizit aufgenommen wird.

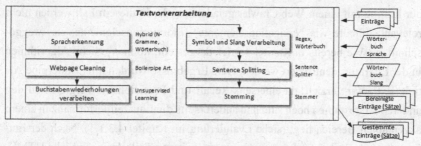

Abb. 5.17: Phase 3 – Textvorverarbeitung (eigene Darstellung)

Diese Phase wird jedes Mal ausgeführt, sobald ein neuer Eintrag durch die Phase 1 hinzukommt. Input für diese Phase sind also die Einträge, die in Phase 1 extrahiert werden sowie die in Phase 2 erstellten Wörterbücher zur Spracherkennung und zur Bereinigung des Internet Slangs. Das Ergebnis dieser Phase sind einerseits die bereinigten Einträge (aufgeteilt in einzelne Sätze) und andererseits die gestemmten Einträge (ebenfalls aufgeteilt in einzelne Sätze).

Die Textvorverarbeitung startet mit einer Spracherkennung. Wie oben bereits erläutert, ist die Spracherkennung insofern sinnvoll, da die Einträge in Web 2.0-Quellen trotz Fokussierung auf eine bestimmte Sprache immer wieder Texte in anderen Sprachen beinhalten und mögliche weitere Textverarbeitungsschritte sprachabhängig sein können. Wie in der Evaluierung (Kapitel 4.3.1.3) dargestellt wurde, konnten mit Algorithmen auf Basis von N-Grammen für längere Texte gute Ergebnisse erzielt werden. Nachdem aber die Genauigkeit bei kürzen Texten deutlich nachlässt, empfiehlt sich ein Hybrid-Ansatz: Bestimmung der Sprache auf Basis von N-Grammen (beispielsweise mit der Library „NTextCat") sowie Bestimmung der Sprache mit einem wörterbuchbasierten Ansatz mit Relevanz-Mapping. Als Wörterbuch wird das in der vorigen Phase aufgebaute Wörterbuch verwendet. Die Parameter, wann welcher der beiden Ansätze die höhere Gewichtung bekommt, sind experimentell zu ermitteln.

Der nächste Schritt – das Webpage Cleaning – ist nur dann sinnvoll, wenn der Eintrag mit einem Web Crawler geladen wurde. In diesem Fall werden nicht relevante Inhalte wie Navigationselemente, Informationselemente, etc. weggeschnitten. Wie bereits in Kapitel 4.3.1.1 dargestellt, können etliche Algorithmen in der Literatur identifiziert werden. Gute Ergebnisse wurden mit „Boilerpipe Article Extractor" erzielt, da einerseits Recall und Precision im Vergleich zu den anderen Algorithmen hoch sind und andererseits die Laufzeitperformanz in einem akzeptablen Bereich liegt (siehe Evaluierung im Kapitel 4.3.1.1). Nach der Entfernung des „Boilerplate" werden in einem weiteren Teilschritt sämtliche HTML-Elemente (wie <script>, <h1>, etc.) aus dem Text entfernt, sodass nur mehr der „reine" Text für die weitere Verarbeitung zur Verfügung steht. Die Entfernung von HTML-Elementen kann mit Regular Expressions erfolgen. Dieser gesamte Schritt kann entfallen, wenn der Inhalt über eine API bezogen wurde, denn in diesem Fall steht in der Regel der „Plain Text" zur Verfügung (in verschiedenen Formaten wie XML oder JSON).

Brody/Diakopoulos (siehe auch Kapitel 2.4.2) schlagen einen Unsupervised Learning Algorithmus vor, der explizit „Wortverlängerungen" (Ausdrücke wie „cooollll") verarbeiten kann.[745] Dieser Algorithmus wird an dieser Stelle des Vorgehensmodells eingesetzt, um solche Ausdrücke auf eine richtige Schreibweise zu korrigieren. Der Algorithmus muss an die jeweilige Sprache angepasst werden, um optimale Ergebnisse zu erzielen.

Im nächsten Schritte werden die „Spezialausdrücke" (also der Internet Slang) und die Emoticons und Symbole verarbeitet. Für die „Übersetzung" von Internet Slang Begriffen in „richtige" Begriffe wird das in der vorigen Phase aufgebaute Wörterbuch verwendet. Das Ersetzen von Internet Slang Begriffen durch zugeordnete Begriffe aus dem Wörterbuch kann mittels Regular Expressions erfolgen.

---

[745] Vgl. Brody/Diakopoulos, 2011, 562f.

Anschließend werden die Einträge in Sätze gegliedert. Liu et al. stellen fest, dass jedes Satzsegment (durch „,", „.", „und", „oder" getrennt) sich höchstens auf einen Aspekt bezieht.[746] Ähnlich dazu stellen Xu et al. fest, dass sich ein Satz häufig auf einen Aspekt bezieht.[747] Kaiser wählt ebenfalls diese Vereinfachung (siehe 5.1.3.2). Diese Aussagen dienen als Grundlage, um die in der nächsten Phase erfolgende Zuordnung von Entitäten und Aspekten zu Stimmungsrichtungen zu erleichtern. Die Satzteilung kann wiederum mit verschiedenen Algorithmen erfolgen (siehe 4.3.1.2). Gute Ergebnisse für die englische Sprache wurden beispielsweise mit dem ANNIE Regex Splitter erzielt, für die deutsche Sprache wurden die besten Ergebnisse mit dem OpenNLP Splitter erreicht. Hier wird durch die Evaluierung ebenfalls deutlich, dass die Performanz der Algorithmen stark von der analysierten Sprache abhängig ist.

Im Anschluss an die Teilung der Texte in einzelne Sätze werden die einzelnen Wörter mit einem Stemmer noch auf die Stammform reduziert. Wie die Evaluierung in 4.3.1.4 gezeigt hat, werden durch die Stemming-Algorithmen Eigennamen (also auch Markenbezeichnungen, Produktbezeichnungen, etc.) auf eine Stammform reduziert. Es ist daher für die folgende Phase der Sentiment Klassifikation (insbesondere bei den Schritten zur Extraktion der Entitäten und Aspekte) notwendig, dass nicht nur die gestemmten Inhalte zur Verarbeitung zur Verfügung stehen, sondern auch die nicht gestemmten Inhalte.

5.2.4   Sentiment Klassifikation und Aggregation

In dieser Phase findet die Sentiment Klassifikation und die Zusammenführung der einzelnen extrahierten Informationseinheiten – Entität, Aspekt, Stimmungsrichtung, Meinungsinhaber, Zeitpunkt – statt. Abb. 5.18 zeigt die einzelnen Teilschritte. Input für diese Phase stellen die zuvor extrahierten Daten dar: die bereinigten Einträge, die annotierten Einträge, die Entitäten und Aspekte sowie das Modell zur Berechnung der Stimmungsrichtung. Das Ergebnis dieser Phase sind bewertete Einträge in der Form eines (wie in der Definition in 2.1.1.1 angeführten)

---

[746] Vgl. Liu/Hu/Cheng, 2005, S. 346
[747] Vgl. Xu et al., 2013, S. 27

Quintupels $(e_i, a_{ij}, s_{ijkl}, h_k, t_l)$. Diese Phase wird ebenfalls je neu hinzugekommenen Eintrag ausgeführt.

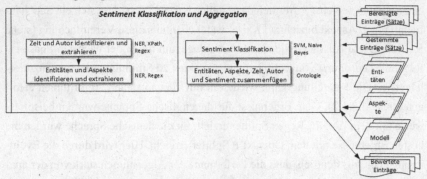

Abb. 5.18: Phase 4 - Sentiment Klassifikation und Aggregation (eigene Darstellung)

Im ersten Schritt werden Zeit und Autor identifiziert. Die Identifikation von Zeit und Autor ist – verglichen mit Zeitungsartikeln – im Web 2.0 einfach. Die empirische Erhebung in 3.3.2 hat gezeigt, dass bei Web 2.0-Quellen in sehr hohem Ausmaß (> 90 %) der Autor des Beitrags der Meinungsinhaber ist. Je nach Quellenart können die Autoren einfach ermittelt werden: Bei Quellen, die über eine API ausgelesen werden können, liegen die extrahierten Daten in der Regel bereits in strukturierter Form (in Formaten wie XML oder JSON) vor. Bei RSS-Feeds wird der Autor eines Beitrages ebenfalls explizit ausgewiesen. Bei Textdaten, die mittels Web Crawler erhoben wurden, kann der Autor entweder mittels Named Entity Recognition oder XPath ermittelt werden. Auf ähnliche Art und Weise kann der Zeitpunkt der Meinungsabgabe ermittelt werden: APIs liefern in der Regel den Zeitpunkt des Beitrags explizit in strukturierter Form und RSS-Feeds beinhalten ein Publikationsdatum. Bei mit Web Crawlern extrahierten Daten kann ebenfalls mit NER bzw. mit XPath der Zeitpunkt extrahiert werden.

Als nächstes werden die Entitäten und die Aspekte identifiziert und extrahiert. Nachdem die zu identifizierenden Entitäten und deren Aspekte bereits in

Ontologieform vorliegen, ist die Erkennung und Identifikation dieser vergleichsweise einfach und kann mit einfachem Textvergleich bzw. Regular Expressions vorgenommen werden.

Im Anschluss an die Identifikation der Entitäten und Aspekte erfolgt die Sentiment Klassifikation. Dazu wird das in Phase 2 erstellte Modell zur Berechnung der Stimmungsrichtung auf den neuen gestemmten Eintrag angewendet. Nachdem es mehrere Modelle geben kann (für unterschiedliche Domänen bzw. für unterschiedliche Sprachen) wird je nach Quelle und Sprache das entsprechende Modell zur Klassifikation angewendet. Wie bereits bei Phase 2 beschrieben, bietet SVM grundsätzlich eine binäre Klassifikation an. Dies impliziert, dass für die Klassifikation in die Klassen positiv/neutral/negativ entweder eine Implementierung von SVM verwendet werden muss, die eine Multiklassen-Klassifikation unterstützt, oder die binäre Klassifikation muss mehrfach angewendet und die einzelnen Klassifikationsergebnisse zusammengeführt werden. Bei der mehrfachen Anwendung der Klassifikation wird jeweils eine Stimmungsrichtung gegenüber den restlichen klassifiziert, also beispielsweise positiv vs. neutral und negativ, neutral vs. positiv und negativ, etc.

Die extrahierten Informationen – Entitäten, Aspekte, Zeit und Autor – sowie die berechnete Stimmungsrichtung werden im letzten Schritt persistent gespeichert, um Aggregationen und Auswertungen durchführen zu können.

5.2.5 Visualisierung und Analysen

Die letzte Phase (siehe Abb. 5.19) wird ebenfalls nach Bedarf wiederholt durchlaufen. Input für diese Phase sind die zuvor erstellten Quintupel. Das Ergebnis dieser Phase sind kumulierte und visualisierte Darstellungen der Bewertungen.

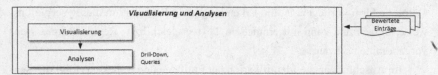

Abb. 5.19: Phase 5 - Visualisierung und Analysen (eigene Darstellung)

Nur wenige wissenschaftliche Publikationen befassen sich damit, welche Aggregationen und Visualisierungen sinnvoll sind. Beispielsweise schlagen Liu et al.
eine Visualisierung vor, bei der die Aspekte von unterschiedlichen Marken in einem Balkendiagramm gegenübergestellt werden. Die Länge der Balken gibt dabei
das Verhältnis der positiven (bzw. negativen) Meinungen bezogen auf die maxi-
male Anzahl von Meinungen von allen Aspekten und allen Marken an. Damit wird
auch visualisiert, welche Aspekte häufiger bzw. weniger häufig diskutiert werden.[748]

Grundsätzlich bietet es sich an, Aggregationen und Visualisierungen der einzelnen Elemente (und Kombinationen der Elemente) der Opinion-Definition vorzunehmen. Die zeitliche Dimension und die die Stimmungsrichtung können in allen Auswertungen kombiniert werden (sowohl als einfacher zeitlicher Verlauf als
auch als Vergleich von Zeiträumen); Vergleiche mit anderen Entitäten können
ebenfalls von Interesse sein. Folgende Auswertungen ergeben sich dadurch:

- Entität, Aspekt
  Anzahl der Meinungen zu einer Entität/Aspekt; Vergleich der Anzahl der
  Meinungen; Stimmungsrichtung in Bezug auf die Entitäten/Aspekte; zeitli-
  cher Verlauf der Stimmungsrichtung

- Aspekt
  Anzahl der Meinungen zu einem Aspekt; Vergleich der Anzahl der Meinungen; Stimmungsrichtung in Bezug auf die Aspekte

- Meinungsinhaber
  Anzahl der Meinungsabgaben eines Meinungsinhabers; Themen der Meinungsabgaben; Anzahl der positiven/negativen Meinungsabgaben

---

[748] Vgl. Liu/Hu/Cheng, 2005, S. 345

Bei der Selektion der Quellen in Phase 1 wurden die Quellen mit einem Relevanzindex (dreistufige Skala hohe Relevanz/mittlere Relevanz/geringe Relevanz) gekennzeichnet. Dieser Relevanzindex kann in dieser Phase als Filterkriterium verwendet werden. Beispielsweise können damit die Meinungen und die Stimmungsrichtungen von Entitäten verglichen werden, die nur von hoch relevanten Quellen stammen.

Um dem Benutzer nicht „nur" vorgefertigte Visualisierungen zur Verfügung zu stellen, ist es sinnvoll, dass der Benutzer diese Visualisierungen an die eigenen (Informations-)Bedürfnisse anpassen kann. Die Anpassungsmöglichkeiten können dabei sehr weit reichen und sich an weit verbreiteten Tools wie beispielsweise an Google Analytics orientieren: Gestaltung eines „Dashboards", Einstellung der Zeiträume und Vergleichszeiträume, Auswahl des Diagrammtyps (Balkendiagramm, Liniendiagramm, etc.), Hinzufügen und Entfernen von Parametern zu den Auswertungen, etc. Die Auswertungen sollten auch so gestaltet werden, dass Ad-Hoc-Analysen durchgeführt werden können.[749]

Die Feedbackschleife von dieser Phase zurück zur ersten Phase dient dazu, die Qualität des gesamten Bewertungsprozesses zu verbessern. Der Anwender soll die Möglichkeit haben, Entitäten und Aspekte hinzuzufügen und die Qualität der Sentiment Klassifikation zu bewerten. Die Bewertung der Qualität der Sentiment Klassifikation kann durch Angabe einer Bewertung (z.B. in Form einer „Sterne-Bewertung" wie bei Online Rezensionsportalen) für die berechneten Stimmungsrichtungen erfolgen oder durch die Möglichkeit, dass der Benutzer Daten zu den Trainingsdaten hinzufügen und berechnete Stimmungsrichtungen überschreiben kann.

---

[749] Vgl. Clifton, 2010, 115ff.

5.3   Zusammenfassung

In diesem Kapitel wurde die Fragestellung 3 „Wie können die Methoden und Algorithmen des Opinion Minings in einem durchgängigen Vorgehensmodell systematisiert werden?" bearbeitet. Ziel war es, ein Vorgehensmodell für das Opinion Mining für Web 2.0 zu konzipieren.

Die Ergebnisse lassen sich wie folgt kurz zusammenfassen: Zuerst wurden die Begrifflichkeiten zu „Modell", „Vorgehensmodell", „Methode" und „Werkzeug" erläutert, die Elemente eines Vorgehensmodells wurden beschrieben. Für diese Arbeit wird ein Vorgehensmodell als ein Rahmen für eine strukturierte Vorgehensweise zur Lösung eines bestimmten Problems definiert, das die durchzuführenden Aktivitäten in Phasen gliedert und Ergebnisse, Rollen, Methoden und Werkzeuge beschreibt.

Um einen Rahmen für das zu konzipierende Vorgehensmodell zu schaffen, wurden als nächstes verschiedene Vorgehensmodelle in der Literatur identifiziert. Diese Vorgehensmodelle sind allgemeine Modelle zur Analyse von Texten (z.B. das CRISP-DM-Modell) und Ansätze für Vorgehensmodelle, die insbesondere aus den Bereichen des Opinion Minings und der Verarbeitung von „unsauberen" Texten stammen. Diese Ansätze erfüllen die Kriterien eines Vorgehensmodells großteils nicht, liefern aber Anhaltspunkte für das zu konzipierende Vorgehensmodell.

Im Anschluss daran wurde basierend auf (1) den Definitionen von Vorgehensmodellen, (2) den verschiedenen Ansätzen zur Verarbeitung von „unsauberen" Texten und zum Opinion Mining, (3) den im Kapitel 3 erhobenen Besonderheiten des Web 2.0 und (4) den möglichen Methoden für die einzelnen Schritte (Kapitel 4) das Vorgehensmodell konzipiert.

Das Vorgehensmodell ist eine Kombination von lexikalischen Ansätzen und Machine Learning Ansätzen und besteht aus 5 Phasen, die sequentiell durchlaufen als auch wiederholt durchgeführt werden:

- Selektion und Extraktion
- Generierung Knowledge Base
- Textvorverarbeitung
- Sentiment Klassifikation und Aggregation

- Visualisierung und Analysen

Das Vorgehensmodell sieht eine Feedbackschleife von der letzten Phase zur ersten Phase vor, um die Qualität des gesamten Ablaufs verbessern zu können. Als Rollen werden Anwender und Domänenexperte definiert. Die Ergebnisse der einzelnen Phasen fließen jeweils in die folgenden Phasen als Input ein.

Das Vorgehensmodell systematisiert vergleichsweise einfache Methoden, um Social Media Texte zu verarbeiten. Wie in der Aufarbeitung der wissenschaftlichen Literatur ersichtlich ist, wurden teilweise aber sehr umfangreiche und komplexe Methoden für den selben Zweck entwickelt mit dem Ziel, die Performanz (im Sinn der Genauigkeit) zu steigern. Beispielsweise gibt es zahlreiche Ansätze, um die Extraktion von Aspekten durchzuführen: Frequent Nouns, regelbasierte Ansätze mit Meinung-Ziel-Relationen, Topic Modeling, etc. Mit einigen dieser Ansätze wurde experimentiert, ohne aber deutlich bessere Resultate zu erzielen. Andere Ansätze wurden zwar beschreiben, stellen aber keine verfügbaren Bibliotheken zur Verfügung, um weitere Experimente durchführen zu können.

6 Umsetzung und Anwendung des Prototyps

In diesem Kapitel werden die Fragestellung 4 „Wie können die identifizierten Methoden und Algorithmen in einem Software-Prototyp implementiert werden?" (Kapitel 0 und 6.2) und die Fragestellung 5 „Wie kann der Software-Prototyp zur Anwendung gebracht werden und wie kann die Validität des im Prototyp zur Anwendung gebrachten Vorgehensmodells überprüft werden?" (Kapitel 6.3) beantwortet. Dazu wird zuerst kurz der allgemeine Ablauf der Prototypentwicklung beschrieben. Anschließend werden wichtige Teilbereiche des Software-Prototypen beschrieben. Den Abschluss bildet der Proof-of-Concept.

6.1 Ablauf Prototypentwicklung

6.1.1 Allgemeines Vorgehen

Ein Software-Prototyp ist eine schnell herzustellende Anfangsversion eines Softwaresystems. Pomberger/Pree definieren einen Prototyp wie folgt: „Ein Software-Prototyp ist ein – mit wesentlich geringerem Aufwand als das geplante Produkt hergestelltes – einfach zu änderndes und zu erweiterndes ausführbares Modell des geplanten Software-Produkts oder eines Teiles davon, das nicht notwendigerweise alle Eigenschaften des Zielsystems aufweisen muss, jedoch so geartet ist, dass vor der eigentlichen Systemimplementierung der Anwender die wesentlichen Systemeigenschaften erproben kann. Prototyping umfasst alle Tätigkeiten, die zur Herstellung solcher Prototypen notwendig sind."[750] In der Literatur findet man häufig die Einteilung in exploratives, experimentelles und evolutionäres Prototyping.[751] Wie in Kapitel 1.3 schon dargestellt, entspricht die Vorgehensweise in dieser Arbeit dem experimentellen Prototyping. Ziel ist es dabei, das konzipierte Vorgehensmodell in einem Prototyp abzubilden und die Tauglichkeit zu beurteilen.

---

[750] Pomberger/Pree, 2004, S. 27
[751] Vgl. Pomberger/Pree, 2004, S. 27

© Springer Fachmedien Wiesbaden GmbH, ein Teil von Springer Nature 2019
G. Petz, *Opinion Mining im Web 2.0*, https://doi.org/10.1007/978-3-658-23801-8_6

Sommerville schlägt für die Entwicklung eines Prototyps folgende Vorgehensweise (siehe Abb. 6.1) vor:

- Prototypziele festlegen

    Zu Beginn des Prozesses sollten die Ziele der Anwendung des Prototyps de-
    finiert werden. Nachdem ein Prototyp kaum alle Anforderungen erfüllen
    kann, ist es wichtig festzuhalten, welcher Zweck mit der Anwendung ver-
    folgt wird.

- Prototypfunktionalität definieren

    In diesem Schritt wird festgehalten, welche Funktionalitäten im Prototyp um-
    gesetzt bzw. nicht umgesetzt werden sollen. Es ist zulässig, manche Funkti-
    onalitäten beim Prototyp nicht zu implementieren, um Zeit und Kosten zu
    sparen.

- Prototyp entwickeln

    In diesem Schritt erfolgt die eigentliche Entwicklung des Prototyps. Ergebnis
    dieses Schrittes ist ein ausführbarer Prototyp. Für die Entwicklung werden
    meist dynamische Hochsprachen (wie Smalltalk oder Java) eingesetzt, die
    auch ein Datenmanagement zur Laufzeit enthalten. Meist unterstützen die
    Werkzeuge zur Erstellung von Prototypen auch einen visuellen Programm-
    mieransatz, d.h. der Prototyp kann interaktiv entwickelt werden anstatt ein
    Programm sequenziell zu schreiben.

- Prototyp auswerten

    In der letzten Phase des Prototypings steht die Erprobung und Auswertung
    des Prototyps im Vordergrund. Benutzer sollen mit dem Prototyp arbeiten
    und somit Anforderungsfehler und -lücken erkannt werden. Auf Basis der
    gesetzten Ziele soll ein Bewertungsplan erstellt werden.[752]

---

[752] Vgl. Sommerville, 2001, 183f.

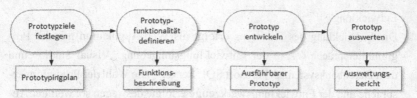

Abb. 6.1: Ablauf der Prototypentwicklung[753]

6.1.2   Vorgehen für den Opinion Mining Prototyp

Die Umsetzung des Prototyps erfolgt in Anlehnung an die in Kapitel 0 beschriebene Vorgehensweise:

- Ziel

  Ziel des Prototyps ist es, das konzipierte Vorgehensmodell zur Anwendung zu bringen und die Tauglichkeit des Vorgehensmodells anhand des Prototyps zu bewerten.

- Funktionalität

  Die Funktionalitäten ergeben sich durch die einzelnen Schritte im Vorgehensmodell. Wesentlich ist dabei, dass – im Sinn der Definition von Pomberger/Pree – nicht alle Schritte implementiert werden, sondern dass das Szenario des Opinion Minings – von der Selektion von Quellen über die Bewertung bis hin zur Visualisierung – umgesetzt wird und so eine Bewertung der Tauglichkeit des Vorgehensmodells möglich wird. Vor diesem Hintergrund ist es also nicht notwendig, alle möglichen Arten von Web 2.0-Quellen anzubinden und zu implementieren, sondern exemplarisch – im Sinn der Bewertung der Tauglichkeit – einige wenige Quellarten zu implementieren. Ähnlich stellt sich der Sachverhalt bei den Visualisierungen dar: auch hier ist es nicht notwendig, sämtliche denkbaren Auswertungen und Visualisierungen zu implementieren, sondern jene, die einen Rückschluss auf die Tauglichkeit zulassen.

---

[753] Sommerville, 2001, S. 183

- Entwicklung

  Die Entwicklung des Prototyps erfolgt als Web-Applikation mit der Programmiersprache C#, in der Entwicklungsumgebung „Visual Studio" und dem Datenbanksystem „Microsoft SQL Server". Die Wahl der Programmiersprache und der Entwicklungswerkzeuge erfolgte deswegen so, weil der Autor mit diesen die meiste Erfahrung hat. Prinzipiell sind aber gerade für die Entwicklung von Web-Applikationen viele andere Programmiersprachen und Frameworks geeignet, z.B. Ruby on Rails, Java, etc. Im Kapitel 6.2 wird der Prototyp näher beschrieben.

- Auswertung

  Die Anwendung des Prototypen wird in Kapitel 6.3 noch detailliert dargestellt.

6.2 Beschreibung Prototyp

Im Folgenden werden wesentliche Teilbereiche des Prototyps beschrieben. Der Prototyp wurde als Webapplikation in einer Microsoft Windows-Umgebung (mit C#, SQL Server als Datenbank) umgesetzt. Der Prototyp ist unter http://opmin.e-business-challenge.at/ erreichbar (geschützt mit Login und Passwort).

6.2.1 Ausgewählte Datenstrukturen

Wie bereits beschrieben, werden die Daten in einem relationalen Modell gespeichert; als Datenbank wird Microsoft SQL Server verwendet. Das Datenmodell wurde – im Sinne des Prototypings – nicht immer sauber in eine Normalform gebracht bzw. wurde aus Performance-Gründen teilweise bewusst darauf verzichtet. Darüber hinaus sind auch abgeleitete Attribute in den Tabellen enthalten, deren Bezeichnung jeweils mit einem Unterstrich („_") beginnt.

In Abb. 6.2 sind einige Tabellen dargestellt, die die extrahierten Beiträge abspeichern. Diese Tabellen werden benötigt, um die Phase 1 aus Datensicht abzubilden. Die Tabelle „ENTRY" enthält die einzelnen Beiträge, die aus den unterschiedlichen Quellen stammen. Die Einträge werden schon strukturiert abgespeichert: Autor, Datum der Veröffentlichung, Titel, Inhalt, etc. Die Besonderheit bei dieser Tabelle ist, dass mit dem Attribut „parentEntryID" hierarchisch verschachtelte Beiträge (die beispielsweise in Diskussionsforen oder Social Network Services auftreten können) abgebildet werden können. Jeder Eintrag wird einer Quelle zugeordnet (Tabelle „SOURCE"). Die Quelle ist beispielsweise eine konkrete Web 2.0-Anwendung, also z.B. eine bestimmte Seite in Facebook, ein bestimmter Blog, etc. Die Quellen werden wiederum zu Analyseobjekten (Tabelle „MONITORINGOBJECT") zusammengefasst. Ein Analyseobjekt ist beispielsweise eine Marke (wie z.B. „Samsung", „Audi", „VW", etc.), die im Web 2.0 analysiert werden soll. Jede Quelle hat einen bestimmten Typ (Tabelle „SOURCETYPE"), also beispielsweise „Facebook", „Twitter", etc. Jeder Eintrag enthält mehrere Sätze (Tabelle „SENTENCE"). Die berechnete Stimmungsrichtung wird zu jedem Satz in der Tabelle „SENTIMENT" gespeichert. Die Beziehung zwischen „SENTENCE" und „SENTIMENT" wurde deswegen so modelliert, um sogenannte Ensemble-Bewertungen abbilden zu können. Damit ist gemeint, dass ein Satz mit verschiedenen Algorithmen bewertet wird, die jeweiligen Bewertungen gespeichert und anschließend ein Mehrheitsvotum als Bewertung berechnet wird.

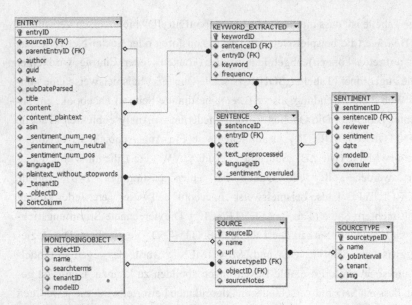

Abb. 6.2: Einträge (eigene Darstellung)

Abb. 6.3 stellt die wichtigsten Tabellen zur Abbildung der Phase 2, der Knowledge Base, dar. Im linken oberen Bereich sind die Entitäten und die Aspekte abgebildet. In den Tabellen „ENTITY_TERM" bzw. „ASPECT_TERM" sind jeweils die unterschiedlichen Schreibweisen für eine bestimmte Entität bzw. für einen bestimmten Aspekt abgespeichert. Die Trainingsdaten mit den Bewertungen (positiv/netural/negativ) sind in den Tabellen „TRAINING_ENTRY", „TRAINING_SENTENCE" und „TRAINING_SENTIMENT" abgebildet. Um eine flexible Verwendung von Trainingsdaten zu ermöglichen, wurde eine Tabelle „TRAININGDATALIST" modelliert. Die Tabelle „ANALYSISMODEL" stellt nur einen Container für die Modelle dar; die eigentlichen Berechnungsmodelle sind in der Tabelle „CALCULATIONMODEL" abgelegt. Wie in der Abbildung zu erkennen ist, enthält diese Tabelle viele Attribute, die vor allem aus programmtechnischen Gründen benötigt werden bzw. für die Berechnung der Genauigkeiten erforderlich sind. Die Tabelle „CALCULATIONFEATURE" enthält die extrahierten Features (beispielsweise Unigramme, Bigramme, etc.). Zur Abwicklung

des Schrittes „Symbol und Slang Verarbeitung" in der Phase „Textvorverarbeitung" (siehe 5.2.3) werden die beiden Tabellen „EMOTICON" und
„EMOTICONLIST" herangezogen.

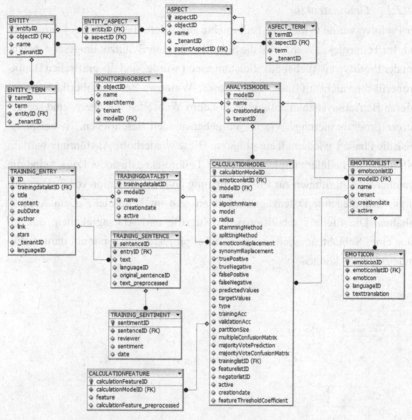

Abb. 6.3: Abbildung der Knowlege Base (eigene Darstellung)

6.2.2 Ausgewählte Programmteile

Im Folgenden werden einige Programmteile des Prototypen näher erläutert; es
werden wesentliche Programmteile beschrieben, die die Phasen „Selektion und

Extraktion", „Generierung Knowledge Base", „Textvorverarbeitung" und „Sentiment Klassifikation und Aggregation" implementieren.

6.2.2.1   Grundstruktur

Der Prototyp wurde in mehrere Teilprojekte gegliedert, die in Abb. 6.4 dargestellt sind. Im Teilprojekt „Web" wird die Schnittstelle zum Benutzer umgesetzt. Nachdem der Prototyp als Webapplikation umgesetzt wurde, sind die grafischen Benutzeroberflächen nicht auf Basis von Microsoft-Windows-Benutzeroberflächen oder anderen Betriebssystemen aufbauend, sondern Webseiten mit client- und serverseitiger Programmierung. Wie im Vorgehensmodell beschrieben, ist beispielsweise die Phase 1 wiederholt auszuführen. Diese wiederholte Ausführung wird im Teilprojekt „Scheduler" implementiert. Im Teilprojekt „Business Logic" sind die eigentlichen Algorithmen zur Vorverarbeitung und Klassifikation von Texten enthalten. Grundlegende Datenzugriffsroutinen sind im Teilprojekt „Data Access" enthalten. Die Pfeile symbolisieren die Zugriffe und Abhängigkeiten, d.h. im Sinne eines Schichtenmodells sollten die Teilprojekte immer nur auf darunterliegende zugreifen können.

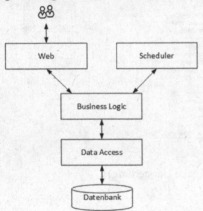

Abb. 6.4: Grundstruktur (eigene Darstellung)

Das umfangreichste und wohl auch komplexeste Teilprojekt ist „Business Logic". Folgende Namespaces sind in diesem Teilprojekt enthalten:

- OPMIN.BusinessLogic.FetchData

  In diesem Namespace sind alle Klassen und Funktionalitäten enthalten, die den Zugriff auf mögliche Web 2.0-Quellen ermöglichen. Zwei dieser Klassen sind in Kapitel 6.2.2.2 näher beschrieben.

- OPMIN.BusinessLogic.SentimentClassification

  Dieser Namespace enthält alle Klassen und Funktionalitäten, die für die Sentiment Klassifikation notwendig sind. Dazu gehören einerseits alle Funktionalitäten, um ein Feature zu extrahieren und ein Modell aufzubauen (siehe Phase 2 im Vorgehensmodell; Kapitel 5.2.2), und andererseits die Anwendung des Modells auf neue Texte (siehe Phase 4 im Vorgehensmodell; Kapitel 5.2.4). Nachdem im Rahmen des Prototyps mit verschiedenen Klassifikationsmethoden (Decision Tree, Bewertung mit einem Sentiment Lexikon und SVM) experimentiert wurde, sind auch diese Namespaces enthalten:

  o OPMIN.BusinessLogic.SentimentClassification.DecisionTree

  o OPMIN.BusinessLogic.SentimentClassification.LexicalAnalyzer

  o OPMIN.BusinessLogic.SentimentClassification.SVM

- OPMIN.BusinessLogic.TextProcessing

  Wie der Name bereits andeutet, sind in diesem Namespace alle Klassen und Funktionalitäten zusammengefasst, die der Vorverarbeitung von Texten dienen. Damit können die im Vorgehensmodell in der Phase „Textvorverarbeitung" (siehe Kapitel 5.2.3) vorgeschlagenen Schritte durchgeführt werden. Folgende Namespaces sind für die Textvorverarbeitung enthalten:

  o OPMIN.BusinessLogic.TextProcessing.BoilerPlateRemoval

  o OPMIN.BusinessLogic.TextProcessing.ContentExtraction

  o OPMIN.BusinessLogic.TextProcessing.EntityExtractor

  o OPMIN.BusinessLogic.TextProcessing.HTMLTextProcessing

  o OPMIN.BusinessLogic.TextProcessing.LanguageDetection

  - OPMIN.BusinessLogic.TextProcessing.LanguageDetection.Lang DetDictionary

  o OPMIN.BusinessLogic.TextProcessing.Parser

  o OPMIN.BusinessLogic.TextProcessing.PosTagger

o   OPMIN.BusinessLogic.TextProcessing.SentenceSplitter

o   OPMIN.BusinessLogic.TextProcessing.Stemmer

o   OPMIN.BusinessLogic.TextProcessing.StopwordRemoval

o   OPMIN.BusinessLogic.TextProcessing.Thesaurus

o   OPMIN.BusinessLogic.TextProcessing.Tokenizer

6.2.2.2   Einlesen von Daten

Wie im Vorgehensmodell angeführt, müssen die Texte je nach Art der Quelle unterschiedlich geladen werden. Das Einlesen der Daten ist im Teilprojekt „Business Logic" enthalten.

Facebook

Beispielsweise stellt Facebook mehrere APIs zur Verfügung. Zum Auslesen der Statusmeldungen von Facebook bietet sich die Graph-API an. Die API kann über verschiedene Programmiermethoden angesprochen werden: mittels PHP SDK, Javascript SDK, HTTP GET Request, etc. Für die meisten API-Aufrufe ist ein sogenannter „Access Token" nötig, auf dessen Basis die Berechtigungen ermittelt werden.[754] Zum Auslesen der Statusmeldungen wird im Prototyp also folgender HTTP Request abgesetzt:

```
https://graph.facebook.com/{account}?access_token={tok
en}&req_perms=read_stream,publish_stream,offline_acces
s&fields=statuses
```

Listing 4: HTTP-Request bei Facebook-API (eigene Darstellung)

Bei den Platzhaltern {account} und {token} werden je nach Quelle und Berechtigung die entsprechenden Werte eingesetzt.

Die API liefert die Daten in Form von JSON zurück. Im folgenden Listing ist auszugsweise eine Antwort der API angeführt (die Daten wurden mit „████" anonymisiert):

```
{
```

---

[754] Vgl. Facebook: Using the Graph API, Online im WWW unter URL: https://developers.facebook.com/docs/graph-api/using-graph-api/ [Stand: 28.03.2014]

```
    "id": "37223        ",
    "statuses": {
        "data": [
            {
                "id": "10152084310        ",
                "from": {
                    "category": "Travel/leisure",
                    "name": "          ",
                    "id": "37223        "
                },
                "message": "Gmunden's liebster Brauch
        ",
                "updated_time": "2014-03-
27T10:40:02+0000",
                "likes": {
                    "data": [
                        {
                            "id": "10000051        ",
                            "name": "Monika        "
                        }
                    ],
                    "paging": {
                        "cursors": {
                            "after": "MTgwOTg1        ",
                            "before": "MTAwMDAw        "
                        },
                        "next":
"https://graph.facebook.com/10152084        /likes?acce
ss_token=    &limit=25&after=MTgwOT        \u00253D\u002
53D"
                    }
                }

            }
[…]
            },
            "comments": {
                "data": [
                    {
```

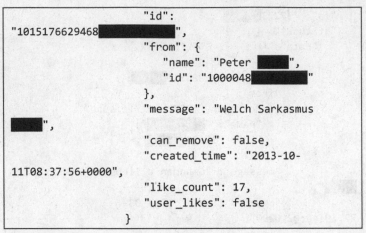

```
                        "id":
    "1015176629468      ",
                        "from": {
                            "name": "Peter      ",
                            "id": "1000048      "
                        },
                        "message": "Welch Sarkasmus
        ",
                        "can_remove": false,
                        "created_time": "2013-10-
    11T08:37:56+0000",
                        "like_count": 17,
                        "user_likes": false
                    }
```

Listing 5: Auszug aus den zurückgelieferten Daten (eigene Darstellung)

Wie in Listing 5 ersichtlich ist, können damit nicht nur die eigentlichen Statusmeldungen geladen werden, sondern auch – wesentlich für das Opinion Mining im Sinn der Definition von Opinion – der Zeitpunkt der Meinungsabgabe und der Autor. Ein Hinweis auf das Meinungsziel ist insofern gegeben, da aus diesen Daten auch die Facebook-Quelle ausgelesen werden kann. Neben diesen Daten lassen sich auch einige indirekt für das Opinion Mining interessante Daten erheben: beispielsweise wieviele „Likes" ein Beitrag erhalten hat, wer welche Kommentare auf einen Beitrag hinterlässt, etc.

Twitter

Wie bereits angeführt, bietet auch Twitter eine REST API an. Ähnlich wie bei der API von Facebook muss vor dem Laden von Twitter-Daten eine Authentifizierung durchgeführt werden.[755,756] Um beispielsweise bestimmte Tweets zu suchen, kann folgender API-Aufruf durchgeführt werden:

---

[755] Vgl. Twitter: The Twitter REST API, Online im WWW unter URL: https://dev.twitter.com/docs/api [Stand: 29.03.2014]
[756] Vgl. Twitter: Authentication & Authorization, Online im WWW unter URL: https://dev.twitter.com/docs/auth [Stand: 29.03.2014]

```
https://api.twitter.com/1.1/search/tweets.json?q=%23fr
eebandnames&since_id=24012619984051000&max_id=25012619
9840518145&result_type=mixed&count=4
```

Listing 6: Beispiel für Aufruf der Twitter-API[757]

Das Ergebnis des API-Aufrufs sind wiederum Daten im JSON-Format.[758]

Für den Prototypen wurde die API nicht direkt aufgerufen, sondern es wurde eine Implementierung eines Wrappers der API eingesetzt: Tweetsharp. Damit kann recht komfortabel die Twitter-API benutzt werden, ohne jedoch sämtliche Details ausprogrammieren zu müssen.[759] Im folgenden Listing ist ersichtlich, wie beispielsweise nach bestimmten Tweets (in der Variable „searchterm" abgespeichert) gesucht werden kann:

```
TwitterService service = new
TwitterService({ConsumerKey}, {ConsumerSecret});
service.AuthenticateWith({Token}, {TokenSecret});
var options = new SearchOptions { Q = searchterm,
Count = 100 };
result = service.Search(options);
```

Listing 7: Verwendung von Tweetsharp (eigene Darstellung)

{ConsumerKey}, {ConsumerSecret}, {Token} und {TokenSecret} dienen der Authentifizierung bei Twitter und müssen durch die entsprechenden Werte ersetzt werden.

6.2.2.3 *Aufbau Trainingsmodell*

Wie im Vorgehensmodell beschrieben, wird im Prototyp SVM zur Klassifikation herangezogen. Es gibt verschiedene Implementierungen von SVM, für den Prototyp wurde die „SVM[perf]"-Implementierung verwendet, da diese im Vergleich zu

---

[757] Twitter: GET search/tweets, Online im WWW unter URL: https://dev.twitter.com/docs/api/1.1/get/search/tweets [Stand: 29.03.2014]

[758] Vgl. Twitter: GET search/tweets, Online im WWW unter URL: https://dev.twitter.com/docs/api/1.1/get/search/tweets [Stand: 29.03.2014]

[759] Vgl. Crenna, Daniel: Tweetsharp, Online im WWW unter URL: https://github.com/danielcrenna/tweetsharp [Stand: 29.03.2014]

anderen Implementierungen (z.B. im „HeuristicLab"[760,761]) wesentlich laufzeitper-
formanter ist. SVM[perf] wurde unter Linux mit gcc entwickelt, der Sourcecode kann
von der Website bezogen werden.[762] Nachdem der Prototyp mit Visual Studio in
C# entwickelt wurde und der Sourcecode nicht nach C# portiert wurde, wird für
das Lernmodul einfach die ausführbare Datei „svm_perf_learn.exe" aufgerufen.
Nachdem SVM[perf] nur eine binäre Klassifikation durchführen kann, muss für die
Klassifikation in die Klassen positiv/neutral/negativ die Klassifkationsmethode
mehrfach angewendet werden. Dazu werden drei Modelle generiert: je ein Modell
für die positiven, neutralen und negativen Sätze.

Input für SVM[perf] sind – wie in 5.2.2.3 beschrieben – Trainingsdaten, Features, Klassen und einige Parameter zur Justierung der Berechnungen. Die Input-
daten müssen in einem bestimmten Format (beispielsweise als Textdatei) an das
Lernmodul von SVM[perf] übermittelt werden. Listing 8 zeigt das Format: Jede Zeile
(„<line>") repräsentiert einen Trainingssatz, „<target>" gibt die Klasse an (-1/+1),
„<feature>" gibt den Index des Features an, „<value>" den entsprechenden Wert.

```
<line> .=. <target> <feature>:<value>
<feature>:<value> ... <feature>:<value> # <info>
```
Listing 8: Format der Trainingsdaten für SVM[perf 763]

Um die notwendigen Daten in dieser Form bereitstellen zu können, werden
die Trainingsdaten vorverarbeitet und in Sätze geteilt. Jeder einzelne Satz muss
eine Bewertung in die Klassen positiv (+1), neutral (0) oder negativ (-1) aufweisen.

---

[760] Vgl. HeuristicLab Development Homepage, Online im WWW unter URL:
   http://dev.heuristiclab.com/trac/hl/core [Stand: 29.03.2014]
[761] Vgl. Wagner, 2009
[762] Vgl. Joachims, Thorsten: SVMPerf. Support Vector Machine for Multivariate Performance Measures/2009, Online im WWW unter URL: http://www.cs.cornell.edu/peo-
   ple/tj/svm_light/svm_perf.html [Stand: 31.10.2013]
[763] Joachims, Thorsten: SVMPerf. Support Vector Machine for Multivariate Performance
   Measures/2009, Online im WWW unter URL: http://www.cs.cornell.edu/peo-
   ple/tj/svm_light/svm_perf.html [Stand: 31.10.2013]

Als Features werden – wie im Vorgehensmodell beschrieben – Unigramme verwendet. Diese werden zusätzlich gestemmt und in Kleinschreibweise verwendet, um die Zahl der Features reduzieren zu können. Eine weitere Reduktion der Features erfolgt mit einem simplen Threshold-Koeffizienten. Der Koeffizient wird mit der Anzahl der Trainingssätze multipliziert; dieser Wert ist die minimale Anzahl, wie oft ein Feature in den gesamten Trainingsdaten vorkommen muss. Bei der Anwendung der Klassifikation wurde mit verschiedenen Werten für den Koeffizienten experimentiert; gute Ergebnisse konnten mit einem Wert von 0,0005 erzielt werden.

Anschließend wird aus den Trainingsdaten und den Features eine Textdatei im Format von Listing 8 generiert. Der Aufruf des Lernmoduls erfolgt mit Übergabe der entsprechenden Parameter:

```
Process p = new Process();
p.StartInfo.FileName = "{path}svm_perf_learn.exe";
p.StartInfo.Arguments = "-c {costParam}
{path}train.dat {path}model.dat";
p.StartInfo.UseShellExecute = false;
p.StartInfo.CreateNoWindow = true;
p.Start();
```
Listing 9: Aufruf SVM^{perf}-Lernmodul (eigene Darstellung)

Für {path} und {costParam} sind der Pfad bzw. der Parameter einzusetzen. Im Prototyp wurde für {costParam} immer der Standardwert (0,01) verwendet.

Die verwendeten Features werden in der Tabelle „CALCULATIONFEATURE", die Parameter für die Berechnung werden in der Tabelle „CALCULATIONMODEL" gespeichert (siehe 6.2.1).

6.2.2.4 Verarbeitung eines Eintrags

Die Verarbeitung eines Eintrages erfolgt in zwei Phasen: der Textvorverarbeitung und der Sentiment Klassifikation. Diese Phasen werden im Prototyp wie folgt abgebildet: Für jeden neu hinzugekommenen Eintrag werden die in Listing 10 angeführten Methoden ausgeführt.

```
private void PerformTextPreprocessing(int entryID)
```

```
{
      WorkflowPreprocessing workflow = new
WorkflowPreprocessing();
      workflow.Run(entryID);
}

private void PerformPrediction(int entryID, int
tenantID)
{
      WorkflowSentimentClassification workflow = new
WorkflowSentimentClassification();
      workflow.Run(entryID, tenantID);
}
```

Listing 10: Verarbeitung eines Eintrags (eigene Darstellung)

„WorkflowPreprocessing" führt dabei die Textvorverarbeitung durch, „Work-flowSentimentClassification" die Sentiment Klassifikation.

Textvorverarbeitung

Die im Vorgehensmodell angeführten Schritte sind wie folgt im Prototyp imple-mentiert.

- Spracherkennung

  Die Spracherkennung erfolgt mit einem hybriden Modell (siehe 4.3.1.3) ba-sierend auf N-Grammen und Wörterbucheinträgen. Die Implementierung er-folgte mit NTextCat[764], das im folgenden Listing angeführt ist. {path} enthält den Pfad zu den N-Grammen der verschiedenen Sprachen, {text} enthält den Text, für den die Sprache bestimmt werden soll.

```
IvanAkcheurov.NTextCat.Lib.Legacy.LanguageIdentifier
languageIdentifier;
IvanAkcheurov.NTextCat.Lib.Legacy.LanguageIdentifier.L
anguageIdentifierSettings settings;
languageIdentifier = new LanguageIdentifier({path});
```

---

[764] Vgl. Akcheurov, Ivan: NTextCat/2013, Online im WWW unter URL: https://ntext-cat.codeplex.com/ [Stand: 30.03.2014]

```
settings = new
LanguageIdentifier.LanguageIdentifierSettings();
var languages =
languageIdentifier.ClassifyText({text},
settings).ToList();
```

Listing 11: Erkennung der Sprache mit NTextCat (eigene Darstellung)

Die in Listing 11 angeführte Erkennung mit N-Grammen wird dann ausgeführt, wenn die Erkennung auf Basis des Lexikons kein eindeutiges Ergebnis liefert.

- Webpage Cleaning

Die Bereinigung von Webseiten um Navigationselemente, Banner, etc. erfolgt auf Basis von „Boilerpipe Article-Extractor" [765] (siehe 4.3.1.1). Die Java-Bibliothek wurde mit IKVM[766] in eine .NET-Bibliothek kompiliert. Der Aufruf des „Boilerpipe Article-Extractors" erfolgt dann einfach mit:

```
result =
de.l3s.boilerpipe.extractors.ArticleExtractor.INSTANCE
.getText({text});
```

Listing 12: Webpage Cleaning mit Boilerpipe (eigene Darstellung)

{text} enthält die gesamte Webseite mit allen HTML-Tags, Javascript-Elementen, etc.

- Symbol und Slang Verarbeitung

Die Verarbeitung von Symbolen und Slang Begriffen erfolgt auf Basis des Wörterbuchs und einfachen String-Operationen:

```
foreach (DictionaryEntry emoticon in {dictionary})
{
```

---

[765] Vgl. Kohlschütter, Christian: Boilerpipe. Boilerplate Removal and Fulltext Extraction from HTML pages/2010, Online im WWW unter URL: https://code.google.com/p/boilerpipe/ [Stand: 14.11.2013]

[766] Vgl. Frijters, Jeroen: IKVM.NET/2013, Online im WWW unter URL: http://www.ikvm.net/ [Stand: 23.12.2013]

```
   {text} = {text}.Replace(emoticon.Key.ToString(), "
" + emoticon.Value + " ");
}
```

Listing 13: Symbol und Slang Verarbeitung (eigene Darstellung)

{dictionary} ist das generierte Wörterbuch, das mit Key/Value-Paaren implementiert ist, {text} enthält den zu bearbeitenden Text.

- Sentence Splitting

Für die Satzteilung wurde der OpenNLP-SentenceSplitter mittels IKVM eingebunden:

```
//load the sentence model into a stream
java.io.FileInputStream sentModelStream = new
java.io.FileInputStream({path});
// load the model
SentenceModel sentModel = new
opennlp.tools.sentdetect.SentenceModel(sentModelStream
);
//create sentence detector
sentenceParser = new
opennlp.tools.sentdetect.SentenceDetectorME(sentModel)
;
//split input into sentences
return sentenceParser.sentDetect({text});
```

Listing 14: Sentence Splitting (eigene Darstellung)

{path} enthält den Pfad für das Modell, {text} den in Sätze zu zerteilenden Text. Nachdem die Satzteilung mit OpenNLP nicht perfekt funktioniert (siehe 4.3.1.2), wurde im Prototyp auch eine Satzteilung auf Basis von Regular Expressions implementiert.

- Stemming

Für das Stemming wurde eine Portierung des Snowball-Stemmers für die deutsche Sprache nach C# verwendet. Die Implementierung ist Teil des Lucene.NET-Projekts.[767]

Entitäten und Aspekte extrahieren

Die Umsetzung der Identifikation und Extraktion der Entitäten und Aspekte im Prototyp ist in diesem Schritt recht einfach, da die Entitäten und Aspekte sowie deren Beziehungen und mögliche Ausdrücke in der Datenbank abgelegt sind (siehe Abb. 6.3). Die Identifikation und Extraktion erfolgt mit einem String-Vergleich auf Basis von Regular Expressions.

Sentiment Klassifikation

Die eigentliche Sentiment Klassifikation ist im Prototyp – wie schon in 6.2.2.2 beim Aufbau des Trainingsmodells beschrieben – mit SVM^{perf} umgesetzt. Dabei werden die vorverarbeiteten und in Sätze zerlegten Einträge zuerst in das in Listing 8 dargestellte Format umgewandelt. Um einen Satz zu klassifizieren, muss „svm_perf_classifiy" aufgerufen werden (siehe Listing 15).

```
svm_perf_classify [options] test.dat model.dat
predictions
```

Listing 15: Aufruf von SVM^{perf} zur Klassifikation[768]

Der Aufruf im Prototyp erfolgt ähnlich wie bereits beim Aufbau des Trainingsmodells beschrieben:

```
Process p = new Process();
p.StartInfo.FileName = {path} +
"svm_perf_classify.exe";
p.StartInfo.Arguments = {classificationPath} + " " +
{modelPath} + " " + {resultPath};
p.StartInfo.UseShellExecute = false;
p.StartInfo.CreateNoWindow = true;
```

---

[767] Vgl. The Apache Software Foundation: Lucene.Net 3.0.3/2013, Online im WWW unter URL: http://lucenenet.apache.org/docs/3.0.3/d7/dc2/_snowball_2_s_f_2_snowball_2_ext_2_german_stemmer_8cs_source.html [Stand: 30.03.2014]

[768] Joachims, Thorsten: SVMPerf. Support Vector Machine for Multivariate Performance Measures/2009, Online im WWW unter URL: http://www.cs.cornell.edu/people/tj/svm_light/svm_perf.html [Stand: 31.10.2013]

```
p.StartInfo.RedirectStandardOutput = true;
p.Start();
p.WaitForExit();

double prediction;
if (System.IO.File.Exists(resultPath))
{
      using (StreamReader sr = new
StreamReader(resultPath))
      {
            string line;
            if ((line = sr.ReadLine()) != null)
            {
                  prediction = Double.Parse(line,

      System.Globalization.CultureInfo.InvariantCultur
e);
            }
      }
}
```

Listing 16: Klassifikation (eigene Darstellung)

{path}, {classificationPath}, {modelPath} und {resultPath} enthalten die entsprechenden Pfadangaben. SVM[perf] erzeugt eine Datei mit dem Ergebnis der Klassifikation. Diese Datei wird eingelesen und der Wert in der Variable „prediction" für
die weitere Verarbeitung gespeichert.

Nachdem SVM[perf] nur eine binäre Klassifikation durchführen kann, wird drei
Mal eine binäre Klassfikation mit dem entsprechenden Modell durchgeführt. An-
schließend erfolgt eine Überleitung der drei berechneten Werte in einen einzelnen
Wert (+1/0/-1) nach folgendem Prinzip:

```
private int CalculateVotes(double predNeg, double
predPos, double predNeu)
{
      double[] votes = new double[3];
      if (predNeg > 0)
      {
            votes[0] += predNeg;
```

```
        }
        else
        {
                votes[1] -= predNeg;
                votes[2] -= predNeg;
        }

        if (predPos > 0)
        {
                votes[1] += predPos;
        }
        else
        {
                votes[0] -= predPos;
                votes[2] -= predPos;
        }

        if (predNeu > 0)
        {
                votes[2] += predNeu;
        }
        else
        {
                votes[0] -= predNeu;
                votes[1] -= predNeu;
        }

        if (votes[0] > votes[1] && votes[0] > votes[2])
        {
                return -1; //summarized prediction:
negative
        }
        if (votes[0] < votes[1] && votes[2] < votes[1])
        {
                return 1;  //summarized prediction:
positive
        }
        return 0;          //summarized prediction:
neutral
```

```
}
```

Listing 17: Zusammenführung der einzelnen Bewertungen (eigene Darstellung)

6.2.3 Ausgewählte Visualisierungen

Im Folgenden werden einige Visualisierungen, die im Prototyp implementiert wurden, dargestellt. Die Darstellungen beziehen sich (sofern nicht explizit anders angegeben) immer auf eine bestimmte Quelle (Facebook-Seite von Samsung Deutschland[769]) und auf den Zeitraum von einem Monat (von 14.3.2014 bis 14.4.2014). Wie in den folgenden Abbildungen ersichtlich ist, können sowohl die Quelle als auch der Zeitraum in den jeweiligen Visualisierungen verändert werden.

Für die Visualisierung der Daten wurde die JavaScript-Bibliothek „Highcharts JS"[770] verwendet. Zur Verbesserung der Darstellung der Elemente auf den einzelnen Webseiten wurden die Bibliotheken jQuery[771] und jQuery UI[772,773] verwendet.

6.2.3.1 Stimmungsbilder für Themen

Im Sinn der Definition von Opinion Mining ist es von Interesse, welche Themen (Entitäten bzw. Aspekte) positiv oder negativ bewertet werden. Dazu wurden im Prototyp verschiedene Varianten umgesetzt. In Abb. 6.5 werden die in der Quelle diskutierten Themen im Überblick dargestellt, wobei diese Themen unabhängig von den Entitäten und Aspekten sind. Die dargestellten Begriffe sind alle in den

---

[769] Samsung Deutschland: Facebook Samsung Deutschland, Online im WWW unter URL: https://www.facebook.com/SamsungDeutschland [Stand: 16.04.2014]

[770] Vgl. Highsoft AS: Highcharts JS. Interactive JavaScript charts for your web projects, Online im WWW unter URL: http://www.highcharts.com/ [Stand: 14.04.2014]

[771] Vgl. jQuery/2014, Online im WWW unter URL: http://jquery.com/ [Stand: 18.03.2014]

[772] Vgl. Sarrion, 2012

[773] Vgl. jQuery user interface/2014, Online im WWW unter URL: http://jqueryui.com/ [Stand: 18.03.2014]

Beiträgen vorkommenden Wörter, die keine Stoppwörter sind. Die Zahl in Klammer hinter dem Begriff gibt an, wie oft der Begriff angeführt wurde. Die Einfärbung spiegelt die Stimmungsrichtung wider – grau symbolisiert neutral, rot negativ und grün symbolisiert positiv – und wird aufgrund dieser Regeln dargestellt:

- rot, wenn (Anzahl negativ > Anzahl positiv) und (Anzahl negativ > 50% Anzahl neutral)
- grün, wenn (Anzahl positiv > Anzahl negativ) und (Anzahl positiv > 50% Anzahl neutral)
- grau in allen anderen Fällen.

„Anzahl negativ" und „Anzahl positiv" bedeutet dabei, in wie vielen Beiträgen (also z.B. einem Facebook-Beitrag oder einem Tweet) ein bestimmter Begriff in einem positiven/neutralem/negativen Kontext vorkommt.

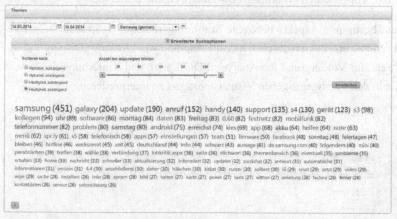

Abb. 6.5: Themen mit Stimmungsrichtung in Cloud-Form (eigene Darstellung)

Der gleiche Sachverhalt wird in Abb. 6.6 mit einer anderen Art der Darstellung aufgegriffen. Es werden die häufigsten Begriffe mit der Anzahl der positiven/neutralen/negativen Vorkommen dargestellt.

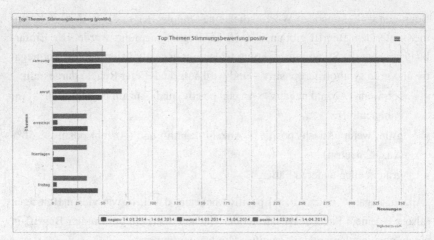

Abb. 6.6: Top-Themen Stimmungsbewertung (eigene Darstellung)

Die auf bestimmte Aspekte bezogene Stimmungsrichtung ist in Abb. 6.7 dargestellt. Wie zu erkennen ist, stehen hier die Aspekte wie „Akku", „Display", „Support", etc. im Vordergrund der Analysen. Die Länge und Einfärbung der Balken
ist wie in den vorangegangenen Visualisierungen zu interpretieren.

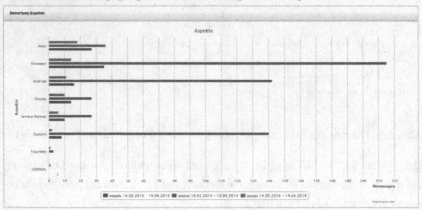

Abb. 6.7: Stimmungsrichtung für Aspekte (eigene Darstellung)

6.2.3.2   Stimmungsrichtung in Bezug auf Zeitverlauf und Meinungsinhaber

Die Opinion-Definition von Liu bringt zum Ausdruck, dass Meinungen im Laufe der Zeit volatil sind. Die folgende Abbildung stellt die Anzahl der Stimmungsrichtungen im Laufe der Zeit dar. Im Gegensatz zu den oben angeführten Visualisierungen enthält dieses Diagramm keine explizite Darstellung der neutralen Bewertungen, da diese gegenüber den positiven und negativen Bewertungen überwiegen und somit die Amplitude von positiven und negativen Beiträgen schwerer abzulesen wäre.

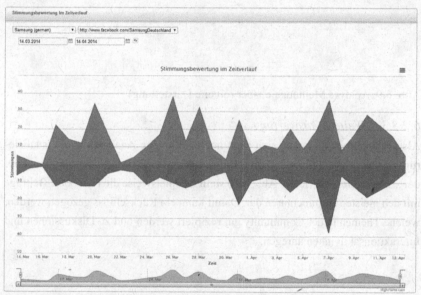

Abb. 6.8: Stimmungsbewertung im Zeitverlauf (eigene Darstellung)

Die Opinion-Definition von Liu enthält neben dem Zeitpunkt der Stimmung auch den Meinungsinhaber. Die Meinungsinhaber können dahingehend analysiert werden, wer wie häufig und in welcher Tonalität Beiträge schreibt. In Abb. 6.9 sind die Meinungsinhaber mit der Anzahl der positiven/neutralen/negativen Beiträge dargestellt. Im Sinne von Aufbau und Pflege der virtuellen Community kann diese

Visualisierung ein guter Anhaltspunkt sein, um begeisterte sowie kritische Mei-
nungsbildner identifizieren zu können.

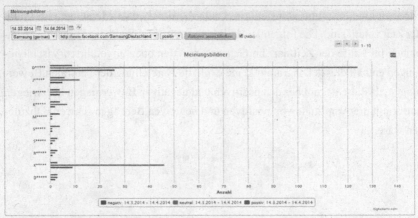

Abb. 6.9: Analyse Meinungsinhaber (eigene Darstellung)

6.2.3.3   Weitere Auswertungen

Als „Nebenprodukt" lassen sich auch noch zahlreiche Analysen und Visualisierungen über absolute bzw. relative Häufigkeiten der Beiträge, der Kommentare,
der „Likes", etc. generieren. Abb. 6.10 stellt beispielsweise die Facebook-Beiträge
mit den meisten Kommentaren dar. Damit kann ein Rückschluss gezogen werden,
welche Themen in der Community gut rezipiert werden und zu Diskussionen und
Interaktionsaktivitäten anregen.

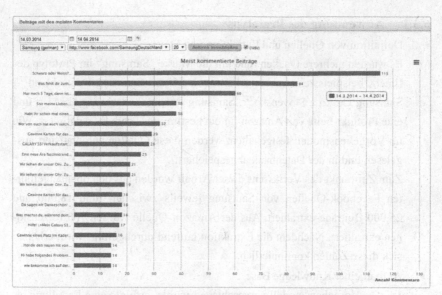

Abb. 6.10: Beiträge mit den meisten Kommentaren (eigene Darstellung)

6.3   Proof of Concept

Wie am Beginn von Kapitel 6 bereits beschrieben, wird in diesem Kapitel die Fragestellung 5 „Wie kann der Software-Prototyp zur Anwendung gebracht werden und wie kann die Validität des im Prototyp zur Anwendung gebrachten Vorgehensmodells überprüft werden?" beantwortet. Dazu wird zuerst der Prototyp so angewendet, dass aus bestimmten Quellen Texte extrahiert werden. Eine Knowledge Base wird aufgebaut und zur Bestimmung der Stimmungsrichtung eingesetzt. Im Anschluss daran wird eine manuelle Bewertung einer Stichprobe aus diesen Daten mittels einer Befragung durchgeführt. Die Evaluierung erfolgt in Bezug auf die Genauigkeit, d.h. die berechneten Stimmungsrichtungen des Prototyps werden mit den manuellen Bewertungen verglichen.

6.3.1 Anwendung des Prototyps

- Definition von Quellen und Extraktion von Daten

  Es wurden mehrere Quellen rund um die Marke „Samsung" im Prototyp definiert, beispielsweise mehrere Facebook-Seiten (Samsung Deutschland[774], Samsung Česko a Slovensko[775], Samsung Polska[776], Samsung USA[777]) und eine Produkt-Seite von Amazon für ein bestimmtes Produkt[778] definiert. Wie im Vorgehensmodell festgehalten, werden diese Quellen automatisiert ausgelesen und in der Datenbank abgespeichert.

  Zum Zeitpunkt des Verfassens dieser Arbeit wurden aus den oben angeführten Facebook-Quellen von Samsung jeweils zwischen rund 18.000 und 25.000 Beiträge extrahiert. Aus der Amazon-Quelle wurden 760 Rezensionen extrahiert. Nachdem die Extraktion laufend durchgeführt wird, erhöhen sich diese Zahlen kontinuierlich.

- Aufbau einer Knowledge Base

  Wie im Vorgehensmodell vorgeschlagen wurde, erfolgte eine Erstellung einer Knowledge Base. Dazu wurde ein Trainingsmodell auf Basis von SVM-^{perf} aufgebaut. In einem ersten Schritt wurden Trainingsdaten händisch bewertet. Die Trainingsdaten stammen aus oben angeführten deutschsprachigen Quellen und bestehen aus über 1570 Trainingssätzen. Die einzelnen

---

[774] Samsung Deutschland: Facebook Samsung Deutschland, Online im WWW unter URL: https://www.facebook.com/SamsungDeutschland [Stand: 16.04.2014]

[775] Samsung Česko a Slovensko: Facebook Samsung Česko a Slovensko, Online im WWW unter URL: http://www.facebook.com/samsungczsk [Stand: 16.04.2014]

[776] Samsung Polska: Facebook Samsung Polska, Online im WWW unter URL: http://www.facebook.com/SamsungPolska [Stand: 16.04.2014]

[777] Samsung USA: Facebook Samsung USA, Online im WWW unter URL: http://www.facebook.com/SamsungUSA [Stand: 16.04.2014]

[778] amazon.at: Samsung Galaxy S III i9300 Smartphone 16 GB (12,2 cm (4,8 Zoll) HD Super-AMOLED-Touchscreen, 8 Megapixel Kamera, Micro-SIM, Android 4.0) pebble-blue, Online im WWW unter URL: http://www.amazon.de/Samsung-Smartphone-Super-AMOLED-Touchscreen-Megapixel-metallic-blue/dp/B007VCRRNS/ref=sr_1_1?ie=UTF8&qid=1359028544&sr=8-1 [Stand: 16.04.2014]

Sätze wurden händisch vom Autor dieser Arbeit in Bezug auf die Stimmungsrichtung bewertet. Anschließend wurde ein Trainingsmodell mit SVM^{perf} mit folgenden Parametern erstellt: Feature-Threshold-Koeffizient=0,0005, Unigramme, „Cost"-Parameter C=15. Das Modell wurde mit 10-facher Kreuzvalidierung evaluiert. Die Ergebnisse der Kreuzvalidierung sind in Tab. 6.1 dargestellt. Die Spaltenüberschriften „True -1", „True 0" und „True +1" geben die tatsächlichen Stimmungsrichtungen für negative, neutrale und positive Aussagen an, „Prediction -1", „Prediction 0" und „Prediction +1" geben die mit dem Modell berechneten Stimmungsrichtungen an. Aufgrund der vergleichsweise geringen Anzahl an Trainingsdaten ist die Genauigkeit des Modells noch vergleichsweise niedrig (Accuracy = 63,9 %). Das Modell kann verbessert werden, indem weitere Trainingsdaten hinzugefügt werden.

	True -1	True 0	True +1	Class Precision
Prediction -1	270	141	41	0,60
Prediction 0	163	514	99	0,66
Prediction +1	41	85	223	0,64
Class Recall	0,57	0,69	0,61	

Tab. 6.1: Ergebnis der 10-fachen Kreuzvalidierung

Für das Modell wurde auch ein Wörterbuch aufgebaut, das Internet-Slang und gängige Abkürzungen übersetzt. Das Wörterbuch umfasst über 130 Einträge mit den gängigen Abkürzungen und Emoticons („:-)", „^^", „*g*", „<3" etc.).

Neben dem Trainingsmodell wurde eine Ontologie für ein Produkt von Samsung aufgebaut. Die Entität „Samsung Galaxy S III" umfasst mehrere Aspekte. Tab. 6.2: Aspekte und Synonyme zeigt die Aspekte und deren synonyme Begriffe. Wie bereits diskutiert, lassen sich mit dieser Ontologie auch implizite Aspekte abbilden, beispielsweise bezieht sich „Helligkeit" im Kontext eines Mobiltelefons auf den Aspekt „Display". Zum Aufbau dieser

Ontologie wurde als Ausgangsbasis „Frequent Nouns" verwendet, die Verknüpfung und Ergänzung der Begriffe erfolgte aber manuell durch den Autor.

Bezeichnung	Synonyme
Akku	Akku, Akkulaufzeit, Akku-Laufzeit, Akkuprobleme
Android	4.4, 4.4.2, 4.4.3, Android, automatische Aktualisierung, cyanogenmod, ICE, Ice Cream Sandwich, Jelly Bean, Kitkat
Design	Design, Optik
Display	Bildschirm, Display, Helligkeit, Kratzer
Firmware	Auslieferungszustand, Data factory reset, Firmware, Update, Werksreset
Gehäuse	Gehäuse, Plastik, Polycarbonat, Rückseite, Verarbeitung
Prozessor	Prozessor, Prozessorgeschwindigkeit, Quadcore, Quad-Core, Quadcore-Prozessor
Service-Partner	Customer Care Service, Customer-Care-Service, Kunden-Service, Reparatur-Service, Samsung Service
Software	iVoice, S Voice, S.Voice, Sprachbefehl, Sprachbefehle, Spracheingabe, SVoice, S-Voice
Sprachqualität	Audioqualität, Sprachqualität
Support	Hotline, Samsung-Support, Support, Support Team
TouchWiz	TouchWiz, TouchWiz-Oberfläche

Tab. 6.2: Aspekte und Synonyme

- Textvorverarbeitung, Sentiment Klassifikation und Visualisierung
  Die Textvorverarbeitung wird im Prototyp automatisiert durchgeführt. Die Sentiment Klassifikation erfolgt auf Basis des erstellten Modells mit SVM-perf. Die Visualisierung der Ergebnisse erfolgt mit den in Kapitel 6.2.3 vorgestellten Diagrammen.

6.3.2 Evaluierung

Zur Evaluierung des Vorgehensmodells wurde eine Stichprobe aus den Einträgen gezogen. Die Einträge stammen dabei von der Facebook-Seite „Samsung Deutschland" im Zeitraum zwischen 7. Jänner 2014 und 9. April 2014. Die Auswahl erfolgte, indem zuerst zufällige Einträge ausgewählt wurden und danach – sofern vorhanden – zufällige Kommentare zu diesen Einträgen herangezogen wurden. Diese Vorgehensweise wurde gewählt, um einerseits eine möglichst gute Mischung an Beiträgen zu erhalten und um andererseits die Kommentare im Kontext des „Hauptbeitrags" bewerten zu können. Insgesamt wurden 49 Einträge gezogen (21 „Haupteinträge" und 28 Kommentare). Um eine feingranulare Bewertung zu ermöglichen, wurden die vom Prototypen im Zuge der Textverarbeitung erstellten Sätze verwendet. Es handelte sich dabei um 170 Sätze insgesamt (88 Sätze aus den „Haupteinträgen", 82 Sätze aus den Kommentaren). Die Anzahl wurde gewählt, um die anschließende Bewertung in einem zeitlich passenden Rahmen durchführen zu können.

Die Sätze wurden mit Hilfe eines Online-Fragebogens (im Anhang A angefügt) von 44 Teilnehmern (42 Studierende, 2 Angestellte) bewertet. Vor der Bewertung wurde ein kurzer Überblick über die Thematik Opinion Mining gegeben und die Fragestellungen im Fragebogen wurden erläutert. Die Anzeige der einzelnen Beiträge und Sätze im Online-Fragebogen erfolgte so, dass der Kontext nachvollziehbar war. Die Sätze wurden auf einer dreistufigen Skala (positiv/neutral/negativ) bewertet. Die Bearbeitung des Fragebogens nahm zwischen 20 und 27 Minuten in Anspruch. Alle Teilnehmenden schlossen den Fragebogen ab. Die Variable „Stimmungsrichtung" weist ein ordinales Skalenniveau auf, d.h. als Lageparameter sind nur Median und Modus zulässig und als Streuparameter sind nur Quantile und Spannweite zulässig.[779] Die Kodierung der Stimmungsrichtung ist wie folgt: -1 für negativ, 0 für neutral und +1 für positiv.

Die Auswertungen ergaben folgende Ergebnisse: Tab. 6.3 gibt die Häufigkeiten der Mediane an. Wie in der Tabelle zu sehen ist, wurde ein Großteil der

---

[779] Vgl. Backhaus et al., 2008, 9f.

Sätze (106 von 170) neutral bewertet. Weiters ist auffällig, dass es deutlich mehr negative als positive Bewertungen gibt.

Bewertung	Häufigkeit Median	Häufigkeit Modus
+1	12	13
+0,5	1	-
0	106	103
-0,5	2	-
-1	49	54

Tab. 6.3: Häufigkeiten der Mediane und Mittelwerte

Die Abb. 6.11 verdeutlicht, dass die Bewertungen nicht einfach sind und teilweise großen Interpretationsspielraum offen lassen. Die Texte wurden in der Abbildung aus Übersichtlichkeitsgründen teilweise verkürzt, können aber im Anhang nachgelesen werden. In diesem Diagramm sind die 20 Aussagen abgebildet, bei denen die größten Interpretationsspielräume auftraten. Die Reihung erfolgte nach Anzahl der Übereinstimmung der Bewertungen mit dem Median. Das Diagramm ist so zu interpretieren, dass die grünen Balken die relative Häufigkeit der positiven Bewertungen, die grauen Balken die relative Häufigkeit der neutralen Bewertungen und die roten Balken die relative Häufigkeit der negativen Bewertungen darstellen. Die dunklen Rauten symbolisieren die Mediane (auf einer Skala von -1 bis +1). Die Aussage „Klasse! Weiter so!" wird beispielsweise sehr unterschiedlich interpretiert. Je nach Kontext kann dies positiv oder möglicherweise auch sarkastisch und damit negativ gemeint sein. Ähnlich kann beispielsweise die Aussage „Danke für die Antwort, an USB Kabeln habe ich alle probiert, die ich habe (4 oder 5 Stück) [sic]" interpretiert werden: Ist diese Aussage positiv intendiert oder schwingt ebenfalls ein sarkastischer Ton mit?

Dem gegenüber gibt es aber auch viele Aussagen, die eindeutiger bewertet wurden (siehe Abb. 6.12). Die Texte wurden auch hier aus Übersichtlichkeitsgründen teilweise verkürzt, können aber ebenfalls im Anhang nachgelesen werden. Beispielsweise stellt die Aussage „Ich hatte Heute morgen ein Telefonat mit einem Mitarbeiter des telefonischen Suppots. [sic]" keine Meinung im Sinn der Opinion-

Definition von Liu dar, sondern einfach Fakten. Die eindeutige Bewertung mit „neutral" ist also angebracht. Die weiter oben dargestellte Aussage „Samsung??? Was seit ihr für ne Kackmarke! [sic]" stellt eine negative Meinung dar.

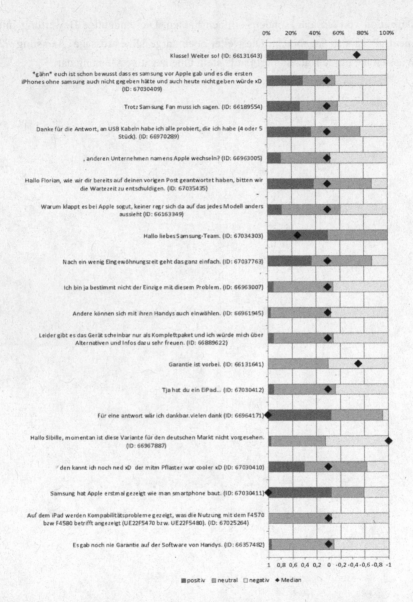

Abb. 6.11: Aussagen mit den größten Abweichungen (eigene Darstellung)

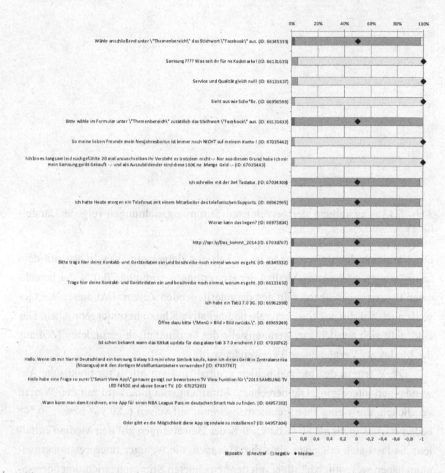

Abb. 6.12: Aussagen mit den geringsten Abweichungen (eigene Darstellung)

Die im Fragebogen erhobenen Bewertungen wurden den berechneten Stimmungsrichtungen gegenübergestellt. Die berechneten Stimmungsrichtungen können im
Prototyp in der Benutzeroberfläche angezeigt werden (siehe Abb. 6.13) und wurden für die Gegenüberstellung aus der Datenbank exportiert.

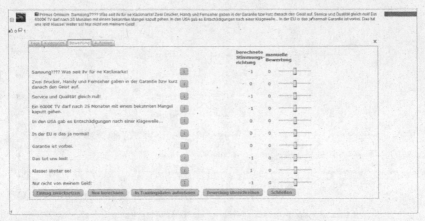

Abb. 6.13: Darstellung der berechneten Stimmungsrichtungen (eigene Darstellung)

Die Vergleich der Bewertungen ist in Tab. 6.4 dargestellt. Verglichen mit dem kaufmännisch gerundeten Median der Bewertungen stimmen 70,0 % der berechneten Bewertungen überein. In den darunterliegenden Zeilen wird dieser Wert jeweils noch auf die positive, neutrale und negative Klasse heruntergebrochen. Das Bild stellt sich ähnlich dar, wenn anstelle des kaufmännisch gerundeten Medians der Modus als Vergleichsmaß verwendet wird.

Die Werte in den rechten beiden Spalten sind vor allem für praktische Anwendungen interessant: Die berechnete Stimmungsrichtung wird mit den Werten verglichen, die wenig Interpretationsspielraum aufweisen („80 %" bzw. „70 %" bedeutet, dass mehr als 80 % bzw. 70 % der Bewertungen auf den Median entfallen). Es lässt sich erkennen, dass die Aussagen, die weniger Interpretationsspielraum haben wesentlich häufiger mit der berechneten Stimmungsrichtung übereinstimmen (zu 83,3 % bzw. zu 82,1 %).

	Anzahl der Übereinstimmungen						
	mit kaufmännisch gerundetem Median		mit Modus		mit kaufmännisch gerundetem Median (80 %)		mit kaufmännisch gerundetem Median (70 %)
Gesamt	119	70,0 %	120	70,6 %	69	81,2 %	91	79,1 %
Positiv	7	53,8 %	7	53,8 %	4	57,1 %	4	57,1 %
Neutral	78	73,6 %	77	74,8 %	42	84,0 %	59	83,1 %
Negativ	34	66,7 %	36	66,7 %	23	82,1 %	28	75,7 %

Tab. 6.4: Anzahl Übereinstimmungen

Die folgende Tabelle zeigt im Detail die Aussagen an, bei denen die Bewertung des Modells nicht mit der manuellen Bewertung (dem kaufmännisch gerundeten Median $\tilde{x}$ bzw. dem Modus x_D) übereinstimmt. Die Bezeichnungen „+1", „0" und „-1" geben die Häufigkeiten für die positiven, neutralen und negativen Bewertungen an. Die Spalte „Modell" gibt die berechnete Stimmungsrichtung an.

Text	x_D	$\tilde{x}$	Modell	+1	0	-1
Hallo Florian, wie wir dir bereits auf deinen vorigen Post geantwortet haben, bitten wir die Wartezeit zu entschuldigen. (ID: 67035435)	0	0	-1	17	21	6
Der Bonus wird für alle rechtmäßig registrierten Geräte bis spätestens 10.04.2014 ausgezahlt. (ID: 67035436)	0	0	1	14	29	1
Solltest du weitere Fragen haben, helfen dir die Kollegen vom Support der Aktion gerne weiter. (ID: 67035437)	1	1	0	26	16	2
Die erreichst du unter folgender E-Mail Adresse: fb.mail@marktundanalyse.de (ID: 67035438)	0	0	-1	13	30	1

Hallo liebes Samsung-Team. (ID: 67034303)	1	1	0	22	22	0
Das gibt es nicht mehr. (ID: 67034307)	-1	-1	0	0	16	27
Wenn du ein neues Wort hinzufügen magst, musst du zur QWERTZ-Tastatur wechseln und das Wort aufnehmen. (ID: 67037758)	0	0	-1	3	39	2
Nach der Eingabe des neuen Wortes gibst du dann einfach ein Leerzeichen ein, um das Wort hinzuzufügen. (ID: 67037760)	0	0	-1	4	39	1
Das gelernte Wort steht dir jetzt auch für die 3x4 Tastatur zur Verfügung. (ID: 67037762)	0	0	-1	9	35	0
Für beides kannst du unsere Software Kies verwenden, die du unter folgendem Link herunterladen kannst: http://spr.ly/Samsung_Kies Solltest du dabei Unterstützung benötigen, helfen dir unsere Kollegen vom Samsung Support gerne weiter. (ID: 67032831)	0	0	-1	19	24	1
Hallo liebes Samsung Team, mein erst ein Jahr altes Farblaser-Multifunktionsgrät CLX-3305 wird per USB an keinem Gerät mehr erkannt (habe den Drucker problemlos 11 Monate an einem NAS betrieben, als er plötzlich nicht mehr erkannt wurde habe ich ihn per USB an 2 Windows 7 PCs sowie einem Windows XP Notebook ausprobiert. (ID: 66965386)	-1	-1	0	0	19	25
Nirgendwo wir auch nur der Anschluss eines USB-Gerätes erkannt, andere Geräte	-1	-1	0	1	15	28

funktionieren aber einwandfrei an den USB-Ports). (ID: 66965387)					
Ist das ein bekanntes Problem oder liegt hier Einzelfall vor? (ID: 66965388)	0	0	-1	0	35	9
Danke für die Antwort, an USB Kabeln habe ich alle probiert, die ich habe (4 oder 5 Stück). (ID: 66970289)	0	0	-1	16	18	10
Da ich zwei Mal schon bei meiner E-Mail-anfrage über den Rechner raus geworfen wurde, versuche ich es so. (ID: 66962994)	-1	-1	0	0	5	39
Allerdings musste ich feststellen, das dies gar nicht, bis nur bedingt geht, da kein Flashplayer installiert ist und sich auch nicht installieren lässt. (ID: 66963000)	-1	-1	0	0	5	39
Jetzt wurde mir auch schon gesagt, dass es wohl auch nicht möglich ist. (ID: 66963001)	-1	-1	0	0	12	32
Oder muss ich zu dem, mir persönlich un-angenehmen. (ID: 66963004)	-1	-1	0	1	8	35
, anderen Unternehmen namens Apple wechseln? (ID: 66963005)	-1	0	0	5	18	21
Ich hoffe doch nicht, sehe aber auch keine andere Alternative, wenn man ein nicht ge-rade billiges Tab, nicht im vollem Umfang nutzen kann. (ID: 66963006)	-1	-1	0	1	9	34
Ich bin ja bestimmt nicht der Einzige mit diesem Problem. (ID: 66963007)	0	0	-1	2	22	20
Dann wird demnächst umgerüstet. (ID: 66975176)	-1	-1	0	1	13	30
Hallo Jasmin, du könntest die WLAN Ver-bindung zwischen deinem Smartphone und	0	0	-1	3	41	0

deinem Router einmal löschen und erneut anlegen. (ID: 66963035)						
Mal wählt er sich ein und mal nicht. (ID: 66961940)	-1	-1	0	0	15	28
Meistens zeigt er an das die Verbindung wegen zu langsamer Geschwindigkeit deaktiviert wurde. (ID: 66961941)	-1	-1	1	0	13	31
Diese Nachricht habe ich vorher noch nie bekommen. (ID: 66961942)	0	0	-1	1	25	18
Das Aufspielen einer älteren Firmware Version ist nicht möglich. (ID: 66969250)	0	0	-1	0	26	18
Bitte kontaktiere wegen deines Anliegens unsere Kollegen von der Support Hotline. (ID: 66969251)	0	0	-1	3	41	0
Das ging Ratzfatz, nun geht mein TV wieder. (ID: 67039981)	1	1	0	40	2	2
Die Optik ist unschlagbar und ist genau das, was ich suche. (ID: 66889621)	1	1	0	39	5	0
Wir danken für dein Verständnis. (ID: 66898292)	0	0	1	10	31	2
Hallo Alexandra, die regionale SIM-Karten-Sperre wird automatisch und dauerhaft deaktiviert, wenn du dein Gerät mit einer SIM-Karte aus der, auf dem Aufkleber auf der Produktverpackung gekennzeichneten, Region in Betrieb nimmst und die Dauer der ein- und ausgehenden Gespräche mindestens 5 Minuten beträgt. (ID: 67037754)	0	0	-1	5	38	1

gähn euch ist schon bewusst dass es samsung vor Apple gab und es die ersten iPhones ohne samsung auch nicht gegeben hätte und auch heute nicht geben würde xD (ID: 67030409)	-1	0	-1	13	12	19
Samsung hat Apple erstmal gezeigt wie man smartphone baut. (ID: 67030411)	1	1	0	23	12	9
Tja hat du ein EiPad... (ID: 67030412)	0	0	-1	2	22	19
Stimmt, hat du ipad hat du ipad und nicht Samsung Tab (ID: 67030396)	0	0	-1	6	31	7
Sowohl im AppStore beschrieben als auch in der App die Funktion vorhanden!! (ID: 67031039)	0	0	1	9	27	7
Okay aber mein tv kann das prinzipiell? (ID: 67037755)	0	0	-1	2	40	1
Es gab noch nie Garantie auf der Software von Handys. (ID: 66357482)	0	0	-1	1	23	20
Das Betriebssystem Android z.B. stellt Samsung nicht her, wenn da ein Fehler ist, kann Samsung nichts für, also sind sie auch nicht zu ständig, dass betrifft viele Handyhersteller. (ID: 66357483)	0	0	-1	1	24	19
Zwei Drucker, Handy und Fernseher gaben in der Garantie bzw kurz danach den Geist auf. (ID: 66131636)	-1	-1	0	0	3	41
In den USA gab es Entschädigungen nach einer Klagewelle... (ID: 66131639)	-1	-1	0	2	17	25
Garantie ist vorbei. (ID: 66131641)	-1	-1	0	0	22	22
Klasse! Weiter so! (ID: 66131643)	-1	-1	1	15	7	22

Wann kann man damit rechnen, eine App für einen NBA League Pass im deutschen Smart Hub zu finden. (ID: 64957302)	0	0	-1	0	44	0
Oder gibt es die Möglichkeit diese App irgendwie zu installieren? (ID: 64957304)	0	0	-1	0	43	0
Wieder nur Plastik in Hülle und Fülle, was man so liest... (ID: 66160598)	-1	-1	0	0	7	37
Hallo Christoph, es ist natürlich schade, dass die Präsentation der Features des GALAXY S5 nicht deinen Erwartungen entsprochen hat. (ID: 66172138)	0	0	-1	1	27	16
Fingerprint ist nicht geklaut, es ist einfach nur dazu da um die Sicherheit zu verbessern. (ID: 66163348)	0	0	-1	9	25	10
Trotz Samsung Fan muss ich sagen. (ID: 66189554)	-1	0	-1	12	14	18
. Bin ab sofort kein Samsung Nutzer mehr !! (ID: 66189557)	-1	-1	0	0	3	40
S4 <3 (ID: 66183962)	1	1	0	36	8	0

Tab. 6.5: Nicht übereinstimmende Bewertungen

Im Anhang B befindet sich die Tabelle mit sämtlichen detaillierten Aussagen.

6.3.3 Erkenntnisse

Die Anwendung des Prototyps und die Online-Befragung brachten folgende Erkenntnisse: Die im Vorgehensmodell vorgeschlagenen Phasen und Methoden wurden im Prototyp umgesetzt und durchgeführt. Wie die Ergebnisse zeigen, ist das Vorgehensmodell offenbar geeignet, um Inhalte aus Web 2.0-Quellen zu extrahieren, aufzubereiten und in Bezug auf die Stimmungsrichtung zu bewerten. Aufgrund des Aufwands für die Erstellung von Trainingsdaten liegt noch kein sehr gutes Modell zur Berechnung der Stimmungsrichtung vor (Accuracy = 63,9 %).

Die Genauigkeit kann jedoch durch Ergänzung und Erweiterung der Trainingsdaten gesteigert werden.

Die Anwendung des Prototypen an konkreten Quellen verdeutlichte darüber hinaus folgende Herausforderungen:

- Die verwendete Web 2.0-Quelle ist die offizielle Facebook-Seite von Samsung Deutschland. Auf dieser Seite sind vergleichsweise viele negative Beiträge zu finden, weil sich Kunden über die Produkte, den Service, etc. beschweren. Insofern sind auch einige sarkastische Beiträge enthalten, die aber selbst von Menschen nicht immer einfach zu erkennen sind.

- Die Erkennung des eigentlichen Meinungsziels – insbesondere bei Diskussionen – ist nicht trivial, da sich Benutzer auf Kommentare von anderen Benutzern beziehen. In diesen Antworten ist das Meinungsziel aber nicht im Text ersichtlich, sondern lediglich im Zusammenhang mit dem Diskussionsfaden und dem Kontext erkennbar. Für die automatisierte und computerunterstützte Erkennung stellt dies eine große Herausforderung dar.

- Die Befragung verdeutlichte, dass es schwierig ist, einen „Gold-Standard" für annotierte Texte zu erstellen. Vielfach besteht ein gewisser Interpretationsspielraum des verfassten Texts bzw. bewerten Benutzer Texte auch abhängig von ihrem eigenen Erfahrungskontext. Beispielsweise ist die Aussage „In den USA gab es Entschädigungen nach einer Klagewelle" (siehe Abb. 6.11) eigentlich keine Meinung, sondern eine Darstellung von Fakten. Trotzdem wurde diese Aussage häufig negativ bewertet, da sie offenbar im Kontext der Teilnehmer der Befragung eine negative Konnotation hatte.

6.4 Zusammenfassung

In diesem Kapitel wurde die Fragestellung 4 „Wie können die identifizierten Methoden und Algorithmen in einem Software-Prototyp zur Anwendung gebracht werden?" und die Fragestellung 5 „Wie kann die Validität des im Prototyp zur Anwendung gebrachten Vorgehensmodells überprüft werden?" bearbeitet. Das Ziel der Fragestellung 4 bestand darin, das zuvor konzipierte Vorgehensmodell in einem Software-Prototyp zur Anwendung zu bringen. Ziel der Fragestellung 5 war es, das Vorgehensmodell am Beispiel einer konkreten Web 2.0-Quelle zu evaluieren.

Die Ergebnisse lassen sich wie folgt kurz zusammenfassen: Das Vorgehensmodell wurde in einem Software-Prototyp implementiert. Der Prototyp wurde als Webapplikation auf Basis von Microsoft-Technologien (ASP.Net, C#, SQL Server) umgesetzt. Der Programmcode ist in folgende große Blöcke gegliedert: „Data Access" enthält Funktionen zum Zugriff auf die darunterliegende Datenbank, „Business Logic" enthält die eigentlichen Funktionen zur Textverarbeitung und Klassifikation und „Web" stellt die User Interfaces dar. Zur Implementierung der im Vorgehensmodell vorgeschlagenen Methoden wie SVM, POS-Tagging, etc. wurde auf Bibliotheken wie Lucene, SVM^{perf} und andere zurückgegriffen. Für die Visualisierung wurden Bibliotheken wie jQuery UI und Highcharts JS eingesetzt.

Um die Tauglichkeit des Vorgehensmodells überprüfen zu können, wurden im Prototyp mehrere Quellen rund um die Marke „Samsung" angelegt. Die in diesen Quellen enthaltenen Beiträge wurden regelmäßig ausgelesen und in der Datenbank des Prototyps gespeichert. Um die Stimmungsrichtung bewerten zu können, wurden entsprechend dem Vorgehensmodell Trainingsdaten und Wörterbücher aufgebaut. Diese bilden zusammen mit den im Vorgehensmodell definierten Schritten die Basis für die Berechnung der Stimmungsrichtung. Die berechneten Stimmungsrichtungen wurden mit verschiedenen Diagrammen visualisiert.

Um den Prozess der Erfassung und Vorverarbeitung der Einträge und der Sentiment Klassifikation zu evaluieren, wurde eine Stichprobe aus den extrahierten Daten gezogen und mittels eines Online-Fragebogens bewertet. Die Ergebnisse des Online-Fragebogens zeigen, dass manche Aussagen einen großen Interpretationsspielraum in Bezug auf die Stimmungsrichtung aufweisen. Die im Prototyp berechneten Stimmungsrichtungen wurden den im Fragebogen erhobenen Stimmungsrichtungen gegenübergestellt. Rund 70 % der Stimmungsrichtungen stimmen überein, wobei die Abweichungen insbesondere bei jenen Aussagen zu beobachten ist, die einen breiten Interpretationsspielraum offen lassen. Bei vergleichsweise „klaren" Aussagen werden Übereinstimmungen bis zu 81 % erzielt.

Zusammenfassend kann festgehalten werden, dass auf Basis des durchgeführten Proof-of-Concept die Tauglichkeit des Vorgehensmodells bestätigt wurde.

7 Fazit und Ausblick

In diesem abschließenden Kapitel erfolgt eine kurze Zusammenfassung und kritische Reflexion der zentralen Ergebnisse. Anschließend wird ein Ausblick auf mögliche weitere Forschungsaktivitäten gegeben

7.1 Zusammenfassung der zentralen Ergebnisse

Das zentrale Ziel der Arbeit war es, ein wissenschaftlich fundiertes Vorgehensmodell für das Opinion Mining für Web 2.0-Quellen zu entwickeln und dieses in einem Software-Prototyp zur Anwendung zu bringen und zu evaluieren. Der gewählte Forschungsansatz dieser Arbeit lässt sich dem gestaltungsorientierten bzw. konstruktivistischen Ansatz in der Wirtschaftsinformatik zuordnen, wobei verschiedene Methoden zum Einsatz kamen.

Der Erkenntnisaufbau orientierte sich dabei an dem von Österle et al. dargestellten Erkenntnisprozess:

- Analysephase, in der Problemstellungen beschrieben und Forschungsziele formuliert werden
- Entwurfsphase, in der Artefakte anhand anerkannter Methoden herzuleiten und zu begründen sind
- Evaluationsphase, in der die geschaffenen Artefakte in Bezug auf die definierten Ziele überprüft werden
- Diffusionsphase, in der die Ergebnisse publiziert werden.[780]

Am Beginn der Arbeit wurde eine ausführliche Literaturrecherche und -analyse durchgeführt, um grundlegende Begriffe zu definieren und um grundlegende Technologien, Ansätze und Methoden sowie den Stand der Forschung im Opinion Mining zu beschreiben.

---

[780] Vgl. Österle et al., 2010, 667f.

© Springer Fachmedien Wiesbaden GmbH, ein Teil von Springer Nature 2019
G. Petz, *Opinion Mining im Web 2.0*, https://doi.org/10.1007/978-3-658-23801-8_7

Ziel der ersten Fragestellung („Welche Web 2.0-Quellen können als Basis für Opinion Mining herangezogen werden und welche Besonderheiten ergeben sich daraus?") war es, zu klären, welche Web 2.0-Quellen als Basis für das Opinion Mining herangezogen werden können und welche Besonderheiten sich dadurch ergeben. Die methodische Vorgehensweise war wie folgt: Zuerst wurde sowohl eine Literaturrecherche und -analyse als auch eine Web-Recherche und -Analyse durchgeführt. Als Ergebnis lässt sich festhalten, dass eine Vielzahl von Anwendungsarten im Web 2.0 existiert: Weblogs, Microblogs, Social Network Services, Social Media Sharing, Wikis, Social Bookmarking, Consumer Communities, Foren und Game Communities. Das Ziel des Opinion Minings ist es, produkt- oder markenbezogene Meinungen von Menschen zu finden, zu analysieren und systematisch aufzubereiten. Die Auswirkungen von Online-Bewertungen und elektronischer Mundpropaganda auf das Verhalten von Konsumenten wurde in vielen Publikationen untersucht. Vor diesem Hintergrund kann also abgeleitet werden, dass vor allem die Web 2.0-Anwendungen, bei denen die Kommunikation im Vordergrund steht, für das Opinion Mining interessant sind. Die Kommunikation spielt in verschiedenen Abläufen eines Unternehmens eine wichtige Rolle: im Kaufprozess, in der Unternehmenskommunikation und im Bereich des Marketingmanagements. Aus der Vielzahl der Anwendungsarten im Web 2.0 sind also insbesondere Weblogs, Microblogs, Social Network Services, Bewertungsportale und Diskussionsforen von Interesse.

In einem nächsten Schritt wurden die spezifischen Charakteristika der Web 2.0-Quellen untersucht, um Auswirkungen auf das Opinion Mining ableiten zu können. Die methodische Vorgehensweise zur Untersuchung der Charakteristika basiert auf einer empirischen Erhebung. Für die Durchführung der empirischen Erhebung wurden verschiedene Untersuchungsmerkmale festgelegt, wobei die eigentliche Datenerhebung vergleichbar zu einem Quota-Sampling erfolgte. Die Erhebung verdeutlichte, dass in den Texten, die von Benutzern selbst verfasst werden, viele Grammatik-Fehler, Emoticons und Internet-Slang Begriffe enthalten sind. Die Konsequenzen für das Opinion Mining sind daher:

- Fehlerhafte Texte müssen bei der Textverarbeitung explizit berücksichtigt werden, da die unterschiedlichen Methoden unterschiedlich robust auf fehlerhafte Texte reagieren.

- Emoticons, Internet-Slang und Abkürzungen können wertvolle Informationen in Bezug auf die Stimmungsrichtung beinhalten und müssen ebenfalls berücksichtigt werden.

- Gewisse Vereinfachungen sind bei Texten aus dem Web 2.0 möglich, beispielsweise dass der Autor mit dem Meinungsinhaber gleichgesetzt werden kann

- Gesprächsfäden in Diskussionsforen, Blogs und Social Networks stellen eine besondere Herausforderung dar, da nicht immer klar ist, auf welches Meinungsziel sich die Autoren beziehen.

Es ist aufgrund des Stichprobenumfangs und der Fokussierung auf eine Marke im Konsumgüterbereich ist kritisch zu hinterfragen, inwieweit die Ergebnisse für andere Bereiche verallgemeinert werden können. Eine größere Stichprobe und eine Ausweitung auf andere Themenbereiche sind insofern sinnvoll.

Die zweite Fragestellung („Welche Methoden und Algorithmen sind für die effektive Durchführung des Opinion Minings notwendig?") bezog sich darauf, einen Überblick über die Methoden zur Durchführung des Opinion Minings zu erhalten und ausgewählte Methoden in Bezug auf die Eignung und Einsetzbarkeit für das Opinion Mining für Web 2.0 zu evaluieren. Die methodische Vorgehensweise basierte auf einer umfassenden Literaturrecherche und -analyse, um einen Überblick über gängige Methoden im Bereich des Opinion Minings zu erhalten. Die eingesetzten Methoden können in drei überblicksmäßige Kategorien gegliedert werden:

- Methoden zur Textvorverarbeitung (Tokenization, Satzteilung, Stammformreduktion, Part-of-Speech Tagging, etc.),

- zur Extraktion („Frequent Nouns", regelbasierte Ansätze, HMM, LDA, etc.) und

- zur eigentlichen Sentiment Klassifikation (SVM, Naive Bayes, etc.).

Die am häufigsten eingesetzten Methoden wurden im Hinblick auf ihre Eignung für Texte aus Social Media Quellen untersucht, indem verschiedene Methoden bzw. verschiedene Implementierungen von Methoden an einer Menge von Texten aus Social Media angewendet und die Ergebnisse in Bezug auf verschiedene Kriterien verglichen wurden. Je nach evaluierter Methode sind als Kriterien beispielsweise Precision, Recall, F1-Score, Genauigkeit, Laufzeitperformanz, etc. von Interesse. Da die Methoden bzw. die Implementierungen der Methoden in der Regel in Form von Werkzeugen oder als öffentlich verfügbare Bibliotheken vorliegen (z.B. OpenNLP, Lucene, SVM^{light}, etc.), wurden die Methoden nicht selbst implementiert, sondern es wurde auf derartige Bibliotheken zurückgegriffen. Für SVM gibt es beispielsweise zahlreiche Varianten und unterschiedliche Implementierungen (wie SVM^{light}, SVM^{perf}, SVM^{mulitclass}, etc.). Um die unterschiedlichen Methoden anwenden und evaluieren zu können, kamen unterschiedliche Tools wie GATE, RapidMiner, MALLET und auch eigene Implementierungen zum Einsatz. Insgesamt lässt sich festhalten, dass die angeführten Algorithmen zwar prinzipiell auch für Social Media Texte anwendbar sind, die Spezifika von Social Media Texten jedoch zu wenig berücksichtigen. Die Methoden sind teilweise wenig robust gegenüber den fehlerhaften Social Media Texten.

Bei sämtlichen durchgeführten Evaluierungen ist kritisch zu hinterfragen, inwieweit die Ergebnisse verallgemeinert werden können. Um für die Evaluierungen eine Vergleichsbasis zur Verfügung stellen zu können, mussten in einigen Fällen Texte händisch annotiert werden, was einen hohen Aufwand darstellte. Dies führte wiederum dazu, dass die Stichprobenumfänge vergleichsweise klein sind. Um allgemeingültigere Aussagen ableiten zu können, müssen die Stichprobenumfänge erweitert und unterschiedliche inhaltliche Domänen und unterschiedliche Sprachen berücksichtigt werden.

Die dritte Fragestellung („Wie können die Methoden und Algorithmen des Opinion Minings in einem durchgängigen Vorgehensmodell systematisiert werden?") bezog sich auf die Konzeption des Vorgehensmodells. Die methodische Vorgehensweise basierte auf einer Literaturrecherche und -analyse, um grundlegende Begriffe und Elemente eines Vorgehensmodells klären zu können. Anschließend wurden die in Fragestellung 1 identifizierten Web 2.0-Quellen und deren spezifische Charakteristika mit den in Fragestellung 2 ermittelten Methoden zu einem Vorgehensmodell zum Opinion Mining im Web 2.0 systematisiert. Folgende Erkenntnisse wurden dabei systematisch zusammengeführt: (1) die Definition von Vorgehensmodellen sowie Vorgehensmodelle rund um Text Mining und Data Mining, (2) die Charakteristika von Texten im Web 2.0, (3) die verschiedenen Ansätze zur Verarbeitung von „unsauberen" Texten und (4) die erhobenen und evaluierten Methoden zur Verarbeitung und Klassifikation von Texten.

Das resultierende Vorgehensmodell ist ein semi-automatisiertes Vorgehensmodell, das lexikalische Ansätze mit Machine Learning Ansätzen kombiniert. Das Vorgehensmodell enthält 5 Phasen, die sequentiell durchlaufen als auch wiederholt durchgeführt werden:

- Selektion und Extraktion

  Für ein zu untersuchendes Objekt werden in dieser Phase relevante Quellen definiert. Aus diesen Quellen müssen Inhalte extrahiert werden. Je nach Quelle bzw. Quellenart kommen verschiedene Technologien zum Einsatz.

- Generierung einer Knowledge Base

  In dieser Phase werden mehrere Wissensbasen aufgebaut: Wörterbücher für die Spracherkennung und für Internet Slang und Emoticons, Entitäten und Aspekte und ein Machine Learning Modell zur Berechnung der Stimmungsrichtung.

- Textvorverarbeitung

  Die Textvorverarbeitung stellt eine wesentliche Phase zur Aufbereitung der „unsauberen" Texte dar. Es werden mehrere Schritte durchlaufen, um beispielsweise die Sprache zu erkennen und nicht relevante Teile von Webseiten zu entfernen.

- Sentiment Klassifikation und Aggregation

  In dieser Phase erfolgt die eigentliche Sentiment Klassifikation, die Extraktion von Zeit und Autor sowie die Zusammenführung und die Abspeicherung der extrahierten Daten.

- Visualisierung und Analysen

    Den Abschluss bildet die Phase der Visualisierung, in der die Daten grafisch aufbereitet und dargestellt werden.

Das Vorgehensmodell sieht eine Feedbackschleife von der letzten Phase zur ersten Phase vor, um die Qualität des gesamten Ablaufs verbessern zu können. Neben den Phasen werden auch die Rollen des Anwenders und des Domänenexperten definiert. Die Rolle des Anwenders kommt insbesondere in der Phase der Visualisierung zum Einsatz, während die Rolle des Domänenexperten vor allem in der Phase der Selektion und der Phase der Generierung der Knowledge Base zum Einsatz kommt.

Die vierte Fragestellung („Wie können die identifizierten Methoden und Algorithmen in einem Software-Prototyp implementiert werden?") geht darauf ein, wie das Vorgehensmodell in einem Software-Prototypen implementiert werden kann. Die methodische Vorgehensweise war die des experimentellen Prototypings. Dabei wurde ausgehend von ersten Vorstellungen über das System ein Prototyp entwickelt. Die Implementierung des Prototyps basiert auf der von Sommerville vorgeschlagenen Vorgehensweise: Prototypziele und Prototypfunktionalitäten definieren, Prototyp entwickeln und Prototyp auswerten.

Der Prototyp wurde als Webapplikation auf Basis von Microsoft-Technologien umgesetzt. Insbesondere für die Implementierung der Methoden zur Klassifikation und Textverarbeitung konnten bestehende Bibliotheken wie Lucene, OpenNLP, SVM^{perf} und etliche andere eingesetzt werden. Für die Visualisierung sind ebenfalls bestehende Bibliotheken wie jQuery und Highcharts JS eingesetzt worden.

Die fünfte Fragestellung („Wie kann der Software-Prototyp zur Anwendung gebracht werden und wie kann die Validität des im Prototyp zur Anwendung gebrachten Vorgehensmodells überprüft werden?") rückt die Anwendung des Prototyps und die Evaluierung des Vorgehensmodells in den Mittelpunkt. Die methodische Vorgehensweise war wie folgt: Der Prototyp wurde anhand mehrerer konkreter Quellen zur Anwendung gebracht. Die im Vorgehensmodell vorgeschlagenen Phasen wurden dabei durchlaufen: Die Selektion von Quellen und die Extraktion von Inhalten aus diesen Quellen, die Generierung der Knowledge Base, die Textvorverarbeitung, die Sentiment Klassifikation und die Visualisierung. Um die Sinnhaftigkeit des Vorgehensmodells zu überprüfen, wurde eine Online-Befragung durchgeführt, bei der für eine Stichprobe der vom Prototyp extrahierten Texte die Stimmungsrichtung händisch anzugeben war. Die Ergebnisse der Online-Befragung zeigten, dass die Bewertung keinesfalls eindeutig ist, sondern vom Kontext des Textes und auch vom Kontext des Bewerters abhängig ist. Die im Zuge der Online-Befragung ermittelten Stimmungsrichtungen wurden den berechneten Stimmungsrichtungen des Prototypen gegenübergestellt, wobei eine Übereinstimmungsgrad von 70,0 % erreicht wurde. Bei den Einträgen, die einen geringeren Interpretationsspielraum hatten, wurden Übereinstimmungen bis zu 81 % erreicht.

Die Anwendung des Prototypen hat einige Herausforderungen verdeutlicht:

- Die korrekte Erkennung von sarkastischen Beiträgen kann die Qualität der Berechnung der Stimmungsrichtung verbessern; allerdings ist Sarkasmus selbst von Menschen nicht immer eindeutig zu erkennen.

- Die korrekte Erkennung des eigentlichen Meinungsziels – insbesondere bei Diskussionen und Gesprächsfäden – ist nicht trivial, da Benutzer auf Kommentare von anderen Benutzern antworten. Das eigentliche Meinungsziel ist in solchen Fällen schwierig zu erkennen. Jeder Beitrag kann zwar prinzipiell für sich analysiert werden, trotzdem stellt sich die Frage für das Opinion Mining, ob eine Analyse des Gesamtzusammenhangs der einzelnen Beiträge einen Mehrwert oder genauere Analyseergebnisse liefern könnte.

- Die Befragung verdeutlichte auch, dass es aufgrund des Interpretationsspielraums schwierig ist, einen „Gold-Standard" für annotierte Texte zu erstellen.

Die Ergebnisse lassen den Schluss zu, dass das vorgeschlagene Vorgehensmodell für das Opinion Mining im Web 2.0 geeignet ist.

7.2 Ausblick

Aus der vorliegenden Arbeit ergeben sich aufgrund der Herausforderungen einige weitere Anknüpfungspunkte für die weitere Forschung. Diese Anknüpfungspunkte können in folgende zwei große Stoßrichtungen gegliedert werden:

- Ansätze zur Verbesserung der Qualität des Opinion Minings
- Ansätze für die betriebliche Anwendung und Einbindung

Wie die Aufarbeitung der Literatur und die Diskussion im Zuge der Arbeit gezeigt haben, gibt es nicht „das beste Modell" oder „die beste Methode" für Opinion Mining. Aus der Anwendung des Prototyps werden aber einige Verbesserungspotenziale und damit einige weitere mögliche Forschungsaktivitäten ersichtlich:

- Entitäten und Aspekte

  Die Erkennung von Entitäten und Aspekten ist in Social Media Texten (beispielsweise in Social Network Services) schwieriger als beispielsweise in Texten von Produktrezensionen. Dadurch, dass sich in Social Network Services die Benutzer über die verschiedensten Themen austauschen, freuen oder beschweren können, viele Rechtschreib- und Grammatikfehler enthalten sind, Emoticons und Abkürzungen verwendet werden, sind die bestehenden Methoden zur Erkennung von Entitäten und Aspekten nur bedingt geeignet. Diese Methoden sind auf jeden Fall eine Unterstützung, eine manuelle Überarbeitung und Ergänzung ist derzeit jedoch sinnvoll.

- Sarkasmus

  Eine im Prototypen verwendete Quelle war eine offizielle Seite einer Firma in Facebook. Die Seite wird von Benutzern auch dazu verwendet, sich über Service, Qualität, Produkte, etc. zu beschweren. Gerade in Texten, in denen sich die Benutzer beschweren, kommen immer wieder sarkastische Aussagen vor, die von den Klassifikationsmethoden schwer zu erkennen sind oder falsch klassifiziert werden. Forschungsaktivitäten könnten dahingehend durchgeführt werden, den Kontext eines Beitrages zu erfassen, um danach einzelne Aussagen – vor allem in Hinblick auf Sarkasmus – besser analysieren zu können.

- Gesprächsfäden

  Liu hat in seiner Veröffentlichung angeführt, dass das Opinion Mining für Diskussionsforen schwierig ist, weil sich Benutzer in ihren Beiträgen auf andere Benutzer beziehen können. Dieser Sachverhalt trifft genauso für Social Network Services zu. Ähnlich wie bei der Erkennung von Sarkasmus stellt sich die Frage, wie die Analyse eines größeren Kontextes stattfinden kann und welche Verbesserungen in Bezug auf die Qualität der Analyseergebnisse tatsächlich möglich sind.

- Annotierte Texte

  Die Vergleichbarkeit von Methoden zur Verarbeitung und Klassifikation von Texten ist insofern schwierig, da es keinen annotierten „Standard-Korpus" gibt. Dies erschwert auch die Vergleichbarkeit von Ansätzen, die in der wissenschaftlichen Literatur publiziert werden. Viele der Methoden und deren zugrundeliegende Modelle sind für die englische Sprache optimiert, für andere, weniger verbreitete Sprachen sind solche Sprachressourcen meist weniger verfügbar.

- Methoden im Detail

  An den einzelnen Methoden, die im Vorgehensmodell eingesetzt wurden, können im Detail Verbesserungen vorgenommen werden. Wie die Evaluierungen gezeigt haben, reagieren manche Methoden sensibel auf „unsaubere" Texte, manche Methoden sind für Schreibstile wie die in Microblogs üblich sind, wenig geeignet. Insofern liegt es auf der Hand, die einzelnen Methoden (wie beispielsweise das POS-Tagging oder das Parsing) im Hinblick auf Social Media Texte zu verändern.

- Multilingualität und domänenübergreifende Inhalte

  Gerade in der praktischen Anwendung von Opinion Mining für international agierende Unternehmen ist es wichtig, sprach- und möglicherweise domänenübergreifend Meinungen von Konsumenten analysieren zu können. Die bestehenden Ansätze sind aber noch aufwändig umzusetzen und die Genauigkeit der Ergebnisse kann noch weiter verbessert werden.

Die verbesserten Verfahren können wiederum in das Vorgehensmodell eingebaut werden, um so letztlich zu einem umfassenden, feingranularen Vorgehensmodell zu gelangen, das für die jeweiligen Quellenarten, Domänen und Sprachen die am besten geeigneten Methoden kombiniert.

Die zweite große Stoßrichtung betrifft die betriebliche Anwendung und Einbindung von Opinion Mining. Im Zuge dieser Dissertation war der Kontext von Opinion Mining vor allem in Bezug auf die Kommunikation und die damit verbundenen betrieblichen Aufgaben und Abläufe wie Kaufprozess, Markenkommunikation, Unternehmenskommunikation, etc. gelegt. Dieser Kontext kann in möglichen weiteren Forschungsaktivitäten erweitert werden, beispielsweise in Bezug auf Absatzplanung und Forecasting. Die Methoden in diesen angeführten Bereichen versuchen in der Regel, auf der Basis von vergangenen Kennzahlen Prognosen für die Zukunft zu entwickeln. Möglicherweise kann die Meinung von Konsumenten in Social Media ein weiterer, die Prognose beeinflussender Parameter sein. Zum Beispiel könnte ein Szenario so aussehen, dass ein Automobilhersteller aufgrund der Meinungen in Social Media in einem bestimmten geographischen Markt seine Absatzprognosen anpasst. Eine weitere Anwendung könnte darin liegen, Opinion Mining mit dem Innovationsprozess – vor allem in den frühen Phasen der Ideengenerierung – zu verknüpfen. Möglicherweise sind die Meinungen von Konsumenten Impulsgeber für neue Innovationen.

Die Vielzahl an Veröffentlichungen, die in den letzten Jahren rund um das Thema Opinion Mining entstanden sind, zeigen jedenfalls, dass es sich um ein sehr aktiv beforschtes Thema handelt und dass noch viele Herausforderungen zu bearbeiten und zu bewältigen sind.

Literaturverzeichnis

Abbasi, Ahmed, et al.: Affect Analysis of Web Forums and Blogs Using Correlation Ensembles, in: IEEE Transactions on Knowledge and Data Engineering, 20, 9/2008.

Abbasi, Ahmed/Chen, Hsinchun/Salem, Arab: Sentiment analysis in multiple languages: Feature selection for opinion classification in Web forums, in: ACM Transactions on Information Systems (TOIS), 26, 3/2008, S. 12ff.

Aggarwal, Charu C./Zhai, ChengXiang: A Survey of Text Classification Algorithms, in: Aggarwal, Charu C./Zhai, ChengXiang (Hrsg.): Mining Text Data, 2012, S. 163ff.

Aggarwal, Charu C./Zhai, ChengXiang: A Survey of Text Clustering Algorithms, in: Aggarwal, Charu C./Zhai, ChengXiang (Hrsg.): Mining Text Data, 2012, S. 77ff.

Agrawal, Rakesh, et al.: Mining Newsgroups Using Networks Arising From Social Behavior, in: Proceedings of the 12th international conference on World Wide Web, 2003, S. 529ff.

Agrawal, Rakesh/Srikant, Ramakrishnan: Fast algorithms for mining association rules, in: Proc. 20th Int. Conf. Very Large Data Bases, 1994, S. 487ff.

Akcheurov, Ivan: NTextCat (07.06.2013), Online im WWW unter URL: https://ntextcat.codeplex.com/ [Stand: 30.03.2014].

Alby, Tom: Web 2.0. Konzepte, Anwendungen, Technologien , München, 2008[3].

amazon.at: Samsung Galaxy S III i9300 Smartphone 16 GB (12,2 cm (4,8 Zoll) HD Super-AMOLED-Touchscreen, 8 Megapixel Kamera, Micro-SIM, Android 4.0) pebble-blue, Online im WWW unter URL: http://www.amazon.de/Samsung-Smartphone-Super-AMOLED-Touchscreen-Megapixel-metallic-blue/dp/B007VCRRNS/ref=sr_1_1?ie=UTF8&qid=1359028544&sr=8-1 [Stand: 16.04.2014].

Amtrup, Jan W.: Computerlinguistik – Was ist das? Aspekte der Computerlinguistik, in: Carstensen, Kai-Uwe u.a. (Hrsg.): Computerlinguistik und Sprachtechnologie. Eine Einführung, Heidelberg, 2010, S. 1ff.

Ando, Rie K./Zhang, Tong: A Framework for Learning Predictive Structures from Multiple Tasks and Unlabeled Data, in: Journal of Machine Learning Research, 6/2005, S. 1817ff.

Andrzejewski, David/Zhu, Xiaojin/Craven, Mark: Incorporating Domain Knowledge into Topic Modeling via Dirichlet Forest Priors, in: Proceedings of the 26th Annual International Conference on Machine Learning, 2009, S. 25ff.

Archak, Nikolay/Ghose, Anindya/Ipeirotis, Panagiotis G.: Show me the money!: deriving the pricing power of product features by mining consumer reviews, in: Berkhin, Pavel (Hrsg.): Proceedings of the 13th ACM SIGKDD International Conference on Knowledge Discovery and Data Mining. August 12-15, 2007, San Jose, California, New York, N.Y, 2007, S. 56ff.

Asahara, Masayuki/Matsumoto, Yuji: Extended Models and Tools for High-performance Part-of-speech Tagger, in: Proceedings of the 18th conference on Computational linguistics, 2000, S. 21ff.

Asher, Nicholas/Benamara, Farah/Mathieu, Yvette Y.: Categorizing Opinion in Discourse, in: Proceedings of COLING2008, 2008, S. 7ff.

Asher, Nicholas/Benamara, Farah/Mathieu, Yvette Y.: Distilling Opinion in Discourse: A Preliminary Study, in: Proceedings of the International Conference on Computational Lingusitics. Companion volume: Posters and Demonstrations, 2008, S. 4ff.

Aue, Anthony/Gamon, Michael: Customizing Sentiment Classifiers to New Domains: a Case Study, in: Proceedings of the International Conference on Recent Advances in Natural Language Processing, 2005.

Baccianella, Stefano/Esuli, Andrea/Sebastiani, Fabrizio: SENTIWORDNET 3.0: An Enhanced Lexical Resource for Sentiment Analysis and Opinion Mining, in: Proceedings of the 7th conference on International Language Resources and Evaluation, 2010, S. 2200ff.

Backhaus, Klaus, et al.: Multivariate Analysemethoden. Eine anwendungsorientierte Einführung, Berlin, 2008[12].

Banea, Carmen, et al.: Multilingual Subjectivity Analysis Using Machine Translation, in: Proceedings of the Conference on Empirical Methods in Natural Language Processing, 2008, S. 127ff.

Banea, Carmen/Mihalcea, Rada/Wiebe, Janyce M.: Multilingual Subjectivity: Are More Languages Better?, in: Proceedings of the 23rd International Conference on Computational Linguistics, 2010, S. 28ff.

Barbosa, Luciano/Feng, Junlan: Robust Sentiment Detection on Twitter from Biased and Noisy Data, in: Proceedings of the 23rd International Conference on Computational Linguistics. Posters, 2010, S. 36ff.

Bautin, Mikhail/Vijayarenu, Lohit/Skiena, Steven: International Sentiment Analysis for News and Blogs, in: International Conference on Weblogs and Social Media, 2008, S. 19ff.

Beck, Kent/Andres, Cynthia: Extreme programming explained. Embrace change (The XP Series), 2012[2].

Benedetto, Dario/Caglioti, Emanuele/Loreto, Vittorio: Language Trees and Zipping, in: Physical Review Letters, 88, 4/2002, S. 48702.

Bentley, Colin: PRINCE2. A Practical Handbook, Oxford, 2009[3].

Berendt, Bettina, et al.: A Roadmap for Web Mining: From Web to Semantic Web, in: Berendt, Bettina u.a. (Hrsg.): Web mining: from Web to semantic Web. First European Web Mining Forum, EWMF 2003, Cavtat-Dubrovnik, Croatia, September 22, 2003 ; invited and selected revised papers (Hot topics 3209), Berlin, 2004, 1–22.

Bespalov, Dmitriy, et al.: Sentiment Classification Based on Supervised Latent n-gram Analysis, in: Proceedings of the 20th ACM international conference on Information and knowledge management, 2011, S. 375ff.

Bickerstaffe, Adrian/Zukerman, Ingrid: A Hierarchical Classifier Applied to Multi-way Sentiment Detection, in: Proceedings of the 23rd International Conference on Computational Linguistics, 2010, S. 62ff.

Blair-Goldensohn, Sasha, et al.: Building a Sentiment Summarizer for Local Service Reviews, in: WWW Workshop on NLP in the Information Explosion Era, 2008.

Blei, David M.: Introduction to Probabilistic Topic Models , 2011.

Blei, David M./McAuliffe, Jon D.: Supervised Topic Models , arXiv:1003.0783v1 [stat.ML], 2010.

Blei, David M./Ng, Andrew Y./Jordan, Michael I.: Latent Dirichlet Allocation, in: Journal of Machine Learning Research, 3/2003, 993–1022.

Blitzer, John/Dredze, Mark/Pereira, Fernando: Biographies, Bollywood, Boomboxes and Blenders: Domain Adaptation for Sentiment Classification, in: Proceedings of the 45th Annual Meeting of the Association of Computational Linguistics, Prague, Czech Republic, 2007, S. 440ff.

Blitzer, John/McDonald, Ryan/Pereira, Fernando: Domain Adaptation with Structural Correspondence Learning, in: Proceedings of the 2006 Conference on Empirical Methods in Natural Language Processing, 2006, S. 120ff.

Bloom, Kenneth/Garg, Navendu/Argamon, Shlomo: Extracting Appraisal Expressions, in: Proceedings of NAACL HLT 2007, 2007, S. 308ff.

Boehm, Barry W.: A Spiral Model of Software Development and Enhancement, in: Computer, 21, 5/1988, S. 61ff.

Boiy, Erik, et al.: Automatic Sentiment Analysis in On-line Text, in: Proceedings ELPUB2007 Conference on Electronic Publishing, Vienna, Austria, 2007.

Boiy, Erik/Moens, Marie-Francine: A Machine Learning Approach to Sentiment Analysis in Multilingual Web Texts, in: Information Retrieval, 12, 5/2009, 526–558.

Bollegala, Danushka/Weir, David J./Carroll, John: Using Multiple Sources to Construct a Sentiment Sensitive Thesaurus for Cross-Domain Sentiment Classification, in: Proceedings of the 49th Annual Meeting of the Association for Computational Linguistics, 2011, S. 132ff.

Bontcheva, Kalina, et al.: TwitIE: An Open-Source Information Extraction Pipeline for Microblog Text, in: Proceedings of the International Conference on Recent Advances in Natural Language Processing, 2013, S. 83ff.

Bortz, Jürgen/Schuster, Christof: Statistik für Human- und Sozialwissenschaftler (Springer-Lehrbuch), Berlin [u.a.], 2010[7].

Boyd, Danah M./Ellison, Nicole B.: Social Network Sites: Definition, History, and Scholarship, in: Journal of Computer-Mediated Communication, 13, 1/2007, S. 210ff.

Boyd-Graber, Jordan/Resnik, Philip: Holistic Sentiment Analysis Across Languages: Multilingual Supervised Latent Dirichlet Allocation, in: Proceedings of the 2010 Conference on Empirical Methods in Natural Language Processing. EMNLP-2010, 2010, S. 45ff.

Brants, Thorsten: TnT - A Statistical Part-of-Speech Tagger, in: Proceedings of the sixth conference on Applied natural language processing, 2000, S. 224ff.

Breitner, Michael H.: Vorgehensmodell, in: Kurbel, Karl u.a. (Hrsg.): Enzyklopädie der Wirtschaftsinformatik, 2013.

Brill, Eric: Transformation-Based Error-Driven Learning and Natural Language Processing: A Case Study in Part-of-Speech Tagging, in: Journal Computational Linguistics, 21, 4/1995, S. 543ff.

Brody, Samuel/Diakopoulos, Nicholas: Coooooooooooooooolllllllllllllll!!!!!!!!!!!!!! Using Word Lengthening to Detect Sentiment in Microblogs, in: Proceedings of the Conference on Empirical Methods in Natural Language Processing, 2011, S. 562ff.

Brody, Samuel/Elhadad, Noemie: An Unsupervised Aspect-Sentiment Model for Online Reviews, in: Proceedings of HLT '10 Human Language Technologies: The 2010 Annual Conference of the North American Chapter of the Association for Computational Linguistics, 2010, S. 804ff.

Brooke, Julian/Tofiloski, Milan/Taboada, Maite: Cross-Linguistic Sentiment Analysis: From English to Spanish, in: Proceedings of the 7th International Conference on Recent Advances in Natural Language Processing, 2009, S. 50ff.

Bruce, Rebecca F./Wiebe, Janyce M.: Recognizing Subjectivity: A Case Study of Manual Tagging, in: Natural Language Engineering, 5, 02/1999, S. 187ff.

Brücher, Heide/Knolmayer, Gerhard/Mittermayer, Marc-André: Document Classification Methods for Organizing Explicit Knowledge , 2002.

Budde, Lars, et al.: Trends im E-Commerce. Konsumverhalten beim Online-Shopping.

Burfoot, Clinton/Bird, Steven/Baldwin, Timothy: Collective Classification of Congressional Floor-Debate Transcripts, in: Proceedings of the 49th Annual Meeting of the Association for Computational Linguistics: Human Language Technologies, 2011, S. 1506ff.

Cai, Deng, et al.: Extracting Content Structure for Web Pages based on Visual Representation, in: Fifth Asia Pacific Web Conference, 2003, S. 406ff.

Carberry, Sandra, et al.: Randomized Rule Selection In Transformation-Based Learning: A Comparative Study, in: Natural Language Engineering, 7, 02/2001, S. 99ff.

Carenini, Giuseppe/Ng, Raymond T./Zwart, Ed: Extracting Knowledge from Evaluative Text, in: Proceedings of the 3rd international conference on Knowledge capture, 2005, S. 11ff.

Caumanns, Jörg: A Fast and Simple Stemming Algorithm for German Words , 1999.

Cavnar, William B./Trenkle, John M.: N-Gram-Based Text Categorization, in: Proceedings of SDAIR-94, 3rd Annual Symposium on Document Analysis and Information Retrieval, 1994, S. 161ff.

Chaffey, Dave: E-business and e-commerce management. Strategy, implementation and practice , 2009[4].

Chang, Chih-Chung/Lin, Chih-Jen: LIBSVM: A Library for Support Vector Machines, in: ACM Transactions on Intelligent Systems and Technology, 2, 3/2011, 27:1-27:27.

Chaovalit, Pimwadee/Zhou, Lina: Movie Review Mining: A Comparison Between Supervised and Unsupervised Classification Approaches, in: Proceedings of the 38th Annual Hawaii International Conference on System Sciences, 2005, S. 112ff.

Chapman, Pete, et al.: CRISP-DM 1.0. Step-by-step data mining guide , 2000.

Chen, Chien C./Tseng, You-De: Quality evaluation of product reviews using an information quality framework, in: Decision Support Systems, 50/2011, S. 755ff.

Chen, Hsinchun/Zimbra, David: AI and Opinion Mining, in: Intelligent Systems, IEEE, 25, 3/2010, S. 74ff.

Chen, Yubo/Xie, Jinhong: Online Consumer Review: Word-of-Mouth as a New Element of Marketing Communication Mix, in: Management Science, 54, 3/2008, S. 477ff.

Chevalier, Judith A./Mayzlin, Dina: The Effect of Word of Mouth on Sales: Online Book Reviews, in: Journal of Marketing Research, 3, 43/2006, S. 345ff.

Choi, Yejin/Cardie, Claire: Learning with Compositional Semantics as Structural Inference for Subsentential Sentiment Analysis, in: Proceedings of the Conference on Empirical Methods in Natural Language Processing, 2008, S. 793ff.

Choi, Yejin/Cardie, Claire: Adapting a Polarity Lexicon using Integer Linear Programming for Domain-Specific Sentiment Classification, in: Proceedings of the 2009 Conference on Empirical Methods in Natural Language Processing, 2009, S. 590ff.

Clark, Alexander: Pre-processing very noisy text, in: Proceedings of Workshop on Shallow Processing of Large Corpora, 2003, S. 12ff.

Clifton, Brian: Advanced Web Metrics mit Google Analytics. Praxis-Handbuch , Heidelberg, München, Landsberg, Frechen, Hamburg, 2010[1].

CMMI Product Team: CMMI for Development, Version 1.2. CMMI-DEV, V1.2 , 2006.

Constantinides, Efthymios/Fountain, Stefan J.: Web 2.0: Conceptual foundations and marketing issues, in: Journal of Direct, Data and Digital Marketing Practice, 9, 3/2008, S. 231ff.

Cornelious, Randolph R.: The Science of Emotion. Research and Tradition in the Psychology of Emotion: Research and Tradition in the Psychology of Emotions , 1995.

Cowie, Jim/Lehnert, Wendy: Information extraction, in: Communications of the ACM, 39, 1/1996, S. 80ff.

Cowie, Jim/Ludovik, Yevgeny/Zacharski, Ron: Language Recognition for Mono- and Multi-lingual Documents, in: Proceedings of the Vextal Conference, 1999, S. 209ff.

Crain, Steven P., et al.: Dimensionality Reduction and Topic Modeling, in: Aggarwal, Charu C./Zhai, ChengXiang (Hrsg.): Mining Text Data, 2012, S. 129ff.

Crenna, Daniel: Tweetsharp, Online im WWW unter URL: https://github.com/danielcrenna/tweetsharp [Stand: 29.03.2014].

Cui, Geng/Lui, Hon-Kwong/Guo, Xiaoning: The Effect of Online Consumer Reviews on New Product Sales, in: International Journal of Electronic Commerce, 17, 1/2012, S. 39ff.

Cui, Hang/Mittal, Vibhu/Datar, Mayur: Comparative Experiments on Sentiment Classification for Online Product Reviews, in: Proceedings of AAAI-2006, 2006, S. 1265ff.

Cunningham, Hamish/Maynard, Diana/Bontcheva, Kalina/Tablan, Valentin/Aswani, Niraj/Roberts, Ian/Gorrell, Genevieve/Funk, Adam/Roberts, Angus/Damljanovic, Danica/Heitz, Thomas/Greenwood, Mark A./Saggion, Horacio/Petrak, Johann/Li, Yaoyong/Peters, Wim: Developing Language Processing Components with GATE Version 7 (a User Guide). For GATE version 7.2-snapshot (development builds), Online im WWW unter URL: http://gate.ac.uk/sale/tao/ [Stand: 25.11.2013].

Curran, James R./Clark, Stephen/Vadas, David: Multi-Tagging for Lexicalized-Grammar Parsing, in: Proceedings of the 21st International Conference on Computational Linguistics and the 44th annual meeting of the Association for Computational Linguistics, 2006, S. 697ff.

da Silva, Joaquim Ferreira/Lopes, Gabriel P.: Identication of Document Language is not yet a completely solved problem, in: Computational Intelligence for

Modelling, Control and Automation, 2006 and International Conference on Intelligent Agents, Web Technologies and Internet Commerce, International Conference on, 2006, S. 212ff.

Dale, Robert: Classical Approaches to Natural Language Processing, in: Indurkhya, Nitin/Damerau, Frederick J. (Hrsg.): Handbook of natural language processing, Boca Raton, FL, 2010, S. 3ff.

Das, Amitava: PsychoSentiWordNet, in: Proceedings of the ACL-HLT 2011 Student Session, 2011, 52–57.

Das, Sanjiv R./Chen, Mike Y.: Yahoo! for Amazon: Extracting market sentiment from stock message boards, in: Proceedings of APFA-2001, 2001.

Das, Sanjiv R./Chen, Mike Y.: Yahoo! for Amazon: Sentiment Extraction from Small Talk on the Web, in: Management Science, 53, 9/2007, 1375–1388.

Dasgupta, Sajib/Ng, Vincent: Mine the Easy, Classify the Hard: A Semi-Supervised Approach to Automatic Sentiment Classification, in: Proceedings of the Joint Conference of the 47th Annual Meeting of the ACL and the 4th International Joint Conference on Natural Language Processing of the AFNLP, 2009, S. 701ff.

Dave, Kushal/Lawrence, Steve/Pennock, David M.: Mining the Peanut Gallery: Opinion Extraction and Semantic Classification of Product Reviews, in: Hencsey, Gusztáv/White, Bebo (Hrsg.): WWW 2003. The twelfth International World Wide Web ; Budapest Convention Centre, 20-24 May 2003, Budapest, Hungary ; proceedings, New York, NY, 2003, S. 519ff.

Davidov, Dmitry/Tsur, Oren/Rappoport, Ari: Enhanced sentiment learning using Twitter hashtags and smileys, in: Proceedings of the 23rd International Conference on Computational Linguistics. Posters, 2010, S. 241ff.

Davidov, Dmitry/Tsur, Oren/Rappoport, Ari: Semi-Supervised Recognition of Sarcastic Sentences in Twitter and Amazon, in: Proceedings of the Fourteenth Conference on Computational Natural Language Learning, 2010, S. 107ff.

de Madariaga, Ricardo Sánchez/del Castillo, José Raúl Fernández/Hilera, José R.: A Generalization of the Method for Evaluation of Stemming Algorithms Based on Error Counting, in: String Processing and Information Retrieval. 12th

International Conference, SPIRE 2005 (Lecture notes in computer science), 2005, S. 228ff.

Dellarocas, Chrysanthos/Zhang, Xiaoquan (M.)/Awad, Neveen F.: Exploring the value of online product reviews in forecasting sales: The case of motion pictures, in: Journal of Interactive Marketing, 21, 4/2007, S. 23ff.

Denecke, Kerstin: Using SentiWordNet for Multilingual Sentiment Analysis, in: IEEE 24th International Conference on Data Engineering Workshop, 2008, S. 507ff.

Derczynski, Leon, et al.: Microblog-Genre Noise and Impact on Semantic Annotation Accuracy, in: 24th ACM Conference on Hypertext and Social Media, 2013, S. 21ff.

Derczynski, Leon, et al.: Twitter Part-of-Speech Tagging for All: Overcoming Sparse and Noisy Data, in: Proceedings of the International Conference on Recent Advances in Natural Language Processing, 2013, S. 198ff.

Dey, Lipika/Haque, Sk M.: Opinion mining from noisy text data, in: International Journal on Document Analysis and Recognition (IJDAR), 12, 3/2009, 205–226.

Ding, Xiaowen/Liu, Bing: The Utility of Linguistic Rules in Opinion Mining, in: Proceedings of the 30th Annual International ACM SIGIR Conference on Research and Development in Information Retrieval (Special issue of the SIGIR Forum), New York NY, 2007.

Ding, Xiaowen/Liu, Bing/Yu, Philip S.: A Holistic Lexicon-Based Approach to Opinion Mining, in: International Conference on Web Search & Data Mining. Palo Alto, California, Feb. 11 - 12, 2008, New York, NY, 2008.

Ding, Xiaowen/Liu, Bing/Zhang, Lei: Entity Discovery and Assignment for Opinion Mining Applications, in: Proceedings of the 15th ACM SIGKDD international conference on Knowledge discovery and data mining, 2009, S. 1125ff.

Du, Weifu, et al.: Adapting Information Bottleneck Method for Automatic Construction of Domain-oriented Sentiment Lexicon, in: Proceedings of the third ACM international conference on Web search and data mining, 2010, S. 111ff.

Duan, Wenjing/Gu, Bin/Whinston, Andrew B.: Do online reviews matter? — An empirical investigation of panel data, in: Decision Support Systems, 45, 4/2008, 1007–1016.

Duh, Kevin/Fujino, Akinori/Nagata, Masaaki: Is Machine Translation Ripe for Cross-lingual Sentiment Classification?, in: Proceedings of the 49th Annual Meeting of the Association for Computational Linguistics: Human Language Technologies, 2011, S. 429ff.

Dunkinson, Keith/Birch, Andrew: Implementing Microsoft Dynamics AX 2012 with Sure Step 2012 , 2013.

Ebersbach, Anja/Glaser, Markus/Heigl, Richard: Social Web (UTB), 2008.

Ekman, Paul: Facial expression and emotion, in: American Psychologist, 48, 4/1993, S. 384ff.

Esuli, Andrea: Automatic Generation of Lexical Resources for Opinion Mining: Models, Algorithms and Applications, UNIVERSITÀ DI PISA, 2008.

Esuli, Andrea/Sebastiani, Fabrizio: SENTIWORDNET: A Publicly Available Lexical Resource for Opinion Mining, in: Proceedings of LREC, 2006, S. 417ff.

Esuli, Andrea/Sebastiani, Fabrizio: PageRankingWordNet Synsets: An Application to Opinion Mining, in: Proceedings of the 45th Annual Meeting of the Association of Computational Linguistics, 2007, 424–431.

Etzioni, Oren, et al.: Unsupervised named-entity extraction from the Web: An experimental study, in: Artificial Intelligence, 165, 1/2005, S. 91ff.

Europäische Kommission: Übersetzen und Verfassen von Texten. Online-Hilfen für das Übersetzen von EU-Texten – nützliche Links (04.10.2013), Online im WWW unter URL: http://ec.europa.eu/translation/index_de.htm [Stand: 30.12.2013].

Europäische Kommission, Generaldirektion Kommunikation: Kultur und audio-visuelle Medien, Online im WWW unter URL: http://bookshop.eu-ropa.eu/de/kultur-und-audiovisuelle-medien-pbNA7012015/?CatalogCatego-ryID=ljAKABstfuoAAAEjQZEY4e5L [Stand: 30.12.2013].

European Foundation for Quality Management: EFQM Fundamental Concepts, Online im WWW unter URL: http://www.efqm.org/efqm-model/fundamental-concepts [Stand: 19.02.2014].

Evans, David K., et al.: Opinion Analysis Across Languages: An Overview of and Observations from the NTCIR6 Opinion Analysis Pilot Task, in: Masulli, Francesco/Mitra, Sushmita/Pasi, Gabriella (Hrsg.): Applications of Fuzzy Sets Theory (Lecture notes in computer science), 2007, S. 456ff.

Facebook: Using the Graph API, Online im WWW unter URL: https://developers.facebook.com/docs/graph-api/using-graph-api/ [Stand: 28.03.2014].

Facebook: Facebook APIs, Online im WWW unter URL: https://developers.facebook.com/docs/reference/apis/ [Stand: 10.11.2013].

Facebook: Graph API Explorer, Online im WWW unter URL: https://developers.facebook.com/tools/explorer [Stand: 10.11.2013].

Fayyad, Usama M./Piatetsky-Shapiro, Gregory/Smyth, Padhraic: From Data Mining to Knowledge Discovery: An Overview, in: Fayyad, Usama M. u.a. (Hrsg.): Advances in knowledge discovery and data mining, 1996, 1–34.

Feldman, Ronen/Sanger, James: The text mining handbook. Advanced Approaches in Analyzing Unstructured Data , 2008.

Feng, Song/Bose, Ritwik/Choi, Yejin: Learning General Connotation of Words using Graph-based Algorithms, in: Proceedings of the Conference on Empirical Methods in Natural Language Processing, 2011, S. 1092ff.

Fischer, Thomas/Biskup, Hubert/Müller-Luschnat, Günther: Begriffliche Grundlagen für Vorgehensmodelle, in: Kneuper, Ralf/Müller-Luschnat, Günther/Oberweis, Andreas (Hrsg.): Vorgehensmodelle für die betriebliche Anwendungsentwicklung, 1998, S. 13ff.

Fischer, Tim E.: Unternehmenskommunikation und Neue Medien. Das neue Medium Weblogs und seine Bedeutung für die Public-Relations-Arbeit , Wiesbaden, 2006.

Foley, Donald H.: Considerations of Sample and Feature Size, in: IEEE Transactions on Information Theory, 18, 5/1972, S. 618ff.

Fondazione Bruno Kessler: The MultiWordNet Project, Online im WWW unter URL: http://multiwordnet.fbk.eu/english/whatin.php [Stand: 27.08.2013].

Fraas, Claudia/Meier, Stefan/Pentzold, Christian: Online-Kommunikation. Grundlagen, Praxisfelder und Methoden , München, 2012.

Frakes, William B./Baeza-Yates, Ricardo: Information Retrieval. Data Structures & Algorithms , Englewood Cliffs, N.J, 1992.

Frijters, Jeroen: IKVM.NET (25.02.2013), Online im WWW unter URL: http://www.ikvm.net/ [Stand: 23.12.2013].

Funk, Adam, et al.: Opinion Analysis for Business Intelligence Applications, in: Duke, Alistair (Hrsg.): Proceedings of the first international workshop on Ontology-supported business intelligence, New York, N.Y, 2008.

Gamon, Michael: Sentiment classification on customer feedback data: noisy data, large feature vectors, and the role of linguistic analysis, in: Proceedings of the 20th international conference on Computational Linguistics. COLING '04, 2004, S. 841ff.

Gamon, Michael, et al.: Pulse: Mining Customer Opinions from Free Text, in: Famili, A. F. u.a. (Hrsg.): Advances in intelligent data analysis VI. 6th International Symposium on Intelligent Data Analysis, IDA 2005, Madrid, Spain, September 8 - 10, 2005 ; proceedings (Lecture notes in computer science 3646), Berlin, 2005, S. 121ff.

Ganapathibhotla, Murthy/Liu, Bing: Mining Opinions in Comparative Sentences, in: Proceedings of the 22nd International Conference on Computational Linguistics, 2008, S. 241ff.

Gernert, Christiane/Ahrend, Norbert: IT-Management: System statt Chaos. Ein praxisorientiertes Vorgehensmodell , 2002[2].

Ghose, Anindya/Ipeirotis, Panagiotis G.: Designing novel review ranking systems: predicting the usefulness and impact of reviews, in: Proceedings of the Ninth International Conference on Electronic Commerce, New York, NY, 2007, S. 303ff.

Gibbs, Raymond W.: On the psycholinguistics of sarcasm, in: Journal of Experimental Psychology: General, 115, 1/1986, S. 3ff.

Gildea, Daniel/Jurafsky, Daniel: Automatic Labeling of Semantic Roles, in: Computational Linguistics, 28, 3/2002, S. 245ff.

Glance, Natalie S., et al.: Deriving Marketing Intelligence from Online Discussion, in: Grossman, Robert L. (Hrsg.): Proceedings of the Eleventh ACM SIGKDD International Conference on Knowledge Discovery and Data Mining, August 21 - 24, 2005, Chicago, Illinois, USA, New York, NY, 2005, S. 419ff.

Godbole, Namrata/Srinivasaiah, Manjunath/Skiena, Steven: Large-Scale Sentiment Analysis for News and Blogs, in: International Conference on Weblogs and Social Media, 2007.

Goldberg, Andrew B./Zhu, Xiaojin: Seeing stars when there aren't many stars: Graph-based semi-supervised learning for sentiment categorization, in: Proceedings of the First Workshop on Graph Based Methods for Natural Language Processing, 2006, S. 45ff.

Goldwater, Sharon/Griffiths, Thomas L.: A Fully Bayesian Approach to Unsupervised Part-of-Speech Tagging, in: Proceedings of the 45th Annual Meeting of the Association of Computational Linguistics, 2007, S. 744ff.

González-Ibáñez, Roberto/Muresan, Smaranda/Wacholder, Nina: Identifying Sarcasm in Twitter: A Closer Look, in: Proceedings of the 49th Annual Meeting of the Association for Computational Linguistics. Human Language Technologies: short papers, 2011, S. 581ff.

Google: Google Developers. Google Translate API (20.04.2012), Online im WWW unter URL: https://developers.google.com/translate/?hl=de [Stand: 25.03.2014].

Grefenstette, Gregory: Comparing two language identification schemes, in: Proceedings of the 3rd International Conference on Statistical Analysis of Textual Data, 1995, S. 263ff.

Grefenstette, Gregory, et al.: Coupling Niche Browsers and Affect Analysis for an Opinion Mining Application, in: Proceedings of RIAO, 2004.

Gretzel, Ulrike/Yoo, KyungHyan: Use and Impact of Online Travel Reviews, in: O'Connor, Peter/Höpken, Wolfram/Gretzel, Ulrike (Hrsg.): Information and Communication Technologies in Tourism 2008, 2008, S. 35ff.

Gronau, Norbert: Industrielle Standardsoftware. Auswahl und Einführung , München, 2001.

Gronau, Norbert: Vorgehensmodelle zur Einführung von Standardsoftware, in: Kurbel, Karl u.a. (Hrsg.): Enzyklopädie der Wirtschaftsinformatik, 2013.

Grothe, Lena/De Luca, Ernesto William/Nürnberger, Andreas: A Comparative Study on Language Identification Methods, in: Proceedings of the Sixth International Conference on Language Resources and Evaluation, 2008, S. 980ff.

Gulledge, Thomas/Simon, Georg: The evolution of SAP implementation environments: A case study from a complex public sector project, in: Industrial Management & Data Systems, 105, 6/2005, S. 714ff.

Güngör, Tunga: Part-of-Speech Tagging, in: Indurkhya, Nitin/Damerau, Frederick J. (Hrsg.): Handbook of natural language processing, Boca Raton, FL, 2010, S. 205ff.

Guo, Honglei, et al.: Product Feature Categorization with Multilevel Latent Semantic Association, in: Proceedings of the 18th ACM conference on Information and knowledge management, 2009, 1087–1096.

Guo, Honglei, et al.: OpinionIt: A Text Mining System for Cross-lingual Opinion Analysis, in: Proceedings of the 19th ACM international conference on Information and knowledge management, 2010, S. 1199ff.

Guo, Honglei, et al.: Domain Customization for Aspect-oriented Opinion Analysis with Multi-level Latent Sentiment Clues, in: Proceedings of the 20th ACM international conference on Information and knowledge management, 2011, 2493–2496.

Guzella, Thiago S./Caminhas, Walmir M.: A review of machine learning approaches to Spam filtering, in: Expert Systems with Applications, 36, 7/2009, S. 10206ff.

Hafner, Martin/Winter, Robert: Vorgehensmodell für das Management der unternehmensweiten Applikationsarchitektur, in: Ferstl, OttoK. u.a. (Hrsg.): Wirtschaftsinformatik 2005, 2005, S. 627ff.

Hai, Zhen/Chang, Kuiyu/Kim, Jung-jae: Implicit Feature Identification via Co-occurrence Association Rule Mining, in: Gelbukh, Alexander F. (Hrsg.): Computational Linguistics and Intelligent Text Processing (Lecture notes in computer science), 2011, S. 393ff.

Harman, Donna: How Effective Is Suffixing?, in: Journal of the American Society for Information Science and Technology, 42, 1/1991, S. 7ff.

Hatzivassiloglou, Vasileios/McKeown, Kathleen R.: Predicting the Semantic Orientation of Adjectives, in: Proceedings of the 35th Annual Meeting of the Association for Computational Linguistics and Eighth Conference of the European Chapter of the Association for Computational Linguistics, 1997, 174–181.

Hatzivassiloglou, Vasileios/Wiebe, Janyce M.: Effects of Adjective Orientation and Gradability on Sentence Subjectivity, in: Proceedings of the 18th conference on Computational linguistics (COLING '00 1), 2000, 299–305.

Hearst, Marti A.: Untangling Text Data Mining, in: Proceedings of the 37th annual meeting of the Association for Computational Linguistics on Computational Linguistics, 1999, 3–10.

Heinrich, Lutz J.: Wirtschaftsinformatik. Einführung und Grundlegung (Wirtschaftsinformatik), München, Wien, 1993.

Heinrich, Lutz J./Heinzl, Armin/Riedl, René: Wirtschaftsinformatik. Einführung und Grundlegung (Springer-Lehrbuch), Berlin, Heidelberg, 2011[4].

Heinrich, Lutz J./Heinzl, Armin/Roithmayr, Friedrich: Wirtschaftsinformatik-Lexikon. Mit etwa 4000 Stichwörtern und 3700 Verweisstichwörtern, einem Anhang deutsch-, englisch- und französischsprachiger Abkürzungen und Akronyme, einschlägiger Fachzeitschriften und Lehr- und Forschungseinrichtungen, Verbände und Vereinigungen sowie einem englischsprachigen und einem deutschsprachigen Index , 2004[7].

Heinrich, Lutz J./Heinzl, Armin/Roithmayr, Friedrich: Wirtschaftsinformatik. Einführung und Grundlegung , 2007[3].

Hepple, Mark: Independence and Commitment: Assumptions for Rapid Training and Execution of Rule-Based POS Taggers, in: Proceedings of the 38th Annual Meeting on Association for Computational Linguistics, 2000, S. 278ff.

Heuristic and Evolutionary Algorithms Laboratory, Upper Austria University of Applied Sciences: HeuristicLab Development Homepage, Online im WWW unter URL: http://dev.heuristiclab.com/trac/hl/core [Stand: 29.03.2014].

Hevner, Alan R., et al.: Design Science in Information Systems Research, in: MIS Quarterly, 28, 1/2004, S. 75ff.

Heymann-Reder, Dorothea: Social-Media-Marketing. Erfolgreiche Strategien für Sie und Ihr Unternehmen , München, Boston, Mass. [u.a.], 2011.

Highsoft AS: Highcharts JS. Interactive JavaScript charts for your web projects, Online im WWW unter URL: http://www.highcharts.com/ [Stand: 14.04.2014].

Hippner, Hajo: Bedeutung, Anwendungen und Einsatzpotenziale von Social Software, in: HMD - Praxis der Wirtschaftsinformatik, 43, 252/2006, S. 6ff.

Hippner, Hajo/Rentzmann, René: Text Mining, in: Informatik-Spektrum, 29, 4/2006, S. 287ff.

Hofmann, Thomas: Probabilistic Latent Semantic Analysis, in: Proceedings of the Fifteenth conference on Uncertainty in artificial intelligence, 1999, S. 289ff.

Höhn, Reinhard/Höppner, Stephan: Das V-Modell XT. Anwendungen, Werkzeuge, Standards (Springer-Lehrbuch), Berlin, Heidelberg, 2008.

Hotho, Andreas/Nürnberger, Andreas/Paaß, Gerhard: A Brief Survey of Text Mining, in: LDV Forum, 1, 20/2005, S. 19ff.

Hou, Feng/Li, Guo-Hui: Mining Chinese comparative sentences by semantic role labeling, in: Proceedings of the Seventh International Conference on Machine Learning and Cybernetics, 2008, S. 2563ff.

Hu, Minqing/Liu, Bing: Mining and summarizing customer reviews, in: Proceedings of the tenth ACM SIGKDD international conference on Knowledge discovery and data mining, 2004, S. 168ff.

Hu, Minqing/Liu, Bing: Mining Opinion Features in Customer Reviews, in: Proceedings of AAAI, 2004, 755–760.

Hu, Nan/Pavlou, Paul A./Zhang, Jennifer: Can online reviews reveal a product's true quality? Empirical findings and analytical modeling of Online word-of-mouth communication, in: Feigenbaum, Joan (Hrsg.): Proceedings of the 7th ACM conference on Electronic commerce, New York, NY, 2006, 324–330.

Hua, Jianping, et al.: Optimal number of features as a function of sample size for various classification rules, in: Bioinformatics, 21, 8/2005, S. 1509ff.

ITIL.org: ITIL Knowledge - Overview, Online im WWW unter URL: http://www.itil.org/en/vomkennen/itil/index.php [Stand: 19.02.2014].

Jacobs, Stephan: Vorgehensmodelle für das IT-Projektmanagement, in: Kurbel, Karl u.a. (Hrsg.): Enzyklopädie der Wirtschaftsinformatik, 2013.

Jakob, Niklas/Gurevych, Iryna: Extracting Opinion Targets in a Single- and Cross-Domain Setting with Conditional Random Fields, in: Proceedings of the 2010 Conference on Empirical Methods in Natural Language Processing, 2010, 1035–1045.

Jin, Wei/Ho, Hung H.: A Novel Lexicalized HMM-based Learning Framework for Web Opinion Mining, in: Proceedings of the 26th Annual International Conference on Machine Learning, 2009, S. 465ff.

Jindal, Nitin/Liu, Bing: Identifying Comparative Sentences in Text Documents, in: Dumas, Susan (Hrsg.): Proceedings of the 29th annual international ACM SIGIR conference on Research and development in information retrieval, New York, NY, USA, 2006, S. 244ff.

Jindal, Nitin/Liu, Bing: Review Spam Detection, in: Proceedings of the 16th international conference on World Wide Web, New York, NY, USA, 2007, 1189–1190.

Jindal, Nitin/Liu, Bing: Opinion Spam and Analysis, in: Proceedings of the 2008 International Conference on Web Search and Data Mining, New York, NY, USA, 2008, S. 219ff.

Jo, Yohan/Oh, Alice: Aspect and Sentiment Unification Model for Online Review Analysis, in: Proceedings of the fourth ACM international conference on Web search and data mining, 2011, 815–824.

Joachims, Thorsten: Training Linear SVMs in Linear Time, in: Proceedings of the 12th ACM SIGKDD international conference on Knowledge discovery and data mining, 2006, S. 217ff.

Joachims, Thorsten: SVM multiclass. Multi-Class Support Vector Machine (14.08.2008), Online im WWW unter URL: http://www.cs.cornell.edu/people/tj/svm_light/svm_multiclass.html [Stand: 17.01.2014].

Joachims, Thorsten: SVMlight. Support Vector Machine (14.08.2008), Online im WWW unter URL: http://www.cs.cornell.edu/people/tj/svm_light/index.html [Stand: 31.10.2013].

Joachims, Thorsten: SVMPerf. Support Vector Machine for Multivariate Performance Measures (07.09.2009), Online im WWW unter URL: http://www.cs.cornell.edu/people/tj/svm_light/svm_perf.html [Stand: 31.10.2013].

Kaiser, Carolin: Opinion Mining im Web 2.0 – Konzept und Fallbeispiel, in: HMD - Praxis der Wirtschaftsinformatik, 46, 268/2009, S. 90ff.

Kanayama, Hiroshi/Nasukawa, Tetsuya: Fully automatic lexicon expansion for domain-oriented sentiment analysis, in: Proceedings of the 2006 Conference on Empirical Methods in Natural Language Processing, Stroudsburg, PA, USA, 2006, S. 355ff.

Kao, Anne/Poteet, Stephen R.: Overview, in: Kao, Anne/Poteet, Stephen R. (Hrsg.): Natural language processing and text mining, 2010, 1–7.

Kaplan, Andreas M./Haenlein, Michael: The early bird catches the news: Nine things you should know about micro-blogging, in: Business Horizons, 54, 2/2011, S. 105ff.

Kennedy, Alistair/Inkpen, Diana: Sentiment Classification of Movie Reviews using Contextual Valence Shiferts, in: Computational Intelligence, 22, 2/2006, S. 110ff.

Kessler, Jason S./Nicolov, Nicolas: Targeting Sentiment Expressions through Supervised Ranking of Linguistic Configurations, in: Proceedings of the third international AAAI conference on weblogs and social media, 2009, S. 90ff.

Khan, Khairullah, et al.: Mining Opinion from Text Documents: A Survey, in: 3rd IEEE International Conference on Digital Ecosystems and Technologies, 2009, S. 217ff.

Kietzmann, Jan H., et al.: Social media? Get serious! Understanding the functional building blocks of social media, in: Business Horizons, 54, 3/2011, S. 241ff.

Kilian, Thomas/Hass, Berthold H./Walsh, Gianfranco: Grundlagen des Web 2.0, in: Hass, Berthold H./Walsh, Gianfranco/Kilian, Thomas (Hrsg.): Web 2.0. Neue Perspektiven für Marketing und Medien, Berlin, 2008, S: 3ff.

Kim, Hyun D./Zhai, ChengXiang: Generating Comparative Summaries of Contradictory Opinions in Text, in: Proceedings of the 18th ACM conference on Information and knowledge management, 2009, S. 385ff.

Kim, Jungi/Li, Jin-Ji/Lee, Jong-Hyeok: Evaluating Multilanguage-Comparability of Subjectivity Analysis Systems, in: Proceedings of the 48th Annual Meeting of the Association for Computational Linguistics, 2010, S. 595ff.

Kim, Soo-Min/Hovy, Eduard: Determining the Sentiment of Opinions, in: Proceedings of 20th International Conference on Computational Linguistics, Geneva, Switzerland, 2004, S. 1367ff.

Kim, Soo-Min/Hovy, Eduard: Identifying Opinion Holders for Question Answering in Opinion Texts, in: Proceedings of AAAI-05 Workshop on Question Answering in Restricted Domains, 2005.

Kim, Soo-Min/Hovy, Eduard: Extracting Opinions, Opinion Holders, and Topics Expressed in Online News Media Text, in: Proceedings of the Workshop on Sentiment and Subjectivity in Text, 2006, S. 1ff.

Kim, Soo-Min/Hovy, Eduard: Identifying and Analyzing Judgment Opinions, in: Proceedings of the main conference on Human Language Technology Conference of the North American Chapter of the Association of Computational Linguistics, 2006, S. 200ff.

Kiss, Tibor/Strunk, Jan: Unsupervised Multilingual Sentence Boundary Detection, in: Computational Linguistics, 32, 4/2006, S. 485ff.

Klein, Gerwin/Rowe, Steve: JFlex - The Fast Scanner Generator for Java (31.01.2009), Online im WWW unter URL: http://www.jflex.de/ [Stand: 17.11.2013].

Kobayashi, Mei/Aono, Masaki: Vector Space Models for Search and Cluster Mining, in: Berry, Michael W. (Hrsg.): Survey of Text Mining, 2004, S. 103ff.

Koch, Michael/Richter, Alexander: Social-Networking-Dienste im Unternehmenskontext: Grundlagen und Herausforderungen, in: Zerfaß, Ansgar/Welker, Martin/Schmidt, Jan (Hrsg.): Kommunikation, Partizipation und Wirkungen im Social Web. Strategien und Anwendungen: Perspektiven für Wirtschaft, Politik und Publizistik (Neue Schriften zur Online-Forschung Band 2), Köln, 2008, S. 352ff.

Koch, Michael/Richter, Alexander: Enterprise 2.0. Planung, Einführung und erfolgreicher Einsatz von Social Software in Unternehmen , 2009.

Kodratoff, Yves: Knowledge discovery in texts: A definition, and applications, in: Raś, Zbigniew W./Skowron, Andrzej (Hrsg.): Foundations of Intelligent Systems (Lecture notes in computer science), 1999, 16–29.

Kohlschütter, Christian: Boilerpipe. Boilerplate Removal and Fulltext Extraction from HTML pages (06.06.2011), Online im WWW unter URL: https://code.google.com/p/boilerpipe/ [Stand: 14.11.2013].

Kohlschütter, Christian: Boilerplate Detection using Shallow Text Features (03.02.2010), Online im WWW unter URL: http://www.l3s.de/~kohlschuetter/boilerplate/ [Stand: 14.11.2013].

Kohlschütter, Christian/Fankhauser, Peter/Nejdl, Wolfgang: Boilerplate Detection using Shallow Text Features, in: Proceedings of the third ACM international conference on Web search and data mining, New York, NY, USA, 2010, S. 441ff.

Komus, Ayelt: Social Software als organisatorisches Phänomen – Einsatzmöglichkeiten in Unternehmen, in: HMD - Praxis der Wirtschaftsinformatik, 43, 252/2006.

Kotler, Philip/Bliemel, Friedhelm/Keller, Kevin L.: Marketing-Management. Strategien für wertschaffendes Handeln , München, 2007[12].

Kouloumpis, Efthymios/Wilson, Theresa/Moore, Johanna: Twitter Sentiment Analysis: The Good the Bad and the OMG!, in: Proceedings of the Fifth International AAAI Conference on Weblogs and Social Media, 2011, S. 538ff.

Kreuz, Roger J./Glucksberg, Sam: How to be sarcastic: The echoic reminder theory of verbal irony, in: Journal of Experimental Psychology: General, 118, 4/1989, S. 374ff.

Krovetz, Robert: Viewing Morphology as an Inference Process, in: Proceedings of the Sixteenth Annual International ACM SIGIR Conference on Research and Development in Information Retrieval, 1993, S. 191ff.

Kruchten, Philippe: The rational unified process. An introduction , 2004³.

Ku, Lun-Wei/Liang, Yu-Ting/Chen, Hsin-Hsi: Opinion extraction, summarization and tracking in news and blog corpora, in: Proceedings of AAAI-CAAW-06, the Spring Symposia on Computational Approaches to Analyzing Weblogs, 2006, S. 100ff.

Kunze, Claudia/Lemnitzer, Lothar: GermaNet - representation, visualization, application, in: Proceedings of the 3rd International Conference on Language Resources and Evaluation, 2002, 1485–1491.

Kurgan, Lukaz A./MUSILEK, PETR: A survey of Knowledge Discovery and Data Mining process models, in: The Knowlege Engineering Review, 21, 01/2006, S. 1ff.

Laender, Alberto H. F., et al.: Brief Survey of Web Data Extraction Tools, in: SIGMOD Rec, 31, 2/2002, S. 84ff.

Lapp, Edgar: Linguistik der Ironie , 1992.

Lee, Dongjoo/Jeong, Ok-Ran/Lee, Sang-goo: Opinion Mining of Customer Feedback Data on the Web, in: Proceedings of the 2nd international conference on Ubiquitous information management and communication, Suwon, Korea, 2008, S. 230ff.

Lee, Jumin/Park, Do-Hyung/Han, Ingoo: The effect of negative online consumer reviews on product attitude: An information processing view, in: Electronic Commerce Research and Applications/2008, S. 341ff.

Lehner, Franz/Hildebrandt, Knut/Maier, Ronald: Wirtschaftsinformatik. Theoretische Grundlagen , München, Wien, 1995.

Lehner, Franz/Zelewski, Stephan (Hrsg.): Wissenschaftstheoretische Fundierung und wissenschaftliche Orientierung der Wirtschaftsinformatik, Berlin, 2007.

Li, Fangtao, et al.: Learning to Identify Review Spam, in: Proceedings of the Twenty-Second international joint conference on Artificial Intelligence, 2011, S. 2488ff.

Li, Jing/Ezeife, C. I.: Cleaning Web Pages for Effective Web Content Mining, in: Database and Expert Systems Applications (LNCS 4080), 2006, S. 560ff.

Lim, Ee-Peng, et al.: Detecting Product Review Spammers using Rating Behaviors, in: Proceedings of the 19th ACM international conference on Information and knowledge management, 2010, S. 939ff.

Lin, Chenghua/He, Yulan: Joint sentiment/topic model for sentiment analysis, in: Proceedings of the 18th ACM conference on Information and knowledge management (CIKM '09), New York, NY, USA, 2009, S. 375ff.

Lin, Shian-Hua/Ho, Jan-Ming: Discovering Informative Content Blocks from Web Documents, in: Proceedings of the eighth ACM SIGKDD international conference on Knowledge discovery and data mining, 2002, S. 588ff.

Liu, Bing: Web data mining. Exploring hyperlinks, contents, and usage data (Data-centric systems and applications), Berlin, 2008^2.

Liu, Bing: Sentiment Analysis and Subjectivity, in: Indurkhya, Nitin/Damerau, Frederick J. (Hrsg.): Handbook of natural language processing, Boca Raton, FL, 2010, S. 627ff.

Liu, Bing: Sentiment analysis and opinion mining, San Rafael, 2012.

Liu, Bing/Hu, Minqing/Cheng, Junsheng: Opinion observer: analyzing and comparing opinions on the Web, in: Proceedings of the 14th international conference on World Wide Web (WWW '05), New York, NY, USA, 2005, 342–351.

Liu, Bing/Zhang, Lei: A Survey of Opinion Mining and Sentiment Analysis, in: Aggarwal, Charu C./Zhai, ChengXiang (Hrsg.): Mining Text Data, 2012, S. 415ff.

Liu, Feifan, et al.: Improving Blog Polarity Classification via Topic Analysis and Adaptive Methods, in: Proceedings of Human Language Technologies: The 2010 Annual Conference of the North American Chapter of the ACL, 2010, S. 309ff.

Lowe, William: JFreq: Count words, quickly. Java software version 0.5.4, Online im WWW unter URL: http://www.conjugateprior.org/software/jfreq/ [Stand: 14.01.2014].

Lu, Yue, et al.: Exploiting Structured Ontology to Organize Scattered Online Opinions, in: Proceedings of the 23rd International Conference on Computational Linguistics, 2010, S. 734ff.

Lu, Yue/Zhai, ChengXiang: Opinion Integration Through Semi-supervised Topic Modeling, in: Proceedings of the 17th international conference on World Wide Web, 2008, S. 121ff.

Machine Learning Group at the University of Waikato: Weka 3: Data Mining Software in Java, Online im WWW unter URL: http://www.cs.waikato.ac.nz/~ml/weka/index.html [Stand: 31.10.2013].

Manning, Christopher D./Raghavan, Prabhakar/Schütze, Hinrich: Introduction to information retrieval , New York, 2008.

Marbán, Óscar/Mariscal, Gonzalo/Segovia, Javier: A Data Mining & Knowledge Discovery Process Model, in: Ponce, Julio/Karahoca, Adem (Hrsg.): Data mining and knowledge discovery in real life applications, 2009, S. 438ff.

March, Salvatore T./Storey, Veda C.: Design Science in the Information Systems Discipline: An Introduction to the sepecial issue on Design Science Research, in: MIS Quarterly, 32, 4/2008, S. 725ff.

Marcus, Mitchell P./Marcinkiewicz, Mary A./Santorini, Beatrice: Building a Large Annotated Corpus of English: The Penn Treebank, in: Journal Computational Linguistics, 19, 2/1993, S. 313ff.

Mariampolski, Hy: Qualitative market research. A comprehensive guide , Thousand Oaks, 2001.

Marquardt, Kai: Vorgehensmodell zur Durchführung von IT-Projekten unter expliziter Einbeziehung der Kundensicht, in: Uhr, Wolfgang/Esswein, Werner/Schoop, Eric (Hrsg.): Wirtschaftsinformatik 2003/Band II, 2003, S. 921ff.

Màrquez, Lluís/Padró, Lluís/Rodríguez, Horacio: A Machine Learning Approach to POS Tagging, in: Machine Learning, 39, 1/2000, S. 59ff.

Mast, Claudia/Huck, Simone/Hubbard, Monika: Unternehmenskommunikation. Ein Leitfaden , Stuttgart, 2008[3].

Mayfield, James, et al.: Lattice-based Tagging using Support Vector Machines, in: Proceedings of the twelfth international conference on Information and knowledge management, 2003, S. 303ff.

Maynard, Diana/Bontcheva, Kalina/Rout, Dominic: Challenges in developing opinion mining tools for social media, in: Proceedings of @NLP can u tag #user_generated_content?! Workshop at LREC 2012, 2012.

McCallum, Andrew K.: MALLET: A Machine Learning for Language Toolkit , 2002.

McCandless, Michael/Hatcher, Erik/Gospodnetić, Otis: Lucene in action , Greenwich, 2010[2].

McDonald, Ryan, et al.: Structured Models for Fine-to-Coarse Sentiment Analysis, in: Proceedings of the 45th Annual Meeting of the Association of Computational Linguistics, 2007, S. 432ff.

Mediabistro: Facebook Nutzerzahlen, Online im WWW unter URL: http://allfacebook.de/userdata/ [Stand: 26.09.2013].

Mei, Qiaozhu, et al.: A Probabilistic Approach to Spatiotemporal Theme Pattern Mining on Weblogs, in: Proceedings of the 15th international conference on World Wide Web, 2006, S. 533ff.

Mei, Qiaozhu, et al.: Topic Sentiment Mixture: Modeling Facets and Opinions in Weblogs, in: Proceedings of the 16th international conference on World Wide Web, 2007, 171–180.

Melville, Prem/Gryc, Wojciech/Lawrence, Richard D.: Sentiment Analysis of Blogs by Combining Lexical Knowledge with Text Classification, in: Proceedings of the 15th ACM SIGKDD international conference on Knowledge discovery and data mining, 2009, S. 1275ff.

Meng, Xinfan, et al.: Cross-Lingual Mixture Model for Sentiment Classification, in: Proceedings of the 50th Annual Meeting of the Association for Computational Linguistics. Long Papers, 2012, S. 572ff.

Meyer, Christian M./Gurevych, Iryna: Worth Its Weight in Gold or Yet Another Resource - A Comparative Study of Wiktionary, OpenThesaurus and GermaNet, in: Gelbukh, Alexander (Hrsg.): Computational Linguistics and Intelligent Text Processing. 11th International Conference, CICLing 2010, Iaşi, Romania, March 21-27, 2010. Proceedings, Berlin, Heidelberg, 2010, 38–49.

Mezger, Miriam/Sadrieh, Abdolkarim: Proaktive und reaktive Markenpflege im Internet, in: Bauer, Hans H./Große-Leege, Dirk/Rösger, Jürgen (Hrsg.): Interactive Marketing im Web 2.0+. Konzepte und Anwendungen für ein erfolgreiches Marketingmanagement im Internet, München, 2007, S. 73ff.

Microsoft Corporation: Infer.NET, Online im WWW unter URL: http://research.microsoft.com/en-us/um/cambridge/projects/infernet/ [Stand: 14.01.2014].

Microsoft Corporation: Latent Dirichlet Allocation (LDA). Infer.NET user guide : Tutorials and examples, Online im WWW unter URL: http://research.microsoft.com/en-us/um/cambridge/projects/infernet/docs/Latent%20Dirichlet%20Allocation.aspx.

Mihalcea, Rada/Banea, Carmen/Wiebe, Janyce M.: Learning Multilingual Subjective Language via Cross-Lingual Projections, in: Proceedings of the 45th Annual Meeting of the Association of Computational Linguistics, Prague, Czech Republic, 2007, S. 976ff.

Mikheev, Andrei: Periods, Capitalized Words, etc., in: Computational Linguistics, 28, 3/2002, S. 289ff.

Miles, Patrick: German stemming algorithm variant, Online im WWW unter URL: http://snowball.tartarus.org/algorithms/german2/stemmer.html [Stand: 25.11.2013].

Miller, George A.: WordNet: A Lexical Database for English, in: Communications of the ACM, 38, 11/1995, S. 39ff.

Mishne, Gilad: Experiments with Mood Classification in Blog Posts, in: 1st Workshop on Stylistic Analysis of Text for Information Access. SIGIR 2005, 2005.

Moens, Marie-Francine: Information Extraction: Algorithms and Prospects in a Retrieval Context (Information Retrieval 21), 2006.

Moghaddam, Samaneh/Ester, Martin: Opinion digger: an unsupervised opinion miner from unstructured product reviews, in: Proceedings of the 19th ACM international conference on Information and knowledge management, 2010, S. 1825ff.

Mohammad, Saif/Pedersen, Ted: Guaranteed Pre-tagging for the Brill Tagger, in: Gelbukh, Alexander (Hrsg.): Computational Linguistics and Intelligent Text Processing (Lecture notes in computer science), 2003, S. 148ff.

Morinaga, Satoshi, et al.: Mining Product Reputations on the Web, in: Hand, D. J. (Hrsg.): Proceedings of ACM SIGKDD International Conference on Knowledge Discovery and Data Mining (KDD-2002) // Proceedings of the eighth ACM SIGKDD International Conference on Knowledge Discovery and Data Mining. July 23-36, 2002, Edmonton, Alberta, Canada, [New York, N.Y.], 2002.

Mukherjee, Arjun/Liu, Bing: Aspect Extraction through Semi-Supervised Modeling, in: Proceedings of the 50th Annual Meeting of the Association for Computational Linguistics. Long Papers, 2012, S. 339ff.

Nadali, Samaneh/Masrah, Azrifah A. M./Rabiah, Abdul K.: Sentiment Classification of Customer Reviews Based on Fuzzy logic, in: Mahmood, Ahmad K. (Hrsg.): International Symposium in Information Technology (ITSim), 2010. 15 - 17 June 2010, Kuala Lumpur Convention Centre, Kuala Lumpur, Malaysia ; proceedings 2010, Piscataway, N.J., 2010, 1037–1044.

Nakagawa, Tetsuji/Inui, Kentaro/Kurohashi, Sadao: Dependency Tree-based Sentiment Classification using CRFs with Hidden Variables, in: Human Language Technologies: The 2010 Annual Conference of the North American Chapter of the ACL, 2010, S. 786ff.

Narayanan, Ramanathan/Liu, Bing/Choudhary, Alok: Sentiment Analysis of Conditional Sentences, in: Proceedings of the 2009 Conference on Empirical Methods in Natural Language Processing, 2009, S. 180ff.

Nasukawa, Tetsuya/Yi, Jeonghee: Sentiment Analysis: Capturing Favorability Using Natural Language Processing, in: Proceedings of the Second International Conference on Knowledge Capture, New York, 2003, S. 70ff.

Neumann, Günter: Text-basiertes Informationsmanagement, in: Carstensen, Kai-Uwe u.a. (Hrsg.): Computerlinguistik und Sprachtechnologie. Eine Einführung, Heidelberg, 2010, S. 576ff.

Nigam, Kamal, et al.: Text Classification from Labeled and Unlabeled Documents using EM, in: Machine Learning, 39, 2-3/2000, S. 103ff.

Nogueira dos Santos, Cícero/Milidiú, Ruy L./Rentería, RaúlP.: Portuguese Part-of-Speech Tagging Using Entropy Guided Transformation Learning, in: Teixeira, António u.a. (Hrsg.): Computational Processing of the Portuguese Language (Lecture notes in computer science), 2008, S. 143ff.

Nunberg, Geoffrey: The linguistics of punctuation (CSLI lecture notes 18), Stanford, CA, 1990.

Olson, David L./Delen, Dursun: Advanced data mining techniques , Berlin, 2008.

O'Reilly, Tim: Web 2.0 (2009), Online im WWW unter URL: http://oreilly.com/web2/archive/what-is-web-20.html [Stand: 24.09.2013].

Osgood, Charles E./Suci, George J./Tannenbaum, Percy H.: The measurement of meaning , 1975[9].

Österle, Hubert, et al.: Memorandum zur gestaltungsorientierten Wirtschaftsinformatik, in: Schmalenbachs Zeitschrift für betriebswirtschaftliche Forschung, 62/2010, S. 662ff.

Page, Lawrence, et al.: The PageRank Citation Ranking: Bringing Order to the Web , Stanford InfoLab, 1999.

Paice, Chris D.: Method for Evaluation of Stemming Algorithms based on Error Counting, in: Journal of the American Society for Information Science and Technology, 47, 8/1996, S. 632ff.

Pak, Alexander/Paroubek, Patrick: Twitter as a Corpus for Sentiment Analysis and Opinion Mining, in: Proceegins of the Seventh Conference on International Language Resources and Evaluation (LREC), Valletta, Malta, 2010, S. 1320ff.

Palmer, David D.: Text Preprocessing, in: Indurkhya, Nitin/Damerau, Frederick J. (Hrsg.): Handbook of natural language processing, Boca Raton, FL, 2010, S. 9ff.

Pan, Sinno J., et al.: Cross-Domain Sentiment Classification via Spectral Feature Alignment, in: Proceedings of the 19th international conference on World wide web, 2010, S. 751ff.

Pang, Bo/Lee, Lillian: A Sentimental Education: Sentiment Analysis Using Subjectivity Summarization Based on Minimum Cuts, in: Proceedings of the 42nd Meeting of the Association for Computational Linguistics, 2004, S. 271ff.

Pang, Bo/Lee, Lillian: Seeing stars: Exploiting class relationships for sentiment categorization with respect to rating scales, in: Proceedings of the 43rd Annual Meeting on Association for Computational Linguistics (ACL '05), 2005, S. 115ff.

Pang, Bo/Lee, Lillian: Opinion Mining and Sentiment Analysis, in: Foundations and Trends in Information Retrieval, 2, 1-2/2008, S. 1ff.

Pang, Bo/Lee, Lillian/Vaithyanathan, Shivakumar: Thumbs up? Sentiment Classification Using Machine Learning Techniques, in: Proceedings of the ACL-02 conference on Empirical methods in natural language processing, 2002, 79–86.

Park, Do-Hyung/Lee, Jumin/Han, Ingoo: The Effect of On-Line Consumer Reviews on Consumer Purchasing Intention. The Moderating Role of Involvement, in: International Journal of Electronic Commerce, 11, 4/2007, S. 125ff.

Pasternack, Jeff, Online im WWW unter URL: http://jeffreypasternack.com/software.aspx [Stand: 28.11.2013].

Pasternack, Jeff/Roth, Dan: Extracting article text from the web with maximum subsequence segmentation, in: Proceedings of the 18th international conference on World wide web, 2009, S. 971ff.

Perelman, Chaïm: The New Rhetoric: A Theory of Practical Reasoning, in: The New Rhetoric and the Humanities (Synthese Library), 1979, 1–42.

Petz, Gerald, et al.: On Text Preprocessing for Opinion Mining Outside of Laboratory Environments, in: Huang, Runhe u.a. (Hrsg.): Active Media Technology (Lecture notes in computer science), 2012, S. 618ff.

Petz, Gerald, et al.: Opinion Mining on the Web 2.0 – Characteristics of User Generated Content and Their Impacts, in: Holzinger, Andreas/Pasi, Gabriella (Hrsg.): Human-Computer Interaction and Knowledge Discovery in Complex, Unstructured, Big Data. Lecture Notes in Computer Science (Lecture notes in computer science 7947), 2013, S. 35ff.

Poel, Mannes/Stegeman, Luite/Akker, Rieks: A Support Vector Machine Approach to Dutch Part-of-Speech Tagging, in: Berthold, Michael R./Shawe-Taylor, John/Lavrač, Nada (Hrsg.): Advances in Intelligent Data Analysis VII (Lecture notes in computer science), 2007, S. 274ff.

Pomberger, Gustav/Pree, Wolfgang: Software-Engineering. Architektur-Design und Prozessorientierung , München, Wien, 2004³.

Pomikálek, Jan: Removing Boilerplate and Duplicate Content from Web Corpora, Masaryk University, Ph.D. thesis, 2011.

Popescu, Ana-Maria/Etzioni, Oren: Extracting Product Features and Opinions from Reviews, in: Proceedings of Human Language Technology Conference and Conference on Empirical Methods in Natural Language Processing, 2005, S. 339ff.

Porter, Martin F.: Snowball, Online im WWW unter URL: http://snowball.tartarus.org/ [Stand: 23.11.2013].

Porter, Martin F.: An algorithm for suffix stripping, in: Program: electronic library and information systems, 14, 3/1980, S. 130ff.

Porter, Martin F.: Snowball: A Language for Stemming Algorithms. (2001), Online im WWW unter URL: http://snowball.tartarus.org/texts/introduction.html [Stand: 22.11.2013].

Porter, Martin F.: The Porter Stemming Algorithm (2006), Online im WWW unter URL: http://tartarus.org/~martin/PorterStemmer/ [Stand: 22.11.2013].

Preot,iuc-Pietro, Daniel, et al.: Trendminer: An Architecture for Real Time Analysis of Social Media Text, in: Sixth International AAAI Conference on Weblogs and Social Media, 2012, S. 38ff.

Princeton University: WordNet Statistics, Online im WWW unter URL: http://wordnet.princeton.edu/wordnet/man/wnstats.7WN.html [Stand: 27.08.2013].

Rao, Delip/Ravichandran, Deepak: Semi-Supervised Polarity Lexicon Induction, in: Proceedings of the 12th Conference of the European Chapter of the ACL, 2009, S. 675ff.

RapidMiner, Inc.: RapidMiner, Online im WWW unter URL: http://rapid-i.com/content/view/181/190/lang,en/ [Stand: 31.10.2013].

RapidMiner, Inc.: RapidMiner Studio, Online im WWW unter URL: http://rapidminer.com/products/rapidminer-studio/ [Stand: 20.11.2013].

RapidMiner, Inc.: RapidMiner Studio.

RapidMiner, Inc.: Text:Tokenize, Online im WWW unter URL: http://rapid-i.com/wiki/index.php?title=Text:Tokenize [Stand: 20.11.2013].

Ratnaparkhi, Adwait: A Maximum Entropy Model for Part-Of-Speech Tagging, in: Proceedings of the conference on empirical methods in natural language processing, 1996, S. 133ff.

Řehůřek, Radim/Kolkus, Milan: Language Identification on the Web: Extending the Dictionary Method, in: Alexander F. Gelbukh (Hrsg.): Computational Linguistics and Intelligent Text Processing, 10th International Conference, CICLing 2009, Mexico City, Mexico, March 1-7, 2009. Proceedings (Lecture notes in computer science), 2009, S. 357ff.

Reinhold, Gerd (Hrsg.): Soziologie-Lexikon , 1991.

Riloff, Ellen/Patwardhan, Siddharth/Wiebe, Janyce M.: Feature Subsumption for Opinion Analysis, in: Proceedings of the Conference on Empirical Methods in Natural Language Processing, 2006, 440–448.

Riloff, Ellen/Wiebe, Janyce M./Wilson, Theresa: Learning Subjective Nouns using Extraction Pattern Bootstrapping, in: Proceedings of the seventh conference on Natural language learning at HLT-NAACL (4), 2003, S. 25ff.

Ruck, Dennis W.: Characterization of multilayer perceptrons and their application to multisensor automatic target detection, AIR FORCE INSTITUE OF TECHNOLOGY, Dissertation, 1990.

Rudolph, Thomas/Emrich, Oliver/Meise, Jan N.: Einsatzmöglichkeiten von Web 2.0-Instrumenten im Online-Handel und ihre Nutzung durch Konsumenten, in: Bauer, Hans H./Große-Leege, Dirk/Rösger, Jürgen (Hrsg.): Interactive Marketing im Web 2.0+. Konzepte und Anwendungen für ein erfolgreiches Marketingmanagement im Internet, München, 2007, 184–196.

Safko, Lon/Brake, David K.: The social media bible. Tactics, tools, and strategies for business success , Hoboken, N.J, 2009.

Samsung Česko a Slovensko: Facebook Samsung Česko a Slovensko, Online im WWW unter URL: http://www.facebook.com/samsungczsk [Stand: 16.04.2014].

Samsung Deutschland: Facebook Samsung Deutschland, Online im WWW unter URL: https://www.facebook.com/SamsungDeutschland [Stand: 16.04.2014].

Samsung Polska: Facebook Samsung Polska, Online im WWW unter URL: http://www.facebook.com/SamsungPolska [Stand: 16.04.2014].

Samsung USA: Facebook Samsung USA, Online im WWW unter URL: http://www.facebook.com/SamsungUSA [Stand: 16.04.2014].

Sarrion, Eric: jQuery UI. A Code-Centered Approach to User Interface Design , 2012.

Sauper, Christina/Haghighi, Aria/Barzilay, Regina: Incorporating Content Structure into Text Analysis Applications, in: Proceedings of the 2010 Conference on Empirical Methods in Natural Language Processing, 2010, S. 377ff.

Sauper, Christina/Haghighi, Aria/Barzilay, Regina: Content Models with Attitude, in: Proceedings of the 49th Annual Meeting of the Association for Computational Linguistics, 2011, S. 350ff.

Savoy, Jacques: Morphologie et recherche d'information , 2002.

Schäfers, Bernhard/Kopp, Johannes/Lehmann, Bianca: Grundbegriffe der Soziologie (Lehrbuch), Wiesbaden, 2006[9].

Schiele, Gregor/Hähner, Jörg/Becker, Christian: Web 2.0 - Technologien und Trends, in: Bauer, Hans H./Große-Leege, Dirk/Rösger, Jürgen (Hrsg.): Interactive Marketing im Web 2.0+. Konzepte und Anwendungen für ein erfolgreiches Marketingmanagement im Internet, München, 2007, S. 3ff.

Schiller, Anne/Teufel, Simone/Thielen, Christine: Guidelines für das Tagging deutscher Textcorpora mit STTS , 1995.

Schmid, Helmut: Improvements in Part-of-Speech Tagging with an Application to German, in: Armstrong, Susan u.a. (Hrsg.): Natural Language Processing Using Very Large Corpora (Text, Speech and Language Technology), 1999, S. 13ff.

Schmidt, Jan: Weblogs. Eine kommunikationssoziologische Studie (Kommunikationswissenschaft (Konstanz, Germany)), Konstanz, 2006.

Scholz, Michael/Dorner, Verena: Das Rezept für die perfekte Rezension? Einflussfaktoren auf die Nützlichkeit von Online-Kundenrezensionen, in: Wirtschaftsinformatik, 55, 3/2013, S. 135ff.

Schwaber, Ken: Agile Project Management with Scrum , Redmond, Wash, 2004.

Schwarze, Jochen: Einführung in die Wirtschaftsinformatik (NWB-Studienbücher Wirtschaftsinformatik), 2000[5].

Seeber, Tino: Weblogs - die 5. Gewalt? Eine empirische Untersuchung zum emanzipatorischen Mediengebrauch von Weblogs (Web 2.0), 2008.

Shimada, Kazutaka/Endo, Tsutomu: Seeing Several Stars: A Rating Inference Task for a Document Containing Several Evaluation Criteria, in: Washio, Takashi u.a. (Hrsg.): Advances in Knowledge Discovery and Data Mining (Lecture notes in computer science), 2008, S. 1006ff.

Smirnov, Ilia: Overview of Stemming Algorithms , 2008.

Somasundaran, Swapna, et al.: Opinion Graphs for Polarity and Discourse Classification, in: Proceedings of the 2009 Workshop on Graph-based Methods for Natural Language Processing. ACL-IJCNLP, 2009, S. 66ff.

Somasundaran, Swapna/Ruppenhofer, Josef/Wiebe, Janyce M.: Discourse Level Opinion Relations: An Annotation Study, in: Proceedings of the 9th SIGdial Workshop on Discourse and Dialogue, 2008.

Sommerville, Ian: Software-Engineering (Informatik), München, 2001[6].

Song, Ruihua, et al.: Learning Block Importance Models for Web Pages, in: Proceedings of the 13th international conference on World Wide Web, 2004, S. 203ff.

Souter, Clive, et al.: Natural Language Identification using Corpus-Based Models, in: Hermes Journal of Linguistics, 13/1994, S. 183ff.

Stahl, Carsten B.: The Ideology of Design: A Critical Appreciation of the Design Science Discourse in Information Systems and Wirtschaftsinformatik, in: Becker, Jörg/Krcmar, Helmut/Niehaves, Björn (Hrsg.): Wissenschaftstheorie und gestaltungsorientierte Wirtschaftsinformatik, Heidelberg, 2009, S. 111ff.

Staples, Inc.: HammerMill® Copy Plus Copy Paper, 8 1/2" x 11", Case, Online im WWW unter URL: http://www.staples.com/HammerMill-Copy-Plus-Copy-Paper-8-1-2-inch-x-11-inch/product-nr_122374 [Stand: 06.10.2013].

Stavrianou, Anna/Andritsos, Periklis/Nicoloyannis, Nicolas: Overview and Semantic Issues of Text Mining, in: ACM SIGMOD Record, 36, 3/2007, S. 23ff.

Steimel, Bernhard/Halemba, Christian/Dimitrova, Tanya: Praxisleitfaden Social Media Monitoring. Erst zuhören, dann mitreden in den Mitmachmedien!

Steyvers, Mark/Griffiths, Tom: Probabilistic Topic Models, in: Landauer, Thomas K. u.a. (Hrsg.): Handbook of latent semantic analysis, 2007, S. 427ff.

Stoffel, Kilian: Web + Data Mining = Web Mining, in: HMD - Praxis der Wirtschaftsinformatik, 46, 268/2009, S. 6ff.

Strahringer, Susanne: Modell, in: Kurbel, Karl u.a. (Hrsg.): Enzyklopädie der Wirtschaftsinformatik, 2013.

Su, Qi, et al.: Using Pointwise Mutual Information to Identify Implicit Features in Customer Reviews, in: Matsumoto, Yuji u.a. (Hrsg.): Computer Processing of Oriental Languages. Beyond the Orient: The Research Challenges Ahead (Lecture notes in computer science), 2006, S. 22ff.

Su, Qi, et al.: Hidden Sentiment Association in Chinese Web Opinion Mining, in: Proceedings of the 17th international conference on World Wide Web, 2008, S. 959ff.

Subasic, Pero/Huettner, Alison: Affect Analysis of Text Using Fuzzy Semantic Typing, in: IEEE Transactions on Fuzzy Systems, 9, 4/2001, S. 483ff.

Sun, Yizhou/Deng, Hongbo/Han, Jiawei: Probabilistic Models for Text Mining, in: Aggarwal, Charu C./Zhai, ChengXiang (Hrsg.): Mining Text Data, 2012, S. 259ff.

Taboada, Maite, et al.: Lexicon-based methods for sentiment analysis, in: Computational Linguistics, 37, 2/2011, S. 267ff.

Täckström, Oscar/McDonald, Ryan: Semi-supervised latent variable models for sentence-level sentiment analysis, in: Proceedings of the 49th Annual Meeting of the Association for Computational Linguistics. Human Language Technologies: short papers, 2011, S. 569ff.

Tan, Songbo, et al.: A Novel Scheme for Domain-transfer Problem in the context of Sentiment Analysis, in: Proceedings of the sixteenth ACM conference on Conference on information and knowledge management, 2007, S. 979ff.

Tan, Songbo, et al.: Adapting Naive Bayes to Domain Adaptation for Sentiment Analysis, in: Advances in Information Retrieval, 2009, S. 337ff.

Technorati: Technorati Top 100, Online im WWW unter URL: http://technorati.com/blogs/top100/ [Stand: 25.09.2013].

The Apache Software Foundation: Apache OpenNLP Developer Documentation. Chapter 2. Sentence Detector, Online im WWW unter URL: http://opennlp.apache.org/documentation/1.5.3/manual/opennlp.html#tools.sentdetect [Stand: 17.11.2013].

The Apache Software Foundation: Apache OpenNLP Developer Documentation. Chapter 3. Tokenizer, Online im WWW unter URL:

http://opennlp.apache.org/documentation/1.5.3/manual/opennlp.html#tools.tokenizer [Stand: 15.11.2013].

The Apache Software Foundation: Apache OpenNLP Developer Documentation. Chapter 6. Part-of-Speech Tagger, Online im WWW unter URL: http://opennlp.apache.org/documentation/1.5.3/manual/opennlp.html#tools.postagger [Stand: 28.11.2013].

The Apache Software Foundation: Apache OpenNLP Developer Documentation. Written and maintained by the Apache OpenNLP Development Community, Online im WWW unter URL: http://opennlp.apache.org/documentation/1.5.3/manual/opennlp.html.

The Apache Software Foundation: Class StopAnalyzer, Online im WWW unter URL: http://lucene.apache.org/core/4_0_0/analyzers-common/org/apache/lucene/analysis/core/StopAnalyzer.html [Stand: 25.11.2013].

The Apache Software Foundation: Interface Stemmer. opennlp.tools.stemmer, Online im WWW unter URL: https://opennlp.apache.org/documentation/1.5.3/apidocs/opennlp-tools/opennlp/tools/stemmer/Stemmer.html [Stand: 25.11.2013].

The Apache Software Foundation: Lucene 4.6.0 analyzers-common API, Online im WWW unter URL: http://lucene.apache.org/core/4_6_0/analyzers-common/overview-summary.html [Stand: 25.11.2013].

The Apache Software Foundation: LUCENE.net Search Engine Library, Online im WWW unter URL: http://lucenenet.apache.org/ [Stand: 17.11.2013].

The Apache Software Foundation: OpenNLP. Models for 1.5 series, Online im WWW unter URL: http://opennlp.sourceforge.net/models-1.5/ [Stand: 17.11.2013].

The Apache Software Foundation: Package org.apache.lucene.analysis, Online im WWW unter URL: http://lucene.apache.org/core/4_5_1/core/org/apache/lucene/analysis/package-summary.html [Stand: 17.11.2013].

The Apache Software Foundation: Package org.apache.lucene.analysis.de, Online im WWW unter URL: http://lucene.apache.org/core/4_6_0/analyzers-common/org/apache/lucene/analysis/de/package-summary.html [Stand: 25.11.2013].

The Apache Software Foundation: Package org.apache.lucene.analysis.en, Online im WWW unter URL: http://lucene.apache.org/core/4_6_0/analyzers-common/org/apache/lucene/analysis/en/package-summary.html [Stand: 25.11.2013].

The Apache Software Foundation: Class SentenceDetectorME, Online im WWW unter URL: http://opennlp.source-forge.net/api/opennlp/tools/sentdetect/SentenceDetectorME.html [Stand: 19.11.2013].

The Apache Software Foundation: Lucene. Welcome to Apache Lucene (24.10.2013), Online im WWW unter URL: http://lucene.apache.org/ [Stand: 17.11.2013].

The Apache Software Foundation: Lucene.Net 3.0.3 (03.01.2013), Online im WWW unter URL: http://lucenenet.apache.org/docs/3.0.3/d7/dc2/_snow-ball_2_s_f_2_snowball_2_ext_2_german_stemmer_8cs_source.html [Stand: 30.03.2014].

The jQuery Foundation: jQuery, Online im WWW unter URL: http://jquery.com/ [Stand: 18.03.2014].

The jQuery Foundation: jQuery user interface, Online im WWW unter URL: http://jqueryui.com/ [Stand: 18.03.2014].

The University Of Sheffield: Chapter 6. ANNIE: a Nearly-New Information Extraction System. Sentence Splitter, Online im WWW unter URL: http://gate.ac.uk/sale/tao/splitch6.html#sec:annie:splitter [Stand: 19.11.2013].

The University Of Sheffield: Chapter 6. ANNIE: a Nearly-New Information Extraction System. Tokenizer, Online im WWW unter URL: http://gate.ac.uk/sale/tao/splitch6.html#sec:annie:tokeniser [Stand: 20.11.2013].

The University Of Sheffield: Directory: gate/plugins/Keyphrase_Extraction_Algorithm/src/kea/, Online im WWW unter URL: http://gate.ac.uk/gate/plugins/Keyphrase_Extraction_Algorithm/src/kea/ [Stand: 25.11.2013].

The University Of Sheffield: GATE: a full-lifecycle open source solution for text processing, Online im WWW unter URL: http://gate.ac.uk/overview.html [Stand: 20.11.2013].

Thelwall, Mike, et al.: Sentiment Strength Detection in Short Informal Text, in: Journal of the American Society for Information Science and Technology, 61, 12/2010, S. 2544ff.

Titov, Ivan/McDonald, Ryan: Modeling Online Reviews with Multi-grain Topic Models, in: Proceedings of the 17th international conference on World Wide Web, 2008, S. 111ff.

Tong, R. M.: An operational system for detecting and tracking opinions in online discussions, in: Working Notes of the ACM SIGIR 2001 Workshop on Operational Text Classification, New York, NY, 2001, 1–6.

Toulmin, Stephen E.: The Uses of Argument , 2003.

Toutanova, Kristina/Manning, Christopher D.: Enriching the Knowledge Sources Used in a Maximum Entropy Part-of-Speech Tagger, in: Proceedings of the 2000 Joint SIGDAT conference on Empirical methods in natural language processing and very large corpora: held in conjunction with the 38th Annual Meeting of the Association for Computational Linguistics, 2000, S. 63ff.

Tsur, Oren/Davidov, Dmitry/Rappoport, Ari: ICWSM – A Great Catchy Name: Semi-Supervised Recognition of Sarcastic Sentences in Online Product Reviews, in: Proceedings of the Fourth International AAAI Conference on Weblogs and Social Media, 2010, S. 162ff.

Turban, Efraim, et al.: Electronic Commerce 2012. A managerial and social networks perspective , New York, 2012[7].

Turney, Peter D.: Thumbs Up or Thumbs Down? Semantic Orientation Applied to Unsupervised Classification of Reviews, in: Proceedings of the 40th Annual Meeting of the Association for Computational Linguistics, 2002, S. 417ff.

Twitter: Authentication & Authorization, Online im WWW unter URL: https://dev.twitter.com/docs/auth [Stand: 29.03.2014].

Twitter: GET search/tweets, Online im WWW unter URL: https://dev.twitter.com/docs/api/1.1/get/search/tweets [Stand: 29.03.2014].

Twitter: The Twitter REST API, Online im WWW unter URL: https://dev.twitter.com/docs/api [Stand: 29.03.2014].

Twitter: REST API v1.1 Resources (15.01.2014), Online im WWW unter URL: https://dev.twitter.com/docs/api/1.1 [Stand: 18.01.2014].

University of Tübingen: GermaNet - An Introduction, Online im WWW unter URL: http://www.sfs.uni-tuebingen.de/lsd/ [Stand: 31.08.2013].

Unnamalai, K.: Sentiment Analysis of Products Using Web, in: Procedia Engineering, 38/2012, S. 2257ff., Online im WWW unter URL: http://www.sciencedirect.com/science/article/pii/S1877705812021856.

Utsumi, Akira: Verbal irony as implicit display of ironic environment: Distinguishing ironic utterances from nonirony, in: Journal of Pragmatics, 32, 12/2000, S. 1777ff.

Vatanen, Tommi/Vayrynen, Jaakko J./Virpioja, Sami: Language Identification of Short Text Segments with N-gram Models, in: Proceedings of the Seventh International Conference on Language Resources and Evaluation, 2010, S. 3423ff.

Vermeulen, Ivar E./Seegers, Daphne: Tried and tested: The impact of online hotel reviews on consumer consideration, in: Tourism Management, 30, 1/2009, S. 123ff.

Vickery, Graham/Wunsch-Vincent, Sacha: Participative Web and User-Created Content. Web 2.0, wikis and social networking , 2007.

Wagner, Stefan: Heuristic Optimization Software Systems - Modeling of Heuristic Optimization Algorithms in the HeuristicLab Software Environment, Linz, Johannes Kepler University Linz, PhD thesis, 2009.

Wan, Xiaojun: Using Bilingual Knowledge and Ensemble Techniques for Unsupervised Chinese Sentiment Analysis, in: Proceedings of the Conference on Empirical Methods in Natural Language Processing, 2008, S. 553ff.

Wan, Xiaojun: Co-Training for Cross-Lingual Sentiment Classification, in: Proceedings of the Joint Conference of the 47th Annual Meeting of the ACL and the 4th International Joint Conference on Natural Language, 2009, S. 235ff.

Wang, Qin I./Schuurmans, Dale: Improved Estimation for Unsupervised Part-of-Speech Tagging, in: Proceedings of 2005 IEEE International Conference on Natural Language Processing and Knowledge Engineering, 2005, S. 219ff.

Weiss, Sholom M., et al.: Text Mining. Predictive Methods for Analyzing Unstructured Information , New York, 2010.

Weninger, Tim: CETR -- Content Extraction with Tag Ratios, Online im WWW unter URL: http://www.cse.nd.edu/~tweninge/cetr/ [Stand: 28.11.2013].

Weninger, Tim/Hsu, William H.: Text Extraction from the Web via Text-to-Tag Ratio, in: Proceedings of the 2008 19th International Conference on Database and Expert Systems Application, Washington, DC, USA, 2008, S. 23ff.

Weninger, Tim/Hsu, William H./Han, Jiawei: CETR: Content Extraction via Tag Ratios, in: Proceedings of the 19th international conference on World wide web, New York, NY, USA, 2010, S. 971ff.

Wiebe, Janyce M.: Learning Subjective Adjectives from Corpora, in: Proceedings of National Conference on Artificial Intelligence, 2000.

Wiebe, Janyce M., et al.: Learning Subjective Language, in: Computational Linguistics, 30, 3/2004, S. 277ff.

Wiebe, Janyce M./Bruce, Rebecca F./O'Hara, Thomas P.: Development and use of a gold-standard data set for subjectivity classifications, in: Proceedings of the 37th annual meeting of the Association for Computational Linguistics on Computational Linguistics, 1999, S. 246ff.

Wiebe, Janyce M./Mihalcea, Rada: Word Sense and Subjectivity, in: Proceedings of the 21st International Conference on Computational Linguistics and the 44th annual meeting of the Association for Computational Linguistics (ACL-44), 2006, 1065–1072.

Wiebe, Janyce M./Wilson, Theresa/Cardie, Claire: Annotating Expressions of Opinions and Emotions in Language, in: Language Resources and Evaluation, 39, 2-3/2005, 165–210.

Wilde, Thomas/Hess, Thomas: Forschungsmethoden der Wirtschaftsinformatik. Eine empirische Untersuchung, in: Wirtschaftsinformatik, 49, 4/2007, 280–287.

Williams, Gbolahan K./Anand, Sarabjot S.: Predicting the Polarity Strength of Adjectives Using WordNet, in: Proceedings of the Third International ICWSM Conference, 2009, S. 346ff.

Wilson, Theresa/Wiebe, Janyce M./Hoffmann, Paul: Recognizing contextual polarity: An exploration of features for phrase-level sentiment analysis, in: Computational Linguistics, 35, 3/2009, S. 399ff.

Wu, Guangyu, et al.: Distortion as a Validation Criterion in the Identification of Suspicious Reviews, in: Proceedings of the First Workshop on Social Media Analytics, 2010, S. 10ff.

Wu, Yuanbin, et al.: Phrase Dependency Parsing for Opinion Mining, in: Proceedings of the 2009 Conference on Empirical Methods in Natural Language Processing, 2009, 1533–1541.

Xu, Guandong/Zhang, Yanchun/Li, Lin: Web mining and social networking. Techniques and applications , New York, 2011.

Xu, Kaiquan, et al.: Mining comparative opinions from customer reviews for Competitive Intelligence, in: Decision Support Systems, 50, 4/2011, S. 743ff.

Xu, Xueke, et al.: Aspect-level opinion mining of online customer reviews, in: Communications, China, 10, 3/2013, S. 25ff., Online im WWW unter URL: http://ieeexplore.ieee.org/stamp/stamp.jsp?arnumber=6488828.

Yang, Seon/Ko, Youngjoong: Extracting Comparative Entities and Predicates from Texts Using Comparative Type Classification, in: Proceedings of the 49th Annual Meeting of the Association for Computational Linguistics, 2011, S. 1636ff.

Yessenalina, Ainur/Yue, Yisong/Cardie, Claire: Multi-level Structured Models for Document-level Sentiment Classification, in: Proceedings of the 2010 Conference on Empirical Methods in Natural Language Processing, 2010, S. 1046ff.

Yi, Jeonghee, et al.: Sentiment analyzer: Extracting sentiments about a given topic using natural language processing techniques, in: Proceedings of the Third IEEE International Conference on Data Mining. ICDM 2003, 2003, S. 427ff.

Yi, Jeonghee/Niblack, Wayne: Sentiment Mining in WebFountain, in: Proceedings of the 21st International Conference on Data Engineering, 2005, S. 1073ff.

Yi, Lan/Liu, Bing: Web page cleaning for web mining through feature weighting, in: Proceedings of the 18th international joint conference on Artificial intelligence (IJCAI'03), San Francisco, CA, USA, 2003, 43–48.

Yi, Lan/Liu, Bing/Li, Xiaoli: Eliminating Noisy Information in Web Pages for Data Mining, in: Proceedings of the ninth ACM SIGKDD international conference on Knowledge discovery and data mining, 2003, S. 296ff.

Yu, Hong/Hatzivassiloglou, Vasileios: Towards Answering Opinion Questions: Separating Facts from Opinions and Identifying the Polarity of Opinion Sentences, in: Proceedings of the 2003 conference on Empirical methods in natural language processing (10), Morristown, NJ, USA, 2003, S. 129ff.

Yu, Jianxing, et al.: Aspect Ranking: Identifying Important Product Aspects from Online Consumer Reviews, in: Proceedings of the 49th Annual Meeting of the Association for Computational Linguistics, 2011, S. 1496ff.

Zarrella, Dan/Heidl, Karen: Das Social Media Marketing Buch , 2010.

Zerfaß, Ansgar: Unternehmensführung und Öffentlichkeitsarbeit. Grundlegung einer Theorie der Unternehmenskommunikation und Public Relations , Wiesbaden, 2006[2].

Zerfass, Ansgar/Boelter, Dietrich: Die neuen Meinungsmacher. Weblogs als Herausforderung für Kampagnen, Marketing, PR und Medien (FastBook 4), 2005[1].

Zhai, Zhongwu, et al.: Grouping Product Features Using Semi-Supervised Learning with Soft-Constraints, in: Proceedings of the 23rd International Conference on Computational Linguistics, 2010, S. 1272ff.

Zhai, Zhongwu, et al.: Constrained LDA for Grouping Product Features in Opinion Mining, in: Huang, Joshua Z./Cao, Longbing/Srivastava, Jaideep (Hrsg.): Advances in Knowledge Discovery and Data Mining (Lecture notes in computer science), 2011, S. 448ff.

Zhang, Lei, et al.: Combining Lexicon-based and Learning-based Methods for Twitter Sentiment Analysis. Technical Report HPL-2011-89 , 2011.

Zhang, Peng, et al.: Robust ensemble learning for mining noisy data streams, in: Decision Support Systems, 50, 2/2011, S. 469ff.

Zhang, Tong: Fundamental Statistical Techniques, in: Indurkhya, Nitin/Damerau, Frederick J. (Hrsg.): Handbook of natural language processing, Boca Raton, FL, 2010, S. 189ff.

Zhang, Wei/Yu, Clement: UIC at TREC 2007 Blog Track, in: Proceedings of the Sixteenth Text Retrieval Conference, 2007, S. 2ff.

Zhao, Wayne X., et al.: Jointly Modeling Aspects and Opinions with a MaxEnt-LDA Hybrid, in: Proceedings of the 2010 Conference on Empirical Methods in Natural Language Processing, 2010, 56–65.

Zhongchao, Fei/Jian, Liu/Gengfeng, Wu: Sentiment Classification Using Phrase Patterns, in: The Fourth International Conference on Computer and Information Technology, 2004, 1147–1152.

Zhu, Xiaojin/Ghahramani, Zoubin: Learning from Labeled and Unlabeled Data with Label Propagation, in: Technical Report CMU-CALD-02-107, 2002.

Zhuang, Li/Jing, Feng/Zhu, Xiao-Yan: Movie Review Mining and Summarization, in: Proceedings of the ACM SIGIR Conference on Information. CIKM, 2006.

Anhang

Anhang A: Fragebogen für Proof-of-Concept

Erläuterung zum Fragebogen: Der Fragebogen wurde mit Google Forms umgesetzt. Um den Kontext für die Teilnehmer der Befragung sicherzustellen, wurde der Fragebogen in mehrere „Konversationen" untergliedert, die jeweils auf einer Seite dargestellt wurden. Die Sätze wurden jeweils auf einer 3-stufigen Skala (negativ/neutral/positiv) bewertet. Die Skala ist aus Übersichtlichkeitsgründen unten nicht dargestellt. Die Texte wurden nicht verändert, sondern exakt so von den Beiträgen übernommen (mit fehlender Groß-/Kleinschreibung, Tippfehlern, Kraftausdrücken, etc.).

Einleitung

Im Folgenden werden 20 Auszüge aus Facebook-Konversationen gezeigt.

Bitte geben Sie für jeden Satz dieser Konversationen an, ob die enthaltene Meinung eine positive, neutrale oder negative Stimmungsrichtung enthält. Mit dem Begriff "Meinung" ist Stimmung, Blick, Haltung, Emotion oder Einschätzung über ein Objekt von einem Meinungsinhaber gemeint.

Die Beantwortung dauert ca. 20-25 Minuten.

Vielen Dank für Ihre Mühe!

Konversation 1

Beitrag (ID: 2379522)

Quelle: https://www.facebook.com/308714872532583/posts/641595749244492

- check mal ein fernseher ab (ID: 67039985)

Konversation 2

Beitrag (ID: 2378308)

Quelle: https://www.facebook.com/308714872532583/posts/641473205923413

- So meine lieben Freunde mein Neujahresbonus ist immer noch NICHT auf meinem Konto ! (ID: 67035442)

© Springer Fachmedien Wiesbaden GmbH, ein Teil von Springer Nature 2019
G. Petz, *Opinion Mining im Web 2.0*, https://doi.org/10.1007/978-3-658-23801-8

- Ich bin es langsam leid euch gefühlte 20 mal anzuschreiben ihr Versteht es trotzdem nicht -.- Nur aus diesem Grund habe ich mir mein Samsung gerät Gekauft -.- und als Auszubildender sind diese 100€ ne Menge Geld -.- (ID: 67035443)

Antwort (ID: 2378309)

Quelle: https://www.facebook.com/308714872532583/posts/641473205923413

- Hallo Florian, wie wir dir bereits auf deinen vorigen Post geantwortet haben, bitten wir die Wartezeit zu entschuldigen. (ID: 67035435)

- Der Bonus wird für alle rechtmäßig registrierten Geräte bis spätestens 10.04.2014 ausgezahlt. (ID: 67035436)

- Solltest du weitere Fragen haben, helfen dir die Kollegen vom Support der Aktion gerne weiter. (ID: 67035437)

- Die erreichst du unter folgender E-Mail Adresse: fb.mail@marktundanalyse.de (ID: 67035438)

Antwort (ID: 2378310)

Quelle: https://www.facebook.com/308714872532583/posts/641473205923413

- Hättet ihr bei eurem Angebot geschrieben das man sehr lange warten darf dann würde ich mich auch nicht beschweren ;) (ID: 67035434)

Konversation 3

Beitrag (ID: 2378088)

Quelle: https://www.facebook.com/308714872532583/posts/641451332592267

- Hallo liebes Samsung-Team. (ID: 67034303)

- Ich hab mir gestern ein Galaxie s3Mini gekauft und habe ein kleines Problem. (ID: 67034304)

- Wie kann ich während des Schreibens einer SMS oder ähnlichem neue Wörter einfügen, die das Telefon noch nicht kennt. (ID: 67034305)

- Bei meinem vorherigen Samsung wurde mir neben den vorschlägen noch das Feld \"Wort hinzufügen\" angezeigt. (ID: 67034306)

- Das gibt es nicht mehr. (ID: 67034307)

- Ich schreibe mit der 3x4 Tastatur. (ID: 67034308)

- Vielleicht stelle ich mich ja nur zu blöd an, wenn nicht dann könnt ihr mir ja vielleicht helfen (ID: 67034309)

Antwort (ID: 2378904)

Quelle: https://www.facebook.com/308714872532583/posts/641451332592267

- Hallo Kai, wenn du die 3x4 Tastatur verwendest, kannst du keine neuen Wörter hinzufügen. (ID: 67037756)

- Bei aktivierter Texterkennung werden die Eingaben hier automatisch ersetzt. (ID: 67037757)

- Wenn du ein neues Wort hinzufügen magst, musst du zur QWERTZ-Tastatur wechseln und das Wort aufnehmen. (ID: 67037758)

- Wird das GALAXY S III mini ins Querformat gedreht, wird automatisch die QWERTZ-Tastatur eingeblendet. (ID: 67037759)

- Nach der Eingabe des neuen Wortes gibst du dann einfach ein Leerzeichen ein, um das Wort hinzuzufügen. (ID: 67037760)

- Anschließend wechselst du wieder ins Hochformat, um zur 3x4 Tastatur zurück zu kehren. (ID: 67037761)

- Das gelernte Wort steht dir jetzt auch für die 3x4 Tastatur zur Verfügung. (ID: 67037762)

- Nach ein wenig Eingewöhnungszeit geht das ganz einfach. (ID: 67037763)

- Bei den neueren Android Versionen ist die Schaltfläche \"Wort hinzufügen\" weggefallen. (ID: 67037764)

Konversation 4

Beitrag (ID: 2377057)

Quelle: https://www.facebook.com/308714872532583/posts/641384929265574

- Hallo, mein S4 hat sich dauernd aufgehangen in den letzten 2 Tagen, läuft nun gar nicht mehr :-(Kann ich es im CentrO im Samsung Store checken lassen? (ID: 67030415)

- Akku raus und Neustart funktionierte gestern noch, heute sagt es gar nichts mehr. (ID: 67030416)

- Danke schon mal. (ID: 67030417)

Antwort (ID: 2377688)

Quelle: https://www.facebook.com/308714872532583/posts/641384929265574

- Hallo Kiki, du könntest zunächst einmal einen Werksreset bei deinem GALAXY S4 durchführen. (ID: 67032829)

- Bitte sichere aber vorher deine persönlichen Daten. (ID: 67032830)

- Für beides kannst du unsere Software Kies verwenden, die du unter folgendem Link herunterladen kannst: http://spr.ly/Samsung_Kies Solltest du dabei Unterstützung benötigen, helfen dir unsere Kollegen vom Samsung Support gerne weiter. (ID: 67032831)

- Du erreichst sie telefonisch von Montag bis Freitag zwischen 08:00 und 21:00 Uhr sowie am Samstag, Sonntag und an Feiertagen von 09:00 bis 17:00 Uhr unter der Telefonnummer 0180 6 67267864 (0,20 €;/Anruf aus dem dt. Festnetz, aus dem Mobilfunk max. 0,60 €;/Anruf). (ID: 67032832)

Konversation 5

Beitrag (ID: 2368371)

Quelle: https://www.facebook.com/308714872532583/posts/640392452698155

- Hallo liebes Samsung Team, mein erst ein Jahr altes Farblaser-Multifunktionsgrät CLX-3305 wird per USB an keinem Gerät mehr erkannt (habe den Drucker problemlos 11 Monate an einem NAS betrieben, als er plötzlich nicht mehr erkannt wurde habe ich ihn per USB an 2 Windows 7 PCs sowie einem Windows XP Notebook ausprobiert. (ID: 66965386)

- Nirgendwo wir auch nur der Anschluss eines USB-Gerätes erkannt, andere Geräte funktionieren aber einwandfrei an den USB-Ports). (ID: 66965387)

- Ist das ein bekanntes Problem oder liegt hier Einzelfall vor? (ID: 66965388)

- Und wie regel ich das am besten, Kontaktaufnahme mit dem Samsung-Support oder soll ich erstmal zum Elektromarkt gehen, in dem ich das Gerät gekauft habe? Gruss Niko (ID: 66965389)

Antwort (ID: 2368590)

Quelle: https://www.facebook.com/308714872532583/posts/640392452698155

- melde das Problem ausführlich auf der Kontaktseite \"Lob&Kritik\" mit deinen vollständigen Kontaktdaten, wähle unter \"Themenbereich\" das Stichwort \"Facebook\" aus. (ID: 66981299)

- http://de.samsung.com/de/support/lobkritik.aspx Schneller geht es wenn du die Support Hotline direkt kontaktierst. (ID: 66981300)

- Du erreichst sie von Montag bis Freitag zwischen 08:00 und 20:00 Uhr sowie am Samstag von 09:00 bis 17:00 Uhr unter der Telefonnummer 0180 6 67267864 (0,20 €;/Anruf aus dem dt. Festnetz, aus dem Mobilfunk max. 0,60 €;/Anruf). Anleitung created by Kevin Rombold, Franzi Aus Berlin, Chrom Juwel, und mir. (ID: 66981301)

Antwort (ID: 2369811)

Quelle: https://www.facebook.com/308714872532583/posts/640392452698155

- Danke für die Antwort, an USB Kabeln habe ich alle probiert, die ich habe (4 oder 5 Stück). (ID: 66970289)

- An anderen Geräten (externe Festplatten) funktionieren sie alle. (ID: 66970290)

- Werde dann mal beim Support anrufen. (ID: 66970291)

Konversation 6

Beitrag (ID: 2368081)

Quelle: https://www.facebook.com/308714872532583/posts/640381459365921

- Hallo, ich würde gerne wissen ob und WANN das samsung galaxy note 3 in merlot red auch in deutschland erhältlich sein wird? (ID: 66964169)

- Oder ob es allenfalls nur über uk zu beziehen ist.hab gelesen käme anfang diesen jahres, leider bisher nichts :(. (ID: 66964170)

- Für eine antwort wär ich dankbar.vielen dank (ID: 66964171)

Antwort (ID: 2368964)

Quelle: https://www.facebook.com/308714872532583/posts/640381459365921

- Hallo Sibille, momentan ist diese Variante für den deutschen Markt nicht vorgesehen. (ID: 66967887)

- Hast du das GALAXY Note 3 schon in Weiß/Gold gesehen? (ID: 66967888)

- Vielleicht ist das ja was für dich: https://www.face-book.com/photo.php?fbid=593445647408584&set=pb.273058856113933.-2207520000.1396878614.&type=3&theater Außerdem kannst du das GALAXY Note 3 mit unseren S View Covern farblich individualisieren. (ID: 66967889)

- Was hältst du zum Beispiel von \"Wild Orange\": http://www.samsung.com/de/consumer/mobile-device/mobilephones/accessories-mobile-phones/EF-CN900BOEGWW?subsubtype=flip-cover (ID: 66967890)

Konversation 7

Beitrag (ID: 2367801)

Quelle: https://www.facebook.com/308714872532583/posts/640358282701572

- Hallo Samsung. (ID: 66962993)

- Da ich zwei Mal schon bei meiner E-Mailanfrage über den Rechner raus geworfen wurde, versuche ich es so. (ID: 66962994)

- Ich hatte Heute morgen ein Telefonat mit einem Mitarbeiter des telefonischen Supports. (ID: 66962995)

- Dieser war auch sehr nett und hilfsbereit. (ID: 66962996)

- Allerdings konnte er mir leider nicht richtig weiterhelfen. (ID: 66962997)

- Ich habe ein Tab3 7.0 3G. (ID: 66962998)

- Ich habe es mir extra gekauft um darüber Videos, Streams und einige Spiele zu spielen. (ID: 66962999)

- Allerdings musste ich feststellen, das dies gar nicht, bis nur bedingt geht, da kein Flashplayer installiert ist und sich auch nicht installieren lässt. (ID: 66963000)

- Jetzt wurde mir auch schon gesagt, dass es wohl auch nicht möglich ist. (ID: 66963001)

- Finde ich sehr schade das man nicht beim Kauf darauf aufmerksam gemacht wird, aber das steht jetzt auf einem anderen Blatt. (ID: 66963002)

- Wie kann ich jetzt zukünftig meine Stream über Sportschau.de oder ähnliches auf mein Tab3 schauen? (ID: 66963003)

- Oder muss ich zu dem, mir persönlich unangenehmen. (ID: 66963004)

- , anderen Unternehmen namens Apple wechseln? (ID: 66963005)

- Ich hoffe doch nicht, sehe aber auch keine andere Alternative, wenn man ein nicht gerade billiges Tab, nicht im vollem Umfang nutzen kann. (ID: 66963006)

- Ich bin ja bestimmt nicht der Einzige mit diesem Problem. (ID: 66963007)

Antwort (ID: 2371012)

Quelle: https://www.facebook.com/308714872532583/posts/640358282701572

- Ok anscheinend gibt es leider keine Tipps was ich da installieren kann. (ID: 66975175)

- Dann wird demnächst umgerüstet. (ID: 66975176)

Anhang

- Empfehlung meinerseits wird dann leider nicht positiv ausfallen. (ID: 66975177)

Konversation 8

Beitrag (ID: 2366440)

Quelle: https://www.facebook.com/308714872532583/posts/640181262719274

- Seit dem neuen Update spinnt mein WLan total und schmeißt mich immer raus oder findet das WLan erst gar nicht mehr...wegen zu langsamer Verbindung deaktiviert...hat das den Hintergrund dass ich meine monatlichen MB schneller verbrauchen soll so dass mein Telefonanbieter mehr Geld an mir verdient oder kann man das wieder beheben?? (ID: 66957108)

Antwort (ID: 2367803)

Quelle: https://www.facebook.com/308714872532583/posts/640181262719274

- Hallo Jasmin, du könntest die WLAN Verbindung zwischen deinem Smartphone und deinem Router einmal löschen und erneut anlegen. (ID: 66963035)

Antwort (ID: 2367609)

Quelle: https://www.facebook.com/308714872532583/posts/640181262719274

- Das Problem ist leider mit allen Netzen so. (ID: 66961938)

- Egal ob zuhause oder unterwegs. (ID: 66961939)

- Mal wählt er sich ein und mal nicht. (ID: 66961940)

- Meistens zeigt er an das die Verbindung wegen zu langsamer Geschwindigkeit deaktiviert wurde. (ID: 66961941)

- Diese Nachricht habe ich vorher noch nie bekommen. (ID: 66961942)

- Ich habe kein Lte auf meinem Handy. (ID: 66961943)

- Habe ein S3. (ID: 66961944)

- Andere können sich mit ihren Handys auch einwählen. (ID: 66961945)

Konversation 9

Beitrag (ID: 2366336)

Quelle: https://www.facebook.com/308714872532583/posts/640147132722687

- Hallo Samsung, seitdem ich meinen Samsung Smart TV (Es6990) auf den neuesten Stand der Dinge gebracht habe (update), ist das Bild total besch*ssen, wenn ihr versteht was ich meine. (ID: 66956596)

- Bis zum 1030er zeigte er alles schön an, auch die Filme in 3D liefen optimal. (ID: 66956597)

- Nach dem update auf 1032 oder 1036, ich weiß es nicht mehr genau, zeigt es alles nur noch verwaschen an, egal ob ich es es am Fernseher, PC oder Blu-ray player einstelle. (ID: 66956598)

- Sieht aus wie Sche*ße. (ID: 66956599)

- Gibt es eine Möglichkeit/Service euerseits, dass ich wieder auf die alte Firmware downgraden kann? (ID: 66956600)

- Ist doch absolut unausstehlich einen 3D-Tv zu besitzen und damit die Filme nicht einmal sehen zu können, da entfällt mir der Name und Zweck. (ID: 66956601)

- Ich hoffe ihr könnt mir weiterhelfen. (ID: 66956602)

- Ansonsten muss ich wohl meinen Händler kontaktieren. mfg Alex (ID: 66956603)

Antwort (ID: 2369434)

Quelle: https://www.facebook.com/308714872532583/posts/640147132722687

- Hallo Alex, du kannst zunächst einmal die allgemeinen Bildeinstellungen zurücksetzen. (ID: 66969248)

- Öffne dazu bitte \"Menü > Bild > Bild zurücks.\". (ID: 66969249)

- Das Aufspielen einer älteren Firmware Version ist nicht möglich. (ID: 66969250)

- Bitte kontaktiere wegen deines Anliegens unsere Kollegen von der Support Hotline. (ID: 66969251)

- Du erreichst sie telefonisch von Montag bis Freitag zwischen 08:00 und 21:00 Uhr sowie am Samstag, Sonntag und an Feiertagen von 09:00 bis 17:00 Uhr unter der Telefonnummer 0180 6 7267864 (0,20 €;/Anruf aus dem dt. Festnetz, aus dem Mobilfunk max. 0,60 €/Anruf). (ID: 66969252)

Konversation 10

Beitrag (ID: 2379523)

Quelle: https://www.facebook.com/308714872532583/posts/641589492578451

- Heute war der nette Techniker da. (ID: 67039980)

- Das ging Ratzfatz, nun geht mein TV wieder. (ID: 67039981)

- Danke - Danke (ID: 67039982)

Konversation 11

Beitrag (ID: 2348454)

Quelle: https://www.facebook.com/308714872532583/posts/638190039585063

- Hallo, ist bei Samsung ein 24-Zoll Monitor im ATIV One 5 Style in Planung. (ID: 66889620)

- Die Optik ist unschlagbar und ist genau das, was ich suche. (ID: 66889621)

- Leider gibt es das Gerät scheinbar nur als Komplettpaket und ich würde mich über Alternativen und Infos dazu sehr freuen. (ID: 66889622)

Antwort (ID: 2350981)

Quelle: https://www.facebook.com/308714872532583/posts/638190039585063

- Hallo Christian, wir freuen uns, dass der ATIV One 5 Style dir gefällt. (ID: 66898290)

- Zum jetzigen Zeitpunkt können wir zu zukünftigen Entwicklungen keine Aussage treffen. (ID: 66898291)

- Wir danken für dein Verständnis. (ID: 66898292)

Beitrag (ID: 2371228)

Quelle: https://www.facebook.com/308714872532583/posts/640605919343475

- Hilfe! Mein Galaxy S3 funktioniert nicht mehr. (ID: 66975829)

- Es ist weder ins Wasser noch auf den Boden oder dergleichen gefallen. (ID: 66975830)

- Eben habe ich noch meine Nachrichten gescheckt und als das nächste Mal drauf schauen wollte (Zeit dazwischen 5 min) war es aus und es konnte sich auch nicht mehr anschalten lassen. (ID: 66975831)

- Akku war noch halb voll. (ID: 66975832)

- Lässt sich aber auch nicht laden (leuchtet kein Licht) und auch nach dem erntfernen des Akkus funktionierte nichts. (ID: 66975833)

- Woran kann das liegen? (ID: 66975834)

Konversation 12

Beitrag (ID: 2379140)

Quelle: https://www.facebook.com/308714872532583/posts/641539235916810

- Unsere Neuheiten 2014: TVs, Multiroom Speaker, Kameras und vieles mehr. (ID: 67038765)

- Computerbild hat sich unsere Highlights angeschaut. (ID: 67038766)

- http://spr.ly/Das_kommt_2014 (ID: 67038767)

Konversation 13

Beitrag (ID: 2379141)

Quelle: https://www.facebook.com/308714872532583/posts/641533352584065

- Ist schon bekannt wann das Kitkat update für das galaxy tab 3 7.0 erscheint ? (ID: 67038762)

Antwort (ID: 2379142)

Quelle: https://www.facebook.com/308714872532583/posts/641533352584065

- Hallo Raphael, wir können zu einem nächsten möglichen Update für dein GALAXY Tab 3 7.0\" zum jetzigen Zeitpunkt keine Aussage treffen. (ID: 67038754)

- Wusstest du schon, dass du per Nachricht darüber informiert wirst, sobald ein Update verfügbar ist, wenn du unter \"Menü > Einstellungen > Info zu Gerät > Software Update > Automatische Aktualisierung\" ein Häkchen setzt? (ID: 67038755)

Konversation 14

Beitrag (ID: 2378900)

Quelle: https://www.facebook.com/308714872532583/posts/641503795920354

- Hallo. Wenn ich mir hier in Deutschland ein Samsung Galaxy S3 mini ohne Simlock kaufe, kann ich dieses Gerät in Zentralamerika (Nicaragua) mit den dortigen Mobilfunkanbietern verwenden? (ID: 67037767)

- Oder besteht jetzt doch die SIM-Karten-Sperre außerhalb von Europa? (ID: 67037768)

Antwort (ID: 2378901)

Quelle: https://www.facebook.com/308714872532583/posts/641503795920354

- Hallo Alexandra, die regionale SIM-Karten-Sperre wird automatisch und dauerhaft deaktiviert, wenn du dein Gerät mit einer SIM-Karte aus der, auf dem Aufkleber auf der Produktverpackung gekennzeichneten, Region in Betrieb nimmst und die Dauer der ein- und ausgehenden Gespräche mindestens 5 Minuten beträgt. (ID: 67037754)

Konversation 15

Beitrag (ID: 2375914)

Quelle: https://www.facebook.com/308714872532583/posts/806333856061937

- Wie Samsung entstand !!!!! (ID: 67024932)

Antwort (ID: 2377063)

Quelle: https://www.facebook.com/308714872532583/posts/806333856061937

- *gähn* euch ist schon bewusst dass es samsung vor Apple gab und es die ersten iPhones ohne samsung auch nicht gegeben hätte und auch heute nicht geben würde xD (ID: 67030409)

Antwort (ID: 2377062)

Quelle: https://www.facebook.com/308714872532583/posts/806333856061937

- den kannt ich noch ned xD der mitm Pflaster war cooler xD (ID: 67030410)

Antwort (ID: 2377061)

Quelle: https://www.facebook.com/308714872532583/posts/806333856061937

- Samsung hat Apple erstmal gezeigt wie man smartphone baut. (ID: 67030411)

Konversation 16

Beitrag (ID: 2376007)

Quelle: https://www.facebook.com/308714872532583/posts/641135915957142

- Hallo habe eine Frage zu eurer \"Smart View App\" genauer gesagt zur beworbenen TV View Funktion für \"2013 SAMSUNG TV LED F4500 and above Smart TV. (ID: 67025263)

- Auf dem iPad werden Kompabilitätsprobleme gezeigt, was die Nutzung mit dem F4570 bzw F4580 betrifft angezeigt (UE22F5470 bzw. UE22F5480). (ID: 67025264)

- Das Feature wurde jedoch beworben und lässt sich nicht wie beschrieben starten! (ID: 67025265)

Antwort (ID: 2377060)

Quelle: https://www.facebook.com/308714872532583/posts/641135915957142

- Tja hat du ein EiPad... (ID: 67030412)

- XD (ID: 67030413)

Antwort (ID: 2377059)

Quelle: https://www.facebook.com/308714872532583/posts/641135915957142

- Stimmt, hat du ipad hat du ipad und nicht Samsung Tab (ID: 67030396)

Antwort (ID: 2377425)

Quelle: https://www.facebook.com/308714872532583/posts/641135915957142

- Wieso die Funktion wird auch vom iPad aus angeboten. (ID: 67031038)

- Sowohl im AppStore beschrieben als auch in der App die Funktion vorhanden!! (ID: 67031039)

- Es geht ganz klar um den Fernseher! (ID: 67031040)

Antwort (ID: 2378905)

Quelle: https://www.facebook.com/308714872532583/posts/641135915957142

- Okay aber mein tv kann das prinzipiell? (ID: 67037755)

Konversation 17

Beitrag (ID: 2226949)

Quelle: https://www.facebook.com/308714872532583/posts/624595670944500

- Warum kann ich mein S3 wegen einem Software Fehler nicht auf Garantie einschicken lassen ? (ID: 66343444)

- Handy lässt sich einschalten fährt aber nie vollständig hoch und schaltet sich dann wieder ab und der schmarn geht von vorne los?! (ID: 66343445)

Antwort (ID: 2227355)

Quelle: https://www.facebook.com/308714872532583/posts/624595670944500

- Hallo Lukas, du kannst dich wegen deines Anliegens gern über das Formular auf der Seite \"Lob & Kritik\" an unsere Kollegen vom Support wenden. (ID: 66345331)

- Bitte trage hier deine Kontakt- und Gerätedaten ein und beschreibe noch einmal worum es geht. (ID: 66345332)

- Wähle anschließend unter \"Themenbereich\" das Stichwort \"Facebook\" aus. (ID: 66345333)

- Ein Kollege vom Support wird sich dann zeitnah mit dir in Verbindung setzen. (ID: 66345334)

- http://de.samsung.com/de/support/lobkritik.aspx (ID: 66345335)

Antwort (ID: 2229845)

Quelle: https://www.facebook.com/308714872532583/posts/624595670944500

- Es gab noch nie Garantie auf der Software von Handys. (ID: 66357482)

- Das Betriebssystem Android z.B. stellt Samsung nicht her, wenn da ein Fehler ist, kann Samsung nichts für, also sind sie auch nicht zu ständig, dass betrifft viele Handyhersteller. (ID: 66357483)

Konversation 18

Beitrag (ID: 2165614)

Quelle: https://www.facebook.com/308714872532583/posts/618104748260259

- Samsung???? Was seit ihr für ne Kackmarke! (ID: 66131635)

- Zwei Drucker, Handy und Fernseher gaben in der Garantie bzw kurz danach den Geist auf. (ID: 66131636)

- Service und Qualität gleich null! (ID: 66131637)

- Ein 6000€ TV darf nach 25 Monaten mit einem bekannten Mangel kaputt gehen. (ID: 66131638)

- In den USA gab es Entschädigungen nach einer Klagewelle... (ID: 66131639)

- In der EU is das ja normal! (ID: 66131640)

- Garantie ist vorbei. (ID: 66131641)

- Das tut uns leid! (ID: 66131642)

- Klasse! Weiter so! (ID: 66131643)

- Nur nicht von meinem Geld! (ID: 66131644)

Antwort (ID: 2165615)

Quelle: https://www.facebook.com/308714872532583/posts/618104748260259

- Hallo Primus Omnium, wir können dich unter deinem Facebook User-Namen in unserer Servicedatenbank leider nicht eindeutig zuordnen. (ID: 66131630)

- Wir würden dich daher bitten, unser Kontaktformular auf der Seite \"Lob & Kritik\" auszufüllen, damit unsere Kollegen aus dem Support deine Beschwerde prüfen können. (ID: 66131631)

- Trage hier deine Kontakt- und Gerätedaten ein und beschreibe noch einmal, worum es geht. (ID: 66131632)

- Bitte wähle im Formular unter \"Themenbereich\" zusätzlich das Stichwort \"Facebook\" aus. (ID: 66131633)

- http://de.samsung.com/de/support/lobkritik.aspx (ID: 66131634)

Konversation 19

Beitrag (ID: 1868752)

Quelle: https://www.facebook.com/308714872532583/posts/595873143816753

- Guten Tag, ich hätte mal ne Frage. (ID: 64957301)

- Wann kann man damit rechnen, eine App für einen NBA League Pass im deutschen Smart Hub zu finden. (ID: 64957302)

- In Amerika ist sie ja schon länger verfügbar. (ID: 64957303)

- Oder gibt es die Möglichkeit diese App irgendwie zu installieren? (ID: 64957304)

Konversation 20

Beitrag (ID: 2175498)

Quelle: https://www.facebook.com/308714872532583/posts/620424591361608

- Was sind denn die Innovationen beim S5? (ID: 66160595)

- Endlich mal nicht mehr alles aus Plastik? (ID: 66160596)

- Wirklich Neues bringt ihr ja mit dem S5 nicht auf den Markt. (ID: 66160597)

- Wieder nur Plastik in Hülle und Fülle, was man so liest... (ID: 66160598)

- Schade. (ID: 66160599)

Antwort (ID: 2179579)

Quelle: https://www.facebook.com/308714872532583/posts/620424591361608

- Hallo Christoph, es ist natürlich schade, dass die Präsentation der Features des GALAXY S5 nicht deinen Erwartungen entsprochen hat. (ID: 66172138)

- Vielleicht schaust du dir das Gerät ja mal in \"live\" an, wenn es im Handel erhältlich ist und probierst die neuen Features einfach mal aus. (ID: 66172139)

Antwort (ID: 2176327)

Quelle: https://www.facebook.com/308714872532583/posts/620424591361608

- Fingerprint ist nicht geklaut, es ist einfach nur dazu da um die Sicherheit zu verbessern. (ID: 66163348)

- Warum klappt es bei Apple sogut, keiner regr sich da auf das jedes Modell anders aussieht (ID: 66163349)

Antwort (ID: 2183974)

Quelle: https://www.facebook.com/308714872532583/posts/620420924695308

- Trotz Samsung Fan muss ich sagen. (ID: 66189554)

- .. Drecks Handy !!! (ID: 66189555)

- Schon wieder die selbe Leier. (ID: 66189556)

- . Bin ab sofort kein Samsung Nutzer mehr !! (ID: 66189557)

Antwort (ID: 2182636)

Quelle: https://www.facebook.com/308714872532583/posts/620420924695308

- S4 <3 (ID: 66183962)

Demographische Daten

Alter

Geschlecht (weiblich/männlich)

StudentIn (Vollzeit)/ StudentIn (berufsbegleitend)/ Angestellter/Sonstiges

Anhang B: Gegenüberstellung manuelle Bewertung / Bewertung durch Modell

Text	x_D	$\tilde{x}$	Modell	+1	0	-1
check mal ein fernseher ab (ID: 67039985)	0	0	0	7	36	0
So meine lieben Freunde mein Neujahresbonus ist immer noch NICHT auf meinem Konto ! (ID: 67035442)	-1	-1	-1	0	1	43
Ich bin es langsam leid euch gefühlte 20 mal anzuschreiben ihr Versteht es trotzdem nicht -.- Nur aus diesem Grund habe ich mir mein Samsung gerät Gekauft -.- und als Auszubildender sind diese 100€ ne Menge Geld -.- (ID: 67035443)	-1	-1	-1	0	1	43
Hallo Florian, wie wir dir bereits auf deinen vorigen Post geantwortet haben, bitten wir die Wartezeit zu entschuldigen. (ID: 67035435)	0	0	-1	17	21	6
Der Bonus wird für alle rechtmäßig registrierten Geräte bis spätestens 10.04.2014 ausgezahlt. (ID: 67035436)	0	0	1	14	29	1
Solltest du weitere Fragen haben, helfen dir die Kollegen vom Support der Aktion gerne weiter. (ID: 67035437)	1	1	0	26	16	2
Die erreichst du unter folgender E-Mail Adresse: fb.mail@marktundanalyse.de (ID: 67035438)	0	0	-1	13	30	1
Hättet ihr bei eurem Angebot geschrieben das man sehr lange warten darf dann würde ich mich auch nicht beschweren ;) (ID: 67035434)	-1	-1	-1	4	16	24

Hallo liebes Samsung-Team. (ID: 67034303)	1	1	0	22	22	0
Ich hab mir gestern ein Galaxie s3Mini gekauft und habe ein kleines Problem. (ID: 67034304)	-1	-1	-1	2	18	24
Wie kann ich während des Schreibens einer SMS oder ähnlichem neue Wörter einfügen, die das Telefon noch nicht kennt. (ID: 67034305)	0	0	0	0	42	2
Bei meinem vorherigen Samsung wurde mir neben den vorschlägen noch das Feld \"Wort hinzufügen\" angezeigt. (ID: 67034306)	0	0	0	1	34	9
Das gibt es nicht mehr. (ID: 67034307)	-1	-1	0	0	16	27
Ich schreibe mit der 3x4 Tastatur. (ID: 67034308)	0	0	0	0	43	1
Vielleicht stelle ich mich ja nur zu blöd an, wenn nicht dann könnt ihr mir ja vielleicht helfen (ID: 67034309)	0	0	0	7	32	5
Hallo Kai, wenn du die 3x4 Tastatur verwendest, kannst du keine neuen Wörter hinzufügen. (ID: 67037756)	0	0	0	1	35	8
Bei aktivierter Texterkennung werden die Eingaben hier automatisch ersetzt. (ID: 67037757)	0	0	0	2	42	0
Wenn du ein neues Wort hinzufügen magst, musst du zur QWERTZ-Tastatur wechseln und das Wort aufnehmen. (ID: 67037758)	0	0	-1	3	39	2
Wird das GALAXY S III mini ins Querformat gedreht, wird automatisch die QWERTZ-Tastatur eingeblendet. (ID: 67037759)	0	0	0	8	36	0
Nach der Eingabe des neuen Wortes gibst du dann einfach ein Leerzeichen ein, um das Wort hinzuzufügen. (ID: 67037760)	0	0	-1	4	39	1
Anschließend wechselst du wieder ins Hochformat, um zur 3x4 Tastatur zurück zu kehren. (ID: 67037761)	0	0	0	3	41	0
Das gelernte Wort steht dir jetzt auch für die 3x4 Tastatur zur Verfügung. (ID: 67037762)	0	0	-1	9	35	0

Nach ein wenig Eingewöhnungszeit geht das ganz einfach. (ID: 67037763)	0	0	0	16	22	6
Bei den neueren Android Versionen ist die Schaltfläche \"Wort hinzufügen\" weggefallen. (ID: 67037764)	0	0	0	5	30	9
Hallo, mein S4 hat sich dauernd aufgehangen in den letzten 2 Tagen, läuft nun gar nicht mehr :-(Kann ich es im CentrO im Samsung Store checken lassen? (ID: 67030415)	-1	-1	-1	0	8	36
Akku raus und Neustart funktionierte gestern noch, heute sagt es gar nichts mehr. (ID: 67030416)	-1	-1	-1	0	13	31
Danke schon mal. (ID: 67030417)	1	1	1	24	19	1
Hallo Kiki, du könntest zunächst einmal einen Werksreset bei deinem GALAXY S4 durchführen. (ID: 67032829)	0	0	0	5	36	3
Bitte sichere aber vorher deine persönlichen Daten. (ID: 67032830)	0	0	0	6	37	0
Für beides kannst du unsere Software Kies verwenden, die du unter folgendem Link herunterladen kannst: http://spr.ly/Samsung_Kies Solltest du dabei Unterstützung benötigen, helfen dir unsere Kollegen vom Samsung Support gerne weiter. (ID: 67032831)	0	0	-1	19	24	1
Du erreichst sie telefonisch von Montag bis Freitag zwischen 08:00 und 21:00 Uhr sowie am Samstag, Sonntag und an Feiertagen von 09:00 bis 17:00 Uhr unter der Telefonnummer 0180 6 67267864 (0,20 €;/Anruf aus dem dt. Festnetz, aus dem Mobilfunk max. 0,60 €;/Anruf). (ID: 67032832)	0	0	0	6	36	2
Hallo liebes Samsung Team, mein erst ein Jahr altes Farblaser-Multifunktionsgrät CLX-3305 wird per USB an keinem Gerät mehr erkannt	-1	-1	0	0	19	25

(habe den Drucker problemlos 11 Monate an einem NAS betrieben, als er plötzlich nicht mehr erkannt wurde habe ich ihn per USB an 2 Windows 7 PCs sowie einem Windows XP Notebook ausprobiert. (ID: 66965386)						
Nirgendwo wir auch nur der Anschluss eines USB-Gerätes erkannt, andere Geräte funktionieren aber einwandfrei an den USB-Ports). (ID: 66965387)	-1	-1	0	1	15	28
Ist das ein bekanntes Problem oder liegt hier Einzelfall vor? (ID: 66965388)	0	0	-1	0	35	9
Und wie regel ich das am besten, Kontaktaufnahme mit dem Samsung-Support oder soll ich erstmal zum Elektromarkt gehen, in dem ich das Gerät gekauft habe? Gruss Niko (ID: 66965389)	0	0	0	2	39	3
melde das Problem ausführlich auf der Kontaktseite \"Lob&Kritik\" mit deinen vollständigen Kontaktdaten, wähle unter \"Themenbereich\" das Stichwort \"Facebook\" aus. (ID: 66981299)	0	0	0	3	35	6
http://de.samsung.com/de/support/lobkritik.aspx Schneller geht es wenn du die Support Hotline direkt kontaktierst. (ID: 66981300)	0	0	0	8	36	0
Du erreichst sie von Montag bis Freitag zwischen 08:00 und 20:00 Uhr sowie am Samstag von 09:00 bis 17:00 Uhr unter der Telefonnummer 0180 6 67267864 (0,20 €;/Anruf aus dem dt. Festnetz, aus dem Mobilfunk max. 0,60 €;/Anruf). Anleitung created by Kevin Rombold, Franzi Aus Berlin, Chrom Juwel, und mir. (ID: 66981301)	0	0	0	6	36	2

Danke für die Antwort, an USB Kabeln habe ich alle probiert, die ich habe (4 oder 5 Stück). (ID: 66970289)	0	0	-1	16	18	10
An anderen Geräten (externe Festplatten) funktionieren sie alle. (ID: 66970290)	0	0	0	13	26	5
Werde dann mal beim Support anrufen. (ID: 66970291)	0	0	0	4	32	8
Hallo, ich würde gerne wissen ob und WANN das samsung galaxy note 3 in merlot red auch in deutschland erhältlich sein wird? (ID: 66964169)	0	0	0	4	39	1
Oder ob es allenfalls nur über uk zu beziehen ist.hab gelesen käme anfang diesen jahres, leider bisher nichts :(. (ID: 66964170)	-1	-1	-1	1	12	29
Für eine antwort wär ich dankbar.vielen dank (ID: 66964171)	1	1	1	23	19	2
Hallo Sibille, momentan ist diese Variante für den deutschen Markt nicht vorgesehen. (ID: 66967887)	-1	-1	-1	1	20	23
Hast du das GALAXY Note 3 schon in Weiß/Gold gesehen? (ID: 66967888)	0	0	0	12	32	0
Vielleicht ist das ja was für dich: https://www.facebook.com/photo.php?fbid=593445647408584& set=pb.273058856113933.- 2207520000.1396878614.&type=3&theater Außerdem kannst du das GALAXY Note 3 mit unseren S View Covern farblich individualisieren. (ID: 66967889)	0	0	0	18	26	0
Was hältst du zum Beispiel von \"Wild Orange\": http://www.samsung.com/de/consumer/mobile-device/mobilephones/accessories-mobile-phones/EF-	0	0	0	18	26	0

CN900BOEGWW?subsubtype=flip-cover (ID: 66967890)						
Hallo Samsung. (ID: 66962993)	0	0	0	3	37	3
Da ich zwei Mal schon bei meiner E-Mailanfrage über den Rechner raus geworfen wurde, versuche ich es so. (ID: 66962994)	-1	-1	0	0	5	39
Ich hatte Heute morgen ein Telefonat mit einem Mitarbeiter des telefonischen Supports. (ID: 66962995)	0	0	0	0	43	1
Dieser war auch sehr nett und hilfsbereit. (ID: 66962996)	1	1	1	42	1	1
Allerdings konnte er mir leider nicht richtig weiterhelfen. (ID: 66962997)	-1	-1	-1	1	8	35
Ich habe ein Tab3 7.0 3G. (ID: 66962998)	0	0	0	0	44	0
Ich habe es mir extra gekauft um darüber Videos, Streams und einige Spiele zu spielen. (ID: 66962999)	0	0	0	2	41	1
Allerdings musste ich feststellen, das dies gar nicht, bis nur bedingt geht, da kein Flashplayer installiert ist und sich auch nicht installieren lässt. (ID: 66963000)	-1	-1	0	0	5	39
Jetzt wurde mir auch schon gesagt, dass es wohl auch nicht möglich ist. (ID: 66963001)	-1	-1	0	0	12	32
Finde ich sehr schade das man nicht beim Kauf darauf aufmerksam gemacht wird, aber das steht jetzt auf einem anderen Blatt. (ID: 66963002)	-1	-1	-1	0	2	40
Wie kann ich jetzt zukünftig meine Stream über Sportschau.de oder ähnliches auf mein Tab3 schauen? (ID: 66963003)	0	0	0	0	41	3
Oder muss ich zu dem, mir persönlich unangenehmen. (ID: 66963004)	-1	-1	0	1	8	35
, anderen Unternehmen namens Apple wechseln? (ID: 66963005)	-1	0	0	5	18	21

Ich hoffe doch nicht, sehe aber auch keine andere Alternative, wenn man ein nicht gerade billiges Tab, nicht im vollem Umfang nutzen kann. (ID: 66963006)	-1	-1	0	1	9	34
Ich bin ja bestimmt nicht der Einzige mit diesem Problem. (ID: 66963007)	0	0	-1	2	22	20
Ok anscheinend gibt es leider keine Tipps was ich da installieren kann. (ID: 66975175)	-1	-1	-1	1	4	39
Dann wird demnächst umgerüstet. (ID: 66975176)	-1	-1	0	1	13	30
Empfehlung meinerseits wird dann leider nicht positiv ausfallen. (ID: 66975177)	-1	-1	-1	2	2	40
Seit dem neuen Update spinnt mein WLan total und schmeißt mich immer raus oder findet das WLan erst gar nicht mehr...wegen zu langsamer Verbindung deaktiviert...hat das den Hintergrund dass ich meine monatlichen MB schneller verbrauchen soll so dass mein Telefonanbieter mehr Geld an mir verdient oder kann man das wieder beheben?? (ID: 66957108)	-1	-1	-1	1	4	39
Hallo Jasmin, du könntest die WLAN Verbindung zwischen deinem Smartphone und deinem Router einmal löschen und erneut anlegen. (ID: 66963035)	0	0	-1	3	41	0
Das Problem ist leider mit allen Netzen so. (ID: 66961938)	-1	-1	-1	0	7	37
Egal ob zuhause oder unterwegs. (ID: 66961939)	0	0	0	0	33	11
Mal wählt er sich ein und mal nicht. (ID: 66961940)	-1	-1	0	0	15	28
Meistens zeigt er an das die Verbindung wegen zu langsamer Geschwindigkeit deaktiviert wurde. (ID: 66961941)	-1	-1	1	0	13	31

Diese Nachricht habe ich vorher noch nie be-kommen. (ID: 66961942)	0	0	-1	1	25	18
Ich habe kein Lte auf meinem Handy. (ID: 66961943)	0	0	0	0	35	9
Habe ein S3. (ID: 66961944)	0	0	0	1	42	1
Andere können sich mit ihren Handys auch ein-wählen. (ID: 66961945)	0	0	0	1	22	21
Hallo Samsung, seitdem ich meinen Samsung Smart TV (Es6990) auf den neuesten Stand der Dinge gebraucht habe (update), ist das Bild to-tal besch*ssen, wenn ihr versteht was ich meine. (ID: 66956596)	-1	-1	-1	1	2	41
Bis zum 1030er zeigte er alles schön an, auch die Filme in 3D liefen optimal. (ID: 66956597)	1	1	1	24	17	3
Nach dem update auf 1032 oder 1036, ich weiß es nicht mehr genau, zeigt es alles nur noch verwaschen an, egal ob ich es es am Fernseher, PC oder Blu-ray player einstelle. (ID: 66956598)	-1	-1	-1	0	8	36
Sieht aus wie Sche*ße. (ID: 66956599)	-1	-1	-1	0	1	42
Gibt es eine Möglichkeit/Service eurerseits, dass ich wieder auf die alte Firmware downgra-den kann? (ID: 66956600)	0	0	0	1	42	1
Ist doch absolut unausstehlich einen 3D-Tv zu besitzen und damit die Filme nicht einmal se-hen zu können, da entfällt mir der Name und Zweck. (ID: 66956601)	-1	-1	-1	0	3	40
Ich hoffe ihr könnt mir weiterhelfen. (ID: 66956602)	0	0	0	6	37	0
Ansonsten muss ich wohl meinen Händler kon-taktieren. mfg Alex (ID: 66956603)	0	0	0	0	26	18
Hallo Alex, du kannst zunächst einmal die all-gemeinen Bildeinstellungen zurücksetzen. (ID: 66969248)	0	0	0	3	39	2

Öffne dazu bitte \"Menü > Bild > Bild zurücks.\". (ID: 66969249)	0	0	0	0	44	0
Das Aufspielen einer älteren Firmware Version ist nicht möglich. (ID: 66969250)	0	0	-1	0	26	18
Bitte kontaktiere wegen deines Anliegens unsere Kollegen von der Support Hotline. (ID: 66969251)	0	0	-1	3	41	0
Du erreichst sie telefonisch von Montag bis Freitag zwischen 08:00 und 21:00 Uhr sowie am Samstag, Sonntag und an Feiertagen von 09:00 bis 17:00 Uhr unter der Telefonnummer 0180 6 7267864 (0,20 €;/Anruf aus dem dt. (ID: 66969252)	0	0	0	2	38	4
Heute war der nette Techniker da. (ID: 67039980)	1	1	1	37	5	2
Das ging Ratzfatz, nun geht mein TV wieder. (ID: 67039981)	1	1	0	40	2	2
Danke - Danke (ID: 67039982)	1	1	1	38	3	3
Hallo, ist bei Samsung ein 24-Zoll Monitor im ATIV One 5 Style in Planung. (ID: 66889620)	0	0	0	5	39	0
Die Optik ist unschlagbar und ist genau das, was ich suche. (ID: 66889621)	1	1	0	39	5	0
Leider gibt es das Gerät scheinbar nur als Komplettpaket und ich würde mich über Alternativen und Infos dazu sehr freuen. (ID: 66889622)	0	0	0	2	22	20
Hallo Christian, wir freuen uns, dass der ATIV One 5 Style dir gefällt. (ID: 66898290)	1	1	1	41	3	0
Zum jetzigen Zeitpunkt können wir zu zukünftigen Entwicklungen keine Aussage treffen. (ID: 66898291)	0	0	0	0	32	12
Wir danken für dein Verständnis. (ID: 66898292)	0	0	1	10	31	2
Hilfe! Mein Galaxy S3 funktioniert nicht mehr. (ID: 66975829)	-1	-1	-1	0	6	38

Es ist weder ins Wasser noch auf den Boden oder dergleichen gefallen. (ID: 66975830)	0	0	0	0	37	7
Eben habe ich noch meine Nachrichten gescheckt und als das nächste Mal drauf schauen wollte (Zeit dazwischen 5 min) war es aus und es konnte sich auch nicht mehr anschalten lassen. (ID: 66975831)	-1	-1	-1	0	11	33
Akku war noch halb voll. (ID: 66975832)	0	0	0	0	41	3
Lässt sich aber auch nicht laden (leuchtet kein Licht) und auch nach dem erntfernen des Akkus funktionierte nichts. (ID: 66975833)	-1	-1	-1	0	14	30
Woran kann das liegen? (ID: 66975834)	0	0	0	0	43	1
Unsere Neuheiten 2014: TVs, Multiroom Speaker, Kameras und vieles mehr. (ID: 67038765)	0	0	0	12	31	1
Computerbild hat sich unsere Highlights angeschaut. (ID: 67038766)	0	0	0	10	34	0
http://spr.ly/Das_kommt_2014 (ID: 67038767)	0	0	0	1	43	0
Ist schon bekannt wann das Kitkat update für das galaxy tab 3 7.0 erscheint ? (ID: 67038762)	0	0	0	0	44	0
mfG (ID: 67038763)	0	0	0	14	29	0
Hallo Raphael, wir können zu einem nächsten möglichen Update für dein GALAXY Tab 3 7.0\" zum jetzigen Zeitpunkt keine Aussage treffen. (ID: 67038754)	0	0	0	0	27	17
Wusstest du schon, dass du per Nachricht darüber informiert wirst, sobald ein Update verfügbar ist, wenn du unter \"Menü > Einstellungen > Info zu Gerät > Software Update > Automatische Aktualisierung\" ein Häkchen setzt? (ID: 67038755)	0	0	0	19	25	0
Hallo. Wenn ich mir hier in Deutschland ein Samsung Galaxy S3 mini ohne Simlock kaufe,	0	0	0	0	44	0

kann ich dieses Gerät in Zentralamerika (Nicaragua) mit den dortigen Mobilfunkanbietern verwenden? (ID: 67037767)						
Oder besteht jetzt doch die SIM-Karten-Sperre außerhalb von Europa? (ID: 67037768)	0	0	0	0	36	8
Hallo Alexandra, die regionale SIM-Karten-Sperre wird automatisch und dauerhaft deaktiviert, wenn du dein Gerät mit einer SIM-Karte aus der, auf dem Aufkleber auf der Produktverpackung gekennzeichneten, Region'in Betrieb nimmst und die Dauer der ein- und ausgehenden Gespräche mindestens 5 Minuten beträgt. (ID: 67037754)	0	0	-1	5	38	1
Wie Samsung entstand !!!!! (ID: 67024932)	0	0	0	0	33	11
gähn euch ist schon bewusst dass es samsung vor Apple gab und es die ersten iPhones ohne samsung auch nicht gegeben hätte und auch heute nicht geben würde xD (ID: 67030409)	-1	0	-1	13	12	19
den kannt ich noch ned xD der mitm Pflaster war cooler xD (ID: 67030410)	0	0	0	13	23	8
Samsung hat Apple erstmal gezeigt wie man smartphone baut. (ID: 67030411)	1	1	0	23	12	9
Hallo habe eine Frage zu eurer \"Smart View App\" genauer gesagt zur beworbenen TV View Funktion für \"2013 SAMSUNG TV LED F4500 and above Smart TV. (ID: 67025263)	0	0	0	0	43	0
Auf dem iPad werden Kompabilitätsprobleme gezeigt, was die Nutzung mit dem F4570 bzw F4580 betrifft angezeigt (UE22F5470 bzw. UE22F5480). (ID: 67025264)	0	0	0	0	23	21
Das Feature wurde jedoch beworben und lässt sich nicht wie beschrieben starten! (ID: 67025265)	-1	-1	-1	1	6	37

Tja hat du ein EiPad... (ID: 67030412)	0	0	-1	2	22	19
XD (ID: 67030413)	0	0	0	14	24	5
Stimmt, hat du ipad hat du ipad und nicht Samsung Tab (ID: 67030396)	0	0	-1	6	31	7
Wieso die Funktion wird auch vom iPad aus angeboten. (ID: 67031038)	0	0	0	9	30	5
Sowohl im AppStore beschrieben als auch in der App die Funktion vorhanden!! (ID: 67031039)	0	0	1	9	27	7
Es geht ganz klar um den Fernseher! (ID: 67031040)	0	0	0	0	31	11
Okay aber mein tv kann das prinzipiell? (ID: 67037755)	0	0	-1	2	40	1
Warum kann ich mein S3 wegen einem Software Fehler nicht auf Garantie einschicken lassen ? (ID: 66343444)	-1	-1	-1	0	10	34
Handy lässt sich einschalten fährt aber nie vollständig hoch und schaltet sich dann wieder ab und der schmarn geht von vorne los?! (ID: 66343445)	-1	-1	-1	0	4	38
Hallo Lukas, du kannst dich wegen deines Anliegens gern über das Formular auf der Seite \"Lob & Kritik\" an unsere Kollegen vom Support wenden. (ID: 66345331)	0	0	0	9	33	2
Bitte trage hier deine Kontakt- und Gerätedaten ein und beschreibe noch einmal worum es geht. (ID: 66345332)	0	0	0	1	43	0
Wähle anschließend unter \"Themenbereich\" das Stichwort \"Facebook\" aus. (ID: 66345333)	0	0	0	1	42	1
Ein Kollege vom Support wird sich dann zeitnah mit dir in Verbindung setzen. (ID: 66345334)	0	0	0	9	34	1

http://de.samsung.com/de/support/lobkritik.aspx (ID: 66345335)	0	0	0	2	41	0
Es gab noch nie Garantie auf der Software von Handys. (ID: 66357482)	0	0	-1	1	23	20
Das Betriebssystem Android z.B. stellt Samsung nicht her, wenn da ein Fehler ist, kann Samsung nichts für, also sind sie auch nicht zuständig, dass betrifft viele Handyhersteller. (ID: 66357483)	0	0	-1	1	24	19
Samsung???? Was seit ihr für ne Kackmarke! (ID: 66131635)	-1	-1	-1	0	2	42
Zwei Drucker, Handy und Fernseher gaben in der Garantie bzw kurz danach den Geist auf. (ID: 66131636)	-1	-1	0	0	3	41
Service und Qualität gleich null! (ID: 66131637)	-1	-1	-1	0	2	42
Ein 6000€ TV darf nach 25 Monaten mit einem bekannten Mangel kaputt gehen. (ID: 66131638)	-1	-1	-1	0	6	38
In den USA gab es Entschädigungen nach einer Klagewelle... (ID: 66131639)	-1	-1	0	2	17	25
In der EU is das ja normal! (ID: 66131640)	0	0	0	0	24	20
Garantie ist vorbei. (ID: 66131641)	-1	-1	0	0	22	22
Das tut uns leid! (ID: 66131642)	-1	-1	-1	2	15	27
Klasse! Weiter so! (ID: 66131643)	-1	-1	1	15	7	22
Nur nicht von meinem Geld! (ID: 66131644)	-1	-1	-1	0	4	40
Hallo Primus Omnium, wir können dich unter deinem Facebook User-Namen in unserer Servicedatenbank leider nicht eindeutig zuordnen. (ID: 66131630)	0	0	0	0	27	17
Wir würden dich daher bitten, unser Kontaktformular auf der Seite \"Lob & Kritik\" auszufüllen, damit unsere Kollegen aus dem Support	0	0	0	2	40	2

deine Beschwerde prüfen können. (ID: 66131631)						
Trage hier deine Kontakt- und Gerätedaten ein und beschreibe noch einmal, worum es geht. (ID: 66131632)	0	0	0	1	43	0
Bitte wähle im Formular unter \"Themenbe-reich\" zusätzlich das Stichwort \"Facebook\" aus. (ID: 66131633)	0	0	0	1	42	0
http://de.samsung.com/de/sup-port/lobkritik.aspx (ID: 66131634)	0	0	0	1	41	1
Guten Tag, ich hätte mal ne Frage. (ID: 64957301)	0	0	0	5	39	0
Wann kann man damit rechnen, eine App für einen NBA League Pass im deutschen Smart Hub zu finden. (ID: 64957302)	0	0	-1	0	44	0
In Amerika ist sie ja schon länger verfügbar. (ID: 64957303)	0	0	0	1	35	8
Oder gibt es die Möglichkeit diese App irgend-wie zu installieren? (ID: 64957304)	0	0	-1	0	43	0
Was sind denn die Innovationen beim S5? (ID: 66160595)	0	0	0	0	36	7
Endlich mal nicht mehr alles aus Plastik? (ID: 66160596)	-1	-1	-1	5	8	31
Wirklich Neues bringt ihr ja mit dem S5 nicht auf den Markt. (ID: 66160597)	-1	-1	-1	0	6	38
Wieder nur Plastik in Hülle und Fülle, was man so liest... (ID: 66160598)	-1	-1	0	0	7	37
Schade. (ID: 66160599)	-1	-1	-1	0	5	39
Hallo Christoph, es ist natürlich schade, dass die Präsentation der Features des GALAXY S5 nicht deinen Erwartungen entsprochen hat. (ID: 66172138)	0	0	-1	1	27	16
Vielleicht schaust du dir das Gerät ja mal in \"live\" an, wenn es im Handel erhältlich ist	0	0	0	7	35	2

und probierst die neuen Features einfach mal aus. (ID: 66172139)						
Fingerprint ist nicht geklaut, es ist einfach nur dazu da um die Sicherheit zu verbessern. (ID: 66163348)	0	0	-1	9	25	10
Warum klappt es bei Apple sogut, keiner regr sich da auf das jedes Modell anders aussieht (ID: 66163349)	0	0	0	5	21	17
Trotz Samsung Fan muss ich sagen. (ID: 66189554)	-1	0	-1	12	14	18
.. Drecks Handy !!! (ID: 66189555)	-1	-1	-1	0	3	41
Schon wieder die selbe Leier. (ID: 66189556)	-1	-1	-1	0	6	38
. Bin ab sofort kein Samsung Nutzer mehr !! (ID: 66189557)	-1	-1	0	0	3	40
S4 <3 (ID: 66183962)	1	1	0	36	8	0

Tab. 0.1: Vergleich der Bewertungen